New York

Bruni Mayor

New York

Ein Führer für Stadtbummler

Prestel-Verlag

München

Mit
acht Gemäldewiedergaben.
29 Aufnahmen von
Alfred Mayor

© Prestel-Verlag München 1983
Passavia Druckerei GmbH Passau
ISBN 3-7913-0644-8

Inhalt

NEW YORK
ist nicht Amerika,
aber es wird jedem sofort klar,
daß ganz Amerika gerne New York sein möchte.

Paul Morand

Annäherung

»Yes! Anything can happen in this most crazy
and curious of towns!«
Charles Hanson Towne,
amerikanischer Schriftsteller

Für die übrigen Vereinigten Staaten könnte der New Yorker
Archipel eine Inselgruppe mitten im Atlantik sein, und er
sollte eigentlich, wie ein einheimischer Künstler kürzlich
graphisch – und überzeugend – vorschlug, sein eigener
Stadtstaat sein. Die meisten Amerikaner behandeln New
York wie eine wählerische, teure, ein wenig unkonventio-
nelle Kurtisane, was verständlich ist, denn der eingefleisch-
teste Hinterländer kann einer solchen unverdünnten Anziehungskraft, dem schieren Sex-Appeal der Stadt, nur
schwer widerstehen. Meistens ärgert er sich, wenn er dem
Sirenenruf gefolgt ist, schimpft zu Hause über den Preis
der Schönen und ihre schmutzige und gefährliche Umgebung, und unterschlägt dabei feige die Vielschichtigkeit
ihrer Wirkung.

»Die Stadt ist schön, ungeheuer lebhaft, man ist seines
Lebens auf Strassen nicht sicher, ein ewiges Fahren ...«,
schrieb 1849 eine deutsche Auswanderin nach Hause. Genauso könnte sie heute auch schreiben und würde dabei
mit der mangelnden Sicherheit »auf Strassen« auch eher
den Verkehr meinen als ein Übermaß an Dieben und Mör-
dern. Das Lebhafte an der Stadt bestellen die Einheimischen, und der Reisende, der müde und aufgeregt, wenn
nicht sogar ein wenig gänsebehäutet (dessen er sich aber
nicht schämen sollte) aus dem Flugzeug steigt, sieht, wie sie
sich gleich durch Paßkontrolle und Zoll drängeln, ungeduldig, die nächste Station zu erreichen, auch wenn diese
nach einer langen Reise nur das Bett ist.

Der Neuankömmling – einer von über 60000, die jeden
Tag auf dem John-F.-Kennedy-Flughafen landen –, der in

einem schlecht gefederten Taxi über pockennarbige Straßen in ein mittelgutes, aber teures Hotel transportiert wird,
fragt sich, ob er nicht besser nach Griechenland gefahren
wäre – und sieht dann im Abendlicht über die niedrigen
dunkelbraunen Dächer von Queens hinweg, vorbei an
bunt-vulgären Reklamewänden, zwischen klapprigen,
stinkende Rauchballons pustenden Lastwagen hindurch,
eine andere Akropolis sich aus dem blau-rosa gepuderten
Dämmerschein erheben. Ihre leuchtenden Türme greifen in
den Himmel, ihre Millionen Fenster blinken wie Sterne in
Reih und Glied, und reflektiertes Licht umgibt sie wie ein
Heiligenschein. Sie schwebt über den öligen Wassern des
East River, die Hauptstadt zwar nicht ihres Landes, aber
der Welt, die Großstadt par excellence, der von Klischees
überquellende Schmelztiegel, die Heldin unermüdlich sen-
sationeller Bücher, Filme, Fernsehprogramme, die Na-
mensgeberin von Zeitschriften, Diskotheken, Filmen, Zi-
garettenmarken, die vertikalste Stadt der Welt. Der
Schriftsteller und Journalist William Sydney Porter, berühmt geworden unter dem Pseudonym O. Henry, meinte,
diese Stadt, die den Hintergrund für mehr Geschichten
abgegeben hat als irgendeine andere – und nicht nur für
seine Geschichten –, diese Stadt sei so unglaublich, daß
man sie erfinden müßte, wenn sie nicht schon existierte!

New York beschäftigt die Phantasie von mehr Menschen als irgendeine andere Stadt. Sie fragen sich, wieso es
an einem Ort, an dem »alles möglich ist«, solch atembe-
raubende Gegensätze zwischen groß und klein, arm und
reich, alt und neu, häßlich und schön, klug und ignorant
geben kann. Wie die Einwohner die sibirische Kälte und
die tropische Hitze aushalten; wie sie mit dem in ungedul-
diger Unbesonnenheit oder menschenfeindlichem Zynis-
mus geschaffenen Schmutz fertig werden, mit der nicht zu
verheimlichenden Korruption, mit der inzwischen epide-
mische Ausmaße annehmenden Anarchie, besonders auf
den Straßen, mit der eklatanten Gier der Unternehmer, der
bodenlosen Verschwendungssucht der neueren Millionäre,

der teuren Konsequenz der beinah eine Million zählenden Arbeitslosen und Wohlfahrtsempfänger, mit der Misere der Armen und Alten? Sie werden damit fertig so gut sie können; manchmal auf Kosten der Schüchternen, der Einfallslosen, der Scheiternden, jener, die »nicht gewillt sind, Glück zu haben« und die der Stadt enttäuscht den Rücken kehren oder sich zu den schätzungsweise 36000 heimatlos Streunenden gesellen. Sie schaffen es aber auch mit Hilfe einer Mittelklasse, die, allen Kontrasten, allen wirklichen und eingebildeten Gefahren zum Trotz, der von Kindesbeinen eingebleuten amerikanischen Arbeitsethik genügen und unverdrossen die nötigen Gelder verdienen, mit denen Polizei und Feuerwehr, Bus- und U-Bahnfahrer und das wachsende Heer der anderen städtischen Angestellten bezahlt werden.

Das höchste Gut, das ein New Yorker besitzen kann, ist Talent. Es ist wichtiger als die in New York so gepriesene Fähigkeit, auf schnelle Art viel Geld verdienen zu können, denn die nicht zu übersehende Gegenwart von Talent, ganz gleich welcher Art, verwischt sämtliche Rassen- und Klassenunterschiede. Daß Talente aus aller Welt hier zusammenfließen, wird durch die Bedeutung klar, die New York auf fast jedem Gebiet in der Welt hat. Obwohl es sich widersprüchlich aus einer Reihe von recht unterschiedlichen Dörfern zusammensetzt, ist es der Mittelpunkt des finanziellen und intellektuellen Lebens im Lande. Gleichzeitig ist es Umschlagplatz für Waren und Vergnügungen aller Art, ist es die Mode- und Kunsthauptstadt der Welt. Kürzlich wurde geschätzt, das 60000 Künstler in New York leben und arbeiten.

Eine Eigenart des New Yorker Lebens, die es mit Tokio teilt, ist das Tempo. Die Einheimischen sind auf ihren Straßen zu Hause und erwiesenermaßen die schnellsten Fußgänger der Welt. Bei ihren Märschen – denn Spaziergang kann man ihre Fortbewegungsart kaum nennen – atmen sie täglich durchschnittlich 35 Pfund Luft ein, Luft von sehr wechselnder Qualität: Je schlechter sie aber ist, um so grandioser fällt der Sonnenuntergang aus. New Yorker sehen nämlich öfter ›rot‹ als andere Leute, weil die Blau- und Violettöne in der Atmosphäre durch die vielen Chemikalien blockiert werden. New Yorker brauchen auch keine Uhr, denn jedes Geschäft, jede Eingangshalle hat eine, und auf dem südlichen Broadway an der Maiden Lane ist sogar eine in den Bürgersteig eingelassen. Es ist für den Besucher nicht leicht, sie zu sehen, denn er wird beim Stehenbleiben sofort von rasenden New Yorkern mit einem unehrlichen »Sorry!« angerempelt.

»Wenn Großstadtleben Wahnsinn ist, dann ist Leben in New York aber lohnenswerter Wahnsinn!«, rief einer der zahlreichen Verehrer dieser Stadt aus, Verehrer, die die Angebetete, so »verrückt« und »eigenartig« sie auch sein mag, mit aller Kraft gegen die Attacken ihrer Kritiker verteidigen. Jenen, die sich dem lohnenswerten Wahnsinn des New Yorker Lebens für eine Weile auszusetzen gedenken, soll dieses Buch die Stadt ein wenig näher bringen. Es will versuchen, einen Hintergrund zu schaffen, vor dem sich der Besucher dann sein ganz persönliches Bild von diesem ›Bagdad-on-the-subway‹ machen kann.

Die Aufteilung Manhattans in vier Teile und die Anordnung der Kapitel ergaben sich, weil die meisten Besucher erfahrungsgemäß im mittleren Manhattan absteigen und sich naheliegenderweise zuerst dort umsehen, bevor sie in die anderen Stadtteile vordringen. Die Bezeichnung Midtown bezieht sich auf die 45 Blocks zwischen 14th und 59th Street. In Downtown, der Südspitze, beginnt der Besucher am besten mit seinen Streifzügen im Financial District und wandert nach Norden bis zur 14th Street. Uptown umschließt den Teil Manhattans, der nördlich der 59th Street liegt und bis zur 116th Street reicht, und Upper Manhattan besteht aus Harlem und dem, was Einheimische die Upper Upper Westside nennen, also der Nordspitze.

In Midtown ist es sinnvoll, an der Plaza, dem großen freien Platz an der Südostecke von Central Park, anzufan-

gen. Von dort wird man am besten die Fifth Avenue hinun-
tergehen und dabei natürlich das Rockefeller Center einbeziehen. Wer dann auf weitere Wolkenkratzer neugierig geworden ist, kann ihre verschiedenen Generationen rund
um die Park Avenue kennenlernen. Danach stößt der Besucher auf die Ost-West-Achse, die vom Grand Central Terminal zum Theater-Broadway und zur Ninth Avenue
reicht. Dann geht es über die westlichen Dreißiger zum
Empire State Building und nach Murray Hill, durch Chelsea und über den Madison Square zum Gramercy Park,
um mit dem letzten der größeren Plätze, dem Union
Square, zu schließen.

Downtown erreichen wir mit einem großen Sprung zur
Südspitze der Insel. Von dort bietet es sich an, über das
Regierungsviertel, Chinatown und Little Italy zur Bowery
und zur Lower Eastside zu wandern. Der Westen mit
SoHo und Greenwich Village schließen sich an.

Danach ist wiederum ein großer Sprung vonnöten, denn
das nördliche Manhattan beginnt mit 59th Street. Wir
schlagen vor, daß sich der Besucher hier zunächst in den
Central Park begibt, um danach die Museen an seiner Ostseite zu besichtigen. Dazu gehört auch die aparte Madison
Avenue mit dem Whitney Museum. Nach einem ausgedehnten Spaziergang durch den mittleren Osten könnte er
über die vielfältige 57th Street zum Lincoln Center, Mittelpunkt von Theater und Musik, gelangen, um danach die
Upper Westside bis über 110th Street hinauf kennenzulernen. Der Weg nach Harlem und an die Nordspitze liegt
von da aus nahe.

Nun gibt es noch die vier anderen Stadtteile New Yorks
zu entdecken, und zwar in der Reihenfolge, in der sie seit je
offiziell genannt werden, auch wenn das vom geographischen Standpunkt gesehen wenig sinnvoll erscheint:
Brooklyn, The Bronx, Queens und Staten Island.

›Mannahatta‹:
Mit dem Schiff um die Insel

My city's fit and noble name resumed,
Choice aboriginal name, with marvellous beauty, meaning
A rocky founded island – shores where ever gaily dash the coming, going,
hurrying sea waves.   Walt Whitman in: ›Leaves of Grass‹

In der Sprache der Algonquin-Indianer bedeutet Man-
hattan ›hügelige Insel‹, und es ist recht und billig, daß Walt
Whitmans »felsverankertes Eiland« den »edlen, wahren«
Namen wieder trägt, den es unter der holländischen Herrschaft im 17. Jahrhundert mit ›Nieuw Amsterdam‹ vertauschen mußte. Die beste Art, diese oft besungene Insel im
Kreis ihrer Geschwister kennenzulernen und dabei noch
Meeresbrise zu atmen, ist eine Umfahrt auf einem der
Boote der Circle Line, die zwischen März und November
stündlich von Pier 83 am westlichen Ende der 43rd Street
auf den Hudson River hinausdampfen. Sie haben ein Son-
nendeck, aber auch überdachte Plätze, und einen Zeremo-
nienmeister, der witzig über Lautsprecher kommentiert,
was da an den Passagieren vorbeizieht. Die Reise dauert
ungefähr drei Stunden, und mancher New Yorker, der
seine ausländischen Freunde dabei begleitet, hat zugeben
müssen, daß er sich seine Sonnenbräune nicht etwa am
Strand eines exklusiven Klubs auf Long Island geholt habe,
sondern auf dem Boot der Circle Line.

Ein hübscher Vergleich, der hilft, sich Manhattan ›zwi-
schen den Flüssen‹ vorzustellen, stammt von Sarah Lock-
wood: Für sie ist die Insel ein kräftiger dreihundertjähriger
Riese, der auf dem Rücken liegt und sein Gesicht dem
»Gott mit den hitzigen Wangen« hinhält. Seine Füße sind
die Battery, und seine Zehen spielen in den Wellen der
Upper Bay. Sein gerades Rückgrat ist die Fifth Avenue, die
Querstraßen seine Rippen, und seine Shiva-Arme greifen
über Hudson und East River nach Osten und Westen. Park
Avenue ist seine Leber (wahrscheinlich wegen der vielen

Cocktailparties), Broadway seine Augen (weil »lights« ein hübsches altmodisches Wort für Augen ist), Pennsylvania Station und Grand Central Station sein Bauch, und seine Seele haust natürlich im Central Park. Sein Kopf ist schwarz und wuschelig; aber es ist freilich schwer zu sagen, wo sein Gehirn sitzt, wahrscheinlich ist es gleichmäßig verteilt. Sein Geld hebt er übrigens im Schuh auf – wie eine ganze Menge New Yorker, die es dort vor Dieben verstecken –, an einem sicheren Platz namens Wall Street, und ein Herz, sagt Miss Lockwood, ein Herz hat er nicht!

Während das Schiff auf den *Hudson River,* der ab hier eigentlich North River heißt, in Richtung Freiheitsstatue ausläuft, kann der Passagier sich vorstellen, daß unter ihm in einer Wolke von Auspuffgasen eine motorisierte Schlange durch den zweieinhalb Kilometer langen Lincoln Tunnel kriecht. Er ist einer der vielen über- und unterirdischen Arme des Riesen und verbindet Manhattan mit New Jersey. An den kurzen dicken Fingern des Giganten, den Docks, legen die wenigen übriggebliebenen Ozeandampfer nur noch selten an, aber wenn sie wie moderne fliegende Holländer ihren Bug über die Twelfth Avenue schieben, kommen fernwehkranke New Yorker zum Besichtigen und um sich dann von den drei rauhen Abschiedstönen noch wehmütiger stimmen zu lassen. Die ›sailing parties‹, die früher schöne Frauen, ›men about town‹, Champagner, Kaviar und riesige Blumensträuße zum Abschiedfeiern auf die Dampfer brachten, gibt es nur noch in ganz bescheidenem Maße, und man hört auch niemanden mehr sagen »I met so and so coming over«, weil man sich im Flugzeug eben selten trifft. Aber noch 1942, entweder angesteckt oder erschöpft von der trotz des Krieges ausgelassenen Stimmung, legte sich die ›Normandie‹ eines Tages an ihrem Ankerplatz ganz sanft auf die Seite.

Wenn die Aufmerksamkeit des Passagiers nicht von einem Ozeanriesen in Anspruch genommen wird, kann er sie einen Augenblick dem ›Floating Hospital‹ widmen, das oft an einem benachbarten Kai vertäut ist. Dieser ausgediente

Dampfer wurde von den Besitzern des ›Readers Digest‹ vor dem Verschrotten gerettet und in ein Krankenhaus und einen Treffpunkt für alte Menschen und Bedürftige verwandelt, wo sie versorgt und unterhalten und zu kleinen Kreuzfahrten auf den Hudson ausgeführt werden.

Die Reise um die Insel macht nicht nur mit den Konturen des Riesen bekannt, sondern auch deutlich, von wieviel Wasser er umgeben und wie klein er eigentlich ist, nämlich zweiundzwanzig Kilometer lang und vier Kilometer breit. Der Passagier sieht die Neue Welt so, wie die ersten Ankömmlinge sie gesehen haben, auch wenn auf Manhattans Mitte statt bewaldeter Höhen jetzt nur noch »Wolkenhäuser« zu sehen sind, die, so fand der englische Schriftsteller Ford Madox Ford, »den Himmel nicht kratzen, sondern sich in ihn hineindrängen«. Er wird auch gleich mit einem der vielen Kontraste konfrontiert, die New York ausmachen, denn auf der Reise nach Süden sieht er nicht weit von dem mit 23karätigem Blattgold bedeckten pyramidischen Dach der New York Life Insurance Company ein Gefängnis mit düsteren Mauern, wobei eine der Mauerwände aber mit Popmalerei in strahlenden, kräftigen Farben dekoriert ist.

Gegenüber, auf der New-Jersey-Seite, rollen die Hudsonwellen zur *Waterfront,* Schauplatz des gleichnamigen Films aus den fünfziger Jahren mit Marlon Brando. Im Himmel darüber wetteifern die größte Uhr der Welt und eine gigantische Kaffeetasse um Beachtung, sehr passend für ein Land – oder wenigstens eine Stadt –, in der Zeit immer noch Geld bedeutet und das Tempo durch den Konsum von Unmengen wäßrigen Kaffees, meistens aus Pappbechern, angekurbelt werden muß.

Schon seit geraumer Zeit ragen die beiden Türme des *World Trade Center* ins Bild, nun aber drängen sie sich beherrschend in den Blick. Für den New Yorker ist aus der sehr kurzen Geschichte dieser Bauten nicht mehr wegzudenken, daß ein Waghalsiger einen der Türme zu seinem privaten Mount Everest gemacht und ein anderer eine

ganze Stunde lang zwischen beiden Türmen auf einem Seil
Pirouetten gedreht hat. Zu ihren Füßen hat sich ein Luxus-
hotel etabliert, eine Rarität in dieser Gegend, von dessen
gläserner Veranda sich ein atemberaubend schöner Blick
auf den Hafen auftut. Tief unten genießen New Yorker
den gleichen Blick von den morschen Docks und sonnen
sich dabei. Ein malerisches Gegenstück zu den Türmen
bildet eine alte Fährenanlegestelle auf der Jersey-Seite, die
aus dieser Perspektive an ein Dorf an der jugoslawischen
Adriaküste erinnert. Ihre Gebäude sind stehengeblieben
und zu einem Museum umgestaltet worden.

An der Südspitze der Insel schwenkt das Schiff aus, um
langsam ganz nahe an der *Freiheitsstatue* vorbeizugleiten.
Sie steht auf einem sternförmigen Festungswall, im »kup-
fernen Morgenrock, mit leerem Kopf«, wie der französische Schriftsteller Paul Morand schrieb, weil man in ihren
Kopf klettern kann, und von nahem sieht man auch, daß
sie gar nicht willkommenheißend lächelt, sondern sehr
ernst, wenn nicht gar sphinxähnlich dreinschaut. Ihr
Schöpfer, der elsässische Bildhauer Frédéric Auguste Bartholdi, verbrachte den größten Teil seines Lebens damit, das nötige Geld für sie zusammenzuklauben. Dann
baute Gustave Eiffel ihr Gerüst und der amerikanische Architekt Richard Morris Hunt ihren fast fünfzig Meter hohen Sockel. Sie wiegt 225 Tonnen, ist über fünfzig Meter
hoch, und außer den Leuten, die aus New Jersey nach
Manhattan hereinfahren, sind wenige mit ihrer Rückseite
vertraut. In ihrer allegorischen Mission entsteigt sie den
Fesseln der Tyrannei, hält die Fackel der Freiheit in der
erhobenen rechten Hand – weshalb sie der Dichter James
Schuyler auch »Miss Strong Arm« nennt – und eine Tafel
mit der Inschrift »July 4, 1776«, Datum der amerikanischen Unabhängigkeit, in der Linken. Als Symbol der Freiheit ist sie eng mit dem Schicksal der vielen Einwanderer
verbunden, an deren Ankunft ein Gedicht von Emma La-
zarus »Give me your tired, your poor, your huddled
masses yearning to breathe free« zu ihren Füßen erinnert.

Die *Upper Bay* weitet sich an dieser Stelle, um südlich wieder schmaler zu werden. Dort überspannt sie die schwungvolle *Verrazano-Narrows Bridge* des Schweizer Ingenieurs Othmar Ammann, die das elf Kilometer entfernte Staten Island mit Brooklyn verbindet. New Yorks Hafen wird gebildet aus allen Gewässern, die in einem 37 Kilometer weiten Radius um die Freiheitsstatue als Mittelpunkt liegen, dazu gehören alle Buchten, Flüsse, Meeresarme mit 1230 Kilometer Küste, davon rund 920 in den fünf Stadtteilen.

Das Schiff schwenkt nach Norden, durch die Upper Bay auf die Südspitze Manhattans zu, mit dem Blick auf das unvergleichliche Alpenpanorama aus Stahl und Glas und die Gletscherspalte des Broadway. Der Glockenturm dieser dem Meer abgewonnenen Metropolis gehört zu einem niedrigen grünen Gebäude links von der runden Hülle der alten Festung *Castle Clinton,* einem Dockgebäude aus dem Jahre 1885, dessen Schiffsglocken jede halbe Stunde warnend läuten. Von hier kann man in den rechteckigen Schlund der Anlegestelle für die Fähren nach Staten Island sehen, die regelmäßig die dicken gelben ›Wassereisenbahnen‹ verschluckt oder ausspuckt. Die Fähren folgen der Route, die Cornelius Vanderbilt, Urvater der Millionärssippe, schon 1817 mit seiner ›Nautilus‹ zum Transport von Gemüse aus »New Yorks Garten« benutzt hatte.

Zwischen monolithischen Büroklötzen taucht jetzt der erste ›Police Precinct‹ auf, untergebracht in einem ›Palazzo‹ von Richard Morris Hunt aus dem vorigen Jahrhundert. Die Polizeidienststellen sind numeriert, fangen aus chronologischen – und sentimentalen – Gründen im Süden an und laufen nach Norden. Hier streckt auch das *U.S. Assay Building,* das Prüfungsamt, seinen hohen Schornstein wie einen mahnenden Finger in den Himmel.

Dann treibt das Schiff in der Strömung durch die breite Mündung des East River, vorbei am *South Street Seaport Museum* mit seinem Wald von Masten, unter dem »doppelten Regenbogen« der *Brooklyn Bridge,* mit ihren goti-

schen Spitzbogen und der *Manhattan Bridge* mit ihren zin-
nenverzierten Türmen hindurch. Auf der Reise um die Insel passiert man zwanzig Brücken, davon sind einige im
Norden der Insel so niedrig, daß zwischen ihnen und dem
flachen Schiff nur ein zentimeterbreiter Zwischenraum
bleibt.

Zur Rechten trennt der Buttermilk Channel *Governors
Island* und *Brooklyn Heights*. Als einer der ältesten und
besonders guterhaltenen Stadtteile wurde Brooklyn
Heights 1965 als erster von der gerade ins Leben gerufenen
›Landmarks Preservation Commission‹ unter Denkmalschutz gestellt. Man kann zu Fuß über die Brooklyn Bridge
dorthin gelangen und sich von einer Bank auf der Esplanade, die sich über den Brooklyn Expressway mit seinem endlosen Verkehrsrauschen hinausschiebt, an den
schimmernden Kuppeln des gegenüberliegenden modernen
Byzanz weiden. Brooklyn Heights, die gemütliche Kleinstadt in der Großstadt, wird von der rostigen Weite des
Brooklyn Navy Yard abgelöst, in dem während des Zweiten Weltkrieges siebzigtausend Menschen mit dem Bau
von Kriegsschiffen beschäftigt waren. Ein Relikt davon in
Form einer ausgebrannten Hülle reißt sein riesiges Wal-
fischmaul auf, als ob es einen nichtsahnenden Jonas aus
dem East River verschlingen wolle. Der Wellenbrecher des
Erie Basin auf der Brooklyn-Seite heißt ›Island of the
World‹, weil der Steinballast aus unzähligen Schiffen aus
aller Welt hier angehäuft wurde.

Um die Biegung der Lower Eastside zur Linken läuft ein
einladender grüner Anlagestreifen, der die dunkelbraunen
Wohnblocks dahinter nicht gar so trostlos erscheinen läßt,
diese öffentlichen Mietskasernen, die sich immerhin mit
einem Blick auf den East River brüsten können. An dieser
Stelle verbindet die *Williamsburg Bridge* Manhattan mit
dem Williamsburg genannten Teil Brooklyns. Bald darauf
erheben sich die Wolkenkratzer von Midtown in den Himmel, überragt vom *Empire State Building* und an Pracht in
den Schatten gestellt von der silbrigen Spitze des *Chrysler*

Building mit seinen sieben konzentrischen Gloriolen. Die 42nd Street schneidet Manhattan in zwei Hälften, und wenn der Bauch des Riesen nicht im Wege wäre, könnte man durch sie hindurch auf den Hudson River und den Ausgangspunkt der Reise sehen.

Der Schiffsbug schiebt sich nun auf den Komplex der *Vereinten Nationen* zu, diesen Einwanderer unter vielen Einwanderern, der allerdings nicht wie die meisten anderen sein Dasein in der Neuen Welt erst einmal in einem Slum beginnen und sich dann emporarbeiten mußte. Nein, hier hat ein Superreicher, John D. Rockefeller, Jr., ein Acht-Millionen-Dollar-Baugelände gestiftet, das erst von Schlachthöfen, Brauereien und heruntergekommenen Häuserblocks geräumt werden mußte, bevor es überstaatliches Hoheitsgebiet werden konnte. Ein Architektengremium hat den inzwischen etwas altmodisch anmutenden Komplex in Anlehnung an das Völkerbund-Projekt von Le Corbusier geschaffen. Das Sekretariatsgebäude sticht aus dem Ensemble hervor, einmal, weil es mit seiner Schmalseite von knapp 24 Metern wahrscheinlich das dünnste Hochhaus der Welt ist, zum anderen, weil es so isoliert dasteht, verglichen mit dem jüngsten Wolkenkratzerdickicht. Die tanzenden Wellen des East River mit Schleppkähnen und Segelbooten und das gegenüberliegende Ufer von Queens spiegeln sich verzerrt in seiner hohen Glaswand. Links daneben steht die Dag Hammarskjöld-Bibliothek, als Kontrast davor das niedrige rechteckige Konferenzgebäude, während der Bau für die Generalversammlung mit seinem schrägen Dach etwas zurückgesetzt nördlich vom Sekretariatsgebäude liegt. Zyniker, an denen es in New York nicht mangelt, behaupten gerne, daß gewisse architektonische Ungereimtheiten schließlich nur die politischen reflektieren. Wie dem auch sei, der normale New Yorker Bürger nimmt seine UN hin, wie er viele Dinge hinnimmt, an deren Existenz er nichts ändern kann, ohne sich aufzuregen. Er regt sich nur auf, und dann lauthals, wenn UNO-Angehörige ihre Autos mit Diplomaten-Num-

mernschildern falsch geparkt haben, wobei sie ganz genau
wissen, daß ihre Sonderstellung sie vor dem Abschleppen
und der Konsequenz bewahrt, die Autos dann vom Hud-
son-Ufer gegen eine handfeste Gebühr abholen zu müssen.
Bis auf die Streitfrage des Parkens ist aber das Verhältnis
der Diplomaten zu den Einheimischen recht gut. Es gibt
sogar eine dem Bürgermeister unterstehende Behörde, von
einer prominenten New Yorkerin für ein Jahresgehalt von
einem Dollar geleitet, die sich um neu angekommene Di-
plomatenfamilien kümmert.

Der riesige UNO-Komplex wird auf der Fahrt um Manhattan von *Beekman Place* und *Sutton Place,* zwei der
feinsten Wohngegenden von New York, abgelöst. Eines
der Apartmenthäuser, die hier eher Festungen hinter
Wehrmauer und Wassergraben gleichen, hat Dachgärten
im Ausmaß eines Morgens. Kurz vor der *Queensboro
Bridge,* an der 59th Street, umspielen die öligen Wellen des
Flusses ein Stück Felsen. Während des Unabhängigkeitskrieges stand hier eine Kanone zur Abschreckung der Engländer.

Der riesige Bau aus weißglasierten Backsteinen zwischen
68th und 71st Street, der aus der Entfernung gesehen in
den Himmel ragt wie der päpstliche Palast in Avignon,
beherbergt das *New York Hospital.* Mit seinen verschiedenen Kliniken nimmt das Krankenhaus über zehn Morgen
Land ein. Für seine Art-Deco-Architektur gewann es 1933
eine Medaille. Die meisten Zimmer sind immer noch hell
und freundlich, viele mit Blick auf den Fluß, und bis zu
Anfang des Krieges konnten Patienten Freunden zuwin-
ken, die auf dem ›overnight boat‹ nach Boston New York
über den East River verließen. Im Jahre 1938 sammelten
Bürger aller Konfessionen tausend Dollar, um ein Haken-
kreuzmotiv, das um einen der Schornsteine lief, in ein
Mäandermuster umgestalten zu lassen.

Die lange schmale Insel zur Rechten ist *Roosevelt Island,*
das ehemalige Welfare Island, jetzt ein einfallsreicher
Wohnkomplex, der von Manhattan aus mit einer bunten

Spielzeug-Schwebebahn zu erreichen ist. Seiner nördlichen
Spitze gegenüber wiegen sich die hohen Bäume des *Carl
Schurz Park* in der Brise des Flusses. Er ist benannt nach
dem »deutschen Träumer von '48« und Freund Abraham
Lincolns, der im Laufe seines Lebens amerikanischer Di-
plomat, General der Unionsarmee, Senator, Innenminister,
Redakteur von ›The New York Evening Post‹ und ›The
Nation‹ und Fürsprecher vieler wichtiger Reformbewegun-
gen war. Dazu hatte er einen im ganzen Land berühmten
Sinn für Humor – und Klavier spielen konnte er auch!

Das weiße Holzhaus im Kolonialstil auf einer kleinen
Anhöhe des Parks hatte sich der schottische Kaufmann
Archibald Gracie im Jahre 1799 im Federal Style bauen
lassen. In unserem Jahrhundert diente *Gracie Mansion*
eine Weile als Heimstätte des Museum of the City of New
York, seit 1937 ist es die offizielle Residenz des New Yorker Bürgermeisters. Daß es dazu kam, war Fiorello La Guardia, dem geliebten, weil schwungvoll um alles besorgten
Bürgermeister der Kriegsjahre zuzuschreiben. Als ihm
beim Antritt seiner ersten Amtszeit ein großes Marmor-
schloß an der Fifth Avenue als Residenz angeboten wurde,
fragte er entsetzt: »What, me in that?« Gracie Mansion
hingegen war gerade das Richtige für ihn; er hat sich dort
wohlgefühlt und seine Nachfolger, allen Berichten zufolge,
auch, selbst wenn sie ihre inoffiziellen Domizile beibehal-
ten und zeitweise dorthin flüchten. Es waren illustre Gäste,
die bei dem wohlhabenden Kaufmann einst ein- und aus-
gegangen sind: Louis-Philippe, späterer König von Frankreich, Präsident John Quincy Adams, der Marquis de Lafayette, James Fenimore Cooper, Johann Jakob Astor und
viele mehr.

Die schmale Fahrrinne zwischen *Astoria,* dem nördlichen Teil von Queens, und *Wards Island,* der nächsten
Insel auf der Fahrt nach Norden, heißt *Hell Gate* und hat
unter Seefahrern einen schlechten Ruf, seit Adrian Block –
nach dem Block Island, die kleine Insel am östlichen Ende
von Long Island benannt ist – sein Schiff ›Tyger‹ im Jahre

1612 hindurchmanövrieren mußte. Hell Gates Strömungen und Felsen sind schon vielen Schiffen zum Verhängnis geworden, und Washington Irving, der amerikanische Historiker und Schriftsteller, verglich den Wasserarm bei Ebbe mit einem ruhig vor sich hinschnarchenden Ratsherren nach dem Essen und bei Flut mit einem brüllenden, stampfenden Stier.

Eine Fußgängerbrücke in Lila und Gelb verbindet Manhattan mit Wards Island. Wo 1780 die Gebrüder Ward eine Farm betrieben hatten, erhebt sich heute das *Manhattan State Hospital* für Geistesgestörte, daneben ein kleiner, unerwartet ländlich wirkender Park, in dem moderne Plastiken stehen. Sie sind meist aus Metall und wohl zu groß, um an zentraleren Orten in der Stadt Platz zu finden – oder nicht gut genug. An der 125th Street passiert das Schiff einen Teil des riesigen Viadukts, dessen vier Brücken die *Triborough Bridge* bilden. Der Flughafenverkehr ins nördliche und mittlere Manhattan rollt unaufhörlich über ihre Planken, und der vom Flughafen Kommende sieht plötzlich über den flachen Dächern der niedrigen Vorstadthäuser die Türme Manhattans als schimmernde Fata Morgana vor sich. Das bekannte Photo, in dem die Türme sich über schier endlosen Reihen von Grabsteinen erheben, ist aus dem mittleren Queens aufgenommen, wahrscheinlich von der Zufahrt zum Midtown Tunnel an der 34th Street.

Der East River verzweigt sich nun als *Harlem River* nach Nordwesten. Die ausgebaggerte Fahrrinne dieses nicht ganz natürlichen Wasserarms zwischen *Inwood* an Manhattans nördlichster Spitze und *Marble Hill,* einem Stück Bronx, ermöglicht den Weg um die Insel herum. Die vier stämmigen Wohnblocks zur Linken haben Pferde und Reiter von den ehemaligen ›Polo Grounds‹ verdrängt. Zwischendurch stand hier ein Stadion mit sechzigtausend Plätzen, das aber seit dem Bau des *Yankee Stadium,* des großen Rundbaus zur Rechten, ebenfalls ausgedient hatte. Die scheinbar endlose Steinwüste dahinter ist die *Bronx,* New

Yorks einziger auf dem Festland verankerter Stadtteil.
Hinter den Depots für lange Schlangen von Subway-Wagen – die hier nach Feierabend von den Sprayern heimlich
mit den allgemein verhaßten ›Malereien‹ verziert werden,
wobei sich freilich manchmal auch ein zumindest embryo-
nales künstlerisches Talent darin verrät – wird Manhattans Norden grün und hügelig und erinnert eher an die
ersten Augenzeugenberichte. Der heute höchste natürliche
Punkt der Insel ist sicher mit seinen neunzig Metern keine
Konkurrenz für das Empire State Building oder die Türme
des World Trade Center. Dafür erhebt sich über den schönen alten Bäumen des *Highbridge Park,* an dessen Anlage
Calvert Vaux, der Architekt des Central Park, beteiligt
war, ein Wasserturm aus dem Jahre 1872 mit kupfernem
Dach und einem von Kaufhausbesitzer B. Altman gestifteten Glockenspiel.

Hier verbindet die *High Bridge,* die älteste Brücke
der Stadt, die Insel Manhattan mit dem Festland. Sie
erinnert an römische Aquädukte, und tatsächlich war das
Problem der Wasserversorgung für die Ingenieure des alten
Rom durchaus vergleichbar mit dem, das sich amerikanischen Technikern im 19. Jahrhundert stellte. Die Lösung
geschah in beiden Fällen auf geniale Weise mit Hilfe des
Mauerwerks. Die fünfhundert Meter lange High Bridge
war der letzte Bestandteil eines komplizierten Systems, das
New York endlich mit Trinkwasser versorgen sollte. Pläne
für ein solches System wurden schon Anfang des 19. Jahrhunderts gemacht. 1837 begann man dann, das Wasser
aus einer Entfernung von sechzig Kilometern aus dem Croton River über ein Reservoir, den Aquädukt, den Wasserturm mit seinem fünfzigtausend Gallonen fassenden Tank
und ein weiteres Reservoir im Central Park zu leiten. In
den zwanziger Jahren hat die Kriegsmarine ein Stück der
fast einhundertfünfzig Jahre alten steinernen Bögen der
Brücke mit gußeisernen vertauschen müssen. Der Übergang für Fußgänger, auf dem der Dichter Edgar Allan Poe
gern spazierenging, als er Ende der vierziger Jahre des vori-

gen Jahrhunderts nicht weit entfernt in Fordham in der Bronx lebte, ist seit Jahren gesperrt, und seitdem wird »Old High Bridge« auch nicht mehr von Studenten und Verliebten besungen.

Oskar Kokoschka: Manhattan I. Kreidelithographie, 1967

Die *Washington Bridge*, nicht zu verwechseln mit der George Washington Bridge über den Hudson River, ist beinahe hundert Jahre alt und gehört zu Amerikas ältester Autobahn, der U.S. 1, die von Maine bis Key West in Florida mehr oder weniger an der Atlantikküste entlang läuft.

Hier, in *Washington Heights*, sind die roten Dächer der George Washington High School zu erkennen. Sie ist eine der größten öffentlichen Schulen der Stadt und hat neben vielen anderen so unterschiedlich begabte Leute wie Henry Kissinger und Harry Belafonte hervorgebracht. Das Stück einer klassischen Kolonnade, durch die Bäume auf dem Campus des Bronx Community College auf einer Anhöhe

zur Rechten zu sehen, stammt von New Yorks Lieblingsar-
chitekten der Jahrhundertwende, McKim, Mead and
White. Sie wird *Hall of Fame* genannt, weil in ihrem Halbrund die Bronzebüsten von berühmten Persönlichkeiten
der USA aufgereiht sind. Nachdem sie im Jahre 1900 mit
78 Büsten eröffnet worden ist, kamen bis 1950 alle fünf
Jahre neue Büsten verdienstvoller Bürger hinzu. Ein Ko-
mitee von hundert Männern und Frauen aller Staaten der
USA entschied darüber, wer in die Reihe neu aufzunehmen
sei. Vorschläge durfte jeder Bürger machen. New Yorker
Spötter allerdings, deren es in Fülle gibt, mokieren sich
darüber, daß hier die Großen so ähnlich ›abgestellt‹ seien
wie die Plastiken auf Wards Island.

Dann biegt der Harlem River in den *Spuyten Duyvil
Creek* ein. Der Name heißt so viel wie »to spite the devil«,
dem Teufel zum Trotz, wahrscheinlich wegen der schmalen und früher gefährlichen Passage. In der hübschen kleinen Bucht zur Linken soll Henry Hudson mit seiner ›De
Halve Maen‹ (›Der halbe Mond‹) angelegt haben. Der dreißig Meter hohe Felsen des *Marble Hill* wird angeblich
manchmal als Sprungbrett benutzt. Studenten der Columbia University gelten als die Urheber des großen C, das
darauf prangt.

Danach dreht das Schiff nach Süden in den breiten *Hudson River,* und der Passagier hat die bewaldete Steilküste
New Jerseys zu seiner Rechten und zur Linken den *Inwood
Hill Park.* In den frühen Tagen der Insel gab es in Inwood
eine Siedlung der Algonquin-Indianer, und es heißt, daß
man noch heute manchmal ein indianisches Werkzeug
dort finden kann oder Spuren der englischen und amerikanischen Armeen, die während der Revolution hier abwechselnd kampiert haben. Zwischen den Flieder- und Blau-
beerbüschen, den verschiedenen Ahornsorten, chinesischen Eschen und Kiefern soll es sogar noch eine Höhle
geben, in der die Ureinwohner gehaust haben. Südlich vom
Inwood Hill Park und getrennt durch eine Schlucht liegt
der *Fort Tryon Park* mit *The Cloisters,* einem weitläufigen

Gebäudekomplex, der aus Teilen französischer und spanischer Abteien zu einer eindrucksvollen Einheit zusammengesetzt wurde. Hier sind die mittelalterlichen Sammlungen des Metropolitan Museum untergebracht. Der Campanile, eine Kopie des Turmes von Saint-Michel-de-Cuxa, ist weithin zu sehen.

Die schmale Nordspitze Manhattans ist im Westen dicht besiedelt, seit die erste Broadway Subway im Jahre 1908 hierherführte, während die östliche Seite erst von 1932 an mit dem Bau der Eighth Avenue Subway ihren Aufschwung nahm. Als sich Ende der dreißiger Jahre europäische Flüchtlinge in großer Zahl hier ansiedelten, wurde die Gegend mit grimmigem Humor »The Fourth Reich« genannt.

Gern vorgezeigt als Unikum, aber nicht leicht zu erkennen, wird das *Pumpkin House,* ein kleines gelbes Gebäude, dessen Fenster und Tür an eine Kürbislaterne erinnern. Etwas weiter südlich haben sich fünf normale Wohnblocks auf einer efeubewachsenen Festungsmauer niedergelassen, die dem Mittelalter entsprungen sein könnte. Es war aber nur der Versuch eines Bürgers im 19. Jahrhundert, sich eine ›Burg am Rhein‹ zu bauen. Der amerikanische Schauspieler Edwin Forrest, dessen Rivalität mit dem Engländer William Macready um die Rolle des Macbeth die blutigen Astor Place Opera Riots von 1849 entzündet hatte, ließ sich an der nordwestlichen Kante der Bronx ebenfalls eine solche Burg bauen, die heute noch steht. Mr. Forrest fand, daß es für den Reisenden am Hudson mindestens so interessant sei wie am Rhein, mit dem der Hudson ja oft verglichen wird. »Ich bezweifle übrigens, daß letzterer so viele Attraktionen zu bieten hat wie unser edler Hudson, und glaube, daß er lange nicht dessen majestätische Schönheit besitzt!«

Inzwischen steuert das Schiff auf die schimmernden Türme und Kabel der *George Washington Bridge* zu, die Manhattan hier mit Fort Lee in New Jersey verbindet. Als sie gebaut wurde, 1931, lag ihre »mittelamerikanische«

Auffahrt – wie die von New Jersey oft scherzhaft genannt wird – noch im Grünen, was ihre kühle, moderne Kurve nur unterstreichen konnte. 1962 wurde ihr eine zweite Fahrbahn untergehängt. Im Sommer schwebt die Brücke wie ein stahlblauer Traum im rosa Hitzedunst, nachts legt sie das Geschmeide einer Lichterkette an, und bei Schnee und blauem Himmel erscheint sie wie ein glitzerndes Gebilde von einem anderen Stern. Le Corbusier schrieb: »Die George-Washington-Brücke ist die schönste Brücke in der Welt. Ein Werk aus Kabeln und Stahlbalken, glänzt sie am Himmel wie ein umgekehrter Triumphbogen. Sie ist gesegnet. Sie ist der einzige Ort der Anmut in dieser verworrenen Stadt. Aluminiumfarben gestrichen, erscheint sie dir zwischen Wasser und Himmel wie ein schwingendes Seil, von zwei Stahltürmen gehalten, nichts sonst ... Ihre Konstruktion ist so klar, so straff, so vollkommen, daß hier – endlich hier! – die Stahlarchitektur fröhlich zu sein scheint.« Ihr Erbauer, der Schweizer Othmar Ammann, dem New York neben der Verrazano-Narrows Bridge noch eine Reihe anderer Brücken verdankt, und sein Berater Cass Gilbert, der Architekt des Woolworth Building, haben in dieser so eleganten wie kraftvollen Hängebrücke Technik und Kunst auf vollkommene Art vereint. Bis zum Bau der Golden-Gate-Brücke in San Francisco war sie die längste Hängebrücke der Welt. Sie ist über anderthalb Kilometer lang und wiegt ungefähr eine Million Tonnen. Ihre Pfeiler sind zweihundert Meter hoch, ihre vier Kabel über einen Meter dick mit einer Zugkraft von sechzig Millionen Pfund. Und für einen frischen Anstrich brauchen die Maler ein ganzes Jahr!

Neben ihrem östlichen Fuß sitzt ein winziger roter Leuchtturm, der früher dazu diente, Schleppkähne sicher um die Felsen an der Manhattan-Seite zu lotsen. Als sich die starke Beleuchtung der Brückenpfeiler als viel nützlicher für diesen Zweck erwies, sollte der kleine Turm 1951 versteigert werden. Nun hatte aber ein Kinderbuch mit dem Titel ›The Little Red Lighthouse and the Great Gray

Bridge‹ so viele Leute auf seine Existenz aufmerksam gemacht, daß Berge von Protestbriefen eingingen und die
Pflege des Little Red Lighthouse zu einer der vielen Aufgaben des Parks Department wurde.

Der lange Grünstreifen, der das Schiff an der Manhattan-Seite schon seit geraumer Zeit begleitet, ist der *Riverside Park*. Frederick Law Olmsted und Calvert Vaux haben den Riverside Drive durch den Park zu einem umgrün-
ten Boulevard ausgestaltet. »Riverside Drive, die Straße
am Fluß, sollte die Fifth Avenue als Wohngegend übertref-
fen, mit seinen herrschaftlichen Eingängen, feierlichen
Foyers, Achtzimmerfluchten, Dienstbotenkammern, versteckten Lieferantenfluren, den Angestellten in der Uniform, mit der reservierten Aussicht auf den Fluß, die wü-
sten Wolken Wald auf dem jenseitigen Steilufer, auf Natur«, schrieb Uwe Johnson 1972 in ›Jahrestage I‹. Heute
sieht man nur noch im südlichen Teil von Riverside Drive
manchmal einen Doorman, und er ist auch nicht immer
unbedingt in Uniform. Je weiter man nach Norden
kommt, um so öfter fehlen Scheiben oder ganze Fenster;
die letzten Bewohner haben schließlich aufgegeben und
hohe Räume und Marmorfußböden für eine moderne
Wohnung mit dünnen Wänden in einer von der Stadt subventionierten Mietskaserne eingetauscht. Damals, als noch
die »Angestellten in der Uniform« jeden Tag die Messing-
beschläge an Tür und Baldachin putzten, wohnte auch der
Zeitungskönig William Randolph Hearst hier, und zwar
auf drei Stockwerken in vierzig Zimmern. Auf dem Dach
hatte er ein Schwimmbad, eine Turnhalle und eine Kapelle.

Aus Beiträgen von neunzigtausend Patrioten kamen die
600000 Dollar für den Säulentempel zusammen, in dem
der siegreiche General des Bürgerkrieges und spätere Präsident Ulysses S. Grant und seine Frau in schwarzen Mar-
morsarkophagen ruhen. Vom Fluß sieht *Grant's Tomb*
weniger kalt aus als von der Nähe. Es heißt, Einheimische
seien dort nie zu treffen, alle New-York-Besucher aber
zöge es zu Füßen seiner antikisierenden Säulen. Das Denk-

mal imitiert nach besten Kräften das Grabmal des Mausolos in Halikarnassos, und der Eindruck ist wohl nicht unberechtigt, es sei »so perfekt, daß die kleinste Änderung es nur verbessern könnte«. Als das Denkmal 1897 eingeweiht wurde, standen an der 122nd Street, wo sich heute die Riverside Church erhebt, einige vereinzelte Häuser. Der expatriierte amerikanische Schriftsteller Henry James fand bei einem seiner seltenen Besuche »Grant's Grabmal weder bewacht noch umzäunt, weit offen und jedem zugänglich wie ein Hotel oder ein Bahnhof«. Heute wird es vom hohen Turm der *Riverside Church* überschattet, der ein wenig ungereimt neben dem viel zu kleinen Kirchenschiff in den Himmel ragt. Aber die Baßglocke des 72teiligen Glokkenspiels ist die größte der Welt, und der Blick von der windumwehten Turmspitze auf das nördliche Manhattan und den Fluß lohnt die Auffahrt mit dem Lift.

Das kühle, grandiose Bauwerk von Grant's Tomb ist von einer niedrigen, leider inzwischen bröckelnden Mauer mit farbigen Keramikskulpturen und Keramikformen umrahmt, die an Gaudis Park Güell in Barcelona erinnert. Dieser spielerische folkloristische Kontrast wurde in den siebziger Jahren von den Anwohnern unter Anleitung eines südamerikanischen Künstlers geschaffen. Nicht weit entfernt steht eine Urne mit der Aufschrift ›Erected to the Memory of an Amiable Child‹ aus dem Jahre 1797. Sie schmückt das Grab eines kleinen Jungen, der beim Angeln von einem Felsen in den Hudson fiel und ertrank. Sein Onkel verkaufte später den Besitz unter der Bedingung, daß die Ruhestätte unverändert bliebe.

In der Nähe hat ein Verwandter des »amiable child« Anfang des 19. Jahrhunderts ein komfortables hölzernes Landhaus, Claremont Mansion, gebaut, das erst 1952 abgerissen wurde. Von seiner Terrasse haben 1807 viele Neugierige, unter ihnen der Herzog von Devon, Robert Fultons Dampfschiff ›Clermont‹ bei seiner Jungfernfahrt beobachtet. Einige Jahre später kam sogar Joseph Bonaparte zu einem längeren Besuch. Nach dem Bürgerkrieg wurde Claremont zu Clermont und das Mansion zum Wirtshaus, wo es sich nach dem langen Weg den Riverside Drive hinauf gut ausruhen ließ.

Auf der Höhe der 89th Street glaubt man sich einen Augenblick lang nach Athen versetzt, denn der Rundbau des *Soldiers' and Sailors' Monument* für die Gefallenen des Bürgerkrieges erinnert an das Denkmal des Choregen Lysikrates. Heute wandeln mit Vorliebe Homosexuelle zwischen seinen Säulen: Sie treffen sich zum Stelldichein beim »wedding cake«, wie sie den Rundbau nennen.

Mit Dampf betrieben wie Fultons ›Clermont‹ wurde auch ›Matilda‹, ein kleiner dunkelroter Schleppkahn, der nach einem emsigen Dasein auf den Flüssen nun ins wohlverdiente Trockendock auf einem der baufälligen Piers gebracht worden ist. In den Ruhestand getreten ist auch die ›U.S.S. Intrepid‹, der vierte Flugzeugträger dieses Namens der amerikanischen Marine. Aber anstatt nun zum alten Eisen zu gehören, ist er als neuestes Museum im nicht gerade an Museen armen New York eingerichtet worden. Knaben jeglichen Alters klettern selig auf ihm herum und stellen sich mit vielem Bum-Bum-Gedröhn vor, wie sie mit einem der FIFI-Tiger Jagdbomber landen. Die ›Intrepid‹ wurde für 44 Millionen Dollar gebaut und lief im Dezember 1943 mit fast dreieinhalbtausend Mann vom Stapel in den Pazifik hinaus. Sie ist so groß wie drei Fußballplätze, wiegt 44000 Tonnen und ist über 55 Meter hoch. Man kann dieses *Sea-Air-Space Museum* vom Landeplatz der Circle Line gut erreichen: Es ist am Pier 86 South, am Ende der 46th Street vertäut.

Unsere Manhattan-Umrundung ist zu Ende. Dramatische und elegante, phantastische und anmutige, häßliche und hinreißende Eindrücke sind an dem Neuankömmling vorbeigezogen, haben ihn in Erregung und Verwirrung, vor allem aber in Neugier versetzt. So soll unserer Annäherung von außen sogleich das Eindringen ins Innere folgen, indem wir uns ins Herz Midtowns begeben.

Die Türme der Brooklyn Bridge sind in einem stählernen
Spinngewebe gefangen

Von Brooklyn aus gesehen schwebt Manhattan unwirklich
wie ein Traum über dem East River

Hier ähnelt die Südspitze Manhattans einem überladenen
Schleppkahn.

Die ›Peking‹ aus Hamburg hat für immer im South Street
Seaport Museum festgemacht

Die George Washington Bridge an einem Sommertag, von
einem Segelboot aus gesehen

Zeitgenössische Hudson-River-Forscher, gerahmt von stählerner Geometrie

Die Plaza:
Getümmel zu Füßen eines Gründerzeithotels

> One August day I sat beside
> A café window open wide
> To let the shower-freshened air
> Blow in across the Plaza, where
> In golden pomp against the dark,
> Green, leafy background of the Park
> St. Gaudens's hero, gaunt and grim,
> Rides on with Victory leading him.
> *Bliss Carman, On the Plaza*

Bliss Carmans um die Jahrhundertwende entstandenes Gedicht über die Plaza, früher ›Grand Army Plaza‹, Manhattans schöner, offener Esplanade an der Südostecke des Central Park, trifft heute so recht nicht mehr zu. Im August ist der Park zwar noch grün, wenn auch etwas verstaubt, aber ein Regenschauer, noch dazu ein erfrischender, ist eine Rarität. Und doch vermittelt dieser Platz, einer von New Yorks ältesten öffentlichen, in seiner großzügigen Weite ein Gefühl des Freier-Atmens, wenn sich die feuchte, heiße Luft zwischen den Hochhäusern staut. Gleichzeitig ist der Besucher hilflos dem sommerlichen Getümmel ausgesetzt, denn hier umgibt ihn ein wahrer Jahrmarkt mit Dixieland und Steel Bands, Mimen, Verrückten, Bettlern und Künstlern, die ihre Werke, oder das, was sie so bezeichnen, feilbieten. Dazu kommen die in immer größeren Mengen auftauchenden Karren, auf denen soeben eingewanderte Griechen, eingehüllt in dichte blaue Dunstwolken, über einem Holzkohlenfeuer Shishkebab braten. Held des Carman-Gedichtes, der Reiteroffizier mit dem Siegesengel, der die Nase zu rümpfen scheint, ist das berühmte Standbild von *General William T. Sherman,* einem der Kommandeure der Unionsarmee im Sezessionskrieg. Auf der Pariser Weltausstellung von 1900 brachte es Augustus Saint-Gaudens den ersten Preis, und auch Henry

James meinte, daß es »in seiner goldenen Eleganz mehr für das Straßenbild tut als alle anderen Elemente zusammen«.

Ein gutes halbes Jahrhundert vor Errichtung des Denkmals wuchs hier noch Gemüse. Damals hatten viele wohlhabende New Yorker ihre Landsitze in der Nähe der Boston Post Rod, die ungefähr an der heutigen Upper Fifth Avenue entlang lief. Auch Johann Jakob Astor, New Yorks berühmtester deutscher Einwanderer, von dem noch die Rede sein wird, besaß ein Landhaus auf freiem Feld. Ein Zeitgenosse berichtet, wie bescheiden damals die ersten amerikanischen Millionäre noch lebten, ein Zustand, der sich bald ändern sollte. Es war um die Mitte des vorigen Jahrhunderts gar nicht selten, daß ein reicher Kaufmann zu seinem Garten hinausfuhr und das Gemüse für das Abendessen selbst holte. Auch reisten die meisten Wohlhabenden mit der Postkutsche, weil sie den Aufwand für ein eigenes Gespann scheuten, selbst wenn ihnen eine fest angelegte Million sieben Prozent Zinsen im Jahr einbrachte. Das war ein Einkommen, das die meisten von ihnen offenbar gar nicht ausgeben konnten!

Die Plaza wird südlich des Sherman-Denkmals von 59th Street – hier Central Park South genannt – durchschnitten. 1907 verdrängte auf ihrer Südseite das einem französischen Renaissanceschloß sehr ähnliche *Plaza Hotel* die Kohlköpfe. Diese schönste und womöglich teuerste Karawanserei New Yorks betrachtet das Treiben zu ihren aristokratischen Füßen mit dem kühlen Abstand einer Grande Dame. Ein einheimischer Architekturkenner fand, daß Henry J. Hardenbergh, der Architekt des ›Plaza Hotel‹, New York mit mehr »romantischer Symbolik« versehen habe als irgendein anderer Baumeister seiner Zeit. Beweisen läßt sich das noch heute an Hardenberghs ›Art Students League‹ an der West 57th Street, einem wahren Loire-Schloß für Leute, die das Zeichnen lernen möchten, und mit seinem ›Dakota‹ an der 72nd Street, einem Apartmenthaus im reizvollen ›Eclectic Style‹, einer Stilbezeichnung, die vermutlich ein etwas verzweifelter Versuch war, das wilde Durcheinander von Baustilen, oft vereint in einem Bauwerk, unter einen Hut zu bringen. Heutzutage ist sie ein allgemein vertrauter Begriff, ungefähr entsprechend dem deutschen ›Historismus‹. Das ›Dakota‹ bekam seinen Namen, als der Erbe des Singer-Nähmaschinenvermögens Hardenbergh beauftragte, ihm ein luxuriöses Haus mit Innenhof zu bauen, wo heute die West 72nd Street auf den Central Park West stößt, wo aber 1884 höchstens ein paar baufällige Hütten standen: Er hätte es auch gleich in die Dakotas zu den Indianern setzen können, hieß es. Hardenberghs Palast auf dem Lande wurde ein großer Erfolg, und noch heute liest sich die Liste der Wohnungsbesitzer wie ein Who's Who im Show Business. Weltweit bekannt wurde das ›Dakota‹, als Beatle John Lennon eines Abends vor seiner Tür ermordet wurde. Seither trifft man immer noch Fans mit Kameras dort an. Ein paar Schritte von der Plaza in den Central Park hinein hatte ein Verehrer dem Beatle eine rührende kleine Gedenkstätte am Hang mit einem duftenden Ring von Räucherstäbchen eingerichtet.

Hardenberghs ›Plaza Hotel‹ mit seinem Mansardendach aus Schiefer und Kupfer und den Ecktürmchen aus weißglasierten Backsteinen ist nicht nur eine New Yorker Institution, sondern auch die leidenschaftlich geliebte Verkörperung und das Symbol der hier so hoch angesehenen Fähigkeit zum Überleben: Denn trotz der recht unsensiblen und völlig nutzlosen Änderungen im Inneren beweist dieser Bau mit seiner äußeren Erscheinung, daß nicht alles vergänglich ist in dieser Stadt. Wer das Glück hat, dort zu wohnen, sollte versuchen, ein Zimmer auf der Nordseite im dritten, vierten oder fünften Stock zu mieten: Wie Eloise, die kindliche Heldin des gleichnamigen Buches voller amüsanter Plaza-Abenteuer von Kay Thompson, könnte man dann über die Baumkronen hinweg den Central Park mit Wesen der eigenen Phantasie bevölkern, wenn einem die existierenden nicht so gut gefallen; wie Eloise könnte man dann Tauben zum Tee einladen; nur unwahrscheinlich ist, daß man, wie Eloise, auch seinem

Porträt in der Eingangshalle begegnete. Zur Eröffnung des Hotels am 1. Oktober 1907 hatten sich einige von New Yorks Multimillionären, so Alfred G. Vanderbilt, George J. Gould und John W. Gates (mit dem so bezeichnenden Spitznamen ›Bet-a-million-Gates‹), in Fluchten von zehn und mehr Zimmern eingenistet, obwohl ihre eigenen Luxusvillen nicht weit entfernt auf der ›Millionaires' Row‹, einem Stück der Fifth Avenue, in Reih und Glied standen. Damals überragte das ›Plaza‹ sie alle noch, sogar Cornelius Vanderbilts längst verschwundene Erinnerung an Chenonceaux. Ein Bewunderer verglich den Blick aus den oberen Stockwerken mit dem von einem Alpengipfel. Selbst heute sind die Ostfassade und die Nordseite noch freistehend und allseitig sichtbar, ein Phänomen in dieser Stadt der Straßenschluchten und aneinandergebauten Häuser.

Nach jenen legendären Millionären hat so mancher Wahl-New-Yorker im ›Plaza‹ gewohnt. Frank Lloyd Wright, der Architekt des Guggenheim Museum, hatte sein Hauptquartier hier, um die Arbeiten aus der Nähe zu überwachen; Scott und Zelda Fitzgerald betrieben von hier aus 1922 ihre Suche nach einem Haus auf dem Lande, und es ist nicht verwunderlich, daß die dramatische Szene im ›Großen Gatsby‹, in der Daisy Buchanan und Gatsby Daisys Mann ihre Affaire eingestehen, im ›Plaza‹ stattfindet. Berühmte Durchreisende gab und gibt es in Hülle und Fülle, von Franz Molnar bis Gromyko, von Gracia Patricia von Monaco bis Brigitte Bardot, von Enrico Caruso bis zu den Rolling Stones; und ebenso aufwendige Bälle mit Herzoginnen im Hermelin, schottischen Lords im Kilt und New Yorker Hausmeistern im geborgten Smoking.

Am Südende der Esplanade an der 58th Street und gegenüber dem eleganten Kaufhaus Bergdorf-Goodman, Heimat der französischen Haute Couture von Chanel bis Givenchy, dem das Zuckerbäckerhaus der Vanderbilts Platz machen mußte, spendet der *Joseph-Pulitzer-Brunnen* von 1915 an heißen Tagen Kühle. Benannt ist er nach dem Zeitungsmagnaten, Herausgeber der ›World‹ und Stifter des gleichnamigen Literaturpreises, und gekrönt wird er von einer weiblichen Figur, der Abundantia, Karl Bitters letztem Werk, die als Allegorie des Überflusses einen freundlichen Gegensatz zur goldenen, inzwischen angelaufenen Schlachtenglorie am anderen Ende der Esplanade bildet. In die Stadtgeschichte eingegangen jedoch ist der Brunnen durch eben jene Zelda Fitzgerald, die die Angewohnheit hatte, sich nächtlich nach besonders wilden Parties dolce-vita-ähnlich in ihm zu erfrischen.

Die Gemüter streiten sich immer noch, ob das *Solow Building*, das aussieht wie ein unten erweitertes Hosenbein, nun wirklich einen guten Hintergrund für das ›Plaza‹ abgibt oder nicht. Jedenfalls war es eines der ersten Gebäude im sogenannten ›Bell-Bottom Style‹, den man deutsch vielleicht als ›Matrosenhosen-Stil‹ bezeichnen könnte. Wenn man durch die Lobby geht, kommt man auf der anderen Seite des Hosenbeins wieder ins Freie und steht nun auf dem nördlichen Bürgersteig der West 57th Street. Durch die gitterförmige Straßenanlage der Stadt findet man sich leicht zurecht, aber New Yorker machen es sich und Besuchern noch leichter, indem sie stets hinzufügen, ob es sich nun um die Südost- oder die Nordwestecke einer Avenue oder Straße handelt. Die Fifth Avenue – wie fast alle Straßen und Avenues seit einigen Jahren Einbahnstraße – teilt Manhattan in eine Ost- und eine Westhälfte, und der Verkehr läuft auf ihr von Norden nach Süden. Sie ist unser nächstes Ziel.

Weißes Satinband Fifth Avenue

An der Fifth Avenue geben eine Menge Leute Geld aus,
das sie nicht haben, und kaufen damit Dinge,
die sie nicht brauchen, um Leuten zu imponieren,
die sie nicht ausstehen können.

Anonym

In dem berühmten Rasterplan von 1811, mit dem die Stadtväter die Öde im Norden ihrer kleinen, an der Südspitze der Insel gelegenen Siedlung mir nichts dir nichts aufteilten, war New Yorks »weißes Satinband« – so bezeichnete ein chinesischer Besucher die Fifth Avenue – ganz einfach Nummer 5. Im Jahre 1830 reichte sie vom Washington Square nur bis zur 24th Street, 1864 immerhin schon bis nach Harlem. Als Charles Dickens 1842 zu Besuch kam, ist er offenbar über den Washington Square nicht hinausgedrungen, denn er erwähnt die Fifth Avenue mit keinem Wort. Ein Synonym für extravagantes High-Society-Gebaren wurde sie erst nach dem Sezessionskrieg, und Ende des Jahrhunderts war sie bis zur 57th Street dicht besiedelt.

Wie sehr sie sich inzwischen verändert hat, beweisen die alten Photos: massive Marmorpaläste in Reih und Glied, eine gewisse Gleichförmigkeit trotz der verschiedensten Baustile, nur hier und da unterbrochen von einer Kirche oder einem Klub. Verkehrsmittel waren hier nicht etwa die lauten, Schmutz und Funken speienden ›Els‹ – die Hochbahnen – wie auf der Third und Sixth Avenue, sondern von Pferden gezogene Omnibusse: Sogar die Verkehrsgeräusche waren damals gedämpft. Als in den zwanziger Jahren die Kaufläden die Villen verdrängten, ersetzten auch elektrische Pferdestärken die natürlichen, und man fuhr nun in Doppeldeckerbussen die Avenue hinauf und hinunter, zuerst in offenen, was sicher großen Spaß gemacht hat, und bis 1953 in geschlossenen. Vor ein paar Jahren beschloß die Stadt, es noch einmal zu versuchen und kaufte zur allgemeinen Freude englische Doppeldecker für die

Fifth Avenue und einige andere Routen. Aber sie waren
New Yorks schlechten Straßen nicht gewachsen und mußten bald in den Ruhestand gehen.

Heute haben es die elektrischen Pferdestärken schwer,
über die verkehrsreichen Kreuzungen zu gelangen. Ein großer Teil des sich gewandt um sie herumschlängelnden Fuß-
gängerstromes hat als Ziel die südöstliche Ecke von Fifth
Avenue und 57th Street mit dem Supermarkt der Juwelen,
Tiffany and Company, hinter glatten Granitfassaden im
späten, ›klassisch‹ beeinflußten Art Deco. Platz gemacht
hatte diesem recht unauffälligen Gebäude Ende der dreißiger Jahre eine der Villen des Großunternehmers Collis P.
Huntington, dessen Nachkommen Los Angeles die berühmte Huntington Library and Art Collection mit Gainsboroughs ›Blue Boy‹ und New York die Hispanic Society of
America verdanken. Anscheinend hatten es die Huntingtons nicht leicht, ihre angesammelten Schätze bei würdigen
Empfängern unterzubringen, denn als ein Familienmitglied
mit Rembrandts ›Aristoteles mit der Büste Homers‹ im
Koffer beim Direktor eines kleinen, bedürftigen Museums
in New Jersey erschien, hieß es, man sammle nur moderne
Kunst. Diese Abfuhr hatte wohl zur Folge, daß das Bild
später nicht verschenkt, sondern lieber verkauft wurde,
und so hängt es nun, über zwei Millionen Dollar schwer,
im Metropolitan Museum.

Tiffanys erstes Haus, Nachbild des Palazzo Grimani in
Venedig und 1906 von McKim, Mead and White, von
denen noch öfter die Rede sein wird, an der Ecke von Fifth
Avenue und 37th Street errichtet, steht heute noch, nur hat
es eine Reihe von grobschlächtigen Änderungen über sich
ergehen lassen müssen. Angefangen hatte Charles Louis
Tiffany, der Gründer der Dynastie, natürlich nicht auf
solch großem Fuße. Zu Beginn seiner erfolgreichen Lauf-
bahn betrieb er erst einmal einen gehobenen Kramladen,
dessen Einnahmen während der ersten drei Geschäftstage
im Jahre 1837 knapp fünf Dollar betrugen. Da er aber ein
ausgesprochen kluger Geschäftsmann war, blieb es nicht

dabei. Ein Besucher aus Europa berichtete im Jahre 1883, daß Tiffany der größte Silberverarbeiter Amerikas, wenn nicht der Welt sei, und daß er 23 gekrönte Häupter zu seinen Kunden zähle, darunter Königin Victoria, den Zaren und den Schah von Persien. War Charles Louis ein Geschäftsmann mit Kunstsinn, so sein berühmter Sohn Louis Comfort ein Künstler mit Geschäftssinn. Er schuf Kunstobjekte aller Art in einem eher robusten als delikaten Jugendstil, tat sich auch durch die Dekoration ganzer Häuser hervor und gelangte schließlich zu großem Ruhm durch seine Entwicklung eines mundgeblasenen Glases mit irisierenden und marmorisierenden Effekten, das er ›Favrile-Glas‹ nannte und zu Lampen und Vasen mit unverwechselbarem floralem und geometrischem Design verarbeitete. Sie sind heute kleine Vermögen wert und bei Tiffany's nicht mehr zu kaufen.

Was man bei Tiffany's heutzutage findet, sind – außer Juwelen natürlich – ganze Aussteuern, und so manche Braut aus der guten Gesellschaft, oder was dafür gehalten werden möchte, hat bei Tiffany's eine ›bride's list‹, aus der Verwandte und Bekannte erfahren, welches Geschenk noch ›aussteht‹. Originell sind die kleinen Tiffany-Schaufenster immer. Sie werden von begabten Designern mit viel Phantasie dekoriert. So baute einer zum Beispiel gotische Schlösser aus hauchdünnen Spaghetti auf, setzte venezianische Kasperlfiguren und winzige Fontänen hinein: ein ganzes Szenario für ein einziges teures Stück Glitzriges. Im zweiten Stock gibt es kleinere Sachen aus Silber, Email, Porzellan, darunter eine gute Auswahl von phantasievollen Mitbringseln wie Tubenschlüssel, auf die man Initialen gravieren lassen kann, oder New Yorks Symbol, den ›Big Apple‹, am Kettchen, oder auch eine Nadel mit dem Vorschlag »Try God«, deren Erlöse einer Institution zur Rehabilitierung von drogensüchtigen Mädchen zugehen.

Das Big-Apple-Symbol hat eine kuriose Entstehungsgeschichte. In den siebziger Jahren wurde es von New Yorks städtischem Reisebüro wiederentdeckt und als unerwartet

erfolgreiches Logogramm in alle Werbekampagnen aufgenommen. Entliehen ist es angeblich aus der Jazzgeschichte:
Wenn nämlich ein Musiker früher von New Orleans über
Kansas City oder Chicago in New York, dem Big Apple,
gelandet war und dablieb, hatte er es geschafft. Die Bezeichnung selbst aber ist älter: Im ersten Jahrzehnt dieses
Jahrhunderts verglich ein Besucher die Vereinigten Staaten
mit einem kräftigen Baum, dessen schönste, reifste Frucht
ein dicker Apfel sei: New York.

Viele Leute denken bei Tiffany's an den Film mit Audrey
Hepburn aus den fünfziger Jahren, und wirklich soll Tru-
man Capote, der Autor des dem Film zugrundeliegenden
Buches ›Frühstück bei Tiffany‹, zur Weihnachtszeit in den
Juwelenmarkt hineinspaziert sein und sich für die kostenlos gelieferte Reklame durch seinen Film eine Uhr im Wert
von damals tausend Dollar ausgesucht haben – natürlich
ohne sie zu bezahlen. Sich dort auf andere Weise kostenlos
zu bereichern, ist unmöglich; die Bewachung ist diskret,
aber scharfäugig, und der Rolls Royce, der zu Weihnachten mit einer dicken roten Schleife um den Bauch vor der
Tür steht, hat noch nie auch nur einen Kratzer abbekom-
men. In New York muß man Edelsteine übrigens nicht
unbedingt kaufen – oder stehlen: Der größte Granat in
nordamerikanischer Erde wurde bei Grabungsarbeiten unter der 35th Street entdeckt!

Geht man die Fifth Avenue nach Süden weiter, so findet
man an der 54th Street in der für New York so typischen
Mischung aus Eleganz und Häßlichkeit ein Geschäft mit
einer glatten, modernen Fassade aus hellbraunem Marmor
und ein paar Türen weiter einen auf orientalisch zurecht-
gemachten Laden mit aufdringlichem, teuren Ramsch.
Wettgemacht werden diese leider immer häufiger auftauchenden Geschmacksfehler durch das interessante Neben-
einander von kühlen glatten Wolkenkratzern und Gebäuden im schon erwähnten Eclectic Style. Dazwischen gibt es
haargenau nachempfundene, kaum hundert Jahre alte gotische Kirchen und Palazzi der Renaissance.

Ein besonders gutes Beispiel dafür ist der *University Club* an der Nordwestecke von 54th Street. Arnold Bennett, der englische Schriftsteller, der solchen opulenten Institutionen anscheinend mit einer gewissen Haßliebe gegenüberstand, fand 1911, daß es das schönste der vielen schönen – heute meistens leider abgerissenen – Gebäude an der Fifth Avenue sei. Die Architekten des Baues waren New Yorks allgegenwärtige und außerordentlich produktive Lieblinge McKim, Mead and White. Ihre Popularität verdankten sie der Fähigkeit, den von ihrer Grand Tour aus Europa zurückkehrenden New Yorkern Paläste zu bauen, die sich auf den ersten Blick mit den Originalen in Rom, Venedig oder an der Loire messen konnten. Im Inneren waren sie mit ihrem modernen Komfort jenen sogar überlegen, und es ist ein Jammer, daß so viele von ihnen langweiligen aber sündhaft teuren Apartmenthäusern weichen mußten.

Stanford White, ein Genie der Architektur, war der hervorstechendste Partner der Gruppe, übrigens auch aufgrund seines wohlverdienten Rufs als Frauenheld. 1890 baute er am Madison Square seinen ›Garden‹, sprich Amüsierpalast, eine Mischung aus Zirkus, Konzerthalle und Nachtklub. Er selbst zog in eine Kopie der Giralda von Sevilla auf dem Dach ein und gab dort rauschende Feste mit Golddamast und Orchideen, Lichtern in eingetopften Bäumen, Mandolinenklängen und den schönsten Frauen New Yorks. Eine von ihnen, Evelyn Nesbit, hatte einen sehr eifersüchtigen Ehemann, der dort oben mit drei Revolverschüssen, untermalt von den Klängen der gerade populären Operette ›Mamzelle Champagne‹, Whites unwürdiges und viel zu frühes Ende herbeiführte. Noch heute stellen New Yorker bei Ansicht einer architektonischen Mißgeburt gern fest, daß Harry Thaw, der eifersüchtige Ehemann, den falschen Architekten erwischt habe.

Es würde sich schon lohnen, im University Club ein Mitglied zu kennen, denn Whites Speisesaal ist der schönste Raum mit dem schlechtesten Essen in der Stadt. Die Klubs,

die sich, wie in London, nicht nur durch ihren Mitglieder-
typ unterscheiden, sondern auch durch ihr Alter, ihre Be-
hausung, ihre Lage, und, was gar nicht so unwichtig ist,
ihren Weinkeller und eben ihre Küche, haben ganz langsam dem Druck der in New York besonders militanten
Frauenbewegung nachgegeben, und zu gewissen Anlässen
und manchen Mahlzeiten dürfen nun auch Frauen die
Schwelle übertreten, selbst wenn einige alte Herren, auf
dem Sofa liegend, dem fait accompli immer noch hörbar
mit »nur über meine Leiche!« widerstreben.

Der nächste Block auf dem Weg nach Süden wird von
der gotischen Fassade von *St. Thomas Church* beherrscht,
deren guter und beliebter Chor mittwochs mittags und
manchmal abends zum ›Evensong‹ Konzerte gibt. In ihrer
ersten Inkarnation war St. Thomas der Schwanengesang
Richard Upjohns, des Architekten unter anderem der Trinity Church an der Wall-Street-Mündung. Dieser erste Bau
besaß eine Altarrückwand von Augustus Saint-Gaudens,
dem einflußreichsten klassizistischen Bildhauer in Amerika, und die Fenster hatte John La Farge entworfen, dessen Arbeiten eine ganze Generation von amerikanischen
Malern beeinflußten. Upjohns Kirche brannte 1905 ab,
1914 errichtete Bertram G. Goodhue einen neuen Bau, in
dem er französische und englische Gotik brillant kombi-
nierte und der für viele Leute als der schönste in der Stadt
gilt. Links vom Haupteingang befindet sich das Brautpor-
tal, durch das so manche Braut aus der guten New Yorker
Gesellschaft geschritten ist, so zum Beispiel auch Consuelo
Vanderbilt, als sie den Herzog von Marlborough nicht nur
heiratete, sondern ihn auch gleichzeitig mit einer riesigen
Aussteuer versorgte. Kein Wunder, daß einer der beiden
Liebesknoten im steinernen Zierwerk über der Tür von
einem Spaßvogel mit dem Meißel in ein Dollarzeichen verwandelt worden ist. Der Turm an der rechten Seite der
Kirche verankert den Bau fest an der Straßenecke und
zieht den Spaziergänger von der Fifth Avenue auf die West
53rd Street.

Das ist auch ganz recht so, denn in der Mitte des Blocks liegt eines der wichtigsten Museen in New York, das *Museum of Modern Art*. Diese außerordentlich bedeutende und umfangreiche Sammlung von hauptsächlich europäischen und amerikanischen Werken der Moderne kann einem hier ausstellenden zeitgenössischen Künstler über Nacht zu Ruhm verhelfen; wenn er aber hier übersehen wird, hat er es auch anderswo schwer, Kritiker, Händler und das Publikum von seinem Wert zu überzeugen. Durch die Dauerausstellung zu gehen, heißt, die Geschichte der modernen Kunst auf die einleuchtendste Weise vor sich abrollen zu lassen. Denn die Meisterwerke an Bildern und Plastiken sind so angeordnet, daß die verschiedenen Entwicklungen sinnfällig hervortreten. Das Museum wurde 1929 von einer Gruppe prominenter und teilweise sehr wohlhabender New Yorker gegründet, darunter den Rokkefellers und dem berühmten Matisse-Spezialisten Alfred H. Barr, Jr. Im Jahre 1939 bezog die Sammlung ihr heutiges Quartier, ein funktionelles Gebäude im International Style von Philip L. Goodwin und Edward D. Stone, das Philip Johnson 1951 und 1964 erweiterte und dem er einen wunderbaren Garten hinzufügte. Die Bezeichnung International Style läßt sich etwa als ›amerikanisiertes Bauhaus‹ beschreiben. Durch eine Hochhausüberbauung seit 1982 wird das Museum in Zukunft beträchtlich erweitert sein.

Abgesehen von Gemälden und Plastiken vom Impressionismus bis zur neuesten Avantgarde besitzt das Museum of Modern Art bemerkenswerte Sammlungen von Zeichnungen, Graphik, Photographien, modernem Design, darunter z.B. eine Kaffeemühle von Braun oder Mies van der Rohes Leder- und Chromsessel, und ein weltberühmtes Filmarchiv. Der Monatskalender ist zum Bersten gefüllt mit Ausstellungen, Filmvorführungen, darunter viele Werke von jungen oder unbekannten Filmemachern, und mit Vorträgen aller Art. Der Skulpturengarten allein ist einen Besuch wert: Rodins Balzac betrachtet mit hochgezogenen

Augenbrauen eine Maillol-Figur, die unbefangen in einem
Becken hockt, Picassos Ziege mit Rippen aus Korbgeflecht
versteckt sich hinter einem Busch. Menschen sitzen, wandeln, essen, unterhalten oder sonnen sich in dieser ohne
Zweifel schönsten modernen Großstadtoase. An Sommerabenden wird sie zu einer wahren Freilichtbühne, auf der
Sänger, Tänzer, Musikanten und Mimen ihre Künste zeigen. Drinnen – »in rooms where caged colors blotch the
walls«, wie die Dichterin May Swenson schrieb – sind die
Impressionisten und Postimpressionisten durch Monet mit
dem großen Seerosentriptychon, von dem leider ein Teil
bei einem Brand zerstört wurde, Cézanne mit den Baden-
den, Gauguin mit dem Mond und der Erde, van Gogh mit
der Sternennacht, Toulouse-Lautrec mit der Goulue im
Moulin Rouge und der Douanier Rousseau mit der schlafenden Zigeunerin mit dem Löwen vertreten. Dreißig
Jahre lang hing hier auch Picassos ›Guernica‹, ein Gemälde, das mehr Pilger angezogen hat als je irgendein
anderes in der Stadt. Nun hat es in Madrid im Prado seine
endgültige Heimat gefunden. Picassos revolutionären ›De-
moiselles d'Avignon‹ eröffnen den Reigen bedeutender
Werke von Hauptakteuren der modernen Kunst unseres
Jahrhunderts: Matisse in besonders reicher Auswahl,
Braque, Léger, Rouault und andere. Die Expressionisten
Kirchner, Nolde, Kokoschka, Beckmann und Klee behaup-
ten ihre Plätze neben den großen Franzosen. Die nächste
Generation ist an Werken von Dubuffet, Tanguy, Miró,
Dali, Ernst und Giacometti zu bewundern. Die Nordame-
rikaner treten mit Marin, Hopper, Shahn, de Kooning,
Tobey, Pollock und den bekannten Namen aus Op und
Pop, die Lateinamerikaner mit Lam, Orozco und Matta
hervor. Die Plastiken reichen von Rodin über Matisse,
Maillol, Brancusi, Lehmbruck, Lachaise und Moore bis zu
David Smith.

Sollte im Museum of Modern Art der Andrang zu groß
sein, kann man im Museum of American Folk Art und im
Museum of Contemporary Crafts, beide einige Türen wei-

ter nach Westen, eine angenehme Stunde verbringen. Besonders das *Museum of American Folk Art* hat oft zauberhafte Ausstellungen von Bildern, Möbeln, Objekten. Besonders originell sind die Sammlungen von Quilts aller Art einschließlich einer kleinen, aber überraschend vielseitigen Auswahl an Puppen- und Babyquilts. Steppdecken wurden in Europa seit dem 17. Jahrhundert hergestellt, eine Tradition, die im Amerika des 18. und besonders des 19. Jahrhunderts mit großer Lebendigkeit und Erfindungsgabe weitergeführt wurde. Mit dem Aufschwung des ›Crafts Movement‹ ist ihre Beliebtheit noch gestiegen, und sie haben heute Sammlerwert. Am schönsten sind vielleicht die Quilts der Amish, einer Mennonitensekte mit Siedlungen in Pennsylvania, Ohio und Indiana, die durch ihre kühlen, man möchte fast sagen ›sauren Lutschbonbon‹-Farben auffallen.

Sogar New Yorker, die sich einbilden, alles gesehen zu haben, konnten anläßlich einer Ausstellung von Tramp Art im Museum of American Folk Art ihre Überraschung nicht verbergen. Tramp Art sind Holzarbeiten aus Zigarrenkisten, die von amerikanischen Wandergesellen des 19. und frühen 20. Jahrhunderts stammen, wobei das dünne Holz orgelpfeifenartig geschichtet wird und so die wildesten Formen annehmen kann. Die Gegenstände reichen vom Kästchen in der Gestalt einer Miniatur-Thomaskirche bis zu Schreibtischen für Beinaheriesen.

An vielen Stellen ist die Trennlinie zwischen Folk Art und Crafts nur sehr fein. So sieht man im *Museum of Contemporary Crafts* auf der anderen Straßenseite Dinge, die ohne weiteres als Volkskunst bezeichnet werden könnten. Da gab es einmal eine hinreißende Ausstellung über einfaches weißes Papier und die vielen Dinge, die Phantasie und geübte Finger daraus machen können; ein andermal wurden die Arbeiten junger Handwerker vorgestellt, die sich mit Erfolg an ein so schwieriges Material wie Eisen gewagt hatten, dann wieder zeigte man in einer ›Hommage to the bag‹ die Vielseitigkeit von Papiertüten.

An der 53rd Street zwischen Fifth und Madison Avenue kommt man zu einem der beliebtesten ›Westentaschenparks‹ in der Stadt. Diesen Namen verwenden die dankbaren New Yorker, wenn ein Krösus ein Stück teures Baugelände für eine kleine grüne Oase abgegeben hat. Der kleine Park wurde von William S. Paley, dem Gründer des Columbia Broadcasting System, zur Erinnerung an seinen Vater gestiftet; er ist für erhitzte und müde Wanderer und Midtown-Bürohocker ein willkommener Ort der Erfrischung. Er überwältigt nicht mit zu viel Grün, sondern hat eine Brunnenwand, deren Plätschern den Straßenlärm fast ausschaltet, sonst nur einige Bäume und darunter Tische und Stühle. Nebenan, im Hause der Paley-Stiftung, bietet das *Broadcasting Museum* einen gründlichen Einblick in die Entwicklung von Radio und Fernsehen in Amerika.

Bewandert man heute das Stück Fifth Avenue zwischen 59th und 42nd Street, erinnert eigentlich nur noch *Cartiers Juweliergeschäft* Ecke 52nd Street an die Zeit um die Jahrhundertwende, als die Avenue noch eine Wohnstraße war. Dieses Stadtpalais im immer noch populären italienischen Renaissancestil wurde 1903 für einen reichen Bankier namens Plant gebaut, dem schon nach kurzer Zeit zunehmender Verkehr und Lärm auf die Nerven gingen und der darum in eine ruhigere Gegend zog. Pierre Cartier, dessen Familie seit 1847 in New York etabliert war, brauchte einen entsprechenden Rahmen für seine Prunkstücke: Immerhin hatte er den Prinzen von Wales mit Schmuck für Prinzessin Alexandra versorgt! So machte er einen typischen New Yorker ›deal‹: Für den Palast bekam Frau Plant eine Kette aus sorgfältig ausgesuchten gleichgroßen schwarzen und weißen Perlen.

Auf dem Weg nach Süden wird der Blick unwiderstehlich auf die beiden über hundert Meter hohen Türme der *St. Patrick's Cathedral* gezogen. Zu Ehren eines Papstbesuches wurde sie vor einigen Jahren zum ersten Mal in ihrem hundertjährigen Leben gründlich gereinigt und sieht nun – mit Verlaub – etwas nackt aus; denn bis sich die Schatten

Wilhelm Thöny
New York bei Nacht, um 1936

Aquarell auf Papier, 48 × 65 cm
Albertina, Wien

von Schwarz bis Hellgrau, für die Luftverpestung und
Tauben sorgen, wieder eingestellt haben, dürften selbst im
schmutzigen New York einige Jahre ins Land ziehen. Am
besten sieht die Kirche in diesem neugeborenen Zustand
am Abend und von Süden aus: Der Turm des Olympic
Tower, eines Hochhauses aus glattem, dunklen Glas, gibt
einen idealen Hintergrund ab, und die Beleuchtung der
Kirche – in der Tradition von ›lumière‹, bis auf die Glok-
ken jedoch gottlob ohne ›son‹ – liefert die nötige Drama-
tik. St. Patrick's, natürlich nach Irlands Schutzheiligem benannt, ist die Kathedrale der katholischen Erzdiözese in
New York, deren Seelen zum großen Teil irischer Abstammung sind. Ein Erzbischof namens Hughes hatte schon
1850 die Idee, der großen, reichen Diözese ein entspre-
chendes Monument zu setzen, und so wurde 1858 der
Grundstein gelegt. Der Architekt James Renwick, dem
New York unter anderem die Grace Church an der Ecke
von Broadway und 10th Street verdankt, betrachtete
St. Patrick's als sein Meisterwerk. Kritiker finden allerdings den Stil der Kirche ein wenig nüchtern: Vielleicht
hatte Renwick vor dem Umfang und der Bedeutung des
Auftrags einen Schrecken bekommen. Denn riesig ist sie:
mit 110 Metern Länge und fast 60 Metern Breite hat sie
Sitzplätze für 2500 Andächtige, kann aber ohne weiteres
18000 aufnehmen. Stilistisch lehnt sie sich an die zieraten-
reiche englische Hochgotik an, doch sind auch Elemente
der Kathedralen von Amiens und Köln eingearbeitet. Eines
der Fenster ist dem hl. Patrick gewidmet. Es war ein Geschenk des Architekten und zeigt im unteren Teil, wie Renwick dem ersten amerikanischen Kardinal McCloskey die
Pläne der Kathedrale überreicht. Viele New Yorker können die Verzierungen der Türme genauestens beschreiben;
sie haben nämlich ihren Zahnarzt im Rockefeller Center
auf der anderen Straßenseite. Aus nicht ganz erklärlichen
Gründen haben sich dort ganze Schwärme von Dentisten
niedergelassen, als ob sie ihre Patienten mit dem Anblick
von Voluten und Schnörkeln aus Stein ablenken wollten.

Amerikanische Zahnärzte haben übrigens seit langem einen guten Ruf, und schon 1905 sagte der britische Admiral Prinz Louis Alexander von Battenberg bei seiner Ankunft, er habe seine Zähne für amerikanische Zahnärzte ›aufgehoben‹.

St. Patrick's und die ebenfalls von Renwick gebaute *Erzbischöfliche Residenz* und das *Pfarrhaus* nehmen den ganzen Block zwischen Fifth und Madison Avenue und zwischen 51st und 50th Street ein. Eine Verschönerung aus dem Jahr 1906 stellt die Marienkapelle von Charles Mathews hinter dem Hauptaltar dar. Ihre Gotik ist von zarterer Art als die der Kathedrale selbst und wird von den meisten Architekturkennern mit ungetrübterer Begeisterung gepriesen. Man kann, wie bei jeder Dorfkirche, um den großen Bau herumlaufen und sich selbst von der Schönheit der Kapelle überzeugen.

Es ist nicht leicht, aus der Beschaulichkeit der Kirchen oder der Museen ins Gewühl der Fifth Avenue zurückzukehren, besonders mittags und in den Hauptverkehrszeiten morgens und abends. Autos und Busse bleiben stecken, weil sie gegen die Masse einfach nicht ankommen. Sich beeilen zu wollen, ist zwecklos, und Platzangst darf gar nicht erst aufkommen. Man hält es besser mit Walt Whitman, der nichts lieber tat als sich von diesen endlosen Menschenwogen treiben zu lassen: »Give me faces and streets – give me these phantoms incessant and endless along the trottoirs! / Give me the streets of Manhattan.«

Diese Menschenmengen, die Einwohner der Stadt, kann man in vier Gruppen aufteilen: Eine kleine Gruppe sind gebürtige New Yorker, deren Eltern schon hier oder sonstwo in Amerika geboren wurden; eine größere bilden amerikanische Nachfahren amerikanischer Eltern, die als Erwachsene nach New York kamen; beträchtlich ist die Anzahl der auf amerikanischem Boden geborenen Nachfahren von Ausländern; schließlich gibt es die große Masse der soeben angekommenen Einwanderer.

Zu der ersten Kategorie ist zu sagen, daß es gar nicht so

einfach ist, in New York geboren zu werden: Erstens ist es
schrecklich teuer, es sei denn, man ist Wohlfahrtsempfänger. Zweitens, und eben darum, wohnen viele Familien im
zeugungsfreudigen Alter in den Vororten. Sollte es aber
jemandem geglückt sein, hier zur Welt zu kommen – und
um die vorige Jahrhundertwende schafften es immerhin
schon 25 000 Babys im Jahr! –, so fährt er im Schulalter
mit einem gelben Privatbus in eine sehr teure Privatschule
oder an Mutters Hand im Bus oder in der Subway in eine
öffentliche Schule, wo er dann sehr schnell lernt, aus wie
vielen verschiedenen Schichten sich New Yorks Gesellschaft zusammensetzt, und daß er aus Selbsterhaltungs-
gründen ›streetwise‹, straßenschlau, werden muß, eine Eigenschaft, die den echten New Yorker von dessen Imitatio-
nen unterscheidet, die sich aber auch diese schnellstens
anzueignen versuchen.

Es ist schon besser, als junger Erwachsener anzukom-
men, etwas gelernt zu haben und ehrgeizig zu sein.
Dann stehen einem alle Türen offen, und man kann es
schnell zu etwas bringen. Natürlich ist die Konkurrenz auf
dem Weg nach oben groß, aber einmal angekommen, kann
man sich mit ein wenig Mühe in der sozialen Sphäre ein-
nisten, die einem vorschwebt. Denn die Gesellschaft in
New York ist wie ein Legespiel, die einzelnen Stücke gibt
es in den verschiedensten Größen, Formen und Farben,
aber sie fügen sich doch in ein Ganzes, selbst wenn ihre
Konturen manchmal noch zu sehen sind. Als junger Arri-
vierter muß man also nur dafür sorgen, seinen Provinzak-
zent – oder was für manche Leute noch schlimmer ist, den
aus Brooklyn oder der Bronx – etwas zu modifizieren,
wenn nicht völlig abzulegen, Fleisch nicht mit der Fischga-
bel zu essen, und, wenn es geht, eine Erbin oder wenigstens
jemanden aus einer ›guten‹ Familie zu heiraten. Dann besorgt man sich eine teure Wohnung an Fifth oder Park
Avenue, ein Haus auf dem Land – wobei Connecticut ›besser‹ ist als New Jersey – oder auf Long Island, und auch
dort nicht einfach irgendwo zwischen den Kartoffeläckern.

Dann wird man Mitglied mit einem Jahresbeitrag von mindestens tausend Dollar bei den wichtigen Museen, läßt sich auf Auktionen bei Christie's und Sotheby's und samstags in den Galerien sehen, unterstützt Politiker, die eine Chance haben, es zu schaffen, wobei man bei der Stadtregierung anfängt – und ist bald ein ›man about town‹.

Der beschriebene Typ des neuen New Yorkers taucht natürlich in allen Variationen auf, ob es der Tellerwäscher ist, der sich zum Manager des Restaurants hinaufarbeitet, der Polizist, der es vom ›cop on the beat‹ zum Lieutenant bringt, der Assistent im Museum, der Direktor wird – sie alle machen die Vitalität dieser Stadt aus und sind der Grund, warum diese trotz aller Unheilsverkündungen nicht verkümmern kann. Diese Leute haben schließlich *hier* ihren Erfolgsweg angetreten und ihn geschafft, und nicht in Kalamazoo, dem amerikanischen Kleinkleckersdorf. Um es mit Kate Simon, einer weitgereisten und begeisterten New Yorkerin, poetischer zu sagen: »Die kleinen Träume bleiben zu Hause und die großen kommen nach New York.« Thomas Wolfe schließlich hat der Stadt den bittersüßen Tribut gezollt: »You can't go home again.«

Rockefeller Center:
New Yorks ›Dorfplatz‹

Everything around me betokens energy,
industry and prosperity ...
Lady Emmeline Stuart-Wortley, 1849

Für viele vom Verkehr erdrückte New Yorker ist der
schönste Aspekt des Rockefeller Center, daß es unterirdische Liefer- und Lagerungsanlagen hat. Eine prosaische
Feststellung vielleicht, aber keineswegs an den Haaren her-
beigezogen, wenn man bedenkt, daß die Lastwagen, die
täglich hier ankommen und über Rampen im Bauch des
Kolosses verschwinden, zwei Kolonnen längs der Fifth
Avenue von der 42nd Street bis hoch hinauf zur 120th
Street bilden würden.

Für andere wieder ist das Bemerkenswerteste die Unver-
blümtheit, mit der der Komplex seine kommerzielle raison
d'être zu erkennen gibt. Er wurde gebaut, als die amerikanische Wirtschaft durch die Depression Ende der zwanziger Jahre am tiefsten Punkt angelangt war und solch hoff-
nungsfreudiges Planen für die Zukunft von manchem Kritiker als recht utopisch betrachtet wurde. Zu einer Zeit, in
der die meisten Firmen ihre Büros verkleinern mußten und
neue ›prime locations‹, um in der Immobiliensprache zu
reden, wie das Empire State Building und das Chrysler
Building halb leer standen, wurden hier hohe Bürotürme
nicht nur konzipiert, sondern auch gebaut. Und zwar an
einer Stelle, die sich damals durch nichts empfehlen konnte
und eher ungeeignet für ein solches Projekt erschien.
Darum wurde ursprünglich sogar geplant, um zukünftige
Mieter anzulocken, eine neue Oper in dem Komplex unterzubringen, die die Aufgaben der alten Metropolitan Opera
an der Ecke Broadway und 39th Street übernehmen sollte.
Die Pläne dafür, komplett mit Kolonnaden und einem
Obelisken von Wallace K. Harrison, einem der Mitarchi-

tekten des späteren Lincoln Center, existieren noch. Niemand weiß so recht, ob man sich freuen soll oder nicht, daß nichts daraus geworden ist.

Wo sich heute der »greatest urban complex« des zwanzigsten Jahrhunderts zwischen West 48th und West 51st Street erhebt, wechselten sich Anfang des 19. Jahrhunderts noch kleine grüne Hügel mit kaum bebauten Tälern ab. Da kam es Dr. David Hosack, Arzt, Wissenschaftler und Freund von Finanzminister Alexander Hamilton und Vizepräsident Aaron Burr in den Sinn, ein Stück dieses schönen Geländes, damals noch im Besitz der Stadt, zu nutzen und einen botanischen Garten anzulegen, der Spaziergängern sowie seinen Studenten zum Pflanzenstudium dienen solle. Er gab eine Menge Geld aus, das wenigste allerdings für das Land selbst, das nur rund fünftausend Dollar kostete. Diese seine ›Elgin Gardens‹ erfreuten sich zunächst großer Popularität. Großherzog Wilhelm Ernst von Sachsen-Weimar-Eisenach freilich ließ sich in seinem Tagebuch ausführlicher über die abendlichen Festivitäten in Dr. Hosacks Haus aus als über dessen grünes Werk.

Schon nach ein paar Jahren aber fanden die wankelmütigen New Yorker, die ja damals hauptsächlich im Süden Manhattans angesiedelt waren, den Weg zu den Elgin Gardens zu weit. Den Studenten des medizinischen Collegiums wurde zwar weiterhin ans Herz gelegt, hier ihre Naturstudien zu treiben, aber der mit soviel Sorgfalt angelegte Garten verfiel allmählich und war bald mit Unkraut überwachsen. Wenige Jahre später konnte ein Bauer für 125 Dollar Miete im Jahr seine Kühe auf Dr. Hosacks Blumenbeeten weiden lassen.

Als das Land 1929 für den Bau des Rockefeller Center geräumt wurde, mußten über zweihundert Reihenhäuser aus Brownstone abgerissen werden. Viele davon waren sogenannte ›speakeasies‹, Flüsterkneipen, das heißt Wirtshäuser, in denen während der Zeit des Alkoholverbots schwarzgebrannter Schnaps ausgeschenkt wurde. Eins der Häuser wurde nicht nur verschont, sondern blieb auch

weiterhin eine Bar, auf der Welle der Nostalgie sogar im
›speakeasy‹-Stil gestaltet.

Nachdem der Bau der Oper auf diesem Gelände nach
dem Crash von 1929 fallengelassen worden war, galt es
einen finanziellen Hintermann für das Projekt zu finden.
John D. Rockefeller, Jr., erbot sich, die Hypothek von
rund 45 Millionen Dollar bei der Metropolitan Insurance
Company aufzunehmen und ein »städteplanerisches Beispiel für die Zukunft« errichten zu lassen. Im 19. Jahrhundert war ein Teil des Landes, auf dem das Rockefeller
Center sich heute befindet, an die Columbia University
übergegangen, die sich nicht träumen ließ, daß ihr Land-
besitz ›im Norden‹ – die Fakultäten des ehemaligen King's
College lagen damals noch im südlichen Manhattan und
nicht an der 116th Street – ihr eines Tages jährlich Millio-
nenmieten einbringen würde.

Eine Kunsthistorikerin hat Anlage und Architektur des
Komplexes mit dem Plan eines römischen Forums verglichen, wobei das schmale *RCA Building* (Radio Corpora-
tion of America) in der Mitte an die Trajans-Säule, und die
tiefergelegene Esplanade, die *Lower Plaza,* an die vorgela-
gerte Basilika erinnern. Wie bei vielen am Klassizismus
orientierten Anlagen wird der Besucher auch hier von der
Fifth Avenue aus eine Promenade entlanggeführt, *Channel
Gardens,* an deren Ende sich der architektonische und vi-
suelle Mittelpunkt des Ganzen, das RCA Building, beherrschend erhebt. Es ist überraschend, wie sehr noch solche
modernen Gebäude die Tradition der Ecole des Beaux-
Arts in Paris widerspiegeln. Denn modern sind die Bauten
des Rockefeller Center noch immer, und ihre glatten
Wände aus Indiana-Kalkstein und inzwischen grau ange-
laufenem Aluminium haben dem Lauf der Zeit besser
standgehalten als so mancher jüngere Bau in der Skelettbauweise des späten International Style, selbst wenn ihre
Details in reinem Art Deco sie fest an ihre Periode binden.

Das Architektengremium Reinhard and Hofmeister,
Corbett, Harrison and MacMurray sowie Hood and

Fouilhoux – die beiden letztgenannten bauten auch das McGraw-Hill Building an der westlichen 42nd Street – löste seine Aufgabe tadellos. Die zehn ursprünglichen Gebäude sind geschickt auf fünf Hektar Land arrangiert,

Fritz Busse: Rockefeller Center, 1955

zwei Hektar nehmen allein die öffentlichen Promenaden und Anlagen ein. Die großartigste dieser Promenaden, siebzig Meter lang und zwanzig Meter breit, führt, leicht zur Plaza hin abfallend, von der Fifth Avenue auf das RCA Building zu. Sie wird von der *Maison Française* im Süden und vom *British Building* im Norden flankiert. Im nächsten Block erhebt sich dann das 41stöckige *International Building*. Ihm sind – wie beim RCA Building – niedrigere Gebäude vorgelagert, so das *Palazzo d'Italia* im Süden und das *International Building East* im Norden. Die südliche Grenze des Komplexes zur Fifth Avenue hinaus bildet 600 Fifth Avenue von 1952. Die Gebäude zwischen 600 Fifth

Avenue und der Maison Française an der 49th Street gehören nicht mehr zum Rockefeller Center. Heute zählen sich
aber eine Reihe von hohen dünnen Glaskästen dazu, die an
der westlichen Seite der Sixth Avenue sprossen und erst
nach dem 1940 erfolgten Abriß der ›Sixth Avenue El‹, der
Hochbahn, gebaut werden konnten. Der erste davon, und
der nördlichste, an West 50th Street, ist das *Time & Life
Building* von 1959. *Exxon, McGraw-Hill* und *Celanese
Building* stammen aus den frühen siebziger Jahren und
werden nicht unverdient als XYZ-Buildings bezeichnet, was
auf ihre Beliebigkeit hinweisen soll. Sie teilen sich zwar den
berühmten Namen und die so klug angelegten unterirdischen Arterien des Centers, können aber mit ihren windigen und menschenleeren Vorplätzen mit der eigentlichen
Anlage des Rockefeller Center nicht mithalten.

Daß die Architekten, Ingenieure, Designer und Künstler
trotz überlieferter Meinungsverschiedenheiten unter einem
guten Stern gearbeitet haben, wird klarer, je näher man
sich ihr Werk ansieht, sei es im Hinblick auf die brillante
Anordnung der einzelnen Gebäude, die weit genug voneinander entfernt liegen, um jedem Raum genügend Licht und
Luft zukommen zu lassen – eine Notwendigkeit, die bei
heutigen Anlagen kaum noch in Erwägung gezogen wird –,
sei es in bezug auf die Plastiken, Friese, Ornamente, Wandgemälde und anderen Dekorationen sowohl außen wie
auch innen. Daß sie von einem ganzen Team von Künstlern geschaffen wurden, macht ihren Abwechslungsreichtum aus. Das auffälligste und bekannteste Werk – bekannt
besonders, seit es in stilisierter Form zum Logogramm des
Centers wurde – ist Paul Manships vergoldeter bronzener
Prometheus, der zu Füßen des RCA Building über der
Lower Plaza schwebt und zuerst von den nicht leicht zu
beeindruckenden New Yorkern ›Leaping Looie‹, der hüp-
fende Ludwig, genannt wurde. Zu Weihnachten wird die
Vertikale seines Hintergrundes durch eine mindestens
fünfundzwanzig Meter hohe norwegische Tanne noch her-
vorgehoben. Sein Bruder, Lee Lawries *Atlas,* steht vor dem

International Building gegenüber St. Patrick's Cathedral und starrt mit vor Anstrengung zusammengezogenen Augenbrauen auf die Touristengrüppchen, die sich tagtäglich unter seiner schweren Erdkugel versammeln.

Nur eine Arbeit wurde von Rockefeller zurückgewiesen: Diego Riveras Wandgemälde für die Lobby des RCA Building. Rivera besaß die Kühnheit, darin Lenin darzustellen, und das ging dem berühmtesten Vertreter des Kapitalismus doch zu weit. Bevor man sich aber José Maria Serts zahmere Ersatzarbeit ansieht, die den Triumph menschlicher Errungenschaften durch die Vereinigung körperlicher und geistiger Arbeit darstellt, sollte man einen Augenblick draußen verweilen und die Dekorationen über dem Eingang betrachten. Im Mittelpunkt lehnt ein bärtiger Riese auf einem Zirkel, was bedeutet, daß er den Sterblichen die Kräfte des Weltalls erklärt; zur Demonstration sind gleich zwei davon zu seiner Rechten und Linken verkörpert. Die Scheibe darunter, die aussieht wie zerknautschtes Zellophanpapier, besteht aus hitze- und chemikalienbeständigem Glas; warum, weiß so recht niemand, denn so heiß wird es in New York nun auch wieder nicht. Sollte es aber heiß werden, kann man im Rockefeller Center immer noch die Fenster aufmachen, was in neueren Gebäuden, Zügen und Bussen meistens nicht mehr möglich ist. Die ursprüngliche wassergekühlte Klimaanlage hat inzwischen einer moderneren Platz gemacht, was gar nicht schwierig war, denn die Pläne hatten in kluger Voraussicht die nötigen Schächte für eine solche Änderung vorgesehen.

Der bärtige Riese mit seinem Zirkel ist nur eines der vielen Kunstwerke, die das Rockefeller Center schmücken. Viele der Plastiken und Wandgemälde befassen sich allegorisch, realistisch oder sogar abstrakt mit neuen Horizonten in der Entwicklung der Menschheit. Manchmal sind ihre Themen auf die Funktion des Gebäudes oder die Nationalität der darin untergebrachten Institution bezogen. So trägt die Maison Française ein Relief von Alfred Janniot über dem Eingang mit dem Titel ›Paris and New York‹:

Die beiden Städte reichen einander über den Verkörperun-
gen von Poesie, Schönheit und Eleganz die Hände. Einer
der Eingänge zum International Building trägt eine Bas-
reliefdekoration von Lee Lawrie, die die Geschichte der
Menschheit erzählt; die Formen scheinen ausgestochen
wie Spekulatius. Über dem Eingang des Palazzo d'Italia
sind zwei Bronzereliefs von Giacomo Manzù von 1965
angebracht, denen eine frühere Plastik weichen mußte. Die
Reliefs sind den anderen ursprünglichen Verzierungen an-
gepaßt: realistische Ähren und Weinlaub symbolisieren die
Früchte irdischer Arbeit. Ein riesiges Mosaik auf der westlichen Außenwand des RCA Building an der Sixth Avenue,
in dem ein weiblicher ›Gedanke‹ schützende Hände auf die
Schultern des ›gesprochenen Wortes‹ und des ›geschriebenen Wortes‹ legt, kontrastiert mit einer abstrakten Glas-
und Metallkonstruktion von Josef Albers und einem Mon-
drian-ähnlichen Wandgemälde von Fritz Glarner im Time
& Life Building sowie mit William Crovellos ›Cubed
Curve‹ auf dem Bürgersteig davor.

Der Bau des Rockefeller Center gab während der Depression Tausenden von Menschen – man schätzt 225 000 –
Arbeit. Heute gehen 65 000 Menschen dort ihren verschiedenen Beschäftigungen nach. Sie arbeiten dort nicht nur in
hellen, luftigen Räumen, sondern können, wenn sie wollen, sogar ihre Freizeit auf diesem ›Dorfplatz‹ verbringen.
Es gibt unter den imposanten Foyers aus perligem rosa,
grünem oder taubengrauem Marmor über silbrig glänzende Rolltreppen erreichbare unterirdische Läden, und
darüber himmelwärts strebende Restaurants, Dachgärten
und ein Observation Deck im siebzigsten Stock des RCA
Building mit unvergleichlichem Ausblick in alle Himmelsrichtungen. Es gibt Banken, Fluggesellschaften, eine Paß-
behörde, eine Wechselstube, staatliche Reisebüros vieler
Länder. Den unterirdischen Promenaden entsprechen
oberirdisch eine Reihe von Fußgängerzonen. Die schon erwähnten Channel Gardens zwischen Maison Française
und British Building sind zweifellos die schönste davon:

Viele Bänke, Bepflanzungen mit Blumen und Büschen, ein
Wasserlauf mit Fontänen und Brunnenfiguren schaffen
einen wohltuenden Raum zum Flanieren und Ausruhen.
Denkt man die grünen Rasenflächen und gestutzten Hek-
ken auf den Dächern der vier niedrigen Gebäude an der
Fifth Avenue hinzu, so ist hier ganz im Sinne Dr. Hosacks
eine Oase inmitten der Stadt entstanden.

So abwechslungsreich wie die Freizeitaktivitäten, die
sich im Rockefeller Center anbieten, sind auch die Arbeits-
möglichkeiten, ob in den Sprechzimmern der vielen Zahnärzte, in Büros und Konsulaten, ob in den Aufnahmestu-
dios der großen Radio- und Fernsehstationen, denen die
westliche Front des Komplexes an der Sixth Avenue ihren
Namen ›Radio City‹ verdankt, und zu deren Shows oft
kostenlose Karten auf der Straße verteilt werden. Arbeit
und Freizeit in Radio City sind mit der *Radio City Music
Hall* mehr als nur symbolisch verbunden. Als letzter der
großen amerikanischen Amüsierpaläste und indirekter
Nachkomme von Stanford Whites Madison Square Garden der Jahrhundertwende, steht sie nach viel aufgeregtem
Hin und Her nun endlich unter Denkmalschutz. Statt einen fünfzigstöckigen Turm auf dem Kopf tragen zu müssen, wie so viele ältere New Yorker Gebäude, kann die
Radio City Music Hall sich ganz ihrer ursprünglichen
Funktion widmen. Und das tut sie auf grandiose Art und
Weise: Sie hat über sechstausend Plätze, ihre Bühne ist
einen Straßenblock breit, ihre Orgeln zählen zu den größten der Welt und ihre Innenausstattung erfreut durch
schönstes, freimütiges Art Deco. Die fächerartige und vergoldete Bühneneinrahmung erinnert bis auf die Zacken ein
wenig an die Gloriole der Freiheitsstatue und den Turm
des Chrysler Building. Sogar ihre ›Powder Rooms‹ und
›Smoking Rooms‹, wie die Amerikaner gerne die Wasch-
räume umschreiben, wurden von einer Reihe prominenter
Künstler ausgestattet. Für die ›Men's Lounge‹, ein weiterer
Euphemismus, schuf Stuart Davis das Wandgemälde ›Men
without women‹, das nicht nur durch seinen Titel auffiel,

sondern in dieser überschwenglich dekorierten Umgebung auch durch die recht abstrakte Gestaltung. Heute ist es allerdings im Museum of Modern Art beheimatet. Auch Georgia O'Keeffe wurde herangezogen und begann mit der Arbeit für die Wände der ›Ladies' Lounge‹ im zweiten Stock, fand sich aber aus technischen Gründen gezwungen, die Arbeit aufzugeben. So vollendete der japanische Künstler Yasuo Kuniyoshi das Werk. Er verwandelte den Raum in einen Wald aus der Sicht Rumpelstilzchens, mit riesigen schneeglöckchenartigen Blumen, wogenden Stauden und Bergen aus japanischen Schriftrollen im Hintergrund.

Die Eingangshalle der Radio City Music Hall ist sechs Stockwerke hoch, mit einer Treppe, die jedem Ausstattungsfilm aus dem Hollywood der dreißiger Jahre Ehre machen würde, und einem Teppich, dessen Muster Gitarren, Klaviere und Saxophone erkennen lassen und an Braque und Picasso in ihrer kubistischen Periode erinnern. Das Tüpfelchen auf dem i aber ist ein Wandgemälde von Ezra Winter über der Treppe mit dem Titel ›Jungbrunnen‹. Der Gedanke, hier nicht nur unterhalten, sondern womöglich auch noch verjüngt nach Hause geschickt zu werden, erscheint also gar nicht so abwegig.

Wolkenkratzer-Spaziergang
rund um die Park Avenue

The pull-down-build-over-again-spirit.
Walt Whitman

Die nächste Wolkenkratzergeneration nach der Art-Deco-Eleganz der Rockefeller-Center-Bauten steht an der Park Avenue und in deren Nachbarschaft. Der breite Mittelstreifen der Park Avenue wird den Jahreszeiten entsprechend bepflanzt, was zwischen Glas und Stein besonders freundlich wirkt. Am Fuß der Avenue überragt das sechseckige Pan Am Building das blankgeputzte und an strategischen Stellen neu vergoldete *Helmsley Building* (früher Old New York Central Building) von 1929, das von Warren and Wetmore stammt, den Architekten der Grand Central Station. Seine Lobby und die Aufzüge sind einen kleinen Abstecher wert.

Das *Pan Am Building* von Emery Roth and Sons und Pietro Belluschi unter Mitarbeit von Walter Gropius ist viel kritisiert worden, nicht zuletzt, weil es zu hoch und zu breit ist, die Park Avenue von Park Avenue South trennt und Grand Central Station verbarrikadiert. Gropius wird vorgeworfen, daß er hier sämtliche ›Bauhaus‹-Gedanken über den Haufen geworfen habe, denn die Maxime, »alles einzubeziehen und nichts auszuschließen« ist bei diesem 59stöckigen, seine Umgebung nichtachtenden Monster nicht so recht eingehalten worden.

Mehr Wohlwollen wird *Lever House* an der 53rd und dem *Union Carbide Building* an der 47th Street, beide an der Westseite der Avenue, gegönnt. Skidmore, Owings and Merrill waren die Architekten. Das Lever House von 1952 ist vielleicht das geglücktere von beiden, ein Pionier der Curtain-Wall-Wolkenkratzer aus Metall und Glas, in dessen glatter Seitenwand sich die Neo-Renaissanceformen des Racquet and Tennis Club wunderlich spiegeln, während das Union Carbide Building von 1960 durch die

Kombination von Fensterrahmen aus blitzendem rost-
freiem Stahl, Fenstern aus grauem Glas und schwarzen
Stahlplatten zur Wirkung kommt. Den frühen Curtain-
Wall-Stil demonstrieren auch das *Bankers Trust Building*
zwischen 48th und 49th Street und die Filiale der *Chase
Manhattan Bank* an der 55th Street, beide von Emery
Roth and Sons. Die Innenarchitektur der Chase Man-
hattan stammt von Skidmore, Owings and Merrill; ihr ein-
drucksvollster Teil ist die Bankhalle mit einem Mobile von
Calder im zweiten Stock.

Mehrere große Namen haben sich auf der Park Avenue
verewigt. Da ist einmal Frank Lloyd Wright, der Architekt
des Guggenheim Museum, mit seinem *Mercedes-Benz
Showroom,* der ihm aber, wenn man sich der Allgemeinheit der Kritiker anschließen will, nicht gerade zur immer-
während den Ehre gereicht. Gleich zwei großen Architekten
hat New York das *Seagram Building* zwischen 52nd und
53rd Street an der Ostseite der Avenue zu verdanken: Ludwig Mies van der Rohe und Philip Johnson, damals noch
ein Anhänger von Mies. Das schmale, bronzefarbene Gebäude von 1958 mit seinen perfekten, eleganten Proportionen wird mit Recht als König aller Hochhäuser angesehen,
und nicht nur in der eigenen Generation: Daneben erscheint manch anderer Bau trotz Grün und Glas protzig
oder gewollt. Mit kühler Überlegenheit blickt das Seagram
Building auf seinen großen Vorplatz mit zwei Brunnenbek-
ken hinunter, anstatt sich, wie so viele seiner Nachbarn,
bis an den Rand des Bürgersteiges vorzudrängeln und dem
Emporschauenden schier auf den Kopf fallen zu wollen.

Sollte den Neuankömmling das beengende Gefühl be-
schleichen, hier türme sich Glaswand neben Glaswand, so
mag er sich bald trösten: Dazwischen findet er zur Abwechslung auch ein wenig ›New York Eclectic‹, sprich:
Historismus, und einige gute Art-Deco-Beispiele. Hinter
dem schon erwähnten *Racquet and Tennis Club* von
McKim, Mead and White mit seiner Renaissancerustika
wächst inzwischen zwar auch ein kantiger grüner Mar-

mor- und Glaskasten in die Höhe, das hält aber die reichen
und gesellschaftlich prominenten Mitglieder des Clubs
nicht davon ab, auf einem der wenigen noch existierenden
Plätze das Federballspiel Louis XIV. zu spielen. Wie alle
neueren Gebäude hat auch dieses *Park Avenue Plaza* genannte Werk von Skidmore, Owings and Merrill ein üppig
bepflanztes Atrium als öffentlichen Aufenthaltsort. Es gibt
sogar ein Café mit einem Wasserfallrelief als Hintergrund.
Die Rolltreppen in der Lobby führen zu einem zwanzig
Meter langen ›futuristischen‹ Schaltbrettisch, von dem die
technischen Installationen des Hauses überwacht werden
können. Darüber hängt ein beinah ebensolanges Bild von
Frank Stella, dessen Titel ›Deauville‹ hier ein wenig ungereimt klingt, das sich aber mit seinen tiefen Farben schön
von dem weißen, einem gestrandeten Wal nicht unähnli-
chen Tisch abhebt.

Für Abwechslung an der Park Avenue sorgt auch die *St.
Bartholomew's Church* von 1919 von Bertram G. Goodhue, dem Architekten der Thomaskirche an der Fifth Avenue. Ihre ›romanische‹ Fassade von McKim, Mead and
White wurde vor dem Abbruch einer früheren Bartholo-
mäuskirche an anderer Stelle gerettet und Goodhues byzantinischem Kuppelbau einfach vorgesetzt. Kinobesu-
chern mag die Kirche als Stätte der von Liza Minelli ver-
hinderten Hochzeit in ›Arthur‹ bekannt sein.

Als Vertreter des Art Deco muß das *General Electric
Building* an der 51st Street genannt werden, dessen Ein-
gangsfassade auf die Lexington Avenue hinausschaut, das
aber seine zackigen, fast zweihundert Meter hohen Fialen
auf recht newyorkische Art über die Dächer von Kirche
und Pfarrhaus erhebt.

Ein unleugbares Meisterwerk des Art Deco und seit
fünfzig Jahren ein unveränderliches Stück New York ist
das zweitürmige *Waldorf Astoria Hotel* an der 50th Street.
Nachdem das erste Hotel dieses Namens an der Fifth Avenue abgerissen wurde, um dem Empire State Building Platz
zu machen, erstand es hier zum zweiten Mal. Es beher-

bergte Herzöge und Präsidenten in seinen Türmen; und als die englische Königin hier zum Mittagessen lud, traf man sich im Ballroom. Ein Gang durch die Lobby des Waldorf Astoria, die seit einigen Jahren von einer verfehlten Innenausstattung im Gründerzeitstil befreit worden ist und nun in neuem, alten Art-Deco-Glanz erstrahlt, ist ein nostalgischer Abstecher in New Yorks letzte »gute, alte Zeit«. Ein Drink in der Peacock Alley mit Jimmy Lyons erfinderischer Klavieruntermalung ist bei Touristen wie Einheimischen gleichermaßen beliebt. Danach könnte man eins der berühmtesten Restaurants, ›The Four Seasons‹ im Seagram Building, aufsuchen. An einem Bühnenbild Picassos vorbei gelangt man in eine Bar mit Jupiters Strahlenblitzen zu Häupten – sie sind aus Messing und stammen von dem allgegenwärtigen Richard Lippold –, anschließend in zwei sehr angenehme Eßräume. Dem Namen des Restaurants entsprechend, werden Bäume und Pflanzen in den Kästen und die Uniformen der Portiers viermal im Jahr gewechselt!

Nach dem Tiefstand, den das Baugewerbe in den siebziger Jahren erreicht hatte, wächst nun eine neue Generation von Wolkenkratzern heran. Innerhalb dreier Madison-Avenue-Blocks zum Beispiel wuchern allein fünf Hochhäuser empor, so daß Henry James' Bild von New York als einem »zu vollgestopften Nadelkissen« hier sehr gut paßt. Für viele ist das imponierendste der *IBM Tower* an der Südwestecke der 57th Street. Es stammt von Edward Larrabee Barnes. Der Turm ist fünfseitig und seine 43 Stockwerke sind in grünen Granit und grünes Glas gekleidet. Sein etwas beängstigender Eingang ist ein bis zur Höhe von zwei Doppelstockwerken ausgeschnittenes Dreieck, hinter dem zur Weihnachtszeit stockwerkhohe Glockenrocktannenbäume aus auf Draht gespanntem weißen Flanell stehen. Wie viele Hochhäuser, die nur höher bauen dürfen, wenn sie auch der Öffentlichkeit Raum zur Verfügung stellen, hat der IBM Tower eine vierstöckige, rundherum gläserne Wandelhalle mit Tischen und Stühlen und haushohen Bambusstauden in viereckigen Beeten.

Gegenüber, an der 56th Street, erhebt sich Philip Johnsons *AT & T Building* (American Telephone and Telegraph) aus rosa Granit. Auch dieser Gigant hat einen entsprechend riesigen Eingang, nämlich einen sechsstöckigen, renaissanceähnlichen Torbogen, und auch er macht den Menschen zum Zwerg, aber nicht mit gar so großem Nachdruck wie der andere. Zur Weihnachtszeit hängt als einziger Schmuck ein entsprechend großer Adventskranz in seiner Öffnung. Die gesprengten Giebel auf der Ost- und der Westseite des Daches tragen entschieden zu einer veränderten Midtown-Silhouette bei.

Die Tausende und Abertausende von Menschen, die den schon vorher nicht unbeträchtlichen Ameisenhaufen seit dem Entstehen dieser vielen neuen Bürofluchten noch vergrößern, werden Beobachter zu pessimistischen Regungen verleiten. Vielleicht Regungen wie jener, die 1902 ein Besucher des gerade fertigen Flatiron Building lapidar ausdrückte, als er gefragt wurde, was er denn von New York wüßte: Nur was er bei Dante gelesen habe!

Auf der dem AT & T Building gegenüberliegenden Straßenseite ist eine neue New Yorker Erfindung zu begutachten: eine ›Rekonstruktion‹. In mageren Zeiten wurde es populär, solide alte Bauten nicht abzureißen, um die üblichen ›Pappkartons‹ hinzusetzen, sondern Skelett oder Außenwände stehen zu lassen und für ein neues Hotel oder Bürohaus zu benutzen. Oft verspricht ein Bauherr, interessante architektonische Details zu retten, oder sie in den geplanten Um- oder Neubau einzubeziehen. So tat es auch einer der jüngeren Baumillionäre New Yorks, der aber sein Versprechen dann vergaß und die von den New Yorkern sehr geliebten Art-Deco-Reliefs über Bonwit Tellers Kaufhauseingang an der 57th Street einfach zerschlagen ließ. Die Einheimischen, derartiger Ignoranz gegenüber unversöhnlich, kümmern sich überhaupt nicht um sein neues, abgestuftes Hochhaus an Fifth Avenue und 56th Street. Die Trompetenchoräle, die er zu Weihnachten über den Verkehr hinwegtönen ließ, waren ihnen auch kein Trost.

An der Madison Avenue und 55th Street ist Edward Larrabee Barnes' *535 Madison Avenue* mit 36 Stockwerken zu bewundern. Offenbar ist die Idee Philip Johnsons zur Mode geworden, die Spitzen der Wolkenkratzer nicht mehr einfach abzuflachen, sondern ihnen ein Profil zu geben: So hat dieser Turm einen rechtwinkligen Einschnitt in der Krone. Seine Außenwände bestehen aus eisblauem Aluminium und blau-grünem Isolierglas, eine Kombination, die bei blauem Himmel besonders beeindruckt. Um farbliche Abwechslung in die Turmlandschaft zu bringen, wurde der fünfte der neuen Wolkenkratzer an *520 Madison Avenue* aus milchschokoladebraunem Granit und bronzefarbenem Glas unten pyramidisch auslaufend gebaut. Er ist ebenfalls einer der Hünen, dem ein Zwerg nicht Platz machen wollte. Wie der beliebte Treffpunkt P. J. Clarke's auf der Third Avenue hat hier das Restaurant ›Reidy's‹, seit Jahren ein »home away from home«, eine beträchtliche Anzahl rundum arbeitender New Yorker auch während des geräuschvollen Wachstums des Riesen weiterhin treu versorgt.

Braun ist auch der Turm des *Helmsley Palace Hotel* zwischen 50th und 51st Street, der ebenfalls zu dieser jüngsten Wolkenkratzergeneration gehört. Wie das Park Avenue Plaza-Gebäude ragt er mit seinen 51 Stockwerken hinter einem U-förmigen, aus mehreren Brownstonegebäuden zusammengefügten Neorenaissancepalast von McKim, Mead and White empor, zu dem er gehört. Die Besitzer des Hotels, Super-Immobilienunternehmer, haben zwanzig Millionen Dollar investiert, um die großartigen Räume dieser Palastvilla nach dem Vorbild des Palazzo della Cancelleria in Rom mehr oder weniger historisch getreu zu restaurieren und mehr als üppig auszustatten. Ursprünglich war sie 1884 für den Besitzer der ›New York Evening Post‹, Henry Villard, gebaut worden. Mr. Villard war als Heinrich Gustav Hilgard aus Speyer eingewandert, einer der vielen ›Achtundvierziger‹-Emigranten. Carl Schurz sagte von ihm, er sei der einzige Idealist unter Ame-

rikas Industriekapitänen, weil er seine Arbeiter im Gegensatz zu seinen Kollegen gut versorge und gegen die dunklen
Geschäfte von Zeitgenossen wie Jim Gould nach Kräften
angehe. Nach seiner Ankunft in Amerika brachte er sich

Wolkenkratzerspaziergang im New Yorker Tempo.
Titelblatt von Sempé für ›The New Yorker‹

schleunigst akzentfreies Englisch bei und schrieb bald
nicht nur für die deutschsprachige ›New Yorker Staats-
Zeitung und Herold‹, sondern auch für englischsprachige
Blätter. Er wurde ein Freund Lincolns, und es scheint, daß
seine Berichterstattung während der Präsidentschaftswah-
len zum Siege Lincolns beigetragen hat. Es ist unwahrscheinlich, daß die Räume im heutigen ›Palace Hotel‹
schon zu Henry Villards Zeit gar so überreich ausgestattet
waren, doch ist man froh, daß sie überleben durften, ganz

gleich in welcher Form. Ein Teil der ursprünglichen Aus-
stattung und von Interesse sind ein Kamin aus rotem Ve-
roneser Marmor von Augustus Saint-Gaudens mit Engel
und Delphinbecken, eine Wanduhr von Stanford White
und Saint-Gaudens mit einem Zifferblatt aus Bronzefili-
gran und John La Farges Wandgemälde ›Art‹ und ›Music‹
im sogenannten Gold Room.

Eine Rekonstruktion, doch als solche nicht zu erkennen,
ist auch das *Park Avenue Atrium,* trotz des Namens mit
dem Haupteingang zur Lexington Avenue 466 gelegen.
Hinter Edward Durrell Stones and Associates' einfachem,
nicht gerade inspirierten Granitäußeren vermutet man
kaum ein blitzendes, funkelndes Inneres aus spiegelnden
rostfreien Stahlplatten. Es handelt sich hier um ein wirkli-
ches Atrium mit einem Glasdach über dem 23. Stock. Das
Grün der Bäume zu ebener Erde wiederholt sich in Pflanzen, die von den Spiegelbalustraden herunterhängen. Die
Aufzüge sind durchsichtig und fahren durch gläserne
Schächte, so daß man auf einer Reise zum 23. Stockwerk
Richard Lippolds achtzig Meter hohe Skulptur ›Winged
Gamma‹ genau betrachten kann.

Schräg gegenüber hat die *Chemical Bank* sich Mühe gegeben, mit diesen sprießenden Gewächshäusern mitzuhal-
ten und hat sich ebenfalls eines vor die Tür bauen lassen.
Es sieht einer Gründerzeitorangerie ähnlich, nur verlaufen
die Rippen, die das viele Glas in Schach halten, rechtwink-
lig zueinander. Drinnen sorgt ein Computer für die Tem-
peratur, die die fünfzig Pflanzenarten brauchen, und Wasser plätschert über eckige, an die Rippenkonstruktion erin-
nernde Treppchen. Von draußen sieht das Ganze aus wie
eine etwas unfertige Baukastenkonstruktion, aber drinnen
wird das Schlangestehen beim Scheckeinlösen zum Vergnügen.

Grand Central Terminal
und das unterirdische New York

Bagdad-on-the-subway.
Damon Runyon, amerikanischer Schriftsteller

Ob man ihn nun mit seiner offiziellen Bezeichnung ›Grand Central Terminal‹ nennt, weil er wirklich das Ende einer Bahnlinie ist, die früher an den Ufern des Mississippi begann, oder allgemeiner ›Grand Central Station‹, – er ist einer der herrlichsten Bahnhöfe der Welt! Und auch einer der größten, denn er nimmt mitten auf der Park Avenue drei ganze Straßenblocks ein, wobei seine Vorderseite mit Haupteingang an der 42nd Street liegt. Beim Betrachten seiner Südfassade glaubt man eher ein Museum aus der Gründerzeit vor sich zu haben als einen Bahnhof, und obwohl er 1960 vom Pan Am Building überbaut wurde, ist es unmöglich, nicht von seiner symbolischen Monumentalität eingenommen zu sein.

Um die Jahrhundertwende waren Eisenbahnen nämlich von überaus großer Wichtigkeit: eine ganze Reihe von Amerikas fabelhaften Millionären verdankte ihnen ihr Vermögen. Sie transportierten nicht nur Menschen, sondern alles, was in diesem riesigen Land zu transportieren war. Und weil sich um diese Zeit die Wohnviertel der wohlhabenden New Yorker unaufhörlich nach Norden ausdehnten, und dieselben ›railroad tycoons‹, die damit so prächtig verdient hatten, für ihre eigene Person von Eisenbahnschmutz und -lärm lieber verschont bleiben wollten, wurde die Bahnlinie durch einen Tunnel unter der Park Avenue geführt. Als aber in dem dichten Qualm dort unten eines Tages zwei Züge zusammenstießen und viele Menschen ums Leben kamen, ordnete die Stadt den Bau eines neuen Bahnhofs mit elektrischen Anlagen an.

Der verantwortliche Ingenieur, der geniale William J. Wilgus, der für den Zuwachs an Verkehr keinen Zoll neuen Landes in Anspruch nehmen konnte, löste das Pro-

blem, indem er zunächst einmal die 67 fächerartig angelegten Schienenstränge und die Bahnsteige unter den Bahnhof
verbannte und die Züge auf zwei Etagen ankommen ließ.
Zur Umkehr der Züge auf kleinstem Raum benutzte er elf
sogenannte ›loop tracks‹. All dies sowie das dazugehörige
Kraftwerk, die Arbeits- und Umkleideräume, die Schließfä-
cher und der Posttunnel reichen bis ungefähr an die 59th
Street, eine ganze Meile weiter nördlich. Ans Tageslicht
kommen die Züge erst wieder an der 96th Street. Damals
kamen sie auch noch pünktlich an und fuhren pünktlich
wieder ab. Sie hatten so schöne Namen wie ›Twentieth
Century Limited‹ – ein Zug, der sogar ein gleichnamiges
Musical inspiriert hat –, meist schwarzes Personal in roten
Uniformen, und oft wurde bei Ankunft und Abfahrt ein
grau und rot gemusterter Teppich den ganzen Bahnsteig
entlang bis zu den Abteilstufen gerollt.

Vor nicht allzu langer Zeit tat die durch Zusammenschluß
der beiden Haupteisenbahngesellschaften entstandene,
inzwischen bankrotte Penn Central Company ihr möglich-
stes, das Gebäude und seine Anlagen – die für ihre Zeit
triumphale, heute noch voll ausgenutzte städtebauliche
und technische Neuerungen in sich vereinen – der Sicherheit des Denkmalschutzes zu entreißen und einen Büroturm über der großen zentralen Halle zu bauen. Nachdem
Bürgerinitiativen, allen voran jene von Jacqueline Onassis
geförderte, diese unverantwortlichen, aber in New York
nicht gerade seltenen Pläne in der Öffentlichkeit angepran-
gert hatten, wurden sie den Besitzern von einem weisen
und weitsichtigen Richter ausgetrieben, und der Bahnhof
ist fürs erste vor den schon seit Jahren in den Kulissen
lauernden ›Immobilienhyänen‹ sicher.

Der Aufschwung, den Grand Central durch diesen intel-
ligenten Urteilsspruch genommen hat, macht sich besonders in der unübertroffenen Bahnhofshalle bemerkbar, die
seither ein gründliches ›face-lift‹ bekommen hat und eine
Weile nicht einmal mehr die vielen festgetretenen Kaugum-
mis auf ihrem glatten Marmorfußboden aufweisen konnte.

Die meisten der 400 000 Leute, die täglich durch die Halle hindurcheilen, um einen der 320 Pendelzüge nicht zu verpassen oder schnell aus dem Regen ins Pan Am Building zu gelangen, sind sich weder ihrer Schönheit noch ihrer grandiosen Ausmaße besonders bewußt. Sie ist zehn Stockwerke hoch, neunzig Meter lang und vierzig Meter breit. Tageslicht fällt durch fünfundzwanzig Meter hohe Fenster ein, was bei Sonnenschein eine Kathedralenatmosphäre schafft. Die Halle wird von einem blauen Firmament überspannt, in dem sich zweieinhalbtausend goldene Sterne tummeln, wobei die wichtigsten sechzig Konstellationen erleuchtet sind.

Leicht störende Elemente in dieser Grandezza sind ein sogenanntes Colorama, sprich Dia, angeblich das größte der Welt, mit dem Kodak ausgerechnet hier Reklame machen muß, und ein Off-Track-Betting-Büro, in dem man, vom Staat kontrolliert, sein Geld auf Pferde setzen kann, ein Zeitvertreib, dem sich viele New Yorker aus allen Schichten hingeben. Pferde sind in dieser Gegend übrigens nichts Neues: Wo heute das umgebaute Biltmore Hotel steht, hatte ein Vanderbilt einst eine grüne, weißumzäunte Weide für seine Rennpferde. Bei einem gemächlichen Spaziergang, bei dem man sich einfach nicht von hastenden Pendlern umrennen lassen darf, wird schnell deutlich, mit welcher Weitsicht hier marmorne Bahnsteige, Rampen zu den Subways, holzgetäfelte Warteräume, Geschäfte, Friseure, Tennisplätze, eine Apotheke, ein Blumenstand, Ateliers für Künstler auf dem Speicher sowie Restaurants – darunter die berühmte ›Oyster Bar‹ mit weißen Fliesengewölben – unter einem Dach vereint worden sind. Man wundert sich, daß eine so ›natürlich‹ gewachsene Metropole innerhalb einer Metropole so viele Jahre vernachlässigt werden konnte, während banale moderne Versionen, Shopping Centers oder wie immer man sie nennen will, wie Pilze aus der Erde schossen.

Schon bevor das Automobil in zunehmendem Maße Verkehrsprobleme aufwarf, hatten die Ingenieure des

Bahnhofs auch diese Hürde genommen. Er wurde mit einem Kranz von Viadukten umgeben, um die nördliche und die südliche Park Avenue wieder zusammenzubringen. Heutzutage wird man aufgrund des allgemeinen Straßen-

Halle des Grand Central Terminal. Plakat, 1924

zustandes, besonders in Taxis mit ausgeleierter Federung, hier recht unsanft um die Ecke geschleudert, gewinnt aber von der südlichen Rampe einen guten Blick auf die Fassade und Commodore Cornelius Vanderbilt aus Bronze. Vanderbilt kaufte 1862 die ganze New-York-Central-Linie, nachdem er mit der Schiffahrt, die mit einem kleinen Boot für den Transport von Gemüse aus Staten Island begann, das Geld dafür verdient hatte.

Die symmetrische Komposition des Tempels mit seinen doppelten korinthischen Säulen läßt trotz der riesenhaften Ausmaße eine gewisse Eleganz zu, kein Wunder, denn die Architekten Warren and Wetmore hatten den Klassizismus an der Ecole des Beaux-Arts in Paris gründlich gelernt. Die Südfassade wird von einer Uhr mit über viereinhalb Meter Durchmesser gekrönt. Sie wiederum wird von einer sechzehn Meter hohen Skulpturengruppe umrahmt, in der, so beschreibt sie ein Architekturführer, »römische Gottheiten« – Minerva, Merkur und Herkules – »mit dem amerikanischen Adler fraternisieren«.

Wie ein typischer amerikanischer Apfelkuchen, besteht die Park Avenue nur aus Kruste: einer dünnen Schicht Erde über den unterirdischen Anlagen des Grand Central Terminals – der Grund, warum auf ihrem grünen Mittelstreifen Bäume mit langen Wurzeln nicht angepflanzt werden können. Darum hat das zweitürmige Waldorf Astoria Hotel an der 50th Street auch keinen Keller und muß seinen nicht unbeträchtlichen Weinvorrat im fünften Stock aufbewahren. Dagegen gab es aber unten Parkplätze für die Salonwagen der Multimillionäre und großen Schauspielerinnen und professionellen Schönheiten wie Sarah Bernhardt und Lily Langtry, die in sehr komfortablen Waggonfluchten den Kontinent bereisten. Die New Yorker wollen immer wissen, was unter der Erde los ist, wahrscheinlich, weil so viel von ihrer Stadt in ihrer oft erdrückenden Gegenwart nicht zu übersehen ist. Damit sind auch die Gucklöcher erklärt, die jede Baufirma, die auf sich hält, in die Bretterzäune um die Ausgrabungen für neue Wolkenkratzer sägt: Die sogenannten ›sidewalk superintendents‹ sollen bloß nichts verpassen!

Das unterirdische New York beginnt mit der verhaßten, lauten, unbeschreiblich schmutzigen und oft gefährlichen Subway, die aber ganz gut funktionieren kann, wenn nicht gerade wieder irgendwo gespart werden muß. Cornelius

Vanderbilt meinte 1864 mit siebzig Jahren wegwerfend, er komme auf jeden Fall eher unter die Erde als »dieses Ding«. Vierzig Jahre später und für fünfunddreißig Millionen Dollar war sie da! Es wurde auch höchste Zeit, denn die ›trolley cars‹ waren für viele Leute zu teuer geworden und kamen bei dem schon damals fürchterlichen Verkehr ohnedies nicht voran.

Neben den Subway-Schächten gibt es unterirdische Gänge für andere Zwecke. So hat der sogenannte ›Smuggler's Tunnel‹ unter Brooklyns Atlantic Avenue schon die verschiedensten Aktionen gesehen. In den zwanziger Jahren baute jemand Pilze dort an, während des Krieges fahndete der FBI, die Kriminalpolizei, hier nach Nazispionen, und sogar einen richtigen ›shoot-out‹ zwischen Polizei und versteckten Übeltätern gab es da.

Unter den Bögen der Brooklyn Bridge hatte einmal ein unternehmungslustiger Einwanderer namens Oech einen Weinkeller installiert. Später hielt sich anstelle der Weinfässer hier eine Madonna auf, der alle möglichen heilenden Fähigkeiten zugesprochen wurden, sicher ein Grund, warum sie von einem Tammany-Hall-Politiker gestohlen wurde. Tammany Hall war eine Vereinigung von lokalen Politikern, ursprünglich zum Schutz der vielen neuen Einwanderer, besonders der Iren, ins Leben gerufen, die mit der Zeit von einer unumgänglichen New Yorker Erscheinung, der Korruption, angeknabbert worden war. Es ist also sehr gut möglich, daß der Madonnendieb dringend Hilfe brauchte. Danach wurden nur noch Dosen, Kabel und anderes unromantisches Zeug unter den Brückenbögen verstaut.

Im großen Subway-Netz gibt es eine Reihe unbenutzter Bahnsteige, die lange den vielen Pennern in der Stadt als Heimat dienten. Bis die Transit Police, die Verkehrspolizei, dahinterkam, konnte man manchmal beim Vorbeirattern aus dem Fenster Kanonenöfen mit Suppentöpfen, nicht sehr saubere Wäsche auf der Leine und andere Manifestationen menschlichen Ansiedlungsdranges erspähen. Tatsächlich entdeckte die Polizei erst, was da los war – ›The Subway is for Sleeping‹, hieß der Titel eines Buches –, nachdem eine alte Dame auf der Park Avenue die Vagabunden beim Hinabklettern in einen Gully beobachtet hatte. In der Depressionszeit der dreißiger Jahre schliefen Obdachlose im Winter auf den Subway-Bänken. Sie deckten sich mit großen Zeitungsblättern zu und fuhren die ganze Nacht hindurch für fünf Cents hin und her.

Unterirdische Gänge sind natürlich nicht nur für die Subway da, sondern beherbergen die vielen Leitungen und Kabel und Rohre, die für die Versorgung einer solchen Riesenstadt nötig sind. Als 1828 die Stadt Gaslaternen bekam und dafür neun Meilen Leitungen gelegt wurden, war es für die allgemeine Wohlfahrt notwendig, entweichenden Gasen auf die Spur zu kommen. Eingeweihte erzählen heute noch, daß ein gewisser Smelly Kelly in der ganzen Stadt nach diesem damals ja noch geruchlosen Gas herumschnüffeln mußte. Heute weiß der städtische Gasaufstöberer, wenn ein spärliches Grashälmchen sich durch den Beton hindurchgearbeitet hat und recht verkümmert aussieht, daß dort ein Loch in der Leitung ist.

Seit hundert Jahren und in immer größeren Mengen gibt es unter der Stadt ganze Spaghettinester von Telefonkabeln, deren Isolierung eine Delikatesse für die Rattenbevölkerung ist. Die Ratten werden mit viel Mühe bekämpft, und wenn städtische Inspektoren eine lebendige finden, so ist das im Jargon ein ›special‹ und wird den Kammerjägern schwarz angekreidet. Die Elektrizität für die Telefonkabel und die Stadt überhaupt gibt es seit 1882: Damals hatte Thomas A. Edison mit vierhundert Straßenlaternen und neunundfünfzig privaten Kunden angefangen.

Man kann sich vorstellen, daß außer Ratten noch anderes Ungeziefer im Bauch einer so großen Stadt herumkrabbelt. Als aber einem der Kanalarbeiter eines Tages ein weißer Alligator von über einem halben Meter Länge lässig entgegenschwamm, zweifelte er an seinem Verstand und nahm kopflos Reißaus. Die Geschichte ist wahr, und bei

Alligatoren ist es nicht geblieben. In New York bekommen Kinder zu Weihnachten oft lebende Tiere geschenkt, weil ihnen das Leben auf dem Lande versagt ist. Solche Tiere müssen selbstverständlich so exotisch sein, wie es eben geht, und was bleibt den armen Eltern übrig, die zu Weihnachten nur an die Freude und nicht an die Folgen denken, als die ›wachsenden‹ Geschenke dann irgendwie verschwinden zu lassen, und dazu sind Gullies wie geschaffen. Nur wachsen die armen Tiere da unten auch weiter und verlieren aus Mangel an frischer Luft mit der Zeit ihre Farbe.

New York Public Library:
Tempel des Wissens

There once was a girl named Mary
The Lions didn't roar when she walked by the Library.
Ogden Nash, amerikanischer Humorist, 1931

Die wenigsten der über achttausend Wissenschaftler, Studenten und Neugierigen aus aller Welt, die täglich die New York Public Library aufsuchen, sind sich dessen bewußt, daß dieses riesige und komplizierte Netz von Bibliotheken und Forschungszentren seine Anfänge dem bekanntesten und erfolgreichsten deutschen Einwanderer, Johann Jakob Astor, verdankt. Mit sanfter Gewalt hatte ein befreundeter Schulmeister, Joseph Green Cogswell, den großen Landbesitzer dazu gebracht, durch sein Testament von 1848 eine Bibliothek zu etablieren. Cogswell meinte, es sei nur recht und billig, daß der reichste Bürger seiner Wahlheimat eine entsprechende Ehrengabe zukommen lasse. Nur die äußere Hülle jener Astor Library in der Lafayette Street steht heute noch; umgebaut und mit sieben Bühnen bestückt, ist sie die Heimat von Joseph Papps New York Shakespeare Festival geworden, einem Ensemble, von dem noch die Rede sein wird. Eine wissenschaftliche Bibliothek, die James Lenox Library, 1870 ins Leben gerufen, wurde 1895 zusammen mit der Astor Library der Samuel-Jones-Tilden-Stiftung angeschlossen, unter der Bedingung, daß die Stadt für diese riesigen wertvollen Sammlungen einen würdigen Rahmen schaffen solle.

Da es sich bei diesen Sammlungen um wissenschaftliches Material handelte, fragten sich die Organisatoren allerdings, ob sie auch mit dem nötigen Zulauf rechnen könnten, zumal die feinen livrierten Türsteher der Astor Library so manchen Wissensdurstigen eingeschüchtert hatten. Während sie noch spekulierten, halfen Frauen der Grace-Church-Gemeinde dem Mangel an allgemeinem Lesestoff

S

TIMES
SQ.

TIMES
SQ.

MES
SQ.

Tibor

Angelo Titonel

Times Square, 1982

Öl auf Leinwand, 140 x 140 cm
Privatbesitz

ab, indem sie 500 Bücher sammelten und ein Zimmer an der 13th Street zur Volksbücherei erkoren. Der Andrang war so spektakulär, daß sich die ungleichen Bibliotheksgründer nun zusammentaten.

Die Stadt ließ sich nicht lumpen und baute ihnen Anfang des Jahrhunderts an der Fifth Avenue zwischen 40th und 42nd Street den großartigen Gründerzeittempel der New York Public Library, der heute noch unverändert an derselben Stelle steht. Wahrscheinlich, um seinem Vorgänger in nichts nachzustehen und angespornt von dem Erfolg der Grace-Church-Damen, erbot sich Andrew Carnegie 1901, die Stadt mit Leihbüchereien für die verschiedenen Viertel zu versorgen, wenn sie gewillt wäre, die Bauplätze zur Verfügung zu stellen und die Verwaltung der Büchereien zu übernehmen. Es schien eine gute Idee, daß die schon bestehende New York Public Library sich dieser Zweigstellen annehmen würde. Und so gibt es heute achtzig Leihbüchereien in Manhattan, in der Bronx und auf Staten Island – die Stadtteile Brooklyn und Queens haben ihre eigenen Systeme – und vier weltberühmte Forschungsbibliotheken: im Hauptgebäude an der Fifth Avenue, im Annex, einem Nebengebäude an der 43rd Street, im Lincoln Center und in Harlem im Schomberg Center for Black Culture an der 135th Street. Zusammen besitzen sie sechs Millionen Bände in dreitausend Sprachen und Dialekten. Der Katalog für alle diese Schätze befindet sich im dritten Stock des Hauptgebäudes und enthält acht Millionen Eintragungen in zehntausend Kästen. Der Großteil der Bücher selbst ist auf neunzig Meilen Regalen im Hauptgebäude untergebracht.

Als die sanfte Erhöhung der Fifth Avenue an diesem Punkt noch ›Quality Hill‹ hieß, stand an der Stelle der heutigen Public Library ein festungsähnlicher Bau mit steilen, schrägen Ziegelsteinwänden in einem Stil, den man beim besten Willen nicht anders als neo-ägyptisch bezeichnen kann. Auf den Zinnen dieser Befestigung konnten New Yorker der vorigen Jahrhundertmitte promenieren

und sich über den Stand der Wasserversorgung informieren, worum moderne New Yorker sie sehr beneiden. Die
dicken Mauern umfaßten nämlich ein Reservoir mit zwanzig Millionen Gallonen Wasser – ein Bruchteil des heutigen täglichen Verbrauches –, das aus sechzig Kilometer
Entfernung aus dem Croton River in die Stadt geleitet
wurde. Ein paar verspielte Jahre lang erhob sich dann eine
Kopie des Londoner Crystal Palace hinter dem Croton Reservoir, eine Konstruktion aus Eisen und Glas und der
Schauplatz von New Yorks erster Weltausstellung. Etwas
zurückgesetzt stand da auch eine Weile ein wunderlicher,
hundert Meter hoher Holzturm, das Latting Observatory,
vom Guide Michelin als »Vorläufer des Eiffelturms« bezeichnet. Beide fielen bald Feuersbrünsten zum Opfer.

Anscheinend hat die Stadt die Reservoirmauern nicht
leichten Herzens für die Bibliothek geopfert. Aber die
Pläne von Thomas Hastings von der Firma Carrère and
Hastings, die später Henry Clay Fricks Stadtpalais an der
70th Street bauen sollte, ließen sie ihren Kummer schnell
vergessen. Denn der Architekt schuf ein Gebäude, das bei
aller Pracht nicht überwältigend wirkt. Man hat genug
Zeit, sich mit der großzügigen Fassade bekannt zu machen: Flache Treppen führen auf eine breite Terrasse auf
halber Höhe. Sie wird von New Yorks berühmtesten Löwen aus etwas verwaschenem rosa Tennessee-Marmor bewacht: ›Geduld‹ und ›Standhaftigkeit‹ sind ihre Namen –
und sie wirken keineswegs furchterregend. Im Gegenteil:
So mancher tierlose New Yorker sieht sie als seine Haus-
tiere an und läßt sich auf dem Weg in die Bibliothek beim
Kraulen erwischen. Zu Weihnachten tragen die beiden Löwen Adventskränze um die Hälse – wenn sie nicht gestohlen werden –, heutzutage leider aus feuerfestem Material
und nicht mehr aus Tannenzweigen, denn solche hat ein
Wahnsinniger vor einigen Jahren in Brand gesteckt. Es
geht die Sage, daß nur echte New Yorker die Löwen brül-
len hören können, und das auch nur, wenn eine Jungfrau
vorbeispaziert.

Von dieser Terrasse aus, von der ein Polizist, nicht die
Löwen, Grüppchen von Marihuanaverkäufern zu verscheuchen versucht und seine liebe Not damit hat, kann
man sich den imposanten Bau in aller Ruhe ansehen. Eine
zweite, steilere Treppe führt zu den drei hohen Eingangs-
bögen des Mittelrisalits, die in der Mitte von doppelten, an
den Seiten von einfachen korinthischen Säulen flankiert
werden. Die Brüstung darüber ist mit sechs Figuren geschmückt, die – von Norden nach Süden – Philosophie,
Epos, Religion, Poesie, Schauspiel und Geschichte verkör-
pern. In den Nischen neben der Eingangshalle spiegeln sich
Schönheit und Wahrheit in ihren Brunnen. Etwas zurückgesetzt, so daß man ihn nur von der gegenüberliegenden
Straßenseite richtig sehen kann, vervollständigt ein klassischer Giebel die Fassade. Vom Portikus führen drei Türen
in die zweistöckige Astor Hall, die mit Gewölben aus weißem Vermonter Marmor und auf jeder Seite mit einer breiten Treppe ausgestattet ist. Ihre Großartigkeit könnte ein
wenig einschüchternd wirken, wenn nicht Schaulustige auf
den Marmorbänken, dazu Ausstellungskästen mit Kost-
proben aus den reichen Sammlungen und ein kleiner Ver-
kaufstisch die ganze Szene belebten und erwärmten.

Die Ausstellungen in der Halle wechseln von Zeit zu
Zeit. Sie befassen sich mit der Bibel und ihren Illustratoren
oder mit Abbildungen aus Dante-Ausgaben, mit Büchern
in gälischer Sprache oder mit der Musik der Shakersekte.
Im Korridor auf der linken Seite wird die Entwicklung der
Druckkunst erläutert, rechts vom Informationstisch ist die
Miller Collection mit amerikanischen Briefmarken unter-
gebracht.

Der Vorwurf, die Bibliothek sei nicht praktisch genug
angelegt, sondern zu sehr auf ästhetische Wirkung hin gebaut, ist wohl berechtigt, aber dafür gehört sie tatsächlich
zu New Yorks eindrucksvollsten offiziellen Gebäuden, ein
Monument für die Stadt, die immerhin damals schon zehn
Millionen Dollar für den Bau aufgebracht hat, und ist
eines ihrer vielen ›Herzen‹. Denn die Terrasse, der Portikus

und die Astor Hall sind jahraus, jahrein Treffpunkt für New Yorker aller Arten, vom ernsthaften Gelehrten bis zum sorglosen Gammler, und auch auf den Treppen geben sich nicht nur die Tauben ein Stelldichein. Ein paar Beete werden bepflanzt, so gut es das schmale Budget erlaubt, und es ist rührend, wie im Frühling kleine Tulpen in geschlossenen Reihen versuchen, den typischen Großstadtangriffen von Menschen, Hunden, Auspuffgasen und Schmutz die Stirne zu bieten.

Drinnen breitet sich die Welt des Wissens aus. Neben ihren immensen Beständen an allgemeiner Literatur beherbergt die Library in ihrem Rare Book Room große antiquarische Schätze, darunter die Lenoxsche Gutenberg-Bibel in zwei Bänden; das einzig erhaltene Exemplar des 1493 in Basel im Druck erschienen Briefes von Christoph Kolumbus von 1493 mit Beschreibungen seiner amerikanischen Entdeckungen; alle zwischen 1623 und 1658 erschienenen Folioausgaben von Shakespeares Werken; die endgültige Fassung von George Washingtons Abschiedsrede an seine Truppen nach dem Unabhängigkeitskrieg; einen frühen Entwurf der Unabhängigkeitserklärung von Jefferson; die Gründungsurkunde der Stadt, die sogenannte ›Dongan Charter‹, aus dem Jahre 1686.

Die Bibliothek beherbergt verschiedene weltbekannte Spezialsammlungen, darunter die zweiteilige Arents Collection, die der Pionier der Zigarettenherstellung zusammengetragen hat: ein Teil umfaßt Tabak-Literatur von 1507 an, der andere, ›Collection of Books in Parts‹ genannt, enthält Werke, die ursprünglich als wöchentliche Lieferungen in individuellen Umschlägen herausgebracht wurden, darunter nicht nur, wie zu erwarten, die Werke von Dickens, sondern auch illustrierte Bücher. Die Berg Collection in Saal Nr. 320 wiederum ist eine Sammlung von Manuskripten, Erstausgaben und seltenen Werken aus der englischen und amerikanischen Literatur, besonders des 19. und 20. Jahrhunderts. T. S. Eliots Manuskript für ›The Waste Land‹ ist darunter. Die Konservatoren der

Sammlung arrangieren bibliophile Ausstellungen von großem Interesse, so zum Beispiel kürzlich eine über W.H.
Auden, den langjährigen begeisterten Wahl-New-Yorker.
Die I. N. Phelps Stokes Collection, eine Abteilung der ›Art,
Prints and Photographs Division‹ in Saal Nr. 313, hat
Drucke mit Ansichten von Amerika und New York aus
dem 19. Jahrhundert zu bieten. Der Print Room, im Gegensatz zum Rare Book Room ohne besondere Erlaubnis
für jedermann zugänglich, besitzt unter seinen Hundert-
tausenden von Blättern das vollständige graphische Werk
von J. A. M. Whistler, dazu reiche Bestände an Dürer und
Turner, viele Lithographien von Daumier, auch seinen einzigen Kupferstich. Die Spencer Collection in Zimmer 322,
um noch eine der berühmten Spezialsammlungen im
Hauptgebäude zu nennen, bewahrt Graphik, Buchillustra-
tionen, Einbände und illuminierte Manuskripte aus Europa vom 9. bis zum 16. Jahrhundert auf, darunter den
Tickhill Psalter aus dem frühen 14. Jahrhundert.

Die Sammlungen an Broschüren und Flugblättern suchen ihresgleichen, ebenso die riesigen Bestände an Zeitschriften, Journalen und Zeitungen. Natürlich ist hier die
›New York Gazette‹ von 1726 zu finden: New Yorks erste
Zeitung. Sie war das Organ der Regierung und verfolgte
demokratisch denkende Bürger unerbittlich, so beispielsweise John Peter Zenger aus der Pfalz, der mit seinem
›New York Journal‹ für die ›People's Party‹ und gegen
Korruption zu Felde zog. Er landete dafür im Gefängnis,
und es sah schlecht für ihn aus. Ein weiser Rechtsanwalt
aus Philadelphia aber wies in seiner Verteidigungsrede darauf hin, daß es hier doch wohl um mehr als nur einen
Reporterkrach ginge, und Zengers von der Allgemeinheit
viel bejubelter Freispruch war dann ein erster Schritt auf
dem Wege zur Pressefreiheit, eine Institution, die in Amerika noch heute so in Ehren gehalten wird wie die Mutter
und das Vaterland.

Die Public Library besitzt ihre eigene umfangreiche Ge-
mäldesammlung mit Porträts von Joshua Reynolds, John

Singleton Copley, Henry Raeburn, John Trumbull und Gilbert Stuart, der Washingtons ›Leibmaler‹ war und von dem hier allein drei Bildnisse des ersten Präsidenten hängen. Auch auf Gemälde von Samuel F. B. Morse wird man stoßen, der zwar sehr gut malen konnte, aber auch das Morse-Alphabet entwickelt hat, das dann seine Karriere als Maler in den Schatten stellte. Ein viel Aufmerksamkeit erregendes Bild von Asher B. Durand trägt den Titel ›Verwandte Geister‹ und stellt William Cullen Bryant, den Zeitungsmann, Dichter und Initiator des Central Park im Gespräch mit seinem Freund, dem Maler Thomas Cole, auf einem Felsvorsprung in den Catskill Mountains dar.

Wenn man sich das Buch oder die Bücher seiner Wahl aus dem General Card Catalog ausgesucht hat, oder aus dem neuen Register, das in Buchform alle Eintragungen seit 1972 enthält, sucht man sich einen Platz im angrenzenden Main Reading Room und kann bereits nach etwa zehn Minuten das Bestellte abholen. Der Main Reading Room ist eine sehr lange und 26 Meter hohe prachtvolle Halle, und obwohl die Bücherauslieferung sie zweiteilt, tut das ihrer Wirkung keinen Abbruch. Siebenhundert Leser können hier Platz finden, ohne daß ein Gefühl der Enge entsteht. Die Regale an den Wänden enthalten einen Handapparat von ungefähr 35 000 Nachschlagewerken in vielen Sprachen, dazu die Telephonbücher für das ganze Land.

›Public‹ ist die Public Library eigentlich nur, weil sie jedermann zugänglich ist. Die Leihbüchereien in den verschiedenen Nachbarschaften werden zwar völlig von Stadt und Staat New York unterhalten, die vier großen wissenschaftlichen Bibliotheken sind jedoch zum größten Teil von privaten Fonds abhängig, darunter mehr als großzügige Zuwendungen von der Familie Astor. Der Staat New York und die Bundesregierung steuern freilich ein wenig bei, stellen die Bibliotheken doch eine wichtige New Yorker und darüber hinaus nationale Einrichtung dar. Trotz solcher diverser Subventionen leidet die Public Library an chronischem Geldmangel und mußte deshalb zum Nachteil der Benutzer ihre Öffnungszeiten von sieben auf fünf Tage reduzieren.

Oft geschehen auch recht unwissenschaftliche Dinge in den ehrwürdigen Mauern. Man stolpert über Penner oder folgt Spuren, die unmißverständlich auf Blut zurückzuführen sind, weil – so erfährt man – tatsächlich jemand ein Messer geschwungen hat. Dennoch ist wahr, was einer ihrer Leiter über die Public Library gesagt hat: daß ihre Atmosphäre über alle noch so langen Bücherregale hinauswächst, denn es ist die Atmosphäre der Freiheit, in der freie Menschen kostenlos Wissen erlangen können.

Times Square:
Schmutz und Leuchtreklamen

Let me remind you that the symbol of an island of pleasure,
presided over by a beckoning female,
is almost a constant of the human imagination.
Alistair Cooke, englischer Schriftsteller

Ob der filmstarähnliche junge Mann mit geschlecktem
schwarzem Haar den Rauch seiner Zigarette auspustet, ein
überdimensionales Bügeleisen zischend Dampf abläßt, ein
Wasserfall aus Neon herabtost oder eine übermannshohe
Ginflasche mannshohe Portionen austeilt – jeder weiß, daß
solche leuchtenden Reklamen an den Fassaden banaler Gebäude am Times Square zu finden sind.

Der moderne Besucher wird, besonders wenn er während des Tages hier spazierengeht, eher abgestoßen sein
von dem Schmutz, den bröckelnden Wänden der billigen
Hotels, den abwartend lungernden Gestalten, den vielen
Prostituierten, den ›sex shops‹, ›peep shows‹ und ›massage
parlors‹, von der ganzen heruntergekommenen Stadtlandschaft.

Vor zweihundert Jahren kämpften hier General Israel
Putnams Truppen unter dem späteren Vizepräsidenten
Aaron Burr noch in bewaldeten Höhen für die amerikanische Unabhängigkeit. Als die Stadt im 19. Jahrhundert bis
hierher vorgedrungen war, hieß die Gegend ›Longacre
Square‹ und wurde zum Zentrum für alles, was mit Pferden zu tun hatte: die Karossen, die sie zogen, die Schmie-
den, die sie mit Hufeisen versorgten, die Stallungen und
Remisen, in denen Rösser und Wagen untergebracht waren.

Als die ›upstarts‹ – die Neureichen, deren Manieren der
alten Garde in der Academy of Music zu vulgär waren –
sich 1882 ›ihre‹ Metropolitan Opera am Broadway errichten ließen und damit ein für alle Male klarmachten, woher
der Wind von nun an wehen würde, brachten sie gleichzei-

tig ihr reges gesellschaftliches Leben mit Theatern, Restaurants und Hotels in diese Gegend. An der Ecke von Broadway und 42nd Street steht das *Knickerbocker Hotel,* das
einzige noch erhaltene der großen Hotels aus der ›goldenen
Zeit‹, die Anfang des Jahrhunderts eins nach dem anderen
hier gebaut wurden. Das beliebte *Astor Hotel,* für viele
lange Jahre ein Wahrzeichen New Yorks und des Times
Square, wurde in den sechziger Jahren allen Protesten zum
Trotz abgerissen. Damals steckte die Landmarks Preservation Commission noch in den Kinderschuhen. Heute
wüßte sie solche Unverantwortlichkeit zu unterbinden.
Das Knickerbocker-Parterre ist ebenfalls unwiderruflich
verdorben, und seine opulenten Zimmer sind heute Büros.
Vom ersten Stock an aufwärts aber sind die Fassade und
das Mansardendach unverändert erhalten.

Auch die Anfänge des ›Knickerbocker Hotels‹ sind auf
den Unternehmungsgeist der Familie Astor zurückzuführen. Sein berühmtester Gast während vieler erfolgreicher
Spielzeiten an der Metropolitan Opera war Enrico Caruso.
Der Speisesaal brüstete sich mit einem goldenen Service,
und die Bar wurde ein solcher Modetreffpunkt, daß man
ihr den Namen ›the 42nd Street Country Club‹ gab. Über
ihrer Theke im ›flämischen‹ Stil hing ein Wandgemälde
von Maxfield Parrish, das Old King Cole aus dem alten
englischen Kinderlied darstellte. Nach einer langen Odys-
see durch alle möglichen öffentlichen und privaten Räume
hängt Old King Cole nun in der Bar des ›St. Regis Hotel‹ an
der Fifth Avenue.

Das Gebäude mit dem glitzernden Ball auf der Spitze
und der schönen abgestuften Fassade ist das *Paramount
Building* aus dem Jahr 1927. In seinen ersten sechs Stockwerken befand sich früher das palastähnliche, längst verschwundene Paramount Theater, in dem, neben vielen anderen Künstlern, Frank Sinatra einmal ein so aufregendes
Konzert gab, daß unter den jungen, zum größten Teil
weiblichen Zuhörern eine nicht einzudämmende Massen-
hysterie ausbrach.

Das ›Rapid Transit System‹, wie die U-Bahn offiziell genannt wird, kam 1904 auch am Times Square an, und Adolph Ochs, der Besitzer der ›New York Times‹, ließ sich daraufhin ein fünfundzwanzigstöckiges Gebäude mit der üblichen, von der italienischen Renaissance angehauchten Terrakottaverkleidung bauen. Die ›Times‹, die 1851 mit einer Auflage von neunzehntausend Exemplaren angefangen hatte, wuchs rapide zu einer, vielleicht *der* angesehensten amerikanischen Zeitung. Ihr Motto ist: »All the news that's fit to print«, was heißen soll, daß sie nur geziemende Nachrichten druckt, und Ochs behauptete mit Recht, sie sei eine Zeitung, die zu lesen sich keiner schämen müsse. Beim Lesen muß man sich allerdings erst daran gewöhnen, daß ein Leitartikel von der ersten Seite seine Fortsetzung auf Seite 82 finden kann und dort dann inmitten einer der Teile steht, die sich, je nach Wochentag, mit Themen wie Wissenschaft, Business, Sport, den schönen Künsten, Kochen und sogar mit Wohnungseinrichtung befassen. Der Wetterbericht hat seine eigene gute halbe Seite, ist deswegen nicht verläßlicher, informiert dafür aber über die Temperaturen vom Tag vorher etwa in Frankfurt oder Sidney.

Der ›Times‹ zu Ehren wurde Longacre Square umgetauft und der Einzug am 31. Dezember 1904 mit einem Feuerwerk zelebriert, das als Vorgänger der inzwischen traditionellen Silvesterfeierlichkeiten gelten kann, die jedes Jahr auf diesem Platz Tausende von Menschen zusammenbringen.

Die ›Times‹ ist unterdessen in die 46th Street gezogen, das New York Times Building heißt heutzutage *One Times Square* und ist bis zur Unkenntlichkeit umgebaut – »Miami-Beach-Marmor«, spöttelte ein Kritiker. Es hat um seine Taille einen Gürtel aus Nachrichten in Leuchtschrift gelegt und im obersten Stock ein Restaurant eingerichtet, in dem es schlechtes Essen und einen guten Blick gibt auf »zwei von Gottes leuchtendsten und mystischsten Gaben: Farbe und Feuer«, wie G. K. Chesterton poetisch feststellte.

Es empfiehlt sich, diese Gegend zur Dämmerstunde auf-
zusuchen, wenn Ströme von Theaterbesuchern in die Vorstellungen eilen und mit ihrer Vorfreude die miserable Umgebung erhellen. Nach Theaterschluß sind sie alle in kürzester Zeit verschwunden, und besonders im Winter liegen
ganze Blocks ausgestorben, nur einige Hausmeister, die
Mülltonnen nach draußen schleppen, und vereinzelte be-
rittene Polizisten sind zu sehen.

Leicht zu übersehen bei den vielen bunten Lichtern ist an
der nördlichen Spitze des Times Square, der hier darum
auch ›Duffy Square‹ heißt, die *Statue des Father Francis P.*
Duffy in Uniform, des Seelsorgers von New Yorks 69. Regiment. Während des Ersten Weltkrieges wurde er als nationaler Held gefeiert, später war er Pfarrer der Holy Cross
Church an der 42nd Street und mit Künstlern und Bürger-
meistern gut Freund. Er ging als ein ›Broadway character‹
in die Stadtgeschichte ein. Ganz bestimmt kannte er auch
Eugene O'Neill gut, den Vater des modernen amerikanischen Dramas, der, wie es die Götter nun einmal so wollen, 1888 im dritten Stock eines mittlerweile längst abgerissenen Apartmenthotels da geboren wurde, wo er später
seine größten Triumphe feiern sollte. Gegenüber von
Father Duffys vertrauter Figur steht seit ein paar Jahren
ein lustiges Gebilde aus Rohr und Leinwand. Seine im
Winde flatternden ›Wände‹ sind weithin sichtbar mit den
Buchstaben TKTS bedruckt, einer Abkürzung von ›tickets‹:
Hier werden Theaterkarten zum halben Preis für Vorstellungen am selben Tag verkauft – und die Menschenschlan-
gen sind dementsprechend lang.

Der Theater-Broadway

The city seems a world of warlike camps,
while Broadway with its legions thunders by ...
Walter Malone, Ende des 19. Jahrhunderts

Fürwahr sind es »Legionen«, die diese fünfzehneinhalb
Meilen lange Straße schon entlangzogen und es täglich von
neuem tun. »The longest commercial thoroughfare on the
planet«, wie der Broadway vor gar nicht so langer Zeit
einmal genannt wurde, ist die längste Verkehrsader Manhattans. Sie schneidet quer durch das gitterförmige Straßennetz und verändert von Nachbarschaft zu Nachbarschaft ihr Gesicht. Im 19. Jahrhundert war sie die Hauptstraße des jungen New York und breiter als heute. Ein
Synonym für Unterhaltung wurde ihr Name, seit die Stadt
– am Anfang des 19. Jahrhunderts – fünf Theater besaß,
die jedesmal, wenn sie einen Schritt nach Norden machte,
den Broadway entlang mitzogen.

Die theatralischen Anfänge der jungen Metropole wurden von London, der überseeischen Hauptstadt der Kolonie, geprägt. Trotz der Unabhängigkeitskämpfe wurde
1775 ›The School for Scandal‹ des in London so erfolgreichen Dramatikers Richard Brinsley Sheridan aufgeführt.
Weil es keine Theaterkassen gab, gingen die Mitglieder der
Schauspieltruppe vor jeder Vorstellung auf die Straße und
verkauften die Eintrittskarten an Passanten. 1787 wurde
das erste ›bodenständige‹ Theaterstück gegeben, eine Ko-
mödie von Royall Tyler mit dem Titel ›The Contrast‹. Sie
imitierte die Dramen des produktiven und noch immer
beliebten Sheridan, war aber darin originell, daß sie sich
über amerikanisches Englisch lustig machte, zum Schluß
die ›anständigen‹ Amerikaner aber doch über die ›feigen‹
Engländer siegen ließ.

Die Rivalitäten zwischen amerikanisch und englisch beeinflußten Bürgern waren auch nach der Unabhängigkeit

schwer beizulegen, und noch 1849 wurde leidenschaftlich Partei ergriffen, als zwei Schauspieler, oder besser ihre Claquen, sich stritten, ob nun der einheimische Edwin Forrest oder der aus England zu einem Gastspiel angereiste William Macready die Rolle des Macbeth im Astor Place Opera House spielen solle. Die beiden Seiten bekämpften sich mit solcher Wut, daß zweiundvierzig Tote und dreißig Verletzte die Opfer dieses von der Polizei mit allzuviel Eifer unterdrückten Aufruhrs wurden!

Mit dem Bau des berühmten *Casino* im ›sarazenischen‹ Stil an der 39th Street, gegenüber der damals gerade neuen ›alten‹, inzwischen längst abgerissenen Metropolitan Opera, hatte sich der Theater-Broadway 1882 wieder ein Stück höher etabliert. Während auf der Bowery Burlesken und Vaudeville-Revuen dem ›Volk‹ die Langeweile vertrieben, brachte man hier der ›uptown gentry‹, der jene Unterhaltung als zu ›rowdy‹ galt, Musikkomödien dar, die von europäischen Opern und Operetten abgeleitet und auf amerikanischen Geschmack zurechtgeschneidert wurden. So gab man um die Jahrhundertwende im Casino ein ungemein erfolgreiches Stück mit dem Floradora Sextett, dessen Zusammenstellung sich beinah täglich änderte. Die bildschönen Mitglieder, unter ihnen Evelyn Nesbit, die indirekt für den frühen Tod des Architekten Stanford White verantwortlich war, wurden von verliebten Millionären praktisch über Nacht von der Bühne geholt.

Ungefähr um diese Zeit wurde dem Theater-Broadway der Name ›Rialto‹ angeheftet, der aus Shakespeares ›Kaufmann von Venedig‹ (»Nun, was gibt's Neues auf dem Rialto?«) auf dem Umweg über einen ›Rialto‹ genannten deutschen Biergarten in New York gelandet war. Die Theaterpaläste, die sich an diesem Rialto aneinanderreihten, wurden immer unglaublicher; nach dem sarazenischen wurde der ägyptische Stil besonders beliebt, besser gesagt: das, was man sich darunter vorstellte. Ein Einheimischer, der seinen Augen nicht trauen wollte, bedichtete einen besonders wilden Stilsalat so:

Pillars Ionic
Eaves Babylonic
Doors cut in scallops, resemblin' a shell
Roof wuz Egyptian
Gables Caniptian
Whole grand effect, when completed, wuz – hell!

Als Elizabeth (Liz) Taylor ihr verspätetes Broadwaydebüt
antrat, geschah das in einem anscheinend für diesen großen Augenblick wieder auf Hochglanz gebrachten ›ägyptischen‹ Theater in Himmelblau und Gold. Um die Jahrhundertwende mußten die Theater schon allein deshalb
mit allem Pomp ausgestattet werden, damit sie neben
Supershows wie Clyde Fitchs ›DuBarry‹, in dem eine ganze
Guillotine aufgefahren wurde, dem ersten Musical ›Show-
boat‹ oder den Oscar-Hammerstein-Extravaganzen und
ihren modernen Sprößlingen nicht zu armselig wirkten.
Clyde Fitch hat nicht nur bei der Requisitenbeschaffung
Pionierarbeit geleistet, sondern in seinem Stück ›The City‹,
1909, auch die ersten »goddamns« auf der amerikanischen
Bühne hören lassen. Der Autor hatte vor der Erstauffüh-
rung bereits das Zeitliche gesegnet, aber das Premierenpu-
blikum schwor hinterher kollektiv, ihn bei der üblichen
Verbeugung auf der Bühne gesehen zu haben.

Beim Aufkommen des Kinos war es gar nicht schwer,
die Theater – »Basiliken« nannte sie der französische
Schriftsteller Paul Morand – für den neuen Zweck umzu-
modeln. Anstelle der Theaterpremieren gab es nun ›first-
run movies‹, zu deren ›first night‹ oft dieselben Stars erschienen wie früher bei Theaterpremieren. Die Produzen-
ten waren derweilen überzeugt, daß es mit dem Theater ein
für alle Mal vorbei sei. Die meisten dieser umgebauten
Kinopaläste sind inzwischen abgerissen oder zu Pornoschuppen degradiert worden. Ein Pionier im Theaterbau
war das *Rivoli* an der 49th Street, das als erstes mit einer
Klimaanlage protzte und dessen Balkons nicht mehr von
Säulen getragen werden mußten. Das *Continental* an der
52nd Street zeigte 1927 den ersten Tonfilm, Al Jolsons

›Jazzsinger‹, in dem der jüdische Sänger im ›blackface‹ auf-
trat. Angefangen hatte Al Jolson im Winter Garden. Heute
kann man im *Winter Garden* von Shakespeareaufführun-
gen des Shakespeare Theaters und anderen Bühnen bis zu
›long-run musicals‹ die unterschiedlichsten Stücke sehen.
1913 hat New York hier die ersten Jazztöne vernommen,
als die Original Creole Band aus New Orleans gastierte.
Nicht weit entfernt ist *Roseland,* in den zwanziger Jahren
ein südlicher Vorposten Harlems, das seit Jahren ein ›ballroom‹ für etwas altmodische Musik und nicht mehr ganz
junge Tänzer ist, einmal im Jahr aber vom Schwung des
sommerlichen Jazz-Festivals mitgerissen wird und nach
Mitternacht nun auch den Discosound erschallen läßt.

Die geographischen Grenzen des Amüsier-Broadway verlaufen ungefähr von 40th Street im Süden bis 52nd Street
im Norden, und von Sixth Avenue bis Eighth Avenue, mit
Times Square als etwas verludertem Herzen. Der Broadway wird mit übertriebener Wehmut oft »the great white
way« genannt, eine Bezeichnung, die sich ein kluger Rekla-
mefachmann Anfang des Jahrhunderts einfallen ließ, als
eine kleine weiße elektrische Reklame ihr Debüt an der
Ecke der 23rd Street gab. Bald wurden die Reklamen jedoch zahlreicher und waren kaum noch weiß, und die geniale Umschreibung des prototypischen New Yorker Playboys ›Diamond Jim‹ Brady als »the street of the midnight
sun« traf genauer zu.

Während der letzten fünfzig Jahre wurde das ›legitime‹
Theater, wie man es hier im Gegensatz zum Kino nennt,
mehr und mehr in die Seitenstraßen verdrängt, meistens
westlich vom Broadway. Das älteste Broadway-Theater,
das *Lyceum,* steht darum auch an der 45th Street. Wegen
seiner schönen ›barocken‹ Säulen genießt es Denkmalschutz.

Leider sind diese Seitenstraßen vom nachbarlichen Verfall des Times Square in Mitleidenschaft gezogen worden,
wenn auch vereinzelt versucht wird, die Gegend ein wenig
aufzuhellen. Mit Erfolg tut das beispielsweise ein brasilia-

nisches Restaurant, das seinen schmalen Treppenaufgang lustig und einladend bemalt hat. Auf etwas andere Weise, aber nicht minder erfolgreich, tut dies auch die *Church of St. Mary the Virgin* an der 46th Street. Sie wird liebevoll ›Smoky Mary's‹ genannt, weil ihr Weihrauchverbrauch und ihre Liturgie der Gegenreformation alle Ehre machen, auch wenn sie eigentlich ›Protestant Episcopal‹ ist. Sonntagmorgens, zu Ostern und besonders zur Mitternachtsmesse am Heiligen Abend finden sich die verschiedensten New Yorker hier ein, von Bankiers im gestreiften Anzug bis zu farbbeklecksten Künstlern und Tänzern, die noch im Trikot aus einer benachbarten Show kommen, alle angezogen von der ausgesprochen anheimelnden Atmosphäre.

Für viele Broadway-Besucher ist es weniger wichtig, zu sehen, als vielmehr gesehen zu werden. Ein Ort, an dem man vor und besonders nach der Vorstellung, aber niemals während der Vorstellung zu erscheinen hat, ist *Sardi's,* wo ›unten‹ oft mehr zu sehen ist als ›oben‹. Nach Premieren werden hier immer noch die ersten Ausgaben der Zeitungen mit den Rezensionen erwartet, was die Stimmung unerwartet zum Umschlagen bringen kann.

Ein berühmter alter Treffpunkt für Künstler und ihre Anhänger und ein Wahrzeichen der Stadt ist das *Algonquin Hotel.* Benannt nach einem einst in dieser Gegend lebenden Indianerstamm, steht es, kaum verändert, an der 44th Street nahe der Sixth Avenue. Seine ›after-theater buffets‹ sind berühmt, und bei einem Aufenthalt in der winzigen ›Blue Bar‹ zur Cocktailstunde oder in der Halle kann man sich ohne weiteres Seite an Seite mit Sternen des literarischen oder künstlerischen Firmaments finden. Die großen Alten freilich leben nicht mehr, die hier in den zwanziger und dreißiger Jahren einen Lunchclub hatten, bei dessen Zusammenkünften die Bonmots nur so über den Tisch schwirrten. Zu diesem ›Round Table‹ gehörten bekannte ›Ritter‹, darunter Robert Benchley, der Humorist und Theaterkritiker des ›New Yorker‹. Seine Essays werden heute genausogern gelesen wie damals, seine leichte Hand bei Wortspielereien wird immer noch bewundert. Sie beginnt schon beim Titel seiner Bücher, die beispielsweise ›From Bed to Worse‹ oder ›Chip off the old Benchley‹ heißen. Robert Sherwood, der die Reden für Präsident Franklin D. Roosevelt ebenso wie die Skripts zu ›Die besten Jahre unseres Lebens‹ und ›Versteinerter Wald‹ schrieb, zählte gleichfalls zu den Rittern. Im Anfang war Dorothy Parker die einzige Frau in dieser exklusiven Runde. Sie wurde von Uneingeweihten wegen ihres schneidenden Witzes gefürchtet, besonders wenn es um ›romantische Beziehungen‹ ging. Die erste Strophe des Schlagers ›It was just one of those things‹ beginnt nicht ohne Grund: »As Dorothy Parker once said to her boyfriend, fare thee well ...«

Thornton Wilder nahm eines Tages einen deutschen Touristen, den er auf der Überfahrt getroffen hatte, in die ›Blue Bar‹ mit, weil er nur dort einen anständigen Martini bekommen konnte. »Any barbarian from outer darkness may now loll in that once hallowed spot«, beklagte ein Stammgast die Situation. Heutzutage sieht man hier Günter Grass oder John Updike zwischen Verlegern und Touristen auf der Suche nach ›Atmosphäre‹. Aber der neue, manchmal recht unhöfliche Empfangschef erkennt oft nicht einmal bekannte Verleger und ›men about town‹ wieder. Doch können sich diese von Charles Addams trösten lassen, dem bedeutendsten Vertreter des schwarzen Humors, dessen unnachahmliche Cartoons fast jede Woche im ›New Yorker‹ erscheinen und der im ›Algonquin‹ Hof hält, wenn er in der Stadt ist. Als er sich im fortgeschrittenen Alter zum zweiten Mal verehelichte, geschah das bei einer zivilen Zeremonie auf einem Friedhof, bei der die Braut Schwarz trug! Nathaniel Benchley, der noch nicht lange verstorbene Sohn Roberts, handelte sicher im Sinne der Gruppe, als er vor einigen Jahren anläßlich des 90. Geburtstags von Marc Connelly in einer makabren Laune die Geister der anderen zu einem nächtlichen Treffen ins ›Algonquin‹ bat und ein ›Schattengespräch‹ mit ihnen ver-

anstaltete. Man wundert sich, daß sie sich beschwören ließen, diesen ihnen sicher völlig unbekannten Broadway in
spiritueller Form nochmals heimzusuchen. Wirklich wit-
zige Komödien wie ›Dinner at Eight‹ von George S. Kauf-
man – einem der Round-Table-Mitglieder – werden dort
nicht mehr oft aufgeführt, geschweige denn geschrieben,
und sie haben in der Hochburg des Musicals auch nur
geringe Chancen. Zu Tränen rührende Schauspielerei ist
selten geworden, und wenn man sie antrifft, ist sie wahrscheinlich aus England importiert.

Dafür kann man in der Zeitung lesen, daß sich moderne
Zuhörer mit allen möglichen Arten von Umweltlärm so die
Ohren verdorben haben, daß die Musicals in den höchsten
Tönen über das Mikrophon schallen müßten. Unwohlwol-
lende meinen allerdings, die Musicals seien so übersteuert,
weil die Sänger nicht singen und die Musiker nicht ordentlich spielen könnten und der Krach über die mangelnde
Qualität hinwegtäuschen solle. Überhaupt, behaupten sie,
gehe es am Broadway zu wie in Las Vegas, nur sähe es dort
nicht gar so trostlos aus wie hier.

Große Pläne für die Sanierung von 42nd Street und Times Square werden seit Jahren diskutiert. Es ist möglich,
daß das Convention Center, ein riesiger Komplex für Konferenzen und andere Veranstaltungen, das in der sogenannten ›Hell's Kitchen‹ an der westlichen 42nd Street erstehen soll, ebenso der Bau des umstrittenen Portman Hotel am Times Square, die Pornoschuppen und Massagesa-
lons in einen anderen Stadtteil verscheuchen und dieser
trostlosen Gegend ein wenig Aufschwung geben werden.

Ein Stück Ninth Avenue

Heil's kitchen, where patrons were
served ... pigs knuckles and sauerkraut
accompanied by a very large glass of
good beer ...

Brief an die ›Herald Tribune‹ von 1942

Ein langes Stück der Ninth Avenue zwischen 38th und 50th Street wird zuweilen heute noch bei seinem alten Namen ›Hell's Kitchen‹ genannt. Die lebhafte Phantasie der Einheimischen hat diese Teufelsküche denn auch mit allen möglichen wirklichen und fabelhaften Wesen bevölkert: mit Mafiosi und irischen Freiheitskämpfern, mit sich blutig befehdenden Gangsterclans und Insassinnen von ›houses of ill repute‹, wie die euphemistisch veranlagten Amerikaner ihre Bordelle unter anderem gerne nennen. Die Überraschung ist deshalb immer groß, wenn jemandem klargemacht wird, daß die Gegend nur so heißt, weil ein Deutscher namens Heil dort eine Gaststätte mit dem Aushängeschild ›Heil's Kitchen‹ betrieb, in der Eisbein und Sauerkraut serviert wurden.

Heute sieht es hier für New Yorker Verhältnisse auch nicht viel heruntergekommener aus als anderswo, und es fällt auch nur ganz selten ein Stück Giebel von einem der schmalen dreistöckigen Häuser. Dieses Stückchen New York liegt verkehrsgünstig, aber gar nicht malerisch zwischen einem kürzlich renovierten Busbahnhof und den öden Anfahrten zum Lincoln Tunnel unter dem Hudson River, der hier Manhattan mit New Jersey verbindet. Was es aber so anziehend macht, sind die vielen Gemüse-, Fleisch-, Fisch- und Delikatessenläden, die sich hier aneinanderreihen und von grünen Bananen bis zu Haifischsteaks exotische Köstlichkeiten anbieten. Die Kunden kommen aus allen Teilen der Stadt und sind nicht weniger exotisch als die Ware, und man sieht so manche Afrikanerin im bunt gemusterten Turban hier seltene Dinge kaufen, die ihr Heimweh vielleicht lindern helfen. Sie kommt sicher auch gern, weil es ganz einfach dörflich zugeht. Nach Monaten, wenn nicht Jahren der Abwesenheit wird man vom Fischhändler mit großer Freude beim Vornamen begrüßt. Nicht dörflich allerdings ist die Leben- und Lebenlassen-Einstellung, es mag auch Unbehagen sein, mit der gewisse, nicht gerade Vertrauen einflößende Gestalten hier bedacht werden. Sie lungern vor einem dunklen Hauseingang, der zwischen einem italienischen Metzger, wo meterlange Würste aus blitzenden Tuben gedrückt werden, und einer griechischen Bäckerei mit duftenden Zopfbroten gähnt. Manche dieser Typen kommen im neuesten Cadillacmodell, lila, mit Tigerfellen auf den Sitzen, die allgemein ›pimp mobiles‹ genannt werden, weil sich nur Zuhälter oder Drogenhändler solche Wagen leisten können oder einfallen lassen. Bei aller einstudierter Nonchalance der Einheimischen wird einem dennoch bald klar, daß es sich um eine Drogenverteilungsstelle handelt. Dabei ist charakteristisch für New York, daß sich diese Vorgänge nur einige Blocks von zwei Drogen-Rehabilitierungszentren entfernt abspielen.

An der 42nd Street, zwischen Eighth und Ninth Avenue, neben einer Post im Anstaltsstil und gegenüber von Father Duffys Holy Cross Church in einem besonders exotisch wirkenden byzantinischen Stil, erhebt sich das gestufte, mit grünlichen Terrakottabändern umwickelte *McGraw-Hill Building*. Bei vielen Kennern gilt es als bestes Beispiel des International Style, wie wir schon hörten, einer amerikanischen Version des Bauhaus-Stils, auch wenn die Ornamente vom Art Deco beeinflußt sind. Der Verlag McGraw-Hill, nach dem das Gebäude benannt wurde, ist inzwischen in einen der neuen gestreiften Wolkenkratzer an der Sixth Avenue gezogen, jenen anonymen Bauten, die wegen ihrer Eintönigkeit gern xyz-Gebäude genannt werden. Nachdem der ›grüne Riese‹ jahrelang leer stand, hat sich nun eine große Krankenversicherung seiner erbarmt.

Im Zuge der vielen Sanierungsprojekte, die in New York anscheinend über Nacht in Angriff genommen werden, hat auch die 42nd Street zwischen Ninth und Tenth Avenue ihr Gesicht verändert. Auf der Nordseite erheben sich zwei Backsteintürme mit Läden und Restaurants zu ebener Erde, und auf der gegenüberliegenden Straßenseite haben Experimentier-Theater die vergammelten Bars und Pornoschuppen verdrängt. Im Rahmen eines von der Regierung finanzierten und weiterhin subventionierten Unternehmens wohnen hier Leute, die mit dem Theater zu tun haben. Die offizielle Absicht ist, der Gegend durch ›neues Blut‹ Auftrieb zu geben.

Nicht weit entfernt, an der West 44th Street, steht die United Presbyterian Church aus der Mitte des vorigen Jahrhunderts, die nach einem abwechslungsreichen Leben in diesem wandelbaren Stadtteil seit 1955 die Heimat der ›Method‹-Schauspieler geworden ist, genannt *The Actors' Studio*. Äußerlich etwas verwahrlost und leicht zu übersehen, sind durch seine Türen die Größten der Großen des amerikanischen Theaters gegangen, Schauspieler sowohl als Stückeschreiber, und nicht, um leichte Triumphe zu feiern und Unmengen Geld zu verdienen. Sie kamen in Scharen, um die hier geübte spezielle ›method‹ des Spielens zu lernen, die in Rußland um die Jahrhundertwende Konstantin Stanislawski vertreten hatte und deren hervorstechendstes Merkmal die Fähigkeit ist, persönliche Erfahrungen und Gefühle in psychologisch vertieftem Naturalismus in die jeweilige Rolle zu projizieren.

Hier hat Marilyn Monroe sich mit der Rolle der Blanche Dubois in ›Endstation Sehnsucht‹ herumgeschlagen, um ihrem ›sex goddess‹-Image entgegenzuwirken, nur einige Jahre nachdem Marlon Brando, des Studios erfolgreichster Absolvent, der Welt mit seinem Stanley Kowalski in demselben Stück gezeigt hatte, was ›method acting‹ ist. Heute kann jeder versuchen, hier Mitglied zu werden, allerdings kann er nur einmal im Jahr vorsprechen, ist aber als Zuschauer bei bestimmten Proben geduldet. Die Inszenierungen des Actors' Studio haben in den vergangenen Jahren keine großen Erfolge mehr gehabt, abgesehen von einem seit Jahren laufenden Stück mit dem Titel ›The best little whorehouse in Texas‹, dessen Thema nicht gerade als Lehr- und Demonstrationsmaterial eines Instituts ins Auge springt, das seine Toilettentüren mit Romeo- und Julia-Schildchen kennzeichnet.

Verändern wird sich das alte Hell's Kitchen durch den Bau des riesigen *New York Convention Center,* das am Hudson River zwischen 34th und 39th Street entsteht. Wo vor kurzem noch nichts zu sehen war als Schlamm, erhebt sich nun allmählich die große Konferenzhalle, die, so behaupten ihre Erbauer, so lang sein werde wie das Empire State Building hoch ist. 85 000 Menschen soll das Center fassen, 3 800 davon allein in seinem Theatersaal. Eine Konferenz für das Jahr 2002 ist schon gebucht! Abends soll das Glasgebäude des Architekten I. M. Pei durchsichtig scheinen, während sich tagsüber die Skyline des mittleren Manhattan in seiner östlichen Fassade spiegeln wird.

Die West Thirties:
Kleiderständer auf der Straße

Ye dandies of Gotham: I've seen fools and fops in
forty different cities, but none to compare with you.
Neal Dow, Temperenzler

Das ›Gotham‹ in unserem Motto ist ein liebevoller Name
für Manhattan aus dem frühen 19. Jahrhundert, der zum
ersten Mal in einer von Washington Irving, James Fenimore Cooper und einigen Journalisten herausgegebenen
Zeitschrift mit satirischem Einschlag namens ›Salmagundi‹
auftaucht. Der Name Gotham ist abgeleitet von jenem
Gotham in England, das King John sich als Stätte eines
Jagdschlößchens auserkoren hatte. Nun paßte aber den
Dorfbewohnern der Plan überhaupt nicht, und so benah-
men sie sich den Höflingen gegenüber so töricht, daß das
Schloß woanders erbaut wurde. In die Geschichte einge-
gangen sind sie gerechterweise als »wise men of Gotham«.
Die New Yorker sind stolz darauf, ›Gothamites‹ zu sein:
Lieber als Dummkopf angesehen werden und weise sein,
als umgekehrt!

Was nun aber die Dandies in unserem Motto angeht:
Daß man sich in Gotham gut anziehen konnte, dafür
sorgte schon zur Zeit dieser Namensfindung ein emsiges
Garment Center. Heute reicht die Heimat der Bekleidungsindustrie ungefähr von 30th bis 42nd Street und von
Sixth Avenue bis Eighth Avenue. Die Seventh Avenue heißt
in dieser Gegend ganz offiziell ›Fashion Avenue‹, auf den
Straßenschildern sogar, und der Bürgermeister, der dies
einführte, hat sich damit gewiß die Stimme von manchem
Mitglied dieser in New York ungeheuer machtvollen Industrie geholt, einer Industrie, die familiär gerne als ›the rag-
trade‹ bezeichnet wird. Der Verkehr auf der Fashion Avenue und in den umliegenden Straßen steht meistens still,
weil Tausende von ›push boys‹ ihre Kleiderständer und
Handkarren kreuz und quer und gegen den Strom schieben.

Bis zum Ende des 19. Jahrhunderts wurde Bekleidung auf der Lower Eastside hergestellt. Unterbezahlte Arbeiter, meistens der Sprache nicht mächtige Einwanderer, Juden aus Mitteleuropa und Italiener aus dem Süden, arbeiteten hier Vierzehnstundentage und Sechstagewochen in licht- und luftlosen ›sweatshops‹. Jacob A. Riis, ein dänischer Einwanderer, beschrieb in seinen berühmten ›How the Other Half Lives‹ betitelten Zeitungsberichten über die

William Gropper: Push boys im Garment Center. Radierung, 1965

erbärmlichen Zustände auf der Lower Eastside, wie man damals, »schon bevor man einen einzigen Straßenblock durchquert hatte, das Surren von Tausenden von Nähmaschinen hören« konnte, die vom Morgengrauen an auf Hochtouren betrieben wurden, »bis Körper und Geist versagten«.

Als die Bekleidungsindustrie im Gefolge der ›fashionable society‹ nach Norden zog und im Jahr 1900 die ›International Ladies' Garment Workers Union‹ gegründet wurde, deren Etikett in fast jedem Bekleidungsstück zu finden ist, verbesserten sich die Arbeitsbedingungen außerordentlich. Außerdem organisierte die Gewerkschaft schon im ersten

Jahrzehnt des Jahrhunderts erfolgreiche Streiks, den ersten als Reaktion auf einen verheerenden Brand in einem der Lofts, bei dem 146 Arbeiterinnen umkamen. Heute ist die Vereinigung außerordentlich einflußreich, hat ein Heim für Mitglieder auf dem Lande und ist sogar mit einem nur von Angehörigen veranstalteten Musical mit dem Titel ›Pins and Needles‹ in die Theatergeschichte eingegangen.

Unbestritten Kunsthauptstadt der Welt, brüstet sich New York gerne auch noch als Modehauptstadt der Welt. Im Jahre 1964 – wenn die Erinnerung nicht täuscht, kein Modejahr, das sich durch besondere Eleganz auszeichnete – behauptete Eugenia Sheppard, die damalige Modeprophetin, New York sei die bestangezogene Stadt der Welt. Gewiß ist, daß besonders junge Leute eine Unmenge Geld für ihre Kleidung ausgeben, um mithalten zu können, ob aber damit die Stadt ›gut angezogen‹ wirkt, bleibe dahingestellt. Jedenfalls ist Mode neben dem Tourismus New Yorks wichtigste und einträglichste Industrie. Die großen Designer – und das Fashion Institute of Technology sorgt alljährlich für talentierten Nachwuchs – gehören inzwischen zur High Society, und eine Einladung bei einem von ihnen kann in der Brust auch der kühlsten und ›most sophisticated‹ New Yorkerin ein ganz ungewohntes Triumphgefühl erwecken. Und welch eine Ehre, ins Metropolitan Museum gebeten zu werden, wenn das Costume Institute eine Party zu Ehren von Seventh Avenue gibt, sprich: zur Auffüllung der Gewerkschaftskasse, und alles eingeladen wird, was mit Geld und Namen glänzt! Die New Yorkerin greift dann tief in ihr Portemonnaie, denn der Eintrittspreis ist hoch. Dafür steht sie aber vielleicht am nächsten Morgen in der Zeitung, und der Schöpfer ihrer Kreation ist um eine kostenlose Reklame reicher.

Modebewußt sind New Yorker seit geraumer Zeit, nicht nur unser Temperenzler hat das bemerkt. Als der Marquis de Lafayette 1824 zu einem triumphalen Besuch in die mit seiner Hilfe unabhängig gewordenen Vereinigten Staaten zurückkehrte, erkundigte er sich, wo denn in New York die einfachen Leute geblieben seien, jeder sei plötzlich so gut angezogen. Lady Emmeline Stuart-Wortley und die Amerikaexpertin Frances Trollope berichten beide in der Mitte jenes Jahrhunderts, daß sich New York nur noch nach der neuesten Pariser Mode kleide und frisiere. Als die amerikanische Herzogin von Windsor vor einigen Jahren gefragt wurde, was ihr denn am meisten fehle, wenn sie nicht in New York sein könne, war ihre Antwort nur ein Wort: »Shopping«. Und zwei junge französische Touristen, die beschreiben sollten, was sie beim ersten Besuch alles getan hätten, erklärten, sie seien *nur* zum Jeans-Kaufen gekommen.

In der unteren Hälfte des Garment Center liegt *Pennsylvania Station,* ein moderner Bahnhof mit einem langweiligen Büroturm und dem riesigen *Madison Square Garden* auf seinem ebenerdigen Dach. Dieser inzwischen recht abgenutzt wirkende Komplex, von dem auch nicht ein Millimeter architektonisch interessant ist, ersetzte 1964 die alte Pennsylvania Station, ein den Thermen des Caracalla nicht unähnliches Gebäude aus Travertinmarmor von McKim, Mead and White. Der englische Schriftsteller Arnold Bennett berichtete 1911, daß alles mögliche in diesem Bahnhof zu finden sei, nur keine Züge. Die kamen und gingen wie bei der Grand Central Station unterirdisch. Der vielbeklagte Abriß geschah, bevor die Denkmalschutz-Kommission ihre Muskeln zeigen konnte. Architekturhistoriker Vincent Scullys Trauerrede: »Dies war akademische Bauweise der allerbesten Sorte. Man schritt in dieses Gebäude wie ein Gott. Heute muß man wie eine Ratte in ihr Loch unter die Erde trippeln«, hat bis heute nichts von ihrer Bitterkeit verloren.

Der Bau des ersten Bahnhofs bedeutete das Ende für eine üble Gegend zwischen Fifth Avenue und Seventh Avenue, allgemein ›Tenderloin‹ (Filetstück) genannt, seit ein in Gangsterkreisen besonders gefürchteter Polizeiinspektor in diesen Distrikt versetzt wurde und sich freute, nach soviel langweiligem Fleisch endlich in erstklassiges beißen zu können. In welchem Maße er da aufgeräumt hat, wo es »as many whores as Methodists« gab, ist anscheinend eine Streitfrage, denn eine andere Version der Geschichte berichtet, daß er sich nach seiner Versetzung ›tenderloin‹ leisten konnte, weil die dunklen Elemente der Gegend ihm Schmiergeld gaben. Wie dem auch sei, die Pennsylvania Railroad hat die ›Aufräumungsarbeiten‹ beendet, als sie Anfang des Jahrhunderts beschloß, zwei Tunnel unter die Flüsse zu graben, damit Manhattan unterirdisch mit Long Island und New Jersey verbunden würde.

Wo fünfhundert Häuser gestanden hatten, war bald ein Bauloch von zweimal zwei Block Ausmaßen, und die Ausgrabungen ähnelten einem Steinbruch, den viele New Yorker mit ihren Kameras von allen Seiten aufnahmen und von dem George Bellows sogar zwei Gemälde malte. Später wurde hier ein zweiter Madison Square Garden gebaut, der Stanford Whites ›Hochzeitskuchen‹ am Madison Square ersetzen sollte und der inzwischen den Weg so vieler Gebäude gegangen ist. Sein Ende wurde von niemandem bedauert, wenn man von der Erinnerung absieht, daß John Steinbeck, als er unbekannt, mittellos und halb verhungert in New York ankam, dort mit dem Zementkarrenschieben ein paar Pfennige verdiente. In einem Artikel über seine Erfahrungen in New York schrieb er später: »The city had beaten the pants off me.« Doch sei er nicht angewidert nach San Francisco zurückgekehrt, sondern mit einem Gefühl des Respekts, das nur die nackte Angst einflößen könne.

Wie sehr dieser Teil Manhattans Anfang des Jahrhunderts als Mittelpunkt des Geschäftsbezirks der Stadt galt, beweist McKim, Mead and Whites *Hauptpostamt* (General Post Office) auf der anderen Straßenseite. Dieser riesige ›römische‹ Tempel mit seiner Kolonnade von zwanzig doppelten korinthischen Säulen über der breiten Treppe hatte in der nicht gar so strengen Fassade des alten Bahnhofs eine ideale Ergänzung, während er heute gegenüber der billigen des neuen zu monumental wirkt. Jeder Briefträger kann wohl die lange, frei nach Herodot zitierte Inschrift auf seinem Fries auswendig: »Neither snow nor rain nor heat nor gloom of night stays these couriers from the swift completion of their appointed rounds.« Herodot hatte dieses Lob den berittenen Kurieren gezollt, die die Perser während der Kriege mit Griechenland ausschickten, aber es trifft genauso auf New Yorks Briefträger zu, die anscheinend nie krank, sondern tagaus, tagein bei ihren »nie wechselnden Runden« anzutreffen sind, mit ihren Leinwandtaschen auf Rädern und den flauschigen Ohrenklappen im Winter und Shorts im Sommer.

Wo Broadway und Sixth Avenue sich an der 34th Street kreuzen, bilden sie zwei Dreiecke. Das nördliche heißt *Herald Square* und ist nach der ›Herald Tribune‹ benannt, einer Zeitung, die 1966 zur großen Überraschung aller ihre Rotationsmaschinen stoppte und damit die Stadt mit nur einem ›seriösen‹ Tagesblatt zurückließ. McKim, Mead and White hatten auch ihr einen ihrer typischen Palazzi gebaut, der aber schon in den zwanziger Jahren abgerissen wurde. Nur die große Uhr mit ihren Bronzefiguren ist übriggeblieben. Sie heißen familiär ›Stuff and Guff‹ und schlagen besonders zur Mittagszeit lustig Krach, belächelt von einer hinter ihnen schwebenden mütterlichen Minerva.

Am Herald Square ist das »größte Kaufhaus der Welt« – wie es sich selbst nennt – zu Hause: *Macy's* wurde 1858 von einem Walfänger aus Nantucket gegründet, der sich nach der Einschränkung des Walfangs anderen Unternehmungen zuwenden mußte. Bei Macy's konnte und kann man auf zehn Morgen Verkaufsetagen alles nur Erdenkliche von »Diamanten bis Himbeeren« kaufen.

Im Kielwasser der Bekleidungsindustrie haben sich in dieser Gegend ganze Straßenblocks zu einem einzigen Kaufhaus für Bändchen, Litzen, Knöpfe, Glas- und Holzperlen entwickelt. Wenn man ein Stück Gummiband erstehen will, wird man womöglich in einen Loft mit museumsreifen Maschinen geschickt und kommt meistens mit zehn Metern zu einem lächerlich niedrigen Preis nach Hause.

Das Empire State Building
und seine Art-Deco-Verwandten

»Warum haben Sie denn Ihr Büro im Empire State Building,
  wenn es Ihnen nicht gefällt?«
»Nur so habe ich das verdammte Ding nicht dauernd vor der Nase!«
  Einer der ersten Mieter

Im Gegensatz zu diesem verächtlichen Mieter hängen die meisten anderen New Yorker mit beinahe ungestümer Liebe an ihrem Empire State Building. Daß die beiden Türme des World Trade Center und der Sears Roebuck Tower in Chicago höher sind, ist ihnen völlig nebensächlich. Das über fünfzig Jahre alte eigentliche Wahrzeichen New Yorks bleibt für sie »the top of the world«.

Kaum jemand erinnert sich an das alte Waldorf Astoria Hotel von Henry J. Hardenbergh, das seinen Platz auf einem Astorschen Grundstück an der Ecke Fifth Avenue und 34th Street für dieses Symbol räumen mußte. Damals hatten selbst die rabiatesten Verfechter des Status Quo nicht viel Zeit, sich aufzuregen, denn schon innerhalb von neun Monaten nach der Grundsteinlegung am 17. März 1930 war das Mauerwerk aus Indiana-Kalkstein und Granit des damals höchsten Gebäudes der Welt fertig.

Den Auftraggebern hatte ein Wolkenkratzer mit einem Maximum an vermietbaren Quadratmetern vorgeschwebt, und den Architekten Shreve, Lamb and Harmon ein entsprechend funktioneller Bau. Einer der Gründer der Empire State Incorporated hatte gefragt: »Wie hoch könnt ihr bauen, ohne daß es umfällt?« und dabei ostentativ einen Bleistift auf seinen Schreibtisch gestellt: Tradition interessierte ihn nicht mehr. Nach fünfzehn Versuchen und beinah durch Zufall, sicher aber durch ein Zusammentreffen günstiger Umstände und einer Menge Glück gelang William J. Lamb sein immerjunges Meisterwerk, diese »ins Kraut geschossene Spargelstange«. Die Zeiten waren damals nicht gerade aussichtsreich, die Depression stellte die

Existenz beinahe jeden Amerikaners in Frage, und es hätte näher gelegen, etwas architektonisch Erprobteres und stilistisch Traditionelleres zu bauen. Andererseits, wären New York und das ganze Land damals gerade auf einer Welle des Wohlstandes geritten, hätte man sicher nicht nur auf ein neuartiges, sondern gar auf ein revolutionär-supermodernes Gebäude gepocht. Daß das Empire State Building zum Symbol für eine dem Wachstum und der Veränderlichkeit verschworenen Stadt wurde, ist sicher auch damit zu erklären, daß dieses ›achte Weltwunder‹ in den Monaten der Misere so schnell und so hoch in den Himmel wachsen und der Bevölkerung damit Hoffnung einflößen konnte. Und das alles für die Hälfte der ursprünglich angesetzten Bausumme von fünfzig Millionen Dollar!

Dabei tat das Empire State Building sich schwer, seine vielen Büros zu vermieten, und bis zum Ende der Depression waren es wohl nur 25 Prozent, Grund genug für die Einheimischen, es sofort ›Empty State Building‹ zu taufen. Die Verwaltung behauptete zwar, 86 Prozent der Räume seien vermietet, und die volle Beleuchtung solle kein volles Haus vortäuschen, sondern nur den Nachtwächtern die Runden erhellen, aber der König von Siam bemerkte bei einem Besuch, dies alles käme ihm sehr bekannt vor, denn solche weißen Elefanten hätte er zu Hause auch. In kürzester Zeit hatten leere wie vermietete Zimmerfluchten des Empire State Building die Attraktion europäischer Märchenschlösser mit und ohne Gespenst aus Romanen verdrängt. Auch der Film bemächtigte sich dieser einzigartigen Kulisse: Der silbrige Schaft wurde zum Schauplatz von mindestens 150 Filmen oder spielte darin wenigstens eine Komparsenrolle. Da wartete Cary Grant an einem der Aufzüge mit überschwenglicher Art-Deco-Dekoration vergeblich auf Deborah Kerr, Tarzan schaukelte vorbei und grunzte etwas von steinernem Urwald, und Andy Warhol hielt sechs Stunden lang eine Kamera auf eine der Außenwände. King Kong kletterte mit vor Liebe zu seiner winzigen blonden Schönheit gebrochenem Herzen die schwankende Spitze hinauf, und wurde, oben angekommen, von einem Schwarm von Bombern wie von Mücken angegriffen. Wie Paris seinen Quasimodo, brauchte auch New York ein grotesk-romantisches Wesen als Symbol der Zeit, und der riesige Affe auf der Spitze des höchsten Gebäudes der Welt war wie geschaffen dazu.

Daß der Bau so schnell in die Höhe schießen konnte, hatte auch einen banalen Grund: Es gab einfach keinen Lagerplatz für die sechzigtausend Tonnen Stahl, die für sein Skelett benötigt wurden. Jede Ladung mußte schnellstens verarbeitet werden, und so mußte er in einer Woche um vier bis viereinhalb Stockwerke wachsen, zu Rekordzeiten sogar um vierzehn bis fünfzehn Stockwerke innerhalb von zehn Tagen. Das Gebäude ist bis zum 102. Stockwerk 381 Meter und bis zur Spitze der Fernsehantennen 448 Meter hoch. Es wiegt 356 000 Tonnen, aber immer noch nicht soviel wie die felsige Erde, die fast zwanzig Meter tief für sein Fundament ausgegraben werden mußte. Es gibt fast eine Million Meter elektrische Leitungen in seinen Wänden, 80 Kilometer Dampfrohre, 5500 Kilometer Telefonkabel und 110 Kilometer Wasserrohre!

Wie ein etwas stämmiger Obelisk thront das Empire State Building zurückgesetzt auf einem fünf Stockwerke hohen Sockel und ist an der Spitze dreimal abgestuft. Die dritte Abstufung am 86. Stockwerk ist mit einer großen Terrasse mit Panorama-Blick über die Insel und die umlie-

Das erste und zweite Stockwerk bieten in New York
    meistens mehr als das Parterre

Ein Unterwasser-Fries über einem ganz gewöhnlichen
    Restaurant

Kein Mausoleum, sondern ein Tempel des Kommerz an der
    42nd Street

genden Stadtteile versehen. Ein noch höherer, allerdings verglaster Ausblick liegt an der Spitze im 102. Stock. An klaren Tagen soll man 120 Kilometer weit und Teile von fünf amerikanischen Staaten – New York, New Jersey, Connecticut, Massachusetts und Pennsylvania – sehen können. Bergsteiger können den 86. Stock über 1575 Stufen erklimmen; bei einem Marathon 1979 erreichte der Sieger eine Rekordzeit von zwölf Minuten und neunzehn Sekunden. Den schönen Ausblick gewinnt man durch Fenster, die nicht in die Fassade versenkt sind, sondern plan mit ihr abschließen, ein Umstand, der den Erbauern eine Menge Geld gespart hat. Es gibt insgesamt 6500 Fenster, und ihre Glasfläche ist fünf Morgen groß und muß regelmäßig geputzt werden. Gerüste für die Fensterputzer wie bei den meisten anderen Wolkenkratzern sind hier wegen der vielen Vorsprünge nicht möglich. Daher hängen sie gut gesichert an festen Ledergürteln mit massiven Metallschnallen.

Der ursprüngliche Blondton des Gebäudes verwandelte sich durch Witterungseinflüsse in ein bläuliches Grau, wurde aber Anfang der siebziger Jahre für eine Weile wieder hervorgeschrubbt. Je nach Tageszeit und Wetter verändert sich die Farbe, und bei strahlendem Sonnenschein kann der Turm weithin blitzen. Seit einigen Jahren werden die oberen dreißig Stockwerke abends angestrahlt, wobei die Farben wechseln: Zu Weihnachten sind sie rot und grün, im Herbst, um den Bäumen Konkurrenz zu machen, rot und gelb, zu St. Patrick's und zugleich dem eigenen Geburtstag des Gebäudes am 17. März frühlingsgrün, am Unabhängigkeitstag ›red, white and blue‹, und als das Land um seine Geiseln im Iran bangte, waren sie gelb gehalten, gelb, weil zu jener Zeit ein Folk and Country Song populär war, der von einem Gefangenen handelte, der sein Mädchen bat, ihm treu zu bleiben und bei seiner Freilassung ein gelbes Band um den Eichenbaum zu binden. Sie tat's im Lied, und die New Yorker taten es in Wirklichkeit, indem sie viele Bäume an der Fifth Avenue mit gelben Bändern schmückten, als die Geiseln nach ihrer Heimkehr im Triumph dort hinunterzogen. Manchmal erstrahlt der Bau aus keinem ersichtlichen Grund eisblau oder rosa: Das sind Farben, die ihm besonders gut stehen, und sieht man ihn so auf dem Hintergrund des dunklen Abendhimmels, so kann sich so recht keine andere Superarchitektur damit messen.

Der Eingang an der Fifth Avenue ist monumental. Die langgestreckte Halle mit einem Kern von 67 Aufzügen ist drei Stockwerke hoch. Sie ist mit Marmor aus Frankreich, Italien, Belgien und Deutschland verkleidet und wird von einem hohen Basrelief im kantigsten Art-Deco-Stil geschmückt.

Die Fernsehantennen sind inzwischen von der Spitze des Empire State Building auf das World Trade Center gezogen. Das mittlere und nördliche Manhattan hat es seitdem schwer, über die vielen Wolkenkratzer hinweg seine Lieblingsshows anzupeilen. Als die Antennen noch auf dem Empire State Building angebracht waren und den meisten New Yorkern einen guten Empfang ihrer vielen Programme bescherten, mußten eines Tages Handwerker oben etwas reparieren. Sie hatten sich einen schönen klaren Tag ausgesucht, wurden aber buchstäblich aus heiterem Himmel von einem Schneesturm überrascht. Der Hausmeister erwartete sie unten mit steigender Besorgnis. Als sie erst Stunden später erschienen, erklärten sie, der Weg hinunter sei genausolang wie der hinauf, und da sie nun schon einmal oben gewesen seien, hätten sie eben die Arbeit trotz des Sturms erledigt.

Die meisten Besucher wollen wissen, ob New Yorks Symbol ganz allmählich in den Boden versinkt und ob es bei starkem Wind wackelt. Es sinkt nicht, sondern ist auf Manhattans harter Endmoräne fest verankert. Und es schwankt nur, und auch dann nur um fünf Zentimeter, wenn ein Sturm mit 180 Kilometern Geschwindigkeit zwei Stunden lang unaufhörlich auf das Gebäude einbläst. Trotzdem muß es wegen der inneren Kontraktion von

Stahl, Aluminium und Kalkstein ständig auf Risse unter-
sucht werden. Die Verwaltung bedauert, daß man von keinem ebensohohen Nachbargebäude die Außenwände in-
spizieren kann, sondern eigens Hilfsgerüste für dieses Unternehmen errichten muß.

Die ursprünglichen Besitzer haben das Empire State
Building für 65 Millionen Dollar verkauft, nachdem sie für
Grundstück und Bau fast 41 Millionen Dollar bezahlt hatten. Sie taten es sicher aus Enttäuschung, denn entgegen
allen Erwartungen hatte es die großen Prestigefirmen nicht
gelockt, ihre opulenten Bürofluchten in den hohen Stockwerken des Wolkenkratzers unterzubringen. Auch heute
bringt er pro Quadratmeter nicht so viel Miete ein wie so
mancher andere Midtownkoloß. Diese haben freilich auch
nicht die Phantasie so vieler Menschen bewegt. Es ist verständlich, daß einen empfindsamen Mieter ein leichtes
Schaudern ergreift, wenn er an die traurigen Begebenheiten denkt, mit denen die Geschichte des Empire State
Building umwoben ist. Schon beim Bau kamen vierzehn
Menschen ums Leben; wenn man die Photos betrachtet,
die Lewis W. Hine während der Bautätigkeit aufgenommen hat, und sieht, daß sich die Arbeiter wie Seiltänzer
ausnehmen, verwundert das nicht. Trotz der psychologisch trainierten Bewachung, die depremiert wirkende
Besucher erst gar nicht hinaufläßt, haben mindestens 26
Lebensmüde den gewaltigen Sprung gewagt, bis die Errichtung des ›suicide rail‹, des Selbstmörderzauns, ihn unmöglich machte. Vogelschwärme auf der Reise nach Florida
werden manchmal von den gleißenden Wänden geblendet.
Das größte Unglück aber geschah, als ein Bomber vom Typ
B-52 im Juli 1945 bei sehr schlechter Sicht – Wolken und
Smog reichten tief hinunter in die Schluchten der Hoch-
häuser – gegen den 72. Stock prallte.

Kurz nach seinem 50. Geburtstag, der gebührend gefeiert wurde, ist das Empire State Building endlich unter
Denkmalschutz gestellt worden. Der schönste Tribut wurde
ihm gezollt, als einer seiner Verehrer beim Anblick des World

Trade Center meinte, die Zwillingstürme sähen höchstens aus wie die Verpackung des Empire State Building!

Seine nur um Monate ältere und nicht sehr viel kleinere Schwester, das *Chrysler Building,* ist der Stahl gewordene Traum der Autoindustrie. Es galt damals nicht gerade als revolutionär, sicher aber als modern, denn bei seinem Bau wurde zum ersten Mal rostfreier Stahl zur Verkleidung benutzt. An seiner vierten Abstufung ragen die vier Ecken wie moderne Versionen der Ungeheuer von Notre-Dame über die hohen Wände hinaus und erinnern stark an die Kühlerfigur des Chrysler-Modells von 1929. Der untere, mit Stein verkleidete Teil der Wände wird durch ein Korb-geflecht aufgelockert. Weithin sichtbar ist die Turmspitze, auf jeder Seite in schönster Art-Deco-Manier mit sieben konzentrischen Gloriolen versehen, die nicht von ungefähr einer Chrysler-Radkappe ähneln. Seit einiger Zeit werden die Zacken der Gloriolen abends silbrigrosa angestrahlt und wirken wie eine Art-Deco-Brosche auf blauem Samt. Ein Fries von Automobilen aus weißen und grauen Back-steinen mit stählernen Radkappen schmückt den 26. Stock.

Der Architekt des Chrysler Building, William Van Alen, und sein ehemaliger Partner, H. Craig Severance, wurden Rivalen, als beide zu gleicher Zeit den Auftrag bekamen, das höchste Gebäude der Welt zu bauen. Severance schien mit den 309 Metern seines Bankgebäudes an der Wall Street Nummer 40 sein Ziel erreicht zu haben, als er hörte, daß das Chrysler Building bei 308 Metern bleiben würde. Er wußte nicht, daß Arbeiter heimlich dabei waren, die stählerne Turmspitze zusammenzustellen, die dann nur noch an Ort und Stelle festgebolzt werden mußte. Die Eu-phorie des Siegers Van Alen hielt aber nicht lange an, denn wenige Monate später wurde das Chrysler Building vom Empire State Building überholt. Die eckige Halle ist mit afrikanischem Marmor verkleidet, und es fehlt auch innen nicht an Art-Deco-Details, die jene außen humorvoll re-flektieren, besonders an den mit Stahl und verschiedenfar-bigen Hölzern intarsierten Aufzugstüren.

Drei gute Beispiele an der 42nd Street für die über-
schwengliche Dekorationslust der frühen dreißiger Jahre
sind das *Chanin Building* schräg gegenüber vom Chrysler
Building, auf dessen Fassade sich allerlei Meerestiere tummeln, das *Daily News Building* zwischen Third und Second Avenue mit einem riesigen Globus in der Lobby, der
sich innerhalb von zehn Minuten einmal um sich selbst
dreht, und das *Graybar Building,* 420 Lexington Avenue,
dessen Basreliefs über dem Eingang die amerikanische Industrie verherrlichen: Zwei Götter im goldenen Strahlen-
kranz tragen ein Telephon und einen Lastwagen!

Murray Hill und Pierpont Morgan Library

The Island will be densely desecrated by buildings of brick,
with portentious façades of brown-stone ...
Edgar Allan Poe, 1844

Die ruhigen, baumbeschatteten Seitenstraßen des Stadtteils
Murray Hill mit ihren guterhaltenen Brownstones scheinen alle auf die Morgan Library an der 36th Street zwischen Madison und Park Avenue hinzuführen, einem der
vielen großen Geschenke, die New York den Finanz- und
Handelsgenies des 19. Jahrhunderts verdankt. Wenn John
Pierpont Morgan sich nicht wie so viele seiner wohlhabenden Zeitgenossen vom Dienst im Bürgerkrieg freigekauft
hätte, wäre die Stadt womöglich um ein weltberühmtes
Museum ärmer. Diese Art der Freistellung benachteiligte
natürlich die armen Eingezogenen in der Stadt und führte
die blutigen ›Draft Riots‹ von 1863 herbei.

Morgans Sammlung ist in einem Gebäude von Charles
McKim untergebracht, dessen Firma McKim, Mead and
White in New York mit so vielen anderen wohlgefälligen
Bauten vertreten ist. Die glatte Fassade wird nur von einem
von Palladio inspirierten Portal unterbrochen, und allgemein mit dem frühen, ›reinen‹ Renaissancestil, und ganz
besonders dem Brunelleschis verglichen. Die Marmor-
blöcke der Wände sind auf klassisch-griechische Weise
trocken, das heißt ohne Mörtel zusammengefügt, eine
Bauweise, die sich damals nur noch sehr reiche Leute leisten konnten. Und weil der Bauherr an seiner Bibliothek
nirgends den Namen des Architekten sehen wollte, ließ
dieser einer Sphinx in einem Basrelief sein Profil geben.

Der Finanzmann John Pierpont Morgan verdankte seinen Reichtum vor allem den Aktivitäten seiner Bank, die in
die Vermögenswerte investierte, die sie gleichzeitig als Hold-
ing Company verwaltete. Dabei fiel genug ab, um Kunstwerke und Frauen zu sammeln. Ein Witzbold soll vorge-

schlagen haben, als Morgan sein beträchtliches Scherflein zum Bau des Entbindungsheims des New York Hospital beigesteuert hatte, er müsse es jetzt nur noch füllen – und das trotz einer »Nase wie eine Tomate«. Die Geschichten um Morgan sind Legion und nicht unbedingt alle wahr, aber daß er sich zu Weihnachten ›A Christmas Carol‹ von Charles Dickens aus dem Originalmanuskript vorlesen ließ, weil es ihm schließlich gehörte, kann man glauben. Überliefert ist sein Ausspruch über den Erwerb einer Yacht – und er hat in seinem Leben gleich drei besessen und sie alle ›Corsair‹ genannt, weil er sich dem Freibeuter Henry Morgan verbunden fühlte –: »If you have to ask the price you cannot afford it.« Die Biographen, die mit einer gehörigen Portion Psychologie an sein kompliziertes Wesen herangehen, erklären gern, daß er viel lieber Edward VII., ein Papst der Renaissance oder ein florentinischer Fürst gewesen wäre als nur ›einfacher Kaufmann‹, und weil das nicht möglich war, bemühte er sich, wenigstens seinen Lebensstil so weit wie möglich den Genannten anzugleichen. Sein reich ausgestattetes Arbeitszimmer und seine Privatbibliothek geben noch heute unverändert Zeugnis davon, wie weit ihm das gelungen ist.

Mit dem Sammeln hatte sein Vater Junius schon angefangen, der einen sechsseitigen Brief von George Washington besaß, in dem der erste Präsident seine Hoffnungen für die neue Republik ausdrückte. Der Brief ist heute noch Teil der Sammlung. Nach dem Tode des Vaters im Jahre 1890 begann John Pierpont Morgan systematisch und im großen Stil einzelne Kunstwerke und ganze Sammlungen zu erwerben, zu deren Verkauf die Besitzer oft aus Platzmangel oder um die Erbschaftssteuer zu umgehen gezwungen waren. Dabei ließ sich Morgan nicht von Experten leiten wie so mancher große Sammler seiner Zeit – deren Expertise im nachhinein manchmal recht fraglich erscheint –, sondern allein von seinem eigenen Geschmack. Diesen Geschmack hatte er, ebenfalls im Gegensatz zu manchen seiner plutokratischen Zeitgenossen, wenn nicht in die Wiege

gelegt bekommen, so doch mit Hilfe einer guten Erziehung
erworben und durch Welt- und Kunsterfahrung verfeinert.
Geld spielte glücklicherweise keine Rolle, denn es ist nur
eingeschränkt wahr, daß man in jenen Tagen kostbare
Kunstwerke zu niedrigen Preisen erwerben konnte, und
Morgans Anschaffungen gingen regelmäßig in die Tausende.

John Pierpont Morgan ließ den Marmorpalast für seine
Sammlungen bauen, weil sein Haus, auf dessen Platz heute
der Anbau der Library steht, einfach zu klein geworden
war. Sein Sohn wohnte in dem großen Brownstone im
›italienischen‹ Stil an der Ecke 37th Street und verwaltete
die Sammlungen mit Hilfe – und unter der Fuchtel, wie
behauptet wird – der berühmt-berüchtigten Direktorin
Miss Belle Da Costa Greene von 1913 bis 1943. Anfang
der zwanziger Jahre war die Sammlung so bedeutend geworden, daß John Pierpont Morgan, Jr., sich entschloß,
sie 1924 der Öffentlichkeit zugänglich zu machen.

Heute können die museumsfreudigen New Yorker immer sicher sein, in der Morgan Library neben der permanenten Sammlung außergewöhnliche Ausstellungen zu sehen, ob es nun Zeichnungen von Michelangelo sind, die
die Bibliothek von Königin Elisabeth von England ausge-
liehen hat, oder ein Streifzug durch alle Katzenbücher der
Welt.

In Vater Morgans Lesezimmer (West Room) geht man
dann nicht nur, um seine beiden Gutenberg-Bibeln anzusehen, sondern auch die Hochzeitsbildnisse des älteren Cra-
nach von Luther und seiner Frau oder Bilder von Memling,
Francia, Perugino oder Cima da Conegliano. Die Morgan-
Sammlung besitzt die wichtigsten, schönsten, frühesten
und seltensten Bücher und Handschriften der Welt, oft
reich mit Gold verziert und mit Edelsteinen besetzt, darunter das Ashburnham-Evangeliar aus dem 9. Jahrhundert
oder das Konstanzer Missale, den Mainzer Psalter und das
Gebetbuch der Katharina von Kleve aus dem 15. Jahrhundert, Erstausgaben von Cäsar, Vergil, Plutarch, Dante,

Cicero, Tasso und vielen anderen. Der Reichtum an Originalmanuskripten von Miltons ›Paradise Lost‹ über Byrons ›Don Juan‹ bis zu Kiplings ›Captains Courageous‹ und Wilkie Collins ›The Moonstone‹, einem der ersten Detektivromane, ist bewundernswert. Von Zeit zu Zeit wird Balzacs ›Eugénie Grandet‹ ausgestellt, in Fahnen, die bis zur Unleserlichkeit mit klitzekleinen Korrekturen überfüllt sind und den armen Setzer zum Wahnsinn getrieben haben müssen. Für Musikliebhaber gibt es handschriftliche Partituren und Briefe der berühmtesten Komponisten in Fülle. Im Bookshop kann man dann Karten kaufen, auf denen Handschriften von Mozarts Arien des Cherubino aus Figaros Hochzeit oder Schuberts ›Erlkönig‹ reproduziert sind.

Auch nach dem Tod John Pierpont Morgans, Jr., und unter der Leitung des zweiten Direktors, Frederick B. Adams, von 1948 an, wurden die Neuerwerbungen weitergeführt. Dieser Direktor organisierte eine ›Association of Fellows‹, eine Gruppe von Prominenten mit bibliophilen Interessen, die oft selbst bedeutende Sammlungen besitzen und diese ganz oder zum Teil der Pierpont Morgan Library vermachen. So kann es bei einem Dinner in entsprechenden Kreisen geschehen, wenn das magische Wort ›books‹ gefallen ist, daß man plötzlich Archibald Hendersons Shaw-Biographie mit eigenhändigen Korrekturen Shaws in Händen hält. Nicht verwunderlich, daß die berühmte Bibliothek mit der dennoch intimen Gelehrtenatmosphäre ein Zentrum der Bibliophilie und der philologischen und kunsthistorischen Forschung in Amerika geworden ist.

Murray Hill heißt so, weil ein Gentleman namens Robert Murray ungefähr an der Stelle sein schönes großes Landhaus hatte, wo heute die Morgan Library steht. Während der Amerikanischen Revolution fanden sich der englische General William Howe und sein Stab eines Tages bei Mr. Murray, der als königstreu galt, zum Mittagessen ein. Draußen war es heiß und drinnen wurden die müden Krieger von der eleganten Mrs. Murray und ihren schönen Töchtern mit gutem Essen und selbstgekeltertem Wein be-

wirtet und mit Musik unterhalten. Derweilen gelang es
einem Teil von Washingtons Truppe, unbemerkt von den
englischen Schiffen auf dem Hudson River und der auf
dem Terrain der heutigen Grand Central Station statio-
nierten englischen Armee, sich durch die Wälder nach
Norden zu schleichen und so den anderen Truppenteil zu
erreichen, bevor sich die englischen Reihen hinter ihnen
schlossen. Spätere Geschichtsschreiber haben sich oft gefragt, ob die schöne Mrs. Murray wirklich ebenso königstreu war, wie man ihrem Mann nachsagte, oder ob es
stimmt, daß sie am Vortag den Besuch eines verdienten
Offiziers aus den Südstaaten empfangen hatte, bei dem ihr
Mann nicht anwesend war. Es ist gut möglich, daß ohne
ihre Lunch Party die amerikanische Geschichte einen anderen Verlauf genommen hätte.

In den letzten Jahrzehnten des 19. Jahrhunderts standen
in Murray Hill die viktorianischen Häuser – meistens auf
Johann Jakob Astors Bauplätzen – der Rhinelanders, Belmonts, Havemeyers und anderer Familien der ›Four Hundred‹, deren Sitten und Gebräuche Edith Wharton in ihren
Büchern über die Gesellschaft jener Tage so lebendig für
uns erstehen läßt. Beim Spazierengehen in den ruhigen Seitenstraßen kann man sich leicht Equipagen mit Damen in
gebauschten Kleidern vorstellen. Besonders in *Sniffen
Court,* einer gepflasterten kleinen Enklave an der 36th
Street zwischen Lexington und Third Avenue scheint die
Zeit stehengeblieben zu sein. Diese unter Denkmalschutz
stehenden ›mews‹ waren ursprünglich die Ställe für die
größeren Häuser weiter östlich und wurden in den zwanziger Jahren unseres Jahrhunderts, als diese Schicht den
nächsten Schritt nach Norden machte, in Wohnungen,
Studios und ein winziges Theater umgebaut. Am Ende der
kleinen Gasse hatte die Bildhauerin Malvina Hoffmann,
Schülerin und Modell von Rodin, ihr Studio.

Noch bis in die dreißiger Jahre blieb an der Nordostecke
von Park Avenue und 34th Street eine der herrschaftlichen
viktorianischen Residenzen bestehen. Als die Park Avenue

nach Süden verlängert wurde, kämpfte ihre Besitzerin lange mit der Stadt um Beibehaltung ihrer Adresse: Nummer 1 Park Avenue. Selbst als ein neues Bürogebäude sich stolz One Park Avenue nannte, ließ sie sich unverdrossen weiterhin so im Telephonbuch führen. Schräg gegenüber an der Südostecke stand die malerische 71st Regiment Armory, eine ›mittelalterliche‹ Exerzierhalle, deren Turm dem des Rathauses von Siena nachgebildet war. In den siebziger Jahren wurde sie abgerissen, um noch einem weiteren Bürohaus den Platz zu räumen; bis dahin fanden dort Bälle, Tennisturniere und Ausstellungen statt, ganz abgesehen von den Aktivitäten des 71st Regiment.

Am südlichen Rand von Murray Hill, an der 29th Street, glaubt man sich auf einen englischen Kirchplatz versetzt. Die *Church of the Transfiguration* mit Pfarrhaus, Innungshaus und überdachtem Friedhofstor in ihrem von grünen Hecken umrandeten Garten um die Ecke der Fifth Avenue und im Schatten des Empire State Building mutet unerwartet an. Diese Kirche ist wegen ihrer Beliebtheit bei Theaterleuten berühmt. Es begann damit, daß Joseph Jefferson, der berühmteste Schauspieler von Wallack's Theater an der Bowery, im Jahre 1871 zum Pastor einer der ›Society‹-Kirchen an der Fifth Avenue ging, um seinen Freund und Kollegen George Holland von dort aus begraben zu lassen. Der Pastor bedauerte, als er hörte, daß es sich um einen Schauspieler handelte und schlug vor, die Zeremonie doch von der »Little Church around the Corner« vornehmen zu lassen. Seitdem hat so mancher Künstler seinen letzten Weg von dieser Kirche aus angetreten, darunter auch Edwin Booth, der große Mime, von dem später noch die Rede sein wird. Sein Lieblingszitat aus Hamlets drittem Akt, Horatios »As one, in suffering all, that suffers nothing ...«, erscheint in einem von dem Maler John La Farge entworfenen Fenster der Kirche. Bewunderer behaupten auch gern, daß in dieser Kirche mehr Menschen getraut wurden als in irgendeiner anderen in der Welt. Daß dabei Zeitnot entstehen konnte, zeigt die Geschichte von O. Henrys Be-

erdigungsfeier. Als nämlich gerade der Trauerzug mit Sarg-
trägern und Trauernden von einer Seite näherrückte, rollte
von der anderen ein Auto mit lachenden Hochzeitsgästen
heran. Die Hochzeit wurde ein wenig aufgehalten, und ein
Gast der Trauerfeier berichtet, wie er mit einem Ohr die
ernsten Worte des Pfarrers und mit dem anderen die fröh-
lichen Stimmen der Hochzeitsgäste durch das offene Fenster hören konnte – eine Situation, an der der Erzähler
bittersüßer Geschichten aus New York sicher Gefallen gefunden hätte.

Nicht weit von ›The Little Church around the Corner‹
hat Henry James, der meist in Europa lebende Chronist
der Beziehungen zwischen Amerikanern und Europäern
›gehobener‹ Kreise, bei zwei Besuchen in seiner Heimat in
den Jahren 1875 und 1881 gewohnt, und der große Erzähler Herman Melville, Schöpfer des ›Moby Dick‹, starb
1891 an der 26th Street.

Diese Häuser machten 1905 Platz für die 69th Regiment
Armory, eine Exerzierhalle, die heute noch steht und deren Schießscharten nun die größtenteils harmlosen Passanten auf der Lexington Avenue ›überwachen‹. 1913 fand
hier die berühmteste, als *Armory Show* in die Annalen der
modernen Kunst eingegangene Ausstellung von Werken
europäischer und amerikanischer Künstler statt, die den
auf diesem Gebiet sehr nachhinkenden amerikanischen
Bürgern eine Ahnung vermittelte von dem, was sich künstlerisch nicht nur an der anderen Küste des Atlantik, sondern in ihrer Mitte tat. Die amerikanischen Maler Arthur
B. Davies und Walt Kuhn reisten nach Frankreich, England und Deutschland – hier zu den Galerien Goltz und
Thannhauser und dem Kölner Sonderbund –, um die Aus-
stellungsexponate auszuwählen. Sie kamen mit Werken
von Kirchner und Lehmbruck, Matisse und Picasso – der
im Katalog ›Paul‹ heißt –, Braque, Léger, van Gogh,
Gauguin und vielen anderen zurück. Dazu gesellten sich
die amerikanischen Mitglieder der ›Eight‹ und der ›Ashcan
School‹, von denen wir im Zusammenhang mit dem Whit-

ney Museum ausführlicher berichten werden. Über zwölf-
hundert Werke vermittelten einen so sensationellen Einblick in die Gegenwartskunst – vor allem den europäischen Expressionismus –, daß es »keinen amerikanischen Künstler gab, der nicht nach dem Besuch der Ausstellung sein künstlerisches Konzept neu überdenken
mußte«, wie Stuart Davis 1935 schrieb.

Der Sturm der Entrüstung, den diese massive Konzen-
tration moderner Kunst hervorrief, tobte wochenlang um
die dicken Mauern der Armory; trotzdem ging die Ausstellung in reduziertem Umfang nach Chicago. Dort wurde sie
wegen einiger Nacktdarstellungen, die für heutige Begriffe
eher zur braven akademischen Art gehören, gehörig verris-
sen. In Boston, wo damals eine gewisse Weltoffenheit und
engere Verbundenheit mit Europa herrschten, wurde die
Ausstellung mit weit mehr Gelassenheit aufgenommen.
Unter den Besuchern befanden sich natürlich bekannte
Sammler wie John Quinn, Dr. Albert Barnes oder Walter
Arensberg. Sie waren zum Anschauen, aber auch zum
Kaufen gekommen, und unter ihrem Einfluß fühlte sich
sogar das Metropolitan Museum ermutigt, einen Cézanne
zu erstehen. Trotzdem stellte sich am Ende zur großen
Enttäuschung der Veranstalter heraus, daß nur etwa 170
Werke verkauft worden waren.

Auch die nördliche Grenze von Murray Hill hat ihre
Assoziationen, darum finden sich vielfach literaturbeflis-
sene Pilger vor dem *Hotel Bedford* an der East 40th Street
ein, das Thomas Mann während des Zweiten Weltkrieges
eine Weile als Bleibe diente und wo Ernest Hemingway das
Manuskript ›In einem anderen Land‹ für den Druck vorbe-
reitet hat.

Chelsea, das literarische Viertel

I simply rejoiced in the New York Streets ...
Gertrude Stein
nach einigen Jahren in Paris

Wie so viele Enklaven in Manhattan hat auch Chelsea als
Landsitz angefangen, von Captain Thomas Clarke, einem
Vorfahren von Clement Clarke Moore, in der Mitte des
18. Jahrhunderts angelegt und nach Londons Stadtteil
Chelsea am Themse-Ufer benannt. Moore, Verfasser der
ersten in Amerika gedruckten griechischen und hebräi-
schen Lexika und Architekt aus Liebhaberei, ist jedem
Amerikaner als Autor eines Gedichtes über einen irdischen
Besuch des hl. Nikolaus vertraut, dessen Anfang »'Twas
the night before Christmas ...« sicherlich die bekannteste
Gedichtzeile im Lande ist. Als Moore mit der Aufteilung
der Stadt in Straßenblocks im Jahre 1811 auch sein Erbe
aufgeteilt sah, das bis dahin aus Wiesen und Wäldern bestanden hatte, beschloß er, den Nachteil in einen Vorteil zu
verwandeln und statt einer Handwerkersiedlung eine reine
Wohngegend auf seinem Grund und Boden anlegen zu lassen, was freilich ein Risiko war, denn so weit nördlich
wohnte damals natürlich noch niemand. Um dem Unternehmen einen guten Start zu geben, schenkte er erst einmal
seinen Obstgarten – den Block, den Ninth und Tenth Avenue und 20th und 21st Street bilden – dem General Theo-
logical Seminary, wo er Professor war. Dessen efeubewachsene neugotische Gebäude kontrastieren noch
heute mit den etwas früher entstandenen klassizistischen
Häusern.

Moore machte beim Verkauf seiner übrigen Parzellen
zur Bedingung, daß sich keine Läden, Handwerker oder
sonstige kommerziellen Unternehmen dort ansiedeln sollten, daß zwischen den Häusern keine Gassen, und seien sie
noch so schmal, angelegt werden dürften und daß alle

Häuserfronten gut drei Meter vom Straßenrand zurückzu-
setzen seien. Das Resultat war – trotz aller Vorschriften –
nicht Block für Block aneinandergeklebte Reihenhäuser,
sondern eine harmonisch gewachsene ›Kleinstadt‹, in der
jeder Hausbesitzer seinen Geschmack auch an der Fassade
walten lassen kann, sei es bei der Wahl der Farben oder der
Bepflanzung der kleinen Vorgärten. Eine architektonisch
besonders interessante Häusergruppe ist die Cushman
Row der West 20th Street mit den Hausnummern 406 bis
418. Und weil dieser Teil Chelseas nie eine besonders mo-
dische oder elegante Gegend wurde, sondern von Anfang
an eine solide Mittelklasse anzog, wurden die verhältnismäßig einfachen Häuser im Greek-Revival-Stil gegen Ende
des 19. Jahrhunderts auch nicht abgerissen, um den üblichen, italienisch angehauchten, mit Brownstone verkleideten Palästen für Millionäre Platz zu machen, wie in so
vielen anderen Stadtteilen. Es gibt aber auch in Chelsea
eine Reihe Häuser in eben diesem Stil, der in seiner monu-
mentalen Form bedrückend wirken kann, hier aber bei
kleineren Proportionen recht anmutig erscheint. Einige
gute Beispiele mit den Nummern 438 bis 450 sind westlich
der Cushman Row an der 20th Street zu finden.

Wenn Clement Clarke Moore der erste Dichter war, der
in Chelsea gelebt hat, so war der große Edwin Forrest der
erste Schauspieler. Es wird berichtet, daß er in das Doppel-
haus Nummer 436 an der West 22nd Street gezogen war,
weil die Familie seiner Frau sich in seinem Domizil im
Süden Manhattans zu breit gemacht hatte. Später wohnte
Lily Langtry, Freundin von Edward VII. und Prinz Louis
Alexander von Battenberg, in der Nähe des Twenty-Third
Street Theater, und es war die Begeisterung über ihre
Schönheit und nicht über ihre Schauspielkunst, die eine
Handvoll junger Männer veranlaßte, ihre Pferde auszu-
spannen und ihre Kutsche selbst zu ziehen. An der 23rd
Street stand auch das inzwischen längst abgerissene Grand
Opera House des Millionärs James (›Jubilee Jim‹) Fisk, das
schon 1868 eine Million Dollar gekostet hatte. Fisk be-

Derek Reist

East 93rd Street, 1977

Öl auf Leinwand, 91,5 x 107 cm
Sammlung John und Muriel Goodwillie

nutzte das Theater auch als Büro, und angeblich verbarri-
kadierte er sich dort hinter dreißig Zentimeter dicken
Stahltüren, wenn er sich von Aktionären seiner Erie Railroad bedroht fühlte, oder nach einem Versuch, den Gold-
markt aufzukaufen, mit verständlichen Reaktionen rechnen mußte. So lag er denn auch im Foyer seiner Grand
Opera aufgebahrt, nachdem ihn ein etwas zu hitzköpfiger
Rivale im Kampf nicht um Transaktionen, sondern
schlicht um die Gunst einer berühmten Schauspielerin ins
Jenseits befördert hatte.

Während des Ersten Weltkrieges, als Hollywood noch
ein in der Sonne schlummernder Vorort von Los Angeles
war, richtete die wachsende Filmindustrie hier ihr Hauptquartier ein. Eine Reihe früher Filme mit Mary Pickford
wurde nicht in irgendeinem anonymen Studio gedreht,
sondern in einer düsteren Exerzierhalle an der 26th Street.

Chelseas Ruhm beruht aber weder auf seiner Architektur noch auf seiner Geschichte, so lebendig sie auch gewesen sein mag, sondern auf seiner literarischen Tradition.
Denn fast jeder, der in Amerika die Feder in die Hand
nahm, hat auch einen Teil seines Lebens, und sei er noch so
klein, in Chelsea zugebracht. Seit 1884 ist der Mittelpunkt
dieser Aktivitäten das *Chelsea Hotel*, eins der ersten Apartmenthäuser mit Eigentumswohnungen, die um die Jahrhundertwende so beliebt wurden und von denen nicht viele
überlebt haben. Mit seinen zierlichen gußeisernen Balkon-
gittern wäre das Gebäude auch in New Orleans zu Hause;
hier verschönt es mit seiner luftigen Fassade mit dem abwechslungsreichen Mauerwerk aus Stein und Ziegel, mit
Erkern und Giebeln eine laute, schmutzige Straße, die
breite 23rd Street. Das ›Chelsea Hotel‹ wurde auf Veran-
lassung einer Gruppe von Künstlern gebaut, die ihre Studios in einer guten und zentral gelegenen Gegend einrich-
ten wollten. Damals war Chelsea der Mittelpunkt künstlerischen Lebens und 23rd Street eine Art Broadway. Seit
das Apartmenthaus 1905 zum Hotel umgewandelt wurde,
haben Schriftsteller von Mark Twain bis Jewgenij Jewtu-

schenko, von Arthur Miller bis Brendan Behan, Schauspielerinnen von Sarah Bernhardt bis Jane Fonda, und Maler
von John Sloan bis Jackson Pollock sich hier inspirieren
lassen. Der amerikanische Komponist Virgil Thompson
wohnt seit vielen Jahren im ›Chelsea Hotel‹, und der Dichter Edgar Lee Masters, Autor von ›Die Toten von Spoon
River‹, hat ihm zu Ehren die Verse geschrieben: »... who
will know / about its ancient grandeur, marble stairs ... /
who will remember that Mark Twain used to stroll / in the
gorgeous dining room ...«

Madison Square und das ›Bügeleisen‹

Madison Square was like an open-air drawing-room …
Willa Cather in: ›My Mortal Enemy‹

Auch Madison Square an der Kreuzung von Broadway und Fifth Avenue hat als Armenfriedhof begonnen, war später Exerzierplatz mit einem Zeughaus an jener Stelle, wo zuerst Franconis berühmtes Hippodrom, danach Stanford Whites Madison Square Garden, New Yorks legendärer Amüsierpalast, standen und sich heute das New York Life Insurance Company Building mit seinen steinernen Monstern auf dem Dach erhebt. Zu Zeiten der militärischen Paraden im 19. Jahrhundert gab es hier auch eine berühmte Taverne, die von den Playboys New Yorks gern aufgesucht wurde, ein Ausdruck, der damals noch eher wörtlich zu verstehen war. Denn diese jungen Söhne der ›Upper Crust‹, die auf den eigens zu diesem Zweck angelegten Spielplätzen am Harlem River Polo spielten, hatten soeben ein Ballspiel erfunden und mit Spielregeln versehen, das sie das ›New York Game‹ nannten und das nichts anderes war als Baseball.

In der zweiten Hälfte des 19. Jahrhunderts verdrängte die ›Society‹ die Sportler; Leute wie die Roosevelts und die Eltern der Schriftstellerin Edith Wharton ließen sich in Brownstones in den Seitenstraßen nieder, feine Restaurants folgten nach. ›Delmonico's‹, wahrscheinlich New Yorks langlebigstes Restaurant – noch heute ist es in einer modernisierten Inkarnation downtown an der Ecke von Beaver und William Street zu finden –, hing seine rosa Samtvorhänge an der Ecke Fifth Avenue und 23rd Street auf und wurde in seiner ganzen Belle-Epoque-Pracht im Handumdrehen der Treffpunkt der Gesellschaft. O. Henry meinte, es sei das Facettenauge der Stadt, in dessen Pris-

men sich die ganze Welt widerspiegele. ›Delmonico's‹ ge-
fährlichster Konkurrent war ein Restaurant namens ›Hoff-
man House‹. Der Grund für die Rivalität lag aber weder in
einer besseren Küche noch in einer anziehenderen Atmosphäre, sondern nur in einem damals sensationellen Gemälde von Bouguereau mit einer für viktorianische Augen
sehr nackten Nymphe mit Satyrn!

Der sechs Morgen große *Madison Square Park* wurde
schon 1847 eröffnet und für die New Yorker High Society
– und was sich dafür hielt – sehr bald zum Mittelpunkt der
Welt. Die reichen, oder besser: die neureichen Bürger hatten schnell gelernt, ihren sie oft selbst überraschenden
Reichtum zur Schau zu stellen, auch wenn die ›alten‹ und
womöglich nicht weniger wohlhabenden Familien die
Nase rümpften. Die Presse, soweit sie nicht an Gesell-
schaftsklatsch ihre Freude hatte, ereiferte sich über
die »conspicuous consumption« der ›Four Hundred‹ und
lästerte über die hohlköpfigen Aktivitäten der Millionärs-
frauen mit Spottversen wie: »Miss Flora McFlimsy (flimsy
bedeutet fadenscheinig, in gewissen Kombinationen aber
auch oberflächlich) of Madison Square, Miss Flora
McFlimsy has nothing to wear …« So fühlte Flora sich
denn auch verpflichtet, schnellstens nach Paris zu reisen,
um diesem traurigen Zustand mit vielen neuen Toiletten
von Worth abzuhelfen.

Heute ist vom Madison Square jener Tage nicht mehr
viel zu erkennen. Ein Haus aus seiner Glanzzeit, das trotz
redlichen Bemühens von allen Seiten nicht vor dem Abriß
bewahrt werden konnte, gehörte Winston Churchills amerikanischem Großvater, Leonard Jerome, und seine Mutter Jennie hat zeitweise hier gelebt. *Theodore Roosevelt
Birthplace* an 28 East 20th Street vermittelt ein wenig die
Atmosphäre jener Tage, obwohl es nur eine, wenn auch
gelungene Rekonstruktion ist. Die – später zusammenge-
tragene – Einrichtung von 1870 hat für den Besucher
durch eine Sammlung von Memorabilien an den Präsidenten (1901-1909) an Interesse gewonnen.

Das Ende des Square als bevorzugte Wohngegend war mit dem Bau des *Flatiron Building* im Jahre 1902 gekommen, denn damit waren kommerzielle Elemente eingedrungen und die ›feinen Leute‹ flüchteten nach Norden, nach Murray Hill. Das Flatiron Building ist einer von New Yorks ältesten Wolkenkratzern und der Kollege von Stieglitz, Edward Steichen, hat es düster und nebelverhangen photographiert, als es noch recht jung war. Möglich war diese bis dahin undenkbare Höhe auch nur, weil nicht nur die Decken eines jeden Stockwerkes, sondern auch die Außenwände vom Gerüst getragen wurden. Stein und Terrakotta verkleiden das Skelett im Stil französischer Renaissancepaläste, und Buckminster Fuller, ein prophetisches Enfant terrible unter den amerikanischen Architekten, bemerkte später dazu, daß die Konstrukteure so täten, als gäbe es keinen Stahl: Selbst in den dreißiger Jahren noch sollte die George Washington Bridge mit Stein verkleidet werden!

Der Architekt des Flatiron Building war Daniel H. Burnham aus Chicago, der damit eines seiner besten Werke schuf. Wie so viele seiner modernen Berufskollegen hatte auch er nicht berechnet, daß es zu Füßen eines Hochhauses wegen des Aufwindes so stark zieht, daß man schier umgeblasen werden kann. So fanden sich denn die jungen Männer an dieser »windiest corner in town« ein, um, wenn auch nur flüchtig, den Blick auf ein Stück weibliches Bein zu erhaschen. Seinen Spitznamen hat das Flatiron Building gleich als offiziellen Namen übernommen, und wirklich sitzt es wie ein etwas altmodisches Bügeleisen auf seinem zugespitzten dreieckigen Platz. Sein Gegenüber am nördlichen Rand des Parks ist die *Appellate Division* des *New York State Supreme Court,* ein Gründerzeit-Justizpalast von bescheidenerem Ausmaß als es seine Bedeutung verlangte. Es ist vielleicht das erste und einzige Gebäude der Welt, das gewagt hat, neben den Figuren der Justitia, der Weisheit, der Kraft und des Friedens sowie einigen Gesetzgebern in der Menschheitsgeschichte auch den Propheten aller Muselmanen in Marmor aufzustellen. Als ihn jedoch die Mohammedaner in der Stadt entdeckten, mußte er schnellstens verschwinden.

Ganz gleich wie schmutzig und vernachlässigt so viele von New Yorks Plätzen und Parks oft sind, ihre Denkmäler haben sie alle. Das beste im Madison Square Park ist wahrscheinlich Augustus Saint-Gaudens' »erhabene und melancholische« Statue des Bürgerkriegsadmirals David G. Farragut an der Nordwestecke. Ihr Sockel ist von dem hier schon vielfach genannten Architekten Stanford White, der auch viele Denkmäler mit würdigen Untersätzen versorgt hat. Der Bildhauer John Quincy Adams Ward hat den republikanischen Politiker Roscoe Conkling an der Ostseite verewigt, Randolph Rogers den Senator William H. Seward an der Südostecke, aber der Politiker hat nur den Kopf hergegeben, während der Körper eigentlich zu einer nicht vollendeten Lincolnstatue von Rogers gehört!

Grüne Oase Gramercy Park

A bit of aristocratic London.
*Charakterisierung von Gramercy Park
in den älteren Büchern über New York*

Je nach Neigung kann man sich im Gramercy Park am Fuß der Lexington Avenue zwischen 20th und 21st Street an einen Londoner Square oder – wie der französische Schriftsteller Paul Morand – ins Palais Royal versetzt fühlen. Der Vergleich mit London wird nicht nur vom Äußeren bestimmt, denn ähnlich wie einst die Herzöge von Bedford mit Bloomsbury und Covent Garden hat auch hier ein New Yorker Grundstücksmakler ein großzügiges Unternehmen gewagt – und gewonnen, auch wenn er anscheinend an diesem Projekt nicht reich geworden ist.

Das Land, das Samuel B. Ruggles, so hieß der clevere Mann, in den zwanziger Jahren des vorigen Jahrhunderts kaufte, war nichts weiter als Sumpfgebiet und wurde nach einem kleinen Fluß, der sich nach Osten hindurchschlängelte, holländisch ›Krom Moerasje‹ genannt. Ruggles machte daraus sechsundsechzig Grundstücke, die um einen rechteckigen Garten angeordnet lagen, und verkaufte sie einzeln im Handumdrehen weiter. Denn die Käufer aus der besten New Yorker Gesellschaft waren angetan von der Idee, wie ihre Vorbilder in London einen großen Garten vor der Tür zu haben. Er wurde mit einem gußeisernen Zaun umgeben, die Anlieger verpflichteten sich, ihn zu unterhalten und gingen mit goldenen Schlüsseln ein und aus. ›Krom Moerasje‹ wurde bald zu ›Gramercy‹ anglisiert, der Garten mit den schönen ungestutzten Bäumen zum Park erhoben, und weniger privilegierte New Yorker gehen heute noch gerne um seinen Zaun herum, um Eichhörnchen beim Aufscheuchen von Tauben oder umgekehrt zuzusehen. Solche Oasen werden immer seltener zwischen den hohen Häuserblocks, die Henry James mit »einem zu vollgesteckten Nadelkissen« vergleicht.

Die Hausnummern des Platzes beginnen an der Ecke von Gramercy Park West und 21st Street und laufen gegen den Uhrzeigersinn von eins bis einundsechzig. Die Häuserreihe im Greek-Revival-Stil an der Westseite stammt von 1840, die Hausnummern 3, 4 und 5 sind gute Beispiele für die Bauweise des damals führenden Architekten Alexander Jackson Davis, der wie so viele seiner Zeitgenossen ›klassisch‹ dachte: Hier hat er zierliche verschnörkelte Balkons und Toreinfassungen aus Gußeisen vor glatte rote Backsteinwände gesetzt. In einem dieser Häuser hat ein New Yorker Bürgermeister vor der Erfindung des Telephons seine vierjährige Amtszeit verbracht: Aus diesem Grund stehen gußeiserne Laternen davor, denn wenn sein Rat in nächtlichen Notfällen gebraucht wurde, sollte es leicht sein, sein Haus in der Dunkelheit zu finden.

»Nachdem die Van der Ruyslings den allerersten Schlüssel zum Gramercy Park bekommen hatten«, schreibt O. Henry in seiner Erzählung ›The Discounters of Money‹, »war ihre gesellschaftliche Position für immer gefestigt.« Gottlob haben nicht nur Leute dieser Art hier gewohnt, die es auf Rang und Namen in der Society abgesehen hatten, sondern auch wirklich bedeutende ›Professionals‹, wie der Arzt Dr. Valentine Mott, ein Nachfahre jenes Joseph Mott, dem die Mott Street in Chinatown ihren Namen verdankt. Der Comte de Paris besuchte ihn während des Bürgerkrieges, sicher zum Neid der Nachbarn, denn die gutsituierten und oft weitgereisten Amerikaner jener Zeit waren sich trotz des Stolzes auf ihre geliebte Republik des Mangels an bodenständiger Aristokratie allzu schmerzlich bewußt und öffneten blaublütigen Besuchern bereitwillig ihre Türen, wie es ihre Nachfahren auch heute noch gern tun.

Die Gefahr der Eintönigkeit unter den Bewohnern des Gramercy Park war also vermieden worden; es lag zudem auch immer ein angenehmer Hauch von Bohème-Atmosphäre über der ordentlichen Bürgerlichkeit, deren solide

Brownstone-Häuser auf der Südseite sogar bis zum Zweiten Weltkrieg noch völlig intakte, mit Filz ausgeschlagene
Tresorräume vorweisen konnten. Natürlich lebte diese Bohème nicht in jener frierenden Mansardenarmut, wie sie
Henri Murgers ›Scènes de la Vie de Bohème‹ beschrieben,
sondern sie war verhältnismäßig gut versorgt. Die Künstler, die hier wohnten, hatten sich wohl keine Reichtümer,
auf jeden Fall aber einen Ruf verdient.

Die Atmosphäre des Leben-und-Lebenlassens strahlte
besonders vom *Players Club* im Haus Nummer 16 aus.
Der große amerikanische Schauspieler Edwin Thomas
Booth schenkte 1888 dieser damals gegründeten Vereinigung sein Haus und ließ es von Stanford White, dem beliebtesten Architekten jener Tage, als Klubhaus umbauen.
Das Resultat ist hinreißend: ein »Superbrownstone« nennt
es ein Führer, mit einer »toskanischen« Veranda. Booth
war ein legendärer Shakespeare-Tragöde, dessen schau-
spielerische Fähigkeiten zu Recht mit denen Henry Irvings
verglichen wurden. 1882 ging er nach Deutschland und
spielte mit einem deutschen Ensemble; er sah diese Tour-
nee als Höhepunkt seiner Karriere an. Sein Bruder, John
Wilkes Booth, ebenfalls Schauspieler, erschoß als engagier-
ter Südstaatenanhänger 1865 den Präsidenten Abraham
Lincoln in seiner Loge im Ford Theater in Washington.
Edwin fühlte sich daraufhin zu monatelanger Untätigkeit
gezwungen, da er sein Publikum nicht mit dem Bruder
eines Präsidenten-Mörders konfrontieren wollte. Er hat bis
zu seinem Tode hier gelebt. Sein Zimmer mit seinem Porträt in Straßenkleidung von John Singer Sargent ist unverändert geblieben, und von hier wurden seine sterblichen
Reste zur Beerdigungsfeier in die ›Little Church around the
Corner‹ an der Fifth Avenue und 28th Street überführt. An
seinem Geburtstag am 13. November legen die Mitglieder
des Players Club jedes Jahr einen Kranz zu Füßen des
Denkmals in der Mitte des Gartens nieder, das ihn in seiner Glanzrolle als Hamlet zeigt. Viele New Yorker glauben, daß Booth dem Bildhauer Ward für seine Shakespea-

restatue auf der Mall im Central Park Modell gestanden hat.

Kurz bevor sich das Theatervolk – was jeder einzelne genau mit dem Theater zu tun hatte, spielte bei der Mitgliedswahl keine so große Rolle – in Nummer 16 niederließ, hatte sich in Nummer 15 der *National Arts Club* etabliert, der Künstler aller Kunstgattungen und ihre Anhänger aufnahm und schon bei seiner Gründung 1885 Frauen als Mitglieder zuließ. Mark Twain war gern gesehener Gast in beiden Klubs, und es ist leichter, sich ihn hier im weißen Leinenanzug mit wehender weißer Mähne vorzustellen, als auf der südlichen Fifth Avenue, die er heute nicht wiedererkennen würde.

Das Gebäude des National Arts Club war 1884 für Samuel J. Tilden von Calvert Vaux, dem Architekten des Central Park, umgebaut worden. Tilden war der demokratische Präsidentschaftskandidat von 1876 und gewann zwar die Mehrheit der Wählerstimmen aus dem Volk, nicht aber die des ›Electoral College‹, der Delegierten der verschiedenen Bundesländer zur Wahlversammlung. Aus Angst um seine persönliche Sicherheit ließ er stählerne Jalousien hinter den Fenstern installieren, und falls auch sie den Angreifern nicht widerstehen sollten, einen Tunnel mit Ausgang zur 19th Street bohren, den er allerdings dann benutzte, um langweiligen oder unerwünschten Besuchern zu entkommen.

Auf der anderen Seite von Irving Place, der südlichen Verlängerung der Lexington Avenue, hat bis vor einigen Jahren Benjamin Sonnenberg, der Erfinder des Public-Relation-Dienstes, Besucher in Scharen eingeladen. In seinem Haus im Empirestil mit 37 Zimmern lebte er umgeben von kostbaren Kunstschätzen und umsorgt von sechs Dienstboten und gab aufsehenerregende Parties für Hunderte. Als das Haus nach seinem Tod für eine Summe verkauft wurde, die Sam Ruggles sich wahrscheinlich nicht hätte vorstellen können, erschien unter den Kaufinteressenten eine falsche (arabische) Prinzessin, die beim Anblick eines

Porträts von Königin Victoria »Ach ja, Urgroßmama« murmelte.

Ein schönes Beispiel für New Yorks religiöse Flexibilität ist der heutige Sitz der *Brotherhood Synagogue* zwischen Irving Place und Third Avenue. Zu Beginn seines Daseins hatte das Gebäude als Friends' Meeting House die älteste Quäkergemeinde des Landes beherbergt, womit auch die betont zurückhaltende Fassade und das einfache Interieur erklärt sind. Später stand hier die Wiege der ›Travellers' Aid Society‹, deren Zweck es war, schiffbrüchigen Reisenden beizustehen.

Nummer 34 an der Ostseite von Gramercy Park ist eines der ersten New Yorker Apartmenthäuser aus den 1880er Jahren, damals noch ›French Flats‹ genannt, um statusbewußte Jungverheiratete anzulocken. Die großzügig angelegten Wohnungen und ihre Bewohner wurden, wie im Hotel, von Angestellten des Hauses versorgt. Die Vermieter rechneten ganz richtig, daß die junge Generation auf diese Weise den möglichen Komplikationen im Zusammenleben mit der Verwandtschaft oder dem Ärger mit dem Personal in einem Einfamilienhaus aus dem Wege gehen konnte. Der Stil ist natürlich rein viktorianisch in rotem Backstein, und der hundertjährige Aufzug ist inzwischen langsamer und geräuschvoller geworden. Der Nachbar dieses Hauses, *Nummer 36*, ist zwanzig Jahre jünger und bildet mit seiner weißen Terrakotta-Neugotik einen guten Kontrast. Er wird von Rittern in steinernen Rüstungen mit Fackeln auf steinernen Lanzen bewacht.

Gramercy Park wäre nicht vollkommen ohne seine Kirche, James Renwicks *Calvary Church* an der nordöstlichen Ecke, die aber für den begrenzten Platz ein wenig zu grandios geraten ist. Sie sollte eigentlich Türme aus Stein bekommen, als jene aus Holz zu faulen begannen, aber es kam nie dazu, und nun sieht die Kirche ohne Türme recht unfertig aus. Hier ist Eleanor Roosevelt getauft worden, ihr Onkel Theodore und diverse Vanderbilts und Astors haben hier gebetet, Edith Jones nahm vor dem Altar 1885 den Namen Wharton an, unter dem sie später als Chronistin der New Yorker Gesellschaft – vor allem mit dem satirischen Roman ›Twilight Sleep‹, in deutsch ›Die oberen Zehntausend‹ – und als weiblicher Arbiter des guten Geschmacks so berühmt werden sollte.

Stow Wengenroth: New Yorker Nocturno. Lithographie, 1945

Unter den vielen Anwohnern des Gramercy Park, deren Schicksal eng mit dem New Yorks verwoben ist, war auch der Erzähler Stephen Crane, der nach einem von Armut und Ausschweifungen geprägten Leben im Jahre 1900 mit 29 Jahren in Badenweiler an Tuberkulose starb. Seine Slumerfahrungen schilderte er in ›Maggie, das Straßenkind‹, und sein Roman ›The Red Badge of Courage‹ (›Das Blutmal‹) gehört zu den besten Kriegsbüchern der amerikanischen Literatur.

An der 20th Street, nicht weit von Third Avenue, ließen sich Ende der siebziger Jahre des vorigen Jahrhunderts Gilbert and Sullivan nieder, die Vorläufer jener lyrischmusikalischen Partnerschaften wie Rodgers and Hammerstein oder Lerner and Loewe. Sie hatten in England erfahren, daß ihre komische Oper ›Pinafore‹ in Amerika in acht

verschiedenen Theatern mit großem Erfolg und entsprechenden Einnahmen aufgeführt worden war. Nachdem sie
wie Charles Dickens vergeblich um ihre amerikanischen
Tantiemen gekämpft hatten, setzten sie sich in einen Loft
und schrieben ›The Pirates of Penzanse‹. Dieses Stück
wurde hundert Jahre später gleichzeitig von zwei Ensembles, einmal von professionellen Schauspielern und zum
anderen von einer Dilettantengruppe, vor ausverkauften
Häusern in New York gespielt.

Ein Zugereister aus Texas, dessen Name stets auftaucht,
wenn von New York die Rede ist, war O. Henry. Er hieß
eigentlich William Sydney Porter und gründete im Laufe
seines turbulenten Lebens das Ur-›Rolling Stone Magazine‹, das aber schon nach wenigen Nummern den Geist
aufgab, während die heutige Version sich großer Beliebtheit erfreut. O. Henrys Geschichte gehört wohl hierher,
weil er nach seiner Ankunft in New York im Jahre 1903
ganz in der Nähe von Gramercy Park ein Zimmer mietete
und jede Woche unter seinem Nom de Plume seine unnachahmlichen und sehr beliebten New-York-Geschichten
für Joseph Pulitzers Zeitung ›Sunday World‹ schrieb. Ein
Restaurant namens ›Tuesday's‹ an der Third Avenue zwischen 17th und 18th Street, in dessen Keller heute die
kühlen Klänge von Dizzy Gillespies Trompete oder Stan
Getz' Saxophon zu hören sind, hieß zu seiner Zeit ›Scheffel
Hall‹. Es erscheint als typisch deutsche Wirtschaft namens
›Old Munich‹ in O. Henrys Geschichte ›The Halberdier
[Hellebardier] of the Little Rheinschloß‹: »Der große
Raum mit seinen verräucherten Balken, Regalen mit im-
portierten Bierkrügen, dem Goetheporträt und den Ge-
dichten an den Wänden hat die typische Atmosphäre,
wenn man ihn durch ein leeres Glas betrachtet.«

Es ist verständlich, daß Gramercy Park während der
hundertfünfzig Jahre seines Bestehens alle möglichen Attacken auf sein abgeschiedenes Dasein erlebt hat. 1890
versuchte der Staat New York die Cable-Car-Linie auf der
Lexington Avenue durch den Park hindurch nach Süden zu

verlängern, und 1912 sollte Irving Place nach Norden aus-
gedehnt werden. Aus beiden Plänen wurde nichts. Die Unberührtheit des Parks ist nur einmal verletzt worden, als
während der blutigen ›Draft Riots‹ von 1863 – Demonstrationen gegen ein Rekrutierungsgesetz, das vermögen-
den Männern erlaubte, Unbemittelte gegen Bezahlung an
ihrer Stelle in den Bürgerkrieg zu schicken – die Truppen
zur Wiederherstellung der Ordnung im Gramercy Park
kampierten.

Der Spaziergänger sollte von hier einen Abstecher zur
19th Street machen, wo sich New York im sogenannten
Block Beautiful zwischen Irving Place und Third Avenue
von seiner besten Seite zeigt. Von architektonisch größerem Interesse, aber nicht unbedingt von größerem
Charme, ist der *Stuyvesant Square,* der die Second Avenue
auf ihrem Weg nach Süden zwischen 17th und 15th Street
verschönt. Dieser Platz wurde von Peter Stuyvesant gestiftet, der dort auch in Bronze verewigt ist. Geschaffen hat
die Statue Gertrude Vanderbilt Whitney, die Gründerin
des Whitney Museum of American Art.

Union Square:
›Hyde-Park-Ecke‹ der Stadt

Union place, at the northern termination
of Broadway is a delightful breathing-place
to the inhabitants.
Ein Führer von 1849

Obwohl der Name des Union Square seiner jüngeren Vergangenheit gemäß ist, wenn man ›Union‹ als Bezeichnung
für Gewerkschaft liest, verdankt er ihn der Union des
Broadway, der damals hier noch Bloomingdale Road hieß,
mit der Bowery. Das war 1808 und geschah im Rahmen
des berühmten Gitterplanes für die Aufteilung der Stadt in
Blocks. Bis zur Mitte des Jahrhunderts war der damalige
›Union Place‹ das eleganteste Wohnviertel in New York; in
seiner Mitte lag ein Garten ähnlich wie der Gramercy Park,
zu dem nur die Einwohner der umliegenden Häuser einen
Schlüssel besaßen. Als die Academy of Music 1854 ihr
Opernhaus an der Nordseite der 14th Street in der Nähe
des Irving Place installierte, wurde der Union Place für eine
Weile zum Theaterdistrikt der Stadt. Die Restaurants
folgten nach: ›Delmonico's‹ gab die Rathausnähe auf, und
›Lüchow's‹, eine dunkelgetäfelte deutsche Gaststätte,
stand bis vor kurzem an derselben Stelle, an der sie 1882
an der 14th Street eröffnet worden war.

Die Bedeutung des Union Square als Sammelplatz für
Leute, die etwas zu verfechten haben, begann während des
Bürgerkrieges, als sich die ›Union‹ als Lincolns Partei hier
zu Paraden und allgemeinen Begeisterungskundgebungen
traf. Einige Jahre später fanden sich die Arbeitslosen hier
zu Protesten zusammen. Aber zu New Yorks eigentlichem
Hyde Park Corner avancierte der Platz erst vor dem Ersten
Weltkrieg mit zahllosen aufrührerischen Versammlungen
von Sozialisten, Anarchisten, Gewerkschaftlern, darunter
die als ›Wobblies‹ – abgeleitet von ›Workers of the World‹
– gebrandmarkten Mitglieder der Internationalen Arbei-

terpartei. Die Zusammenkünfte wurden immer häufiger, der 1.Mai wurde gebührend gefeiert, und als Sacco und Vanzetti in Boston hingerichtet wurden, fanden sich hier am 22.August 1927 über fünftausend schweigende Menschen ein, durch Soldaten mit Maschinengewehren vom Dach eines Kaufhauses vor jeglicher Ausschreitung gewarnt. Die Kommunisten organisierten eine Protestkundgebung gegen Polizeibrutalität, bei der viele Demonstranten, sogar Kinder, verhaftet wurden.

Der etwas erhöht gelegene Park, wie wir ihn heute vor uns haben, stammt aus dem ersten Jahrzehnt unseres Jahrhunderts, als ein Subway-Zweig, die BMT-Linie, und eine große Knotenpunktstation gebaut werden mußten. Noch heute trifft man hier Seifenkisten-Redner, denen nicht nur George Washington hoch zu Roß und der Marquis de Lafayette zu Fuß wohlwollend zuhören. Der Marquis ist ein frühes Werk von Frédéric Auguste Bartholdi, dem Schöpfer der Freiheitsstatue, der damals noch damit beschäftigt war, die nötigen Gelder für seinen Tribut an die frankoamerikanische Freundschaft zusammenzutrommeln, der General stammt von Henry Kirke Brown nach einem Original von Houdon.

Vom Park aus kann man die *Guardian Life Insurance Company* an der Nordostecke von 17th Street gut sehen. Es ist erwähnenswert, daß sie bis zum Ersten Weltkrieg ›Germania Life‹ hieß, in einem patriotischen Ausbruch aber umgetauft werden mußte. Um dies auf die schnellste und billigste Art und Weise zu erledigen, wurde ›Germania‹ zu ›Guardian‹, da konnten wenigstens einige Buchstaben stehenbleiben. Das Gebäude erweckt auch literarische Assoziationen: Theodore Dreiser mietete darin 1925 ein Büro, um ›Eine amerikanische Tragödie‹ zu schreiben – und um sich mit seinen Freundinnen zu treffen.

Nach dem Ersten Weltkrieg ging es mit Union Square bergab. Die Reichen waren nach Norden gezogen und hatten ihn den Armen überlassen. In der ganzen Stadt bekannte Bettler bezogen nun hier ihre Posten, darunter ein ehemaliger Seemann, der seine Sammelbüchse vor einem Schiffsmodell aufgestellt hatte. Und da, wie es nun mal üblich ist, Arme Armen immer etwas spendieren, bettelte er sich auf diese Weise eine ganze Häuserreihe in Harlem zusammen.

Ronald Kitaj: Vernissage-Cocktail. Farbserigraphie, 1967

Die niedrigen Mieten haben dann auch Künstler angezogen, die in den heruntergekommenen, ehemals großartigen Häusern ideale Ateliers fanden. Manchmal schien die 14th

Street hier wie eine Verlängerung von Greenwich Village. Reginald Marsh, der New York in barock-realistischen Straßenszenen festhielt, Joseph Stella, der die berühmtesten Bilder der Brooklyn Bridge schuf, Raphael Soyer, der sich den New Yorker Menschentypen widmete, und der anerkannte, aber privat vom Unglück verfolgte Arshile Gorky in einer Zeit seiner bittersten Armut – sie alle haben hier gewohnt. Heute arbeitet Isabel Bishop im Haus Nummer 41, Robert Kushner hat sein Studio an der 16th Street und Andy Warhol sein Atelier am Broadway zwischen 17th und 18th Street. Eine Gruppe von zweiundvierzig Künstlern hat sich in einem schmalen, elfstöckigen Haus am Union Square zusammengetan, teils wegen der günstigen Mieten, teils aber auch, um die künstlerische Vergangenheit dieses Viertels fortzuführen.

Die Südspitze:
New Yorks Anfänge

Why do I love New York, my dear?
I know not. Were my father here,
and his – and his – the three and I
might, perhaps, make you some reply.
H. C. Bunner, 1892

»Wie Venedig entsteigt New York dem Meer«, schrieb Frances Trollope, die Mutter des englischen Schriftstellers Anthony Trollope, bei ihrer Ankunft im Jahr 1832. Wie Venedig verdient New York, vom Wasser gesehen zu werden: die hohen Zwillingstürme des World Trade Center tauchen – ähnlich schimmernden Campanilen – schon auf, bevor sich noch die berühmte Skyline entfaltet. Es ist daher recht und billig, daß es ein Italiener war, Giovanni da Verrazzano, Forschungsreisender für die französische Regierung und erster uns bekannter weißer Mann an New Yorks Gestaden, der im Frühling des Jahres 1524 auf seiner ›Dauphine‹ in die Lower Bay segelte. Als er die ›Narrows‹ zwischen Brooklyn und Staten Island passierte, heute von einer schwungvollen, nach ihm benannten Brücke überspannt, mag er an ihrer nördlichen Mündung den großen natürlichen Hafen, der einer der geschäftigsten der Welt werden sollte, nicht vermutet haben. Eingerahmt war dieser Hafen von einer abwechslungsreichen Küste mit grünen Hügeln und Tälern, und der »sehr große Fluß« zog die kleine Mannschaft unwiderstehlich nach Norden. An seinen Ufern traf sie auf Indianer, die offensichtlich ganz begeistert von diesen eigenartigen Kreaturen waren und sie laut bewunderten und umtanzten. Ein wilder Sturm überraschte dieses Idyll, und Verrazzano segelte davon, um dem französischen König von seinen neuentdeckten Ländereien zu berichten. Der aber hatte andere Sorgen und machte seinen Anspruch nie geltend – sicher sehr zum Kummer seiner Nachfolger.

Alte Karten beweisen, daß nach Verrazzano noch andere Abenteurer die New York Bay erforschten, aber es
blieb Henry Hudson vorbehalten, im September 1609 mit
seiner ›De Halve Maen‹ erstmals wieder anzulegen. Im
Auftrag der Holländischen Ostindischen Kompanie war
Hudson, wie so viele Seefahrer seiner Zeit, auf der Suche
nach einer Nordwestpassage in den Orient. Unverdrossen
segelte er den breiten, später nach ihm benannten Wasserarm hinauf, und seine Enttäuschung muß groß gewesen
sein, als sich herausstellte, daß es sich nicht um die er-
sehnte Meeresenge handelte, sondern nur um einen Fluß.
Auch Hudson traf unterwegs freundliche, neugierige Indianer und trieb eifrig Handel mit ihnen. Mrs. Schuyler
van Rensselaer, Nachfahrin einer der ersten in New York
angesiedelten holländischen Familien, schrieb 1909 in
ihrer ›History of New York in the Seventeenth Century‹:
»Die Beziehungen [zwischen der Besatzung der ›Halve
Maen‹ und den Indianern] waren größtenteils freundlich,
und als das Schiff [nach Europa] zurückgekehrt war, hatte
manche Rothaut drei Schritte auf dem Wege zur Zivilisation getan: Sie hatte gesehen, wie Schußwaffen funktionieren, hatte sich betrunken, und hatte gelernt, sich europäischer Luxuswaren zu bedienen.«

Nach Hudsons Rückkehr organisierte die Ostindische
Kompanie mehrere Handelsreisen, denn die Indianer waren nur zu gern bereit, ihre im Sommer auf Manhattan
gejagten Waschbär-, Otter- und Biberfelle zu günstigen
Preisen zu verkaufen. 1624, drei Jahre nach Ankunft der
Pilgerväter im heutigen Massachusetts, segelte eine kleine
Gruppe von protestantischen Wallonen den Hudson River
hinauf und siedelte sich im heutigen Albany an. Acht Män-
ner blieben auf Manhattan zurück; sie überstanden den
Winter in einem provisorischen Quartier, von den India-
nern mit Wild, Geflügel, Fisch und den in vielen zeitgenös-
sischen Berichten genüßlich erwähnten Austern versorgt.
Unter der Ägide der 1621 gegründeten Westindischen
Kompanie gesellten sich etwas später ganze Familien mit

Kühen, Schafen und Pferden dazu, und das jungfräuliche
Land konnte bebaut werden. Sie nannten ihre Siedlung
›Nieuw Amsterdam‹. Ihre Häuser errichteten die Siedler
da, wo heute das schöne *Custom House* von Cass Gilbert
aus dem Jahre 1907 mit seinen steinernen Allegorien der
vier Kontinente steht. Bald bauten sie eine Festung, Fort
Amsterdam, die im Laufe ihrer bewegten Geschichte mehrmals abwechselnd unter holländischer und englischer, endlich unter amerikanischer Besatzung die wachsende Stadt
bewachte. Als Fort George wurde sie 1790 abgerissen und
an derselben Stelle ein Regierungsgebäude für den ersten
Präsidenten George Washington errichtet, gebaut vom ersten hier ansässigen Architekten der neuen Republik, John
McComb. Nachdem Philadelphia die Hauptstadt der Föderation geworden war, und später auch die Regierung des
Bundesstaates New York nach Albany zog, hatte das Government House ausgedient. Das war aber für New York
kein großer Verlust, denn es hat mit der verzwickten Büro-
kratie einer Regierung noch nie viel anfangen können. Anstatt nun beleidigt in provinzieller Öde in Vergessenheit zu
geraten, hat es sich ungeduldig in eine Richtung entwik-
kelt, die es sich als Hauptstadt der Republik oder des Staates mit dem dazugehörigen Dekorum nie hätte erlauben
können.

Die erste Siedlung wuchs und die Kompanie in Holland
fand es angebracht, Gouverneure zu schicken, die an Ort
und Stelle nach dem Rechten sehen sollten. Der erste war
Peter Minuit, ein gewiefter Administrator, der den Indianern 1626 die Insel, das heißt 11 000 Morgen des heute
teuersten Baugeländes der Welt, für Tand im Werte von
sechzig Gulden, das wären heutzutage 24 Dollar, abluch-
ste. Die Indianer, die ursprünglich Manhattan nur zum
Jagen und Fischen benutzten, hatten sich inzwischen –
wahrscheinlich aus merkantilen Gründen – in einem kleinen Dorf im Norden der Insel angesiedelt, dort, wo der
Spuyten Duyvil Creek sie vom Stadtteil Bronx trennt, und
fühlten sich berechtigt, ihre Insel zu verkaufen. Die hollän-

dische Herrschaft dauerte nicht sehr lange: Als die Englän-
der 1664 unter dem Herzog von York in der Hudson Bay
auftauchten, zogen sich die Holländer kampflos von der
Insel aufs Festland zurück und der Herzog taufte ›Nieuw
Amsterdam‹ stolz in ›New York‹ um, wiewohl er keinen
Finger dafür gekrümmt hatte.

Es ist schade, daß nichts von den frühesten New Yorker
Bauten übriggeblieben ist, abgesehen von einigen Frag-
menten und wenigen Fundamenten. Allerdings werden die
hohen Treppen zum Hauptstockwerk der Stadthäuser aus
Brownstone heute noch mit dem holländischen Wort ›stoop‹
bezeichnet, eine Erinnerung an die importierte Bauweise, bei
der für den Fall eines Deichbruches die Wohnräume hoch
genug angelegt wurden. Auch die holländische Sprache
wurde nur bis kurz nach der Revolution gesprochen.

Man sollte, um sich in Henry Hudsons Lage zu versetzen, mit der Fähre nach Staten Island fahren, besonders,
wenn man im Flugzeug angekommen ist und nicht im Ozeanriesen, was ja heute zur Ausnahme gehört. Für 25 Cents,
ohne Zweifel die billigste Seereise der Welt, und auf dem
Rückweg umsonst, kann man die Augen ungestört an der
unglaublichsten aller Stadtsilhouetten weiden. Natürlich
wird es nicht so leicht sein, sich Hudsons grüne »unebene
Inseln« vorzustellen, denn bis auf den Battery Park ist
heute jedes Stückchen Erde bebaut. Land war schon immer
knapp und teuer, und Reihenhäuser, über die die weitgereiste Frances Trollope und Edith Wharton, Arbiter des
guten Geschmacks im New York der Belle Epoque, ihre
Nasen rümpften, Reihenhäuser wurden aus Platzmangel
schon im 18. Jahrhundert gebaut. Um Land zu gewinnen,
wurde sogar vor der Water Street, der damaligen Wasserkante, ein breiter Streifen aufgeschüttet. Dadurch wurde
auch die *Pearl Street,* eine von New Yorks ältesten Straßen
und früher wegen ihres schillernden Sandes Mother-of-Pearl
Street genannt, vom Ufer ins Innere verbannt. Pearl Street ist
außerdem berühmt, weil Herman Melville, der Autor des
›Moby Dick‹, 1819 im Haus Nr. 6 geboren wurde.

An den Zaun an der *Battery* gelehnt, sollte man eine
Weile dem Treiben im Hafen zusehen. Er wird von New
Yorks Wahrzeichen, der *Freiheitsstatue,* bewacht, die aus
dieser Entfernung menschlichere Proportionen annimmt.
Die amerikanische Dichterin May Swenson nennt sie sogar
»a cooky-tin-shaped mother doll« – ein Puppenmütter-
chen in Form einer Plätzchendose! Man kann sich vorstellen, welche Hoffnung auf ein besseres Dasein ihr Anblick
in den Millionen Einwanderern geweckt haben muß, die
menschenunwürdig in den Bäuchen der Überseeschiffe zu-
sammengepfercht auf dem Weg zu den Einwanderungsbe-
hörden an ihr vorbeisegelten. Meistens konnten die Beam-
ten die Sprache der Einwanderer nicht verstehen, und oft
konnten diese nur mit einem Kreuzchen unterschreiben. Es
geht die Sage, daß Mark Cross, der Gründer des schicken
Lederwarengeschäfts an der Fifth Avenue, so zu seinem
Namen gekommen sei.

Wenn man sich geduldet, fühlt sich vielleicht eines von
New Yorks Feuerwehrbooten veranlaßt, sein Pfauenrad
aus Wasser spielen zu lassen, auch wenn es nirgends
brennt, oder ein schöner alter Schoner gleitet mit gebläh-
ten Segeln vorbei, genau wie Walt Whitman es vor hundert
Jahren in einem Gedicht beschrieb: »... white-sail'd
schooners, sloops, lighters ...« Zur Linken, gegenüber dem
Fährenlandeplatz, liegt *Governors Island,* heute Quartier
der Küstenwache und leider nicht zu besuchen; man kann
die Insel aber auf einem der Mietboote umsegeln. Sie ist
befestigt und heißt so, weil sie zu Kolonialzeiten der Sitz
des englischen Gouverneurs war. Die Sage erzählt, daß
während der Revolution, als die Stadt noch in englischen
Händen war, ein Tunnel seine Residenz mit einem Lande-
steg verband, groß genug für eine Kutsche mit Vierge-
spann. Dadurch hatte der Gouverneur im schlimmsten
Falle eine Möglichkeit, vor den siegreichen Amerikanern
zu flüchten.

Manhattans eigene Festung, die zweite nach Fort Amsterdam, *Castle Clinton,* steht heute noch zur Rechten. Sie

wurde zwischen 1807 und 1811 von John McComb gebaut, und wieder muß man seine Vorstellungskraft an-
strengen, denn damals lag sie am Ende eines 65 Meter
langen Dammes im Hafen. Nicht eine einzige Kugel ist je
aus ihren 28 Geschützen gefeuert worden, und doch hat sie
zusammen mit ihrer Schwesterfestung auf Governors Island im Englisch-Amerikanischen Krieg von 1812 wert-
volle psychologische Abwehrdienste geleistet. Abgesehen
davon war ihre Rolle im Leben der Stadt aber gar nicht
militärisch, vielmehr verwandelte sie sich nach dem Krieg
in Castle Garden, einen wahren Amüsierpalast. Hier gab es
Opern und Operetten, Feuerwerke und Ballonfahrten, die
auf zeitgenössischen Stichen mit Vorliebe verewigt wurden, ein Konzert der ›schwedischen Nachtigall‹ Jenny
Lind, organisiert von P. T. Barnum, dem amerikanischen
Zirkuskönig, und andere Empfänge. Darunter 1824 mit
Hilfe eines berühmten, schier unerschöpflichen Weinkel-
lers eine Party mit fünftausend Gästen für General Lafayette, der gekommen war, sich für seinen Beistand im
Unabhängigkeitskrieg danken zu lassen. Von 1855 bis
1890 diente Castle Clinton als Einwandererdepot und hat
in den 35 Jahren siebeneinhalb Millionen neue Amerikaner hervorgebracht. Dann war bis 1941 das New Yorker
Aquarium hier untergebracht. Nachdem die kaltblütigen
Insassen nach Coney Island umgezogen waren, wurde die
leere Brownstone-Hülle der Festung zum nationalen Denkmal erklärt.

Geht man die State Street an der inneren Flanke des
Battery Park entlang nach Norden, erreicht man mit der
Nummer 7 das *James Watson House* mit einer Originalfas-
sade im reinsten Federal Style, dem amerikanischen Empire. Als sich noch eins dieser eleganten Kaufmannshäuser
ans nächste reihte, konnten die Reeder vom Fenster den
Hafen überblicken und auf ihre reichbeladenen Schiffe
warten. Nummer 7 ist heute eine Gedenkstätte für Amerikas erste Heilige, Mother Elizabeth Seaton, die 1975 hei-
liggesprochen wurde.

Zweigt man von State Street in die Pearl Street ab, so kommt man zu einem Stück Old New York, einem trapezförmigen Block alter Häuser, den Pearl, Broad und Water Street mit dem Coenties Slip, einem ehemaligen Stapel, hier bilden. *Broad Street,* ursprünglich ein Kanal, der schon Ende des 17. Jahrhunderts zugeschüttet wurde, fällt durch ihre in diesem Stadtteil ganz ungewöhnliche Breite auf. Erst in unseren sechziger Jahren haben die meisten dieser alten Lager- und Handelshäuser selten geglückten Bürotürmen Platz machen müssen, deren Bau die Skyline unwiderruflich verändert hat. Die Denkmalpfleger sind natürlich dankbar für diesen alten Block, und auf Besucher wirkt der dramatische Gegensatz von Alt und Neu, Klein und Riesig als eine nicht untypische, doch immer wieder überraschende New Yorker Erscheinung.

In einem gewissen Mißverhältnis zu ihrer Umgebung steht auch *Fraunces Tavern* an der Südostecke dieses Blocks. Verglichen mit den anderen Fassaden sieht sie recht pompös und geleckt aus, und leider ist sie auch nur eine nicht unbedingt authentische Rekonstruktion. Aber sie spielt eine wichtige Rolle in der Geschichte New Yorks und des Landes, denn ihr ursprünglicher Bau diente General Washington eine Zeitlang als Hauptquartier. Hier hat er sich 1783 von seinen Truppen verabschiedet, um sich ins Privatleben zurückzuziehen, das er aber sechs Jahre später wieder aufgab, als er erster Präsident der neuen Republik wurde. Vor einigen Jahren wurde die Tavern wieder Schauplatz von revolutionären Umtrieben, als nämlich eine Bande von portorikanischen Extremisten eine Bombe in den vollen Speisesaal warf, in der Hoffnung, daß eine solche Maßnahme ›ihrer‹ Insel die Selbständigkeit bringen würde. Heute ist ›Fraunces Tavern‹ halb Restaurant, halb Gedächtnisstätte jener Tage des Unabhängigkeitskrieges.

Die New Yorker sind ein geselliges Volk, und dieser Ruf geht weit zurück in ihrer Geschichte. ›Watering holes‹, wie sie ihre Wirtshäuser unter anderem gern und nicht ganz richtig nannten und noch nennen, hat es von Anfang an gegeben, und gesetzt ist es in ihnen schon damals nicht zugegangen. Ein holländischer Besucher berichtete nach seinem Aufenthalt im Jahre 1679, daß die Einheimischen recht wild seien, gern und viel tränken, und zwar unerklärlicherweise dieses schreckliche, teure Zeug aus Barbados, allgemein und mit Recht ›holländischer Teufelstöter‹ genannt. Jedenfalls hat Peter Stuyvesant seine liebe Not mit seinen Bürgern gehabt. Ein Drittel aller Häuser seien Wirtshäuser, meldete ein anderer zeitgenössischer Berichterstatter, und Stuyvesant sei gezwungen gewesen, die Eröffnung neuer Tavernen zu verbieten. Stuyvesant war als Beamter der Holländischen Westindischen Kompanie nach Nieuw Amsterdam geschickt worden, um die holländische Kolonie zu verwalten. Er war für seine Bürger zu unbeugsam und übellaunig und schon mancher New Yorker hat sich gefragt, ob einer der Gründe für die schon erwähnte friedliche Übergabe der Kolonie an die Engländer im Jahre 1664 nicht die Tatsache war, daß man damit Stuyvesant als Statthalter los wurde. Stuyvesants Haus stand auf einer kleinen Landzunge, wo heute State Street und Whitehall Street in die Battery münden. Genau an dieser Stelle hat hundert Jahre später Robert Fulton, der Erfinder des Dampfschiffes, gewohnt.

New Yorks ursprünglicher und hauptsächlicher Lebenszweck war und ist das Geldverdienen, und eine ganze Menge Geld ist im späten 18. und besonders im 19. Jahrhundert mit der Schiffahrt verdient worden. Wenn man auf der South Street am East River entlangspaziert, erreicht man am Ende der Fulton Street das *South Street Seaport Museum* und fühlt sich beinahe in jene Zeit versetzt, als die Bugspriete über den Pferde- und Fußverkehr bis fast in die Fenster der Kontore ragten. Eine ambitiöse Sanierung und Erweiterung des Viertels wird hier, ähnlich wie in Bostons Faneuil Market, Altes mit Neuem vermischen, und man kann nur hoffen, daß sie keine zu große Bresche in das Alltagsleben dieser bisher ein wenig vernachlässigten Gegend schlagen werden. Bisher konnte man bei *Sweet's* oder *Sloppy Louie's,* New Yorks berühmtesten, wenn nicht besten Fischrestaurants, Seite an Seite mit Dockarbeitern und Lastwagenfahrern sitzen.

Schermerhorn Row, eine Reihe von typischen Lagerhäusern und Kontoren, darunter ›Sweet's‹, schon seit 1845 eine Schenke, wurde Anfang des 19. Jahrhunderts auf aufgefüllten ›Wassergrundstücken‹ errichtet und hat sich seither nicht entscheidend verändert. Wie so manche alte Mauern in New York sind auch die ihren im allerletzten Augenblick dem Eisenball der Demoliertrupps entkommen.

Von den Kais des South Street Seaport wandert der Blick unbehindert nach Brooklyn, dem ehemaligen Breukelen. Über zwei Jahrhunderte lang war es nur mit einer Fähre zu erreichen, ein abenteuerliches Unternehmen, das New Yorks Minnesänger Walt Whitman zu lyrischen Beschreibungen hinriß. Dann aber spannten die Ingenieure Johann Augustus Roebling, ein deutscher Einwanderer, und sein Sohn Washington in dreizehnjähriger, mühevoller und lebensgefährlicher Arbeit den zwei Kilometer langen Bogen der *Brooklyn Bridge* über den East River.

Johann Augustus Roebling war am 12. Juni 1806 in Mühlhausen in Thüringen geboren worden, hatte in Berlin am Polytechnikum studiert und Vorlesungen bei Hegel gehört und war 1831 nach Pennsylvania gekommen, wo er einer der sogenannten ›Latin Farmers‹ wurde, die so hießen, weil sie mehr von Cicero verstanden als von der Landwirtschaft. Wie zu erwarten, war er als Bauer nicht sehr erfolgreich. Und weil er sich schon lange für den Brückenbau interessierte, entwickelte er ein Hängebrückensystem und stellte die nötigen Stahlkabel dazu in seiner kleinen Fabrik her. 1851 schlug er vor, die beiden Ufer der Niagarafälle durch eine Hängebrücke miteinander zu verbinden, und obwohl er weithin als Träumer, wenn nicht sogar als Scharlatan angesehen wurde, bekam er den Auftrag. Danach baute er Brücken über den Allegheny und den Mo-

nongahela in Pittsburgh und, nach der Unterbrechung
durch den Bürgerkrieg, über den Ohio in der Nähe von
Cincinnati.

Im Jahre 1867 konnte Roebling sich endlich seinem
Traumprojekt – einer Brücke über den East River – zuwenden. Nach langwierigen Verhandlungen und Händeln
mit öffentlichen Instanzen, Politikern und Bürgerorganisa-
tionen konnte er 1869 das monumentale Werk beginnen.
Aber schon im ersten Baujahr wurde er verletzt. Ein
schwerer Balken fiel ihm auf den Fuß, der amputiert werden mußte. Nach der Operation bekam er den Wundstarr-
krampf und starb am 22. Juli 1869. Sein Sohn Washington
Roebling, der als Oberst im Bürgerkrieg gedient hatte,
setzte die Arbeit seines Vaters fort. Aber auch seine Ge-
sundheit fiel dem Brückenbau zum Opfer. Er zog sich in
den Caissons eine durch plötzlichen Luftdruckwechsel ver-
ursachte Krankheit zu, die ihn durch Lähmungserschei-
nungen und Krämpfe arbeitsunfähig machte. Trotzdem
leitete er die Arbeiten bis zum letzten Pinselstrich, indem er
sie mit dem Fernglas von einem Fenster seines Hauses auf
der Brooklyn-Seite beobachtete. Als die Brücke am 24. Mai
1883 eingeweiht wurde, gratulierte ihm der Präsident in
seiner Wohnung – denn erst viele Jahre später wagte der
Brückenbauer, den Bann zu brechen und sein Werk wieder
zu betreten.

Von einer Bank auf den hölzernen Piers kann man sie in
Ruhe betrachten und wundert sich dabei nicht, daß sie
wohl die meistbesungene Brücke der Welt ist. Denn von
Hart Crane, der sie in seinem berühmten Gedicht ›The
Bridge‹ mit einer Harfe aus Stahl verglich (»O harp and
altar, of the fury fused ...«), über Kenneth Clark, der feststellte, daß »das moderne, das heroische New York mit
der Brooklyn Bridge beginnt«, bis hin zum Volksmund,
der von einem Überredungskünstler sagt, »er sei imstande,
einem Leichtgläubigen die Brooklyn Bridge anzudrehen«,
hat sie seit ihrer mit entsprechendem Pomp und großer
Feierlichkeit begangenen Einweihung die Phantasie von

Tausenden angeregt. Obwohl die Zeitungen neuerdings behaupten, man sei sogar auf ihren ehrwürdigen Planken nicht vor Dieben sicher, lohnt es sich, an einem klaren Tag zu Fuß nach Brooklyn Heights zu gehen, denn der Blick durch das Filigran der Brückenkabel auf die Südspitze Manhattans sucht seinesgleichen.

Es war die Rede vom Geldverdienen. Die Geldstraße par excellence, *Wall Street*, liegt eine Ecke weiter in Richtung Broadway. Wenn New York der Puls der Vereinigten Staaten ist, dann ist ›the Street‹ mit Sicherheit der Puls New Yorks. 1653 war sie nichts weiter als ein Palisadenzaun, der die Engländer im Norden abwehren sollte; die Engländer sind lange fort, aber die Wall Street hat ihren Namen behalten. Wenige Schritte die Broad Street hinunter, zwischen Wall Street und Exchange Place, steht die *New York Stock Exchange* mit ihrer römischen Tempelfassade von 1903. Die Börse selbst ist beinah so alt wie die Vereinigten Staaten, ihre Transaktionen sind ursprünglich unter einem Baum auf der Wall Street, wo heute das Haus Nr. 68 steht, vor sich gegangen. Mit dem rapiden Wachstum des Landes nahm ihre Bedeutung ebenso rasch zu, und die Finanzierung des Englisch-Amerikanischen Krieges und besonders des Sezessionskrieges mehrten ihre Macht ungemein. Generalproben für den verheerenden ›crash‹ von 1929 waren die Goldpaniken von 1869 und 1901 und der von J.P. Morgan angezettelte Untergang mehrerer wichtiger Banken, darunter der Knickerbocker Trust Company. Für die New Yorker hat die Stock Exchange beinah mythische Eigenschaften. Wie entsetzt und abergläubisch nervös reagierten sie, als 1933 ein unfreundlicher, aber harmloser Besucher Tränengas ins Ventilationssystem geblasen hatte! Und als die steinernen mythologischen Figuren von John Quincy Adams Ward und Paul Bartlett im Giebel von der Luftverpestung bis zur Unkenntlichkeit angegriffen worden waren, mußten sie heimlich durch stählerne ersetzt werden, damit die Allgemeinheit nicht erfuhr, daß auch nur ein winziger Teil der Börse verwundbar sein kann!

Im 19. Jahrhundert bezeichnete ein Beobachter der Börsenszene das Treiben des Stock Market als beinah so aufregend wie die Niagarafälle oder die Geysire im Yellowstone
Park. Wie diesen, so meinte er, sei auch dem Wirken der
Macht des Geldes kein Einhalt zu gebieten, und diese
Macht reiße alle, die sich ihr auslieferten, mit sich, den
Erfolgreichen hinauf in die opulenten Büros eines modernen Krösus, den Verlierer in den Bankrott. Selbstverständlich muß sich diese Macht in massivem, hartem Stein oder
hohen Glaswänden ausdrücken. Ob man sich nun in der
Riesenrotunde von Citibank, Wall Street Nr. 55, wie ein
Zwerg vorkommt, oder wie eine Ameise zu Füßen von
Wall Street Nr. 1, der Irving Trust Company, oder Wall
Street Nr. 40 und Pine Street Nr. 70 – diese beiden Wolkenkratzer aus den zwanziger Jahren sind gute Beispiele
der Art-Deco-Bauweise – es besteht da wie dort kein Zweifel, daß die Stimme des ›almighty dollar‹ zu uns spricht.

Um so überraschender ist es, wie sich an der Broadway-
Mündung der hohen, schmalen Wall-Street-Schlucht die
brownstone-verkleidete *Trinity Church* gegen den plötzlich wieder unverbauten Himmel abhebt. Hier halten
wirklich »wie eh und je Tempel und Wuchertresen miteinander Schritt«. Trinity ist ohne Zweifel New Yorks berühmteste Kirche, und obwohl sie in ihrer heutigen Form
von Richard Upjohn erst aus dem Jahre 1846 stammt, hat
an dieser Stelle schon seit 1697 eine Dreifaltigkeitskirche
gestanden. Der ursprüngliche Bau, errichtet mit Hilfe von
Gemeindespenden, an denen sich sogar der berüchtigte
Freibeuter Captain Kidd beteiligte, brannte bei dem gro
ßen Feuer von 1776 ab. In ihrer heutigen Inkarnation steht
sie wie ein »gotisches Ausrufezeichen« im Grün ihres
Friedhofes und läßt sich keineswegs von den umliegenden
Giganten erdrücken. Im Gegenteil, so mancher Koloß
nimmt sich recht klotzig neben ihr aus. Leider muß diese
Oase des öfteren von unwillkommenen Elementen geräumt werden, aber meistens ist es möglich, ungestört auszuruhen oder sich die Grabsteine bekannter New Yorker

anzusehen. Hier liegt Finanzminister Alexander Hamilton begraben, der im Duell mit Vizepräsident Aaron Burr sein Leben ließ, nicht lange bevor Robert Fulton, in einem Basrelief verewigt, sein erstes Dampfschiff auf dem Hudson River ausprobierte.

Der Broadway verdankt es seinen Anfängen als schmaler Indianerpfad, daß er den gitterförmigen Plan der Stadt einfach durchschneiden kann und man ihm zuerst auf der Eastside und später auf der Westside begegnet. Er war schon immer eine wichtige Verkehrsader, an der sich die Stadt wie eine Pflanze nach Norden ranken konnte. Als *St. Paul's Chapel* zwischen Fulton Street und Vesey Street in Angriff genommen wurde, hieß es, die neue Kirche sei viel zu weit vom Kern der Stadt entfernt: wenige Jahre später hatte die Stadt sie eingeholt. Als Vorbild für diese kleine Kirche diente St. Martin's-in-the-Fields in London von James Gibbs. Heute ist St. Paul's das älteste städtische Bauwerk in New York, wenn wir die einstmals ländlichen, die wenigen noch bestehenden Bauernhäuser und Landsitze, außer Betracht lassen. Da Trinity Church abgebrannt war, fand hier 1789 der Gottesdienst nach Washingtons Vereidigung als Präsident statt, sein Betstuhl steht noch im nördlichen Seitenschiff. St. Paul's Turm ist dreißig Jahre jünger als das Kirchenschiff und überragt einen verwitterten, mit Efeu überwachsenen Friedhof.

Es ist wiederum typisch für New York, daß heute, in jähem Kontrast, die Türme des *World Trade Center,* mit 440 Metern nach dem Sears Roebuck Tower in Chicago die höchsten der Welt, den Hintergrund für dieses Juwel aus dem 18. Jahrhundert abgeben. Diese beiden Türme, 1970-1977 von Minoru Yamasaki und Emery Roth and Sons gebaut und meilenweit aus allen Richtungen zu sehen, haben wahrscheinlich mehr Kritik auf sich gezogen als je ein anderes Bauwerk in der Stadt, ganz gleich, ob es noch steht oder längst vergessen ist. Den riesigen, windigen menschenfeindlichen Platz, über den man sie erreicht, bezeichnete einer der Bauherren als »sogar noch größer als

Joseph Stella

Brooklyn Bridge, um 1936

Öl auf Leinwand, 151,1 x 76,8 cm
San Francisco Museum of Modern Art,
WPA Federal Arts Project Allocation

die Piazza San Marco«. Erstaunlich sind die schmalen ›gotischen‹ Bogen, auf denen die Riesen stehen, das einzige Detail, das beim Näherkommen an Venedig erinnern könnte, will man den stolzen Vergleich des Bauherrn weiterführen. Sie sehen viel zu zierlich aus, als daß man ihnen zutrauen könnte, diese »auf den Kopf gestellten Straßenzüge« zu tragen – und das ist nur einer der Punkte, an denen sich die Kritik entzündet.

An einer wirtschaftlichen Belebung der Südspitze Manhattans interessiert, hatte sich die New Yorker Hafenbehörde für den Bau dieses gigantischen Projekts eingesetzt, das auf rund einer Million Quadratmetern Arbeitsraum für 50 000 Menschen schaffen sollte. Die Behörde ist hier mit dem Geschmack und mit zu viel Geld böse umgesprungen. Nicht nur außen, auch innen ist der Bau angeberisch. Da gibt es »der Welt größte Inside Shopping Mall mit vierzig Läden« und Restaurants aller Arten und Preiskategorien in Fülle. Die Warenbörse – Commodities Exchange – ist in Number Four World Trade Center untergebracht und kann besucht werden. Warum das Zollamt sein wunderbares altes Custom House von 1907 auf dem Bowling Green aufgegeben hat, um sich hier niederzulassen, ist vielen Leuten unverständlich. Im Gegensatz zu den Anfang des Jahrhunderts als »Bummelzugs« belästerten Fahrstühlen, die in den frühen »himmelstürmenden Monstern« die Treppen ersetzten, brüstet sich das World Trade Center mit Expreßlifts, die den Besucher mit einer Geschwindigkeit von 500 Metern in der Minute von einem »Himmelskorridor« zum nächsten bringen. An klaren Tagen reicht der Blick vom Observation Deck über den 110 Stockwerken meilenweit, und selbst wenn böse Zungen behaupten, die Aufzüge blieben manchmal stecken, lohnt sich die Reise nach oben, um Hubschrauber in Augenhöhe, die Freiheitsstatue wie einen Zinnsoldaten und die Brooklyn Bridge wie eine Baukastenkonstruktion zu Füßen zu sehen. Auf jeden Fall muß man der Reklame zustimmen, die behauptet, daß »einige von uns dem Himmel nie näher kommen werden«.

Im Regierungsviertel

What have you done for me lately?
Titel eines Buches über die städtische Politik

New Yorks *City Hall,* das dritte in der Stadt erbaute Rathaus, wirkt etwas überraschend: Es ist nämlich nicht nur
seit beinah zweihundert Jahren ›im Dienst‹, sondern steht
noch heute kaum verändert wie das Stadtpalais eines Pariser Aristokraten des 18. Jahrhunderts inmittten massiver
Hochhäuser. Es erinnert an eine zerbrechliche alte Dame
im Spitzenhäubchen, die sich in einen für sie viel zu modernen, wenn auch elegant gezimmerten Stuhl lehnt. Die City
Hall nämlich, eine Mischung aus Louis-Seize, dem Stil der
englischen Georges und ein wenig amerikanischem Klassizismus, die die Zusammenarbeit von Joseph Mangin, einem Franzosen, und John McComb, dem schon erwähnten schottischen Amerikaner, 1811 hervorgebracht hat,
wird von McKim, Mead and Whites *Municipal Building*
umarmt, das sich auf dem Gelände des längst abgebroche-
nen Staatszeitungsgebäudes erhebt. Der Betrachter ist
dankbar für das Einfühlungsvermögen, das vermied, die
kleine City Hall zu erdrücken, sondern ihr vielmehr erlaubt, sich beinahe in das flache ›U‹ dieses hohen Sessels zu
schmiegen.

Nachdem die Stadtväter zuerst großzügige Summen für
den Bau der City Hall zur Verfügung gestellt hatten, von
denen nur ein Bruchteil, nämlich 350 Dollar, an die Architekten gingen, wurden ihnen später die Ausgaben wohl
doch zu hoch und sie beschlossen, an der Nordseite die
Marmorverkleidung zu sparen: »Es werden doch nur ein
paar Dorftrottel im Norden wohnen: darum Marmor aus
Stockbridge (im Staate Massachusetts) auf der Vorderseite
und einfacher Brownstone auf der Rückseite.« Über ein
Jahrhundert lang hatten Luftverpestung und Tauben dem
porösen Stein so zugesetzt, daß man die Architekten des

Empire State Building zu Restaurierungsarbeiten heranzog und den Marmor 1959 Stück für Stück durch Kalkstein aus Alabama ersetzte.

Durch den eleganten Haupteingang der City Hall sind Könige geleitet worden – zum Beispiel der belgische mit seiner Gemahlin, zu der ein New Yorker Bürgermeister als Antwort auf eine Bemerkung der Königin gesagt haben soll: »You said a mouthful, Queen«: im amerikanischen Slang soviel wie »ein großes Wort«; – sind Fürsten wie Edward VII. und Edward VIII., Marschälle wie Joffre und Foch geschritten, sind Astronauten, Dichter, Schauspieler, Soldaten, Helden, Gauner und ganz normale Bürger, die etwas auf dem Herzen haben, gegangen.

Obwohl behauptet wird, daß es schwieriger sei, die Stadt New York zu regieren als die Vereinigten Staaten, und daß der Posten des Bürgermeisters leicht in eine politische Sackgasse führen kann – einen Adenauer gibt es bisher nicht –, haben die verschiedenartigsten Kandidaten sich eifrig um ihn beworben und ihn oft auch erfolgreich innegehabt. Der New Yorker Bürgermeister ist in vieler Hinsicht exponierter als der Präsident, das heißt, er steht nicht nur ununterbrochen im Scheinwerferlicht, sondern jede seiner Bewegungen – im wahren wie im übertragenen Sinne – wird minuziös beobachtet und heftig diskutiert. Und je nach Mentalität regiert er dabei, sei es wie Philip Hone mit etwas hochtrabender, langatmiger Fürsorge während der 1837er Panik wegen Überexpansion, an der er aber auch nichts ändern konnte, sei es wie neuerdings Edward – ›Ed‹ – Koch mit der Standardfrage »How'm I doing?«, die sich ›Hizzoner‹ (das ist newyorkisch für ›His Honor‹) einfach nicht verkneifen konnte. Dazwischen regierte unter anderen Jimmy Walker, der dandyhafte, nicht ganz ehrliche, aber charmante ›Depression mayor‹ der späten zwanziger und frühen dreißiger Jahre, von dem so viele Geschichten erzählt worden sind, daß sie dicke Bände füllen. Er lebte weit über seine Verhältnisse, hatte viele Freundinnen aus der unerschöpflichen Schar der Showgirls, ließ sich mit Persönlichkeiten der Demi-monde, wenn nicht gar der Unterwelt sehen und war mehr als ›quick on the up-take‹. Das ist das Gegenteil von ›schwer von Begriff sein‹, eine in New York unentbehrliche Eigenschaft, deren Wirkung die folgende Geschichte illustriert. Walker und ein Assistent waren zu einer Bürgerversammlung gebeten und hatten vergessen, sich zu informieren, um welche Art Vereinigung und welche ethnische Gruppe es ging. Als Walker schon auf dem Podium stand, wußte er es immer noch nicht. Also gab er seinen Eingangsworten eine Richtung, die Bürgern polnischer Abstammung gefallen würde. Die Zuhörer verzogen keine Miene. Daraufhin versuchte er es mit einer italienisch angehauchten Anekdote. Nichts. Mit einer deutschen. Die Leute saßen wie versteinert. So mußte er sich durch sämtliche europäischen Länder hindurcharbeiten – schließlich blieb nur noch Dänemark übrig. Unverdrossen begann er die Schönheiten Kopenhagens zu preisen. Plötzlich war die Freude allgemein.

So ähnlich kann es einem modernen Bürgermeister auch ergehen, denn die verschiedenen Einwanderergruppen hängen noch nach Generationen in Amerika sehr an ihrem ›Old Country‹, selbst wenn sie die Sprache nicht einmal mehr sprechen können. Bürgermeister müssen Wählerstimmen gewinnen, und so machen sie, wenn die neuen Wahlen im Anmarsch sind, manchen Ausflug zu den verschiedenen ethnischen Gruppen. Es ist sogar schon vorgekommen, daß sie ein paar Brocken aus der babylonischen Fülle der Töne lernten, um ihren Wählern Eindruck zu machen.

Ein Bürgermeister, der mehr als nur ein paar Brocken der vielen Sprachen New Yorks sprechen konnte, war Fiorello La Guardia, Sohn eines italienischen Vaters und einer jüdischen Mutter, von New Yorkern aller Schichten und jeden Alters freundlich ›The little flower‹ genannt. Er hat drei vierjährige Amtszeiten absolviert und kämpfte, wo er konnte, gegen Korruption. Den Haß auf jede Art moralischen Verfalls hatte er gelernt, nachdem sein Vater und

viele seiner Kameraden im Spanisch-Amerikanischen Krieg
von 1898 an Fleischvergiftung gestorben waren, weil ein
Großschlachthaus kaltblütig die Armee mit schlechtem
Fleisch beliefert hatte. Als während des Zweiten Weltkriegs die Zeitungen streikten, hat er den Kindern sonntags die Comics übers Radio vorgelesen, damit sie ihre
gespannt erwarteten Fortsetzungen nicht verpaßten, eine
Begebenheit, an die sich viele New Yorker gerne erinnern.
La Guardia hatte die Angewohnheit, mit den Feuerwehrwagen um die Wette an eine Brandstelle zu rasen, und als
er starb, kurz nachdem er eine vierte Wahl abgelehnt hatte,
tutete jedes Spritzenhaus in der Stadt 5-5-5-5, die Ehrung
für einen Feuerwehrmann, der im Feuer umgekommen ist.

Im Rathaus einer so großen und komplexen Stadt ist
natürlich immer etwas los, und Zeitungsreporter, die für
Stadtnachrichten zuständig sind, freuen sich, wenn sie
über Vorgänge in der City Hall berichten können. Die
tagtäglichen Krisen, mit denen der Bürgermeister und seine
Leute fertig werden müssen, rissen sogar den kühlen Bürgermeister unserer sechziger Jahre, John Lindsay, als ein
Archäologe unter seinem Fenster nach den Überresten einer vermeintlichen Irrenanstalt Ausgrabungen anstellte, zu
der Bemerkung hin, er hätte so etwas schon geahnt.

City Hall ist der Sitz, jedenfalls formell, der Stadtregierung von New York, auch wenn ein beträchtlicher Teil des
riesigen Verwaltungsapparates in den großen Gebäuden
am Foley Square nördlich davon untergebracht ist. Die
Regierung setzt sich aus einem exekutiven und einem legis-
lativen Teil zusammen. Die Büros des Bürgermeisters und
seiner Mitarbeiter liegen im westlichen Flügel, die des
Stadtratspräsidenten im östlichen, während sich die Sit-
zungsräume des Stadtrats im ersten Stock befinden. Der
Stadtrat wird von den Repräsentanten der fünf Stadtteile,
den Boroughs, gebildet, die je noch einen eigenen Präsidenten haben. Dazu kommen die Verwaltung, der Finanzaus-
schuß und die Kunstkommission, die für öffentliche Gebäude und Kunstwerke zuständig ist. Die weißen Bänke

mit Mahagonibesatz im Sitzungssaal sind seit 1812 unverändert und denen in der St. Paul's Chapel sehr ähnlich.

Die Eingangshalle der City Hall ist John McCombs in-
nenarchitektonisches Meisterwerk, das ihm die ›Riesen-
summe‹ von sechs Dollar am Tag für die Beaufsichtigung
der Arbeiten einbrachte. Die Rundhalle mit Kuppeldach
wird von einer doppelläufigen Marmortreppe mit gußeisernen Geländern beherrscht. Sie führt auf einen Rund-
gang mit korinthischen Säulen im ersten Stock und in den
schönsten Raum des Gebäudes. Nach der Ermordung Abraham Lincolns, 1865, stand hier zwei Tage lang der offene Sarg des Präsidenten, und Hunderttausende von trauernden New Yorkern zogen daran vorbei. Dieser sogenannte ›Governor's Room‹, der ursprünglich den Besuchen
des Gouverneurs des Bundesstaates New York diente, ist
heute ein kleines Museum, das an Wochentagen geöffnet
ist. Die Kunstkommission hatte einige Schwierigkeiten, die
verschiedenen Möbel und Bilder zu bestimmen, ist aber
nach langen Recherchen zu dem erfreulichen Ergebnis gekommen, daß jener Schreibtisch, der allgemein als der George Washingtons angesehen wurde, auch wirklich seiner
war und bis 1790 in der Federal Hall an der Wall Street
stand, denn New York war kurze Zeit, 1789/90, die
Hauptstadt der jungen Republik.

Bildnisse von Washington, Alexander Hamilton, John
Jay und anderen frühen Staatsmännern, gemalt von dem
amerikanischen Porträtisten John Trumbull, werden vom
Tageslicht aus fünf hohen Fenstern beleuchtet, und der
Raum vermittelt auf städtischer Ebene ein getreues Bild
aus den frühen Tagen der Föderation. Bis vor einigen Jahren wurden New Yorker in der City Hall getraut. Dafür
gab es eine sogenannte Kapelle im Keller mit flachen, massiven Gewölben und dicken dorischen Säulen, dazu als
Dekoration viele Herzen. Die Herzen sind verschwunden,
und Verwaltungsbeamte treffen sich jetzt dort zu ihren
Konferenzen. Sie tun es unter dem wohlwollenden Auge
eines Polizisten, der als Zeichen seines permanenten Nein-

Sagens ein großes, schwarzes, emphatisches ›No‹ unter
seine gläserne Schreibtischplatte geschoben hat.

City Hall Park, das ehemalige ›de Vlackte‹ oder flache
Land, auf dessen dreieckige zehn Morgen das Rathaus hin-
unterblickt, ist historischer Boden. Er war schon immer
›common land‹, Gemeingut, und als Nieuw Amsterdam
noch an der Wall Street endete, war er ein Friedhof für
Arme, Obdachlose, Sklaven und Verbrecher. Später wurde
er zu New Yorks Dorfplatz mit all den Begebenheiten, die
für einen Dorfplatz typisch sind. Die ›Sons of Liberty‹, die
ersten Amerikaner, die aktiv für die Unabhängigkeit gekämpft hatten, stellten hier ihren ›Liberty pole‹, den Frei-
heitsbaum, auf; 1776 wurde hier im Beisein von George
Washington die Unabhängigkeitserklärung verlesen, und
als während der Panik von 1837 der Mehlpreis in unbe-
zahlbare Höhen schoß, versammelte sich die Bevölkerung
hier, um zu protestieren. Am aufregendsten aber war der
Kampf zwischen zwei Arten von Polizei: Nachdem die sogenannte Municipal Police als zu korrupt beanstandet und
vom Staat New York durch die Metropolitan Police ersetzt
wurde, bekämpften sich die Ordnungshüter nicht nur im
Park, sondern sogar auf den mit Stuck verzierten und mit
Parkett ausgelegten Gängen der City Hall, bis eine dritte
Instanz, die National Guard, sie mit ihren Bajonetten aus-
einanderbrachte.

Ein so wichtiger Platz mußte auch mit Denkmälern ausgestattet werden, und also begegnen wir Nathan Hale,
dem Nationalhelden aus dem Unabhängigkeitskrieg, an
der Südwestecke, Benjamin Franklin, dem Politiker, Phi-
losophen und Erfinder mit Renaissance-Zuschnitt, an der
Südostecke, und Horace Greeley, dem Journalisten und
Gründer der heute nur noch in Europa überlebenden ›Tribune‹, im Nordosten. Nicht mehr an ihrem Platz ist eine
Riesenskulptur aus einem einzigen Marmorblock – es hieß
damals, daß nur Michelangelos David größer sei – mit dem
Titel ›Civic Virtue‹. Ein Stadtführer beschrieb sie kurz nach
ihrer Errichtung vor der City Hall als einen riesigen, mus-

kulösen Jüngling, nackt bis auf einen Kranz aus Schaum
oder Seetang um den Leib, der anscheinend völlig
ahnungslos auf zwei sich windenden Sirenen »herumtram-
pelt«. Auf Wunsch der Allgemeinheit wurde dieser ›male
chauvinist‹ nach Queens verbannt, auch wenn er, so beweist es ein neuerer Führer mit Photo, den Damen durchaus nicht zu nahe tritt.

Als der Dorfplatz der Vorgarten der City Hall geworden
war, mußte er eingezäunt werden, allerdings nicht so
hoch, daß man nicht darüberklettern könnte. Damals war
der Broadway noch eine baumbeschattete Allee, auf der
glänzende grüne Postkutschen gewichtig auf und ab hol-
perten, und anstelle des *Woolworth Building* stand noch
ein prächtiges Wohnhaus an der Ecke von Broadway und
Barclay Street, in dessen feinen Räumen Bürgermeister
Philip Hone jahrelang die respektablen, und nur die respektablen Aktivitäten seiner Bürger in einem Tagebuch
aufzeichnete, das bis heute eine reiche Quelle für Material
über New York in der ersten Hälfte des 19. Jahrhunderts
geblieben ist. Hone hatte das Haus 1821 für 25 000 Dollar
gekauft, und knapp hundert Jahre später legte Frank
Woolworth, der nicht lange vorher als Angestellter angefangen hatte, dreizehn bare Millionen auf den Tisch, um
sich und seinen ›Five-and-Ten‹-Kaufhäusern ein Denkmal
zu setzen, das bis heute seinesgleichen sucht.

Seit fast siebzig Jahren lassen sich seine Bewunderer,
aber auch ganz gewöhnliche Spaziergänger, zu lyrischen
Tiraden hinreißen, Tiraden über die Eleganz, die Leichtig-
keit, die dekorativen Details, die staunenswerte Eingangshalle des Woolworth Building. Denn die Mosaikgewölbe
mit Borten aus Jugendstilpapageien sind so frisch wie am
ersten Tag, die vergoldeten Kassettendecken glänzen, und
auf dem linken Balkon, den man betreten darf, hält ein
präraffaelitischer weiblicher ›Kommerz‹ die Weltkugel in
der Hand. Unter der Balkonbrüstung sitzt links Frank
Woolworth wie ein etwas ältlicher Putto und zählt ver-
gnügt seine ›nickels and dimes‹, Pfennige, und rechts hält

ein stolzer Cass Gilbert – der Architekt – ein Modell seiner ›Kathedrale des Kommerz‹ im Arm.

Trotz seiner rein gotischen Elemente, den Strebepfeilern, Zinnen, Türmchen, dem Maßwerk, bis hinauf zum Blätterknauf auf der Spitze des pyramidenartigen Turms, hat das 1913 gebaute Woolworth Building entschieden zur Entwicklung der Wolkenkratzerkonstruktion beigetragen, nicht zuletzt, weil hier zum ersten Mal das Stahlgerüst nicht völlig unsichtbar unter der Steinverkleidung verschwindet, sondern sie beeinflussen darf. Auf kein anderes Gebäude hat man so oft das Wort John Ruskins, des englischen Kunstkritikers, von der »gefrorenen Musik« übertragen. Ein Bewunderer wagte es sogar, diesen Bau überschwenglich den »Mozart unter New Yorks Wolkenkratzern« zu nennen!

Foley Square, ein nicht sehr klar angelegter Platz, der für den New Yorker ganz einfach Verwaltung repräsentiert, war bis zum Anfang des 19. Jahrhunderts ein Teich, Collect Pond. Hier unternahm John Fitch 1796 seine ersten Versuche mit einem Dampfschiff, die Bevölkerung fand sich zum Rudern und Angeln ein, und eine zeitgenössische Hausfrau berichtete, daß sich mit Wasser aus seiner Quelle guter Tee kochen ließe. Dann wurde der Teich zugeschüttet. Wegen der vielen unterirdischen Wasseradern waren aber die hier errichteten Häuser schlecht verankert und wie auf Sand gebaut, und noch heute ist das rötliche Steinpflaster da und dort verzogen. Wie so manches andere Sanierungsprojekt ging auch dieses daneben, die ›ordentlichen‹ Leute zogen fort, und die Gegend wurde zum Slum. Ihr Mittelpunkt war eine üble Kreuzung namens Five Points. Hier stand die Wiege von New Yorks ersten ›gangs‹, Banden krimineller Halbwüchsiger, die sich verhältnismäßig harmlos klingende Namen wie ›The Forty Thieves‹, ›The Plug Uglies‹ und ›The Dead Rabbits‹ zulegten. Dickens widmet dem Schmutz und Elend dieser Gegend einen beredten Absatz in seinen ›American Notes‹ von 1842, fügt aber hinzu, daß manche armselige Hütten doch mit einem Bild George Washingtons oder der Königin Victoria geschmückt seien.

Foley Square ist nach einem Tammany-Politiker namens Thomas Foley, ›Big Tom‹, benannt, der hier die letzte von verschiedenen Gaststätten unterhielt, in denen er befreundete Politiker und Rechtsanwälte bewirtete. Im zweiten Stock hatte er nicht nur Betten aufgestellt, die er Obdachlosen und Vagabunden zur Verfügung stellte, sondern er verpflegte diese armen Leute auch. Obwohl Tammany, eine nach einem legendären Indianerhäuptling benannte demokratische Parteiorganisation, seit Generationen mit Ämterbeschaffung und Korruption gleichgesetzt wurde, hat Foley sich anscheinend nicht bereichert, sondern das wenige, das er verdiente, gleich an Bedürftige weitergegeben.

Wie zu erwarten, sind hier die großen, aber nicht immer gerade schönen Verwaltungsgebäude und Gerichtshöfe versammelt, darum wird der Komplex *Civic Center* genannt. Darunter stechen einige wegen ihrer glücklichen Verbindung von Architektur und dekorativen Elementen hervor. Da ist einmal das Nachlaßgericht, *Surrogate's Court,* an der Ecke Chambers Street, offensichtlich dazu geeignet, den Bürger auf der Suche nach seinen Unterlagen zu beeindrucken, ihn aber nicht zu überwältigen. Die Haupthalle und der Portikus aus honigfarbenem Marmor sind zwar kleiner, jedenfalls aber genauso prächtig wie die Pariser Oper und deshalb einen Blick wert. Und wer geglaubt hat, daß es nur im Wilden Westen Sheriffs gibt, kann hier nicht nur den Sheriff, sondern gleich noch den Deputy Sheriff antreffen. An Chambers Street 52 liegt das Old New York City Courthouse, das Alte Stadtgericht, allgemein *Tweed Courthouse* genannt, weil es gebaut wurde, als der berüchtigte Tammany-Politiker William Marcy Tweed, ›Boss Tweed‹ genannt, in den sechziger Jahren des vorigen Jahrhunderts den Geldbeutel der Stadt verwaltete und an der Errichtung dieses öffentlichen Gebäudes allein mindestens zehn Millionen Dollar verdient haben soll. Aber – so meint ein Fachmann – da auch den Handwerkern überhöhte Löhne bezahlt wurden, haben sie eben etwas Ordentliches geleistet und schufen mit diesem Bau eine interessante viktorianische Interpretation italienischer Vorbilder. Warum das Courthouse jahrelang so sehr vernachlässigt werden konnte, ist vielleicht auf seine unglückliche Entstehungsgeschichte zurückzuführen. Welcher Politiker wird sich gern an einen solchen Skandal erinnern lassen, wie ihn ›Boss Tweed‹ und sein Ring mit ihrer himmelschreienden Rahmabschöpfung hervorgerufen haben, für die sie zum Schluß auch hinter Gittern gelandet sind. Inzwischen ist im buchstäblichen Sinne des Wortes genügend Gras über die Geschichte gewachsen. Das solide Gebäude wird restauriert und lichtet die aus den Nähten platzenden Büros des Bürgermeisters und des Stadtratspräsidenten.

Am Foley Square kämpfen das sechseckige *New York County Courthouse* von Guy Lowell (1912) und das *U.S. Courthouse* von Gilbert Vater und Sohn (1936) um Beachtung, gewinnen sie aber nur mit ihren schweren Säulenhallen. Das New York County Courthouse nimmt Aufgaben der niederen Gerichtsbarkeit wahr, das U.S. Courthouse gehört zum Bundesgerichtssystem, das in Amerika sehr verzweigt ist.

Die große Zahl der öffentlichen Gebäude ist damit bei weitem nicht erschöpft. Zwei Bauten, die die repräsentative Beaux-Arts-Architektur sehr schön illustrieren, seien hier noch erwähnt, obwohl sie weiter südlich im Financial District liegen, nämlich das alte Custom House auf dem Bowling Green und die New York Chamber of Commerce in der Liberty Street. Das *Custom House* (Zollamt) von 1907 ist Cass Gilbert, dem Architekten des Woolworth Building, sehr gut gelungen. Meeres- und Schiffahrtsembleme wie Wellen, Delphine, Masten, Ruder und Merkurstab bezeugen, daß hier Übersee-Ladungen verzollt wurden. Warum es allerdings dem Meer den Rücken zukehrt, hat bisher noch niemand erklären können. Mit seinen

schweren korinthischen Säulen, den neobarocken Skulpturen der Kontinente an der Fassade, den Darstellungen der
verschiedenen Menschenrassen in den Fensterbögen und
der großen ovalen Kuppelhalle mit Wandgemälden der
Schiffahrt von Reginald Marsh ist es ohne Zweifel ein im-
posantes Symbol für eine Stadt, die von Anbeginn mit
Handel und Seefahrt zu tun hatte.

Die dramatischen Frauengestalten der vier Kontinente
von Daniel Chester French, der vor allem durch seine be-
ängstigend monumentale Sitzfigur Lincolns in Washington
bekannt ist, haben durchaus ihre komischen Seiten: Da
wächst Asien ein Ahorn aus dem Zeh, während ein Tiger
eine gefesselte Frau anfaucht; Amerika hat zwar einen lustigen Spatzen auf dem Kopf, dafür aber die Fackel des
Fortschritts hehr in der Hand; Europa zeigt sich weniger
humorvoll als majestätisch mit den Errungenschaften seiner Zivilisation; und Afrika – man darf nicht vergessen,
daß diese Skulpturen aus dem ersten Jahrzehnt unseres
Jahrhunderts stammen – lehnt schläfrig zwischen Löwe
und Sphinx. Die zwölf Figuren über dem Gesims unter
dem Wappen der Vereinigten Staaten stellen die großen
Seemächte der Alten und Neuen Welt dar, von links nach
rechts: Griechenland, Rom, Phönizien, Genua, Venedig,
Spanien, Holland, Portugal, Dänemark, Belgien, England
und Frankreich. Die als Belgien bezeichnete Allegorie figu-
rierte bis zum Ersten Weltkrieg noch als Deutschland!

Eine hübsche zierlichere Variante des gleichen Gründer-
zeitstils ist das *New York Chamber of Commerce,* die
Handelskammer, in der Liberty Street, also etwas näher
zum Foley Square gelegen als das Custom House. Es
stammt von James B. Baker aus dem Jahr 1901.

Einige Blocks nördlich des Foley Square, an der Ecke
von Lafayette Street und White Street, steht zur Abwechslung ein wahres Loireschlößchen, 1895 von Le Brun närri-
scherweise als Spritzenhaus gebaut. Leider dient es der
Feuerwehr nicht mehr und trägt zuweilen sogar chinesische Schriftzeichen. Nachdem die Vanderbiltsche Villa an

der Fifth Avenue und eine andere Zuckerbäckerkreation am Riverside Drive abgerissen wurden, haben nicht viele Beispiele dieses Stils in der Stadt überlebt. Keineswegs zuckrig, aber auch keineswegs bedrohlich, wirkt das Gefängnis nah am Foley Square, offiziell *Criminal Courts Building and Prison,* allgemein aber ›The Tombs‹, die Gräber, genannt, weil der Vorgängerbau aussah wie eine Pyramide. Damals war das Gefängnis durch eine Brücke – sie hieß natürlich Seufzerbrücke – mit dem Gerichtsgebäude verbunden. Das heutige Gefängnis ist ein imposanter Bau mit vier massiven Vorbauten aus Granit und Kalkstein, aufgelockert durch die charakteristischen Details der dreißiger Jahre. Nicht bedrohlich also – bis man zum Eingang kommt, der wirklich Angst einflößt und sicher so manchen Übeltäter von seinem Verbrechen abhalten könnte, wenn er nur ahnte, daß er unter Umständen einmal zwischen seinen beiden dunklen, eckigen, nichttragenden Säulen verschwinden muß.

Chinatown:
Tempel und Teigbuddhas

That for ways that are dark,
and for tricks that are vain,
the heathen Chinee is peculiar.
Bret Harte, Kurzgeschichtenautor
und amerikanischer Konsul
in Deutschland

Als vor einigen Jahren die ›New York Times‹ ganz entsetzt
berichtete, daß sich in Chinatown – in Chinatown! –
Gruppen von Teenagern blutig bekämpften, schien das
den meisten New Yorkern ein weiteres übles Zeichen für
die Zukunft ihrer Stadt. In Chinatown hatte doch immer
›law and order‹ geherrscht, wenn auch zum chinesischen
Neujahr im Februar der Krach von den in der Stadt eigentlich verbotenen Knallfröschen ein paar Tage lang ohrenbe-
täubend sein konnte. Die New Yorker gaben sich einer
Illusion hin, denn wie in den meisten anderen Stadtvier-
teln, ob ›ethnic‹ oder nicht, hatte es seit eh und je vereinzelt
Unruhen gegeben, und bei den Chinesen nicht minder.
Viele New Yorker Bürger wußten auch nicht, daß die Chinesen in Chinatown täglich zwölf bis vierzehn Stunden
oder noch länger arbeiteten, meistens für miserable Löhne,
weil die meisten bis zur Aufhebung der Nationalitäten-
quote für Einwanderer im Jahre 1965 illegal gekommen
und damit ihren Arbeitgebern völlig ausgeliefert waren.
Maxine Hong Kingston, eine amerikanische Schriftstellerin chinesischer Abstammung, beschreibt in ihrem Buch
›The Warrior Woman‹, wie ihre Großmutter im fortgeschrittenen Alter von morgens bis abends kochte und
putzte, derweil die Mitglieder der großen Familie in einer
Wäscherei in primitiven Trögen Berge von Wäsche koch-
ten und einander vor Dampf nicht sehen konnten. Wenn
sich dann eine solche weitverzweigte Familie aus für Au-
ßenstehende oft unverständlichen Gründen mit einer ande-

ren verfeindet hatte und der Rest der Gruppe Partei nahm, konnte es geschehen, daß der Anzettler, vielleicht auch nur der vermeintliche, als ›outcast‹ verhungern mußte, weil niemand in ganz Chinatown gewillt war oder sich getraut hätte, ihm auch nur ein Reiskörnchen zu verkaufen, geschweige denn zu schenken.

Die Meinungen sind geteilt, wann die ersten Chinesen in New York angekommen sind. Im 19. Jahrhundert behauptete der Asienforscher Karl Friedrich Neumann, ein buddhistischer Mönch sei schon Ende des 18. Jahrhunderts an der amerikanischen Ostküste gelandet. Johann Jakob Astor, dessen Geschichte ja eng mit der New Yorks verbunden ist, brachte 1808 einen bezopften Besucher von einer Schiffsreise mit und konnte, so wird erzählt, während ganz New York neugierig dieses Wunderwesen begutachtete, ungestört eine Ladung geschmuggelter Pelze an Land bringen.

Um 1850 segelte ein chinesisches Schiff in den Hafen, dessen Besatzung so gefeiert wurde, daß ein Teil der Mitglieder dablieb und möglicherweise das heutige Chinatown gegründet hat. Dazu kamen dann in der kalifornischen Goldrausch-Ära Schürfer sowie Kulis, die in großer Zahl zum Bau der transkontinentalen Eisenbahnlinien angeworben worden waren. Um 1890 gab es zehntausend Chinesen in dem südlichen Stadtdreieck, das gar nicht so lange vorher Joseph Motts und Joshua Pells Kühen als Weide gedient hatte. Die Kulis, die im Gegensatz zu den meisten anderen Einwanderern Geld verdienen und dann nach China zurückkehren wollten und es in vielen Fällen auch taten, gründeten eine Art Gewerkschaft, die ›Tongs‹, mit deren Hilfe sie sich den »weißen Teufeln« gegenüber zu behaupten versuchten. Denn um die Jahrhundertwende, aufgehetzt von William Randolph Hearsts Zeitungen, die in immer neuen Varianten vor der gelben Gefahr warnten, hatte der Durchschnittsamerikaner schlechthin Angst vor den Chinesen. Er stellte sie sich auf leisen Sohlen durch die dunklen Gassen schleichend, in Opiumhöhlen und Spielhöllen vor, war überzeugt, daß sie weiße Frauen kidnappten und als Sklavinnen wer weiß wohin verkauften, und daß die Bosse dieser schlüpfrigen Unternehmen jederzeit in Chinatown untertauchen konnten. Seine Vorstellungen waren nicht einmal so übertrieben, und Bret Hartes Gedicht, natürlich ironisch gemeint, spiegelt eben diesen Teil der öffentlichen Meinung wider, jedenfalls an der Ostküste. Mark Twain berichtete von seiner Kalifornienreise, daß die »Ladies and Gentlemen« im Wilden Westen die Chinesen viel besser behandelten als ihre Gegenstücke im Osten.

Auf jeden Fall war derjenige, der sich vor dem Gesetz verstecken wollte, in Chinatown gut aufgehoben. Abgesehen von den Tong-Bossen, die wie ihre irischen Tammany-Kollegen dafür sorgten, daß die ›richtigen‹ Leute die Wählerstimmen erhielten, gab es damals einen sogenannten ›Bürgermeister‹ in Chinatown, dem es meistens gelang, zwischen dem jeweiligen Tong-Anführer und seinem unvermeidlichen, machthungrigen Rivalen den Waffenstillstand rasch herzustellen. Eines Tages half auch seine Vermittlung nichts mehr, und die blutigsten Kämpfe mitten auf der Mott Street waren das Ergebnis. Diese ›Tong Wars‹ wüteten, gottlob mit einigen Unterbrechungen, von 1900 bis 1925. Von Zeit zu Zeit versuchte die Stadtregierung, die mit solchen Machtkämpfen sonst eher innerhalb der italienischen ›Familien‹ auf der nördlichen Canal-Street-Seite rechnen mußte, diese Fehden zu unterbinden; es gelang ihr aber nur selten und dann nur für kurze Zeit. Denn wer die Wirtschaft in Chinatown, und das hieß Opiumhöhlen so gut wie Restaurants, Geschäfte und Wäschereien, kontrollierte, bezahlte auch die Polizei, und der war es zum Schluß gleich, woher das Geld kam; sie machte sogar einen einflußreichen ›Bürgermeister‹ zum Deputy Sheriff. Die Presse hatte durch diese exotischen Vorgänge dankbaren Stoff, und die Leser konnten monatelang mit angehaltenem Atem aus der vermeintlichen Sicherheit ihrer verschiedenen Nachbarschaften die unerhörten Ereignisse auf der Mott Street und der Pell Street verfolgen. Die Meinungen waren geteilt, ob zerhackte Leichen in der Gosse die Touristen abhielten, von deren Besuch immerhin ein Großteil der Wirtschaft abhing, oder sie gänsebehäutet anzogen. Wenn man sich heute auf der Mott Street an Neondrachen und Schaufenstern, vollgepackt mit bunten Auslagen, eßbar oder nicht, durch die Menge windet, sollte man sich vorstellen, daß diese Straße zeitweise strikt für die beiden verfeindeten Parteien in eine westliche und eine östliche Seite aufgeteilt war, während die Pell Street offenes Schlachtfeld war. Ein Besucher im Jahre 1904 stellte fest, daß die Pell Street »einen Halbkreis beschreibt und den Wanderer mit ganz orientalischer Höflichkeit auf die Straße zurückführt, von der er soeben kam«, woran man sehen kann, daß manche Straßen sich auch hundert Jahre nach der Gittereinteilung Manhattans so etwas noch erlauben konnten.

Als die Feindseligkeiten überhandnahmen, mußte sogar der chinesische Botschafter aus Washington zu Hilfe gerufen werden, aber auch seine Bemühungen fruchteten nichts. Wie eine Krankheit waren diese Ausbrüche nur mit der Zeit zu heilen, und nur sehr langsam wurde es ruhiger in Chinatown. Hier und da flackerte noch ein feindseliges Flämmchen aus verhältnismäßig harmlosen Anlässen auf: einmal ging es um ein Mädchen, dessen Besitzer es für dreitausend Dollar erstanden hatte und trotz ›Abnutzung‹ nicht für weniger abgeben wollte, ein andermal um eher amerikanisch anmutende Unterschlagungen. Die schuldige Seite sollte dann der unschuldigen eine Wiedergutmachung in Form einer chinesischen Fahne, zehntausend besonders lauten Knallfröschen und einem Spanferkel leisten. Es kam zwar etwas dazwischen, aber statt neue Schlachten heraufzubeschwören, verlief die Sache im Sande. Inzwischen benutzen die Gangs eher Revolver als Hackebeilchen, wie andere Übeltäter auch. Eine sanftere Form von Grausamkeit bei den Söhnen des Himmels mag ›The Dancing Chicken‹ bezeugen, ein Huhn im Parterre des *Chinesischen*

Museums an der Mott Street 7, das etwas unwillig auf einer Münzdrehscheibe tanzen muß und sich über die paar Weizenkörner wenig zu freuen scheint, die es als Belohnung erhält.

Heute bildet Chinatown mit der größten Ansammlung von Chinesen im Lande den schönsten Kontrast zu den hohen Bürotürmen von Downtown, besonders zu den allgegenwärtigen des World Trade Center. Denn hier sind die Telephonhäuschen grünrote Pagoden, im Schaufenster einer Bäckerei an der Mott Street sitzt eine Reihe von dikken, gelben, zufrieden grinsenden Teigbuddhas, glänzende rot- oder braungeschmorte Enten hängen von der Decke, und ein kleiner Tempel, einer von vielen, lädt nicht weit von einer unter Denkmalschutz stehenden katholischen Kirche zur Verehrung des echten Buddha ein. Die vielen Restaurants sind beinahe alle gut – und beinahe alle billig – und bieten, neben hierzulande erfundenen und oft nicht empfehlenswerten Gerichten wie ›Chow mein‹, von Vogelnestersuppe über hundertjährige Eier bis zu köstlichen Kombinationen von Fleisch oder Fisch mit Gemüsen die ganze Skala echter chinesischer Küche an. Bis 1965 stammten die Einwanderer zum größten Teil aus Kanton, während sich seither Chinesen auch aus anderen Provinzen, besonders aber aus Taiwan und Hongkong, und sogar Vietnamesen und Siamesen eingefunden haben. Ein aus Hongkong zurückkehrender New Yorker stellte fest, daß East Broadway, vor nicht so langer Zeit eine Enklave der Juden aus Osteuropa, Nathan Road in der Britischen Kronkolonie täuschend ähnlich sähe. Es scheint auch, daß das ›neue‹ Chinatown, das mit schätzungsweise 125 000 Einwohnern seine ursprünglichen Grenzen seit langem gesprengt hat, politisch genauso aufgeteilt ist wie das Vaterland: So hißt die Tsung Tsiu Association am 1. Oktober, dem Tag der Chinesischen Revolution, die Flagge Rotchinas, während sich die Chinese Merchants Association in ihrer Pagode an der Ecke von Mott Street und Canal Street eher mit Taiwan verbündet – alles das aber auf höchst

friedlichem Fuße, denn allen gemeinsam sind die wirtschaftlichen Interessen, und Chinatowns acht Zeitungen
mit unterschiedlichen politischen Meinungen und die ›offiziellen‹ Restaurants der verschiedenen Parteien sind sich
dessen sehr wohl bewußt.

Mit dem Zustrom der neuen Einwanderer haben die
schon immer zahlreichen Lebensmittelgeschäfte, Souvenir-
läden, Nudelfabriken, Bäckereien, aber auch die Textilindustrie noch zugenommen, ganz zu schweigen von den
inzwischen auf eine Zahl von 25 angewachsenen religiösen
Vereinigungen. Heute muß man nicht mehr mit einem Ein-
kaufszettel losziehen, auf den man mühselig chinesische
Schriftzeichen aus dem Kochbuch kopiert hat, aber besonders die älteren Verkäufer freuen sich, wenn man es dennoch tut, und vielleicht wird der Kauf von Schildkröten,
Fröschen oder Schlangensuppe so erleichtert.

In Chinatown sind auch die Buchhandlungen leicht politisch angehaucht: bei der Wah Keong Book Company an
der Division Street kommt die Ware aus Taipai und beim
New Asia Bookstore am East Broadway ganz eindeutig aus
Peking. Die Sparkasse an der Bowery, im rechten Winkel
zum East Broadway, hat die Form eines buddhistischen
Tempels, und auf der winzigen Confuzius Plaza bewacht
der Philosoph aus Bronze die zu seinen Füßen ausruhenden
Landsleute. Selbst das Kino nimmt hier außerordentlich
exotische Formen an: Krallenfingrige Susie Wongs mit
hochgeschlitzten Röcken staken durch Pappwelten, und
nur das Krachen und Klingeln von ungewöhnlichen
Schlaginstrumenten läßt ahnen, was in den Leinwand-
dramen vorgeht, denn die englischen Untertitel sind
reichlich undurchsichtig. Hinterher kann man einem anderen amerikanischen Nationalvergnügen auf chinesisch frö-
nen und bei der Chinatown Ice Cream Factory Eis schlek-
ken: Da gibt es nicht nur die üblichen Sorten Vanille- oder
Schokoladeneis, sondern die fernöstlichen Geschmacks-
richtungen von süßen roten Bohnen, Kokosnuß, Ingwer
und sogar grünem Tee.

Bei einem Besuch in Chinatown überquert man des öfteren den *Chatham Square* mit seinem Pagodentor. Er wurde zu Kolonialzeiten nach Englands Premierminister William Pitt, Earl of Chatham, benannt und durfte im Gegensatz zu vielen anderen Straßen und Plätzen nach der Revolution seinen Namen behalten, weil Pitt sich mit beträchtlicher Toleranz für die Forderungen der Kolonie eingesetzt hatte – ohne ihr allerdings die Unabhängigkeit zuzugestehen.

Wie sehr Chinatown und sein Nachbar Little Italy an ihren offenen Grenzen miteinander verwoben sind, beweist ein chinesisches Beerdigungsinstitut am südlichen Ende der Mulberry Street, linker Hand vom Chatham Square. Vor gar nicht langer Zeit war es noch ein italienisches Beerdigungsinstitut, und wenn heute ein Sohn des Himmels in Buddhas Nirwana einkehrt, spielen italienische Trompeter italienische Choräle dazu. Noch in den dreißiger Jahren ließen sich fromme Chinesen zwar in Amerika begraben, aber nur für zehn Jahre; danach wurden die sterblichen Reste in einer kleinen Kiste, deren Transport billiger war als der eines Sarges, in die Heimat geschickt.

Wie weit der Generationskonflikt zwischen den Alten und den Jungen in Chinatown klaffen und welch komische Seiten er auch haben kann, illustriert David Henry Hwang, ein junger amerikanischer Chinese, in seinen Stücken, die Joseph Papp von Zeit zu Zeit in seinem Public Theater aufführt. In einem davon kommt ein nach China heimgekehrter Onkel wieder nach Amerika zu Besuch und reagiert unerwarteterweise mit einem Kulturschock auf den stereophonischen Rock in den supermodern eingerichteten Räumen seiner jungen Verwandten und auf ihre psychedelische Kriegsbemalung.

Little Italy:
Straßenfeste für San Antonio und San Gennaro

America: we discovered it; we named it; we built it.
T-Shirt-Aufdruck in Little Italy

Die Canal Street, deren endlos donnernder Lastwagenverkehr die Chinesen im Süden und die Italiener im Norden für immer zu trennen scheint, ist jedoch ein ›Wasser‹, über das hinweg die beiden so verschiedenen Volksgruppen zusammenkommen können. Im Jahre 1805 hatte die Stadtverwaltung hier einen zwölf Meter breiten Kanal gebaut, um den Collect Pond, wo heute der Foley Square mit seinen Verwaltungsgebäuden steht, trockenzulegen. Die jungen Bäume auf beiden Seiten des Kanals hatten kaum Zeit zu wachsen, da wurde er wieder zugeschüttet und die kleine Brücke am Broadway, die man auf alten Bildern erkennen kann, einfach der neuen Canal Street einverleibt.

Little Italy, auf den anderen drei Seiten ungefähr von Lafayette Street im Westen, Bowery im Osten und Houston Street im Norden begrenzt, ist New Yorks ältestes italienisches Viertel. Die beiden letzten Jahrzehnte des 19. Jahrhunderts sahen eine Masseneinwanderung von Giovanni da Verrazzanos Landsleuten. Zuerst kamen sie ins Landesinnere zu Verwandten, die für Überfahrt und Job – meistens auf dem Bau – gesorgt hatten, oder mit Hilfe eines Padrone, der Vorteile aus solchem Menschenhandel zu schlagen wußte, in die Gegend um Mulberry Street. Später wanderten sie nordwärts ins östliche Harlem. Dieses ehemals italienische Harlem ist heute der portorikanische ›El Barrio‹ und Little Italy endgültig downtown etabliert.

Es ähnelt Chinatown im Nudelkonsum und darin, daß die junge Generation in andere Stadtteile oder Vororte gezogen ist und nur an Wochenenden und Festtagen zu Besuch kommt. Im Gegensatz zu Chinatown ist die Einwan-

dererquelle versiegt, und während der Woche sieht man
vorwiegend ältere Leute, die sich auf den Stufen alter
Mietskasernen oder gußeiserner Loftgebäude sonnen, oder
sich wie in Neapel in reinem Neapolitanisch von Fenster
zu Fenster das Neueste mitteilen und dabei die Wäsche von
der über die Straße gespannten Leine holen.

Little Italy war, wie den meisten Vierteln New Yorks,
ein wechselhaftes Schicksal beschieden. Daß die ›feine Gesellschaft‹ Anfang des 19. Jahrhunderts bis hierher vorgedrungen war, beweist das Stephen Van Rensselaer House
an der Mulberry Street, das 1816 für ein Mitglied dieser
prominenten holländischen Familie gebaut worden war.
Aber schon bald zogen die wohlhabenden Familien in neue
Häuser weiter nördlich, und die engen Straßen mit ihren
schmalen Bauten wurden zum Slum, in dem die ärmsten
der neuen New Yorker mit den übelsten Elementen unter
einem Dach hausen mußten. Für Jacob Riis, der als Poli-
zeireporter viel getan hat, die elenden Zustände der Öffentlichkeit zum Bewußtsein zu bringen, war ›Mulberry
Bend‹ um die Jahrhundertwende, da wo die Straße kurz
nach Chatham Square einen Bogen macht, mit keiner noch
so üblen Ecke der Stadt zu vergleichen. Sehr wahrscheinlich dank seiner Bemühungen wurden kleine Anlagen angepflanzt und die Verbrecher und Gangster verschwanden,
weil die Kriminalität bald immer deutlicher ans Tageslicht
kam. Das *Van-Rensselaer-Haus* überdauerte alle wechselnden Zustände und ist heute ein grünweißes Restaurant
namens ›Paolucci‹. Und daß lange vor der Ankunft der
ersten Italiener in Little Italy die erste katholische Kirche
hier stand, erscheint heute nur passend. Sie heißt *St. Patrick's,* nach Irlands Schutzheiligem, und zwar Old St. Patrick's, um sie von der jüngeren Schwester auf der Fifth
Avenue zu unterscheiden, und war ein erster Versuch des
Architekten Joseph Mangin, in der neuen Welt neugotisch
zu bauen. Seit 1815 steht sie an der Mulberry Street zwischen Prince Street und East Houston Street, und obwohl
sie bei einem Brand und den anschließenden Renovie-

rungsarbeiten einen Teil ihrer neugotischen Elemente ein-
büßte, hat sie ihre gußeisernen Säulen und ihr Holzdach
behalten. Vor einiger Zeit wurde die Kirche vom hundertjährigen Schmutz gesäubert, und der Bischof der Erzdiözese meinte, sie müsse nun eigentlich Young St. Patrick's
genannt werden. Auf ihrem kleinen Friedhof ist manches
prominente Gemeindemitglied begraben, darunter Pierre
Toussaint, ein schwarzer Friseur, der als Sklave auf Haiti
geboren wurde, während der Revolution wahrscheinlich
als Spion für Washington arbeitete und heute noch manchmal in den Kellergewölben der Kirche spuken soll.

Little Italys Prunkbau ist das ehemalige *Polizei-Haupt-
quartier* an der Centre Street, die so heißt, weil sie genau in
der Mitte Manhattans und damit als Sitz einer solchen
Behörde gerade richtig liegt. Hier war für ›New York's
Finest‹, wie die Polizei sich gerne selbst nennt, 1909 ein
wahrhaftiger französischer Renaissancepalast gebaut worden, der aber nach dem Umzug der Ordnungshüter in ein
modernes Quartier in der Nähe des Municipal Building in
Vergessenheit und Verfall geriet und sogar von bewaffneten Plünderern heimgesucht wurde. Die italienische Nachbarschaft wollte sich dann erbarmen und ein ›Community
Center‹ daraus machen, wurde aber von den anderen Bürgern der Stadt ausgelacht, weil bei den meisten italienischen Unternehmungen unwillkürlich der Verdacht auf-
kommt, die ›Cosa nostra‹ könne die Hand im Spiel haben.
Die Cosa nostra hat anscheinend gegen kostenlose Reklame wie Bücher mit dem Titel ›The Mafia is an Equal
Opportunity Employer‹ nichts einzuwenden, und Scham-
gefühl ist ihr selbstverständlich ganz fremd. Als zu John
Lindsays Amtszeit in den sechziger Jahren unseres Jahrhunderts die Italiener auf dem Columbus Circle eine Mas-
senversammlung abhielten, um gegen Diskriminierung und
böswillige Darstellung in den Medien als Mafiosi zu demonstrieren, wurde der Organisator der Zusammenkunft,
Haupt einer Mafiafamilie, von einem für diesen Zweck
angeheuerten Schützen angeschossen, der nach vollendeter

Tat dann selbst dran glauben mußte. Die Cosa nostra hat natürlich ihre Vorteile; Leute mit Loftwohnungen in mafiakontrollierten Gegenden müssen nicht einmal die Haustür abschließen, und ein ertappter Verbrecher würde sich zehnmal lieber der Polizei als der so schön umschriebenen nachbarlichen Italian-American Friendship Association ausliefern lassen! Aus dem Polizeipalast – um wieder auf ihn zurückzukommen – wird nun bald ein Hotel werden. Daß ein italienischer Architekt für den Umbau gewählt wurde, hat er nur seiner geglückten Renovierungsarbeit am Jefferson Market Building in Greenwich Village, von dem noch die Rede sein wird, zu verdanken und nicht seiner Abstammung.

Little Italy ist für seine Straßenfeste berühmt. Da ist einmal während der beiden ersten Juniwochen die ›Festa‹ des hl. Antonius von Padua, der hier an der Sullivan Street nicht den Fischen, sondern eher den Oktopus- und Tintenfischsalaten, Würstchen und Pizzen predigt. Januarius, dem Schutzheiligen Neapels, gilt die Festa San Gennaro in der Woche um seinen Geburtstag am 19. September. Elf Tage lang flattern grünweißrote Wimpel und funkeln Glühbirnenketten über der Mulberry Street, die dann zur Via San Gennaro wird. Der asketisch wirkende Heilige aus vergoldetem Blech wird in einer feierlichen Prozession seine Straße hinuntergetragen. Er hat einen Nimbus aus dicken roten künstlichen Rosen, und rote Bänder flattern von seinem faltigen Gewand, an die man Dollarnoten stecken darf, alles begleitet vom Ave Maria im Dreivierteltakt. Ohne weiteres kann dieses aber auch in den Schlager ›Volare‹ ausarten, gespielt von jener Blaskapelle, die auch einmal benachbarte Chinesen auf dem letzten Gang begleitet. Die Kinder haben den meisten Spaß. Sie dürfen ihre Festkleider anziehen und aufbleiben, bis alle Lichter erloschen sind, sich mit ›Cotton candy‹, gesponnenem Zucker, und glasierten Äpfeln vollstopfen, und mit ein wenig Glück können sie sogar lebende Goldfische oder Hüte mit aufleuchtenden Lämpchen gewinnen.

Nachfahren des Gründers und heutige Organisatoren des Festes leben schon lange nicht mehr in Little Italy, sondern auf Staten Island. New Yorker verschiedener Abstammung, die treu jedes Jahr San Gennaro ihren Tribut zollen, beanstanden, daß der Verkehr, die Touristenmengen, die Glücksspiele und die philippinischen – das soll heißen nicht-italienischen – Eßkarren überhandnehmen. Sie wehren sich aber nur gegen eine typische New Yorker Erscheinung und wissen ganz genau, daß man nichts daran ändern kann. Denn jeder neu angekommene New Yorker sagt sich, wenn die Griechen die Bretzel- und Röstkastanienkarren schieben können, kann er es auch. Besonders für Einwanderer, in deren Heimatland diese Freiheit nicht herrscht, ist es sehr wichtig, im Lande des ›free enterprise‹ ihr eigener Boß zu sein, selbst wenn das Geschäft noch so klein ist und auf Rädern operiert. Die meisten von ihnen haben von unglaublichen Erfolgsgeschichten gehört, meist von Zeitungsjungen, die im Handumdrehen zu Zeitungsmagnaten wurden. Wenige aber wissen, daß ein Joseph Hirshhorn, für dessen immense, dem Staat vermachte Kunstsammlung Washington ein großes Museum gebaut hat, als ganz junger Mann an der Wall Street Kastanien verkaufte.

Die Italiener haben nicht nur die Würstchenkarren an Griechen und Philippinen weitergegeben. Auch die Obstläden und Gemüsestände, die bis vor ein paar Jahren fest in italienischer Hand waren, gehören heute Koreanern, die emsig dabei sind, eine neureiche Minorität zu werden.

The Bowery, ein trauriger Bandit

My Poil is a Bowery goil
she's all de woild to me ...
At Walhaller Hall she kills dem all
as waltzing togedder we twoil ...

*Steve Brodie, legendärer Bowery-Wirt,
in seiner Reinkarnation auf den
Brettern eines Vaudeville-Theaters
mit New Yorker Akzent, 1870*

Die Straße, die heute The Bowery heißt, führte zu der ›bou-
werij‹, dem großen Gut, das Peter Stuyvesant im 17. Jahrhundert von der Westindischen Kompanie kaufte und das
ungefähr von der heutigen 5th bis zur 17th Street und vom
East River bis zur Fourth Avenue verlief. In Manhattans
frühen Tagen war die Bowery ein Indianerpfad, dann ein
Teil der Straße nach Boston und während der Revolution
Schauplatz so manchen Scharmützels zwischen Engländern und Amerikanern.

Heute ist es schwer, sich die Bowery als Landstraße am
Waldrand vorzustellen oder als zwar wichtige, aber gefährliche, von Straßenräubern heimgesuchte Verkehrsader,
die sie vor dem Bürgerkrieg war. Die Pennbrüder, die man
heute dort antrifft, sind harmlose zerlumpte Nachfahren
jener Vorstadtpiraten, und wenn sie nicht gerade ihren
Rausch in einem Hauseingang ausschlafen, versuchen sie,
mit schmutzigen Lappen den auf Grün wartenden Autos
die Windschutzscheibe zu putzen, in der Hoffnung, dabei
einen Quarter für ihren nächsten Schnaps zu verdienen.

Die Bowery beginnt am nördlichen Ende des Chatham
Square. Linker Hand, an der Ecke von Pell Street, steht das
Edward Mooney House aus dem Jahre 1785, New Yorks
ältestes Reihenhaus. Zwei bronzene Tafeln weisen es als
Sehenswürdigkeit aus, und weil man sich hier am Rande
von Chinatown befindet, tut die eine es auf Englisch und
die andere auf Chinesisch. Das Fachwerk des Hauses ist

seither unverändert geblieben. Die halben Bogenfenster an
der Pell-Street-Seite reflektieren den sich damals gerade ent-
wickelnden Federal Style, während die anderen Fenster
noch den unverdünnt aus England übernommenen Georgian Style vertreten. Der Georgian Style ist benannt nach
den Hannoveranern George I., II. und III., unter deren Regierung in England (1714-1820) eine Klassizität gepflegt
wurde, die von der späten norditalienischen Renaissance,
besonders den Villen des Palladio, angeregt wurde. Der
amerikanische Federal Style ist die leichte, heitere und ein-
fachere Variante des etwas schweren späten Georgian
Style, die »architektonische Unabhängigkeitserklärung«
der neuen Vereinigten Staaten. Die typische New Yorker
Vorliebe für Kontraste hat dann in diesem Haus ein Wett-
büro der staatlichen Buchmacherorganisation untergebracht, die nicht nur mit Vergnügen ihr elegantes Quartier
bezog, sondern bald auch entdeckte, daß der wohlhabende
Mr. Mooney neben seinen anderen Unternehmen auch ein
Gestüt betrieben hatte.

An der Kreuzung mit der Canal Street weitet sich die
Bowery nach rechts, um Platz zu schaffen für die majestätische Kolonnade der Manhattan-Bridge-Auffahrt. Diese
hufeisenförmig angelegte, doppelte Säulenreihe ähnelt der
Berninis auf dem Petersplatz in Rom. Sie hebt sich vorteilhaft von abgenutzten alten und fadenscheinigen neuen
Mietskasernen ab und hat bisher allen städtebaulichen An-
schlägen auf ihre Existenz widerstanden.

Vor hundert Jahren war die Gegend um die Bowery ein
brodelnder Nationalitätenkessel. Mehr als die Hälfte aller
New Yorker waren Ausländer von Geburt, und ›Boss
Tweed‹, dessen ›Administration‹ die Stadtkasse um Un-
summen erleichtert hatte, sagte zu seiner Entschuldigung,
daß die Bevölkerung zu sehr in Rassen und Volksgruppen
aufgeteilt sei, um als Ganzes regiert werden zu können.
Mit den riesigen Einwandererwellen, so entrüstete sich ein
Einheimischer, »kommt der Abschaum und Kehricht der
europäischen Städte nach New York und vermehrt bis

zum Bersten seine arme und kriminelle Bevölkerung«; ein
Bürger einer solchen Stadt zu sein, schien ihm eine wahre
Schande. Wirklich waren die Zustände entsetzlich, und
wenn man zeitgenössischen Statistiken glauben kann, gab
es zehntausend hungrig streunende Kinder, 620 Bordelle,
und die Slums sollen jenen in Kalkutta in nichts nachge-
standen haben.

Damals gab es, wie heute, die typischen ›New York
Street Gangs‹ wie die ›Bowery Boys‹, die ›Dead Rabbits‹
und die ›Plug Uglies‹, die sich auf blutige Weise befehdeten
und deren Kampfmethoden, obwohl sie als Ritter der
Slums in die Geschichte eingegangen sind, nicht besser waren als die ihrer heutigen Nachfahren. Ihre ›Uniform‹ ver-
änderte sich im Laufe der Zeit, aber ihre Angewohnheit,
sich besonders übelriechenden Bärentalg in die Haare zu
schmieren, behielten sie bei, und noch heute kann man in
altmodischen Apotheken chemisch hergestelltes ›bear's
grease‹ für üppigen Haarwuchs kaufen. Einer dieser Bowery Boys war der legendäre Big Mose. Dieser prototypische
Superman soll um die drei Meter groß gewesen sein und
übermenschliche Kräfte besessen haben. Er stellte sich gern
in den East River, um die Schiffe durcheinanderzupusten
oder hievte eine Pferdetram auf seine Schulter, um sich
dann an der Angst der Passagiere zu weiden.

Vor hundert Jahren ungefähr setzte auch die langsame
Degeneration der Bowery ein, und in manchen der ehemals
großartigen Bierhallen gab es jetzt mehr Ratten als Gäste.
In den verkommenen Spelunken wurde billiger Whisky oft
mit jenen ›knock-out‹-Tropfen ausgeschenkt, die den Gast
unfähig machten, sich gegen einen Raubüberfall zu wehren, und Schaubuden lockten mit nicht sehr stubenreinen
sogenannten ›Sensationen‹. Jacob Riis, ein dänischer Einwanderer, der die Zustände auf der Lower Eastside sein
Leben lang aufgezeichnet und damit den Abriß ganzer
Blocks von Elendsquartieren und den Anbau von kleinen
Grünanlagen in die Wege geleitet hat, brachte seine ersten
Nächte auf dem Boden des ›Gelobten Landes‹ in Hausein-

gängen an der Bowery zu und kannte also aus eigener
Erfahrung das jämmerliche Einwandererdasein.

Für den Schriftsteller Stephen Crane, der von Riis' Arbeit beeindruckt war und davon zu seinem Bowery-Roman
›Maggie, das Straßenkind‹ angeregt wurde, war die Bowery New Yorks interessanteste Straße. Zu seiner Zeit gab
es in ihren vierzehn Blocks 82 Wirtshäuser, »mehr als in
ganz Deutschland«, berichtete ein Zugereister, und viele
davon, wie etwa der ›Atlantic Garden‹, waren die Stamm-
lokale der 120000 New Yorker deutscher Abstammung,
die 1860 in der Stadt gezählt wurden. Sie hatten ihre eigene Bücherei, Zeitungen, und neben dem Stadttheater
noch ein Volkstheater. Im Gegensatz zu anderen ging es in
ihren Bierhallen äußerst gesittet zu, und selbst im September 1871, nach der Schlacht bei Sedan, hat sich niemand
betrunken. An normalen Abenden war die Klientel sogar
so ruhig »as to seem almost stupid«, berichtete ›Harper's
Magazine‹.

In den zwanziger Jahren wurde die Bowery mit einem
Banditen verglichen, der bekehrt worden war und nun
kein Wässerchen mehr zu trüben vermochte, und heute ist
der »reformierte Übeltäter« eher deprimierend als gefährlich. Nicht alle Stromer müssen auf der Straße schlafen,
denn verschiedene wohltätige Organisationen haben Asyle
für sie eingerichtet, von denen eines sogar von einem ehemaligen Pennbruder geleitet wird. Und die Häuser, deren
Eingänge sie als Schlafplätze vorziehen, sind auch nicht
alle ›flop houses‹, das heißt billige Hotels. An der Bowery
gibt es Großhändler für Herde, Schürzen, ganze Bündel
Kochlöffel und was sonst noch zum Ausstaffieren eines
Restaurants oder einer Küche nötig ist, Lampengeschäfte,
indische Gewürzhändler und sogar einen Zweig der Dia-
mantenstraße, der 47th Street, mit verschiedenen Diamond Exchanges, in denen die edlen Steine womöglich
billiger sind als uptown an 47th Street.

Wie immer, wenn sich Künstler in einer Slumgegend
niederlassen, weil die Mieten dort entsprechend niedrig

sind, lassen sich nach kurzer Zeit gewisse erfreuliche, wenn auch am Anfang noch zaghafte Veränderungen wahrnehmen, und hier und da ist die Bowery heute lange nicht mehr so trostlos, wie sie es vor etwa zehn Jahren noch war. Daß sie auch zwischendrin ganz respektable Ecken hatte, beweist die *Bowery Savings Bank* an der Grand Street. Das Gebäude stammt, wie sollte es auch anders sein, von McKim, Mead and White, New Yorks meistbeschäftigten Architekten der Jahrhundertwende. Ihr Stil ist recht ›römisch‹, und da die Bank am östlichen Rande von Little Italy liegt, ist das wohl angebracht. Den italienischen Einwanderern des späten 19. Jahrhunderts muß die riesige Halle mit ihrem Tonnengewölbe vertraut erschienen sein; ihre harterarbeiteten Ersparnisse konnten sie hinter den dicken Mauern des Tempels in Sicherheit wissen.

An der Ecke von Bowery und Delancey Street stand früher der erste Meilenstein, in der Nähe des Morris-Jumel Mansion in Harlem der zehnte. Benjamin Franklin, der vielseitige Staatsmann, Schriftsteller und Gelehrte hatte sie und die anderen acht während seiner Amtszeit als Generalpostmeister aufstellen lassen.

Zwei Blocks nördlich der breiten, lauten Houston Street, die vom Broadway in East und West aufgeteilt wird, sind zwei alte Friedhöfe versteckt. *New York Marble Cemetery* liegt innerhalb des Blocks, den die Bowery mit Second Avenue und 2nd und 3rd Street bildet und ist nur durch eine Gasse von der Second Avenue aus zu erreichen. Dieser Friedhof entstand 1830, nachdem wegen Überfüllung niemand mehr südlich der Canal Street begraben werden durfte und das Übertreten dieses Gesetzes von der Stadt mit einer Strafe von 250 Dollar geahndet wurde. Daraufhin kaufte eine Gruppe kluger Geschäftsleute dieses Stück Land und ließ eine unterirdische Marmorgruft anlegen. Nach außen sichtbar waren nur die Tafeln mit den Namen der Begrabenen an der Friedhofsmauer, von denen eine kaum leserlich vermeldet, dies sei ein Beerdigungsplatz für Gentlemen. Ein Architekturführer bezeichnet

Reginald Marsh
Tattoo and Haircut, 1932

Tempera auf Leinwand,
auf Masonit aufgezogen, 117 x 121 cm
The Art Institute of Chicago,
Schenkung Mr. and Mrs. Earle Ludgin

diese Einrichtung als ausgesprochen »sophisticated«, weil sie den üblichen Grabsteindschungel vermeide. Die besten Familien ließen sich hier begraben, so z.B. die Scribners, die heute noch ihren Verlag mit Buchhandlung und wunderbarer Gußeisenfassade an der Fifth Avenue haben, die Varicks und die Beekmans. Die ganze Angelegenheit war so erfolgreich, daß die 156 Plätze reißend weggingen und ein Jahr später ein zweiter Friedhof, der *New York City Marble Cemetery* an der 2nd Street zwischen Second und Third Avenue eingerichtet werden mußte. Hier sind die Gräber aber auf gewohnte Weise angelegt und mit den üblichen, oft recht schönen Denkmälern geschmückt. Zwischen vielen prominenten New Yorkern, wie den Kips, nach denen die Kips Bay am East River südlich der 34th Street benannt ist, oder den Roosevelts, liegt Mr. Preserved Fish. Seinen lustigen Namen hat er von seinem Vater und nicht, wie allgemein erzählt wurde, von Walfängern, die ihn aus dem Meer geangelt haben sollen.

Auf dem Weg zum Cooper Square sind einige architektonische Sehenswürdigkeiten eine kurze Rast wert. Da ist einmal das schmale *Bouwerie Lane Theatre,* das sich an der Ecke von Bowery und Bond Street äußerst gefällig auf seinem knappen Platz eingerichtet hat. In einer früheren Inkarnation diente es als German Exchange Bank, und man sieht ihm nicht sofort an, daß seine Ecksteine, Säulen und Giebel, ja, daß das ganze Gebäude aus Gußeisen besteht. Und das im Stil des französischen Second Empire, der zur Erbauungszeit des Gebäudes, 1874, noch sehr beliebt war. Zum Vergleich können sich Architekturliebhaber diesen Stil in Marmor an der *First Ukrainian Assembly of God* an der 7th Street ansehen. An der Ecke Bleecker Street und Crosby Street westlich der Lafayette Street steht auch Louis H. Sullivans einziges Werk in New York, das schmale, hohe, elegante *Bayard Building* von 1898, mit dem der Begründer der als Chicago School bekannten Architekturrichtung den Epigonen der Vergangenheit gezeigt hat, was moderne Architektur ist. Frank Lloyd Wright, der

Architekt des Guggenheim Museum, hatte wohl seine
Gründe, seinen Lehrer Sullivan deutsch mit »Lieber Meister« anzureden.

Ein völlig intaktes Überbleibsel aus New Yorks Bieder-
meierzeit kann man an der 4th Street zwischen Bowery
und Lafayette Street besichtigen, wenn man sich vorher
anmeldet: das *Old Merchant's House* im Greek Revival
Style. Von außen sieht es seinen Geschwistern am Gramercy Park sehr ähnlich, aber im Inneren ist es so erhalten,
wie es sein Besitzer, der Kaufmann Seabury Tredwell,
1835 eingerichtet hatte. Uns mögen die innenarchitektoni-
schen Elemente, die Möbel und Teppiche beinah zu elegant anmuten, aber dem konservativen Tredwell wäre es
nie in den Sinn gekommen, sich luxuriös einzurichten: Im
reichen New York seiner Zeit war ein solches Interieur
einfach gutbürgerlich. Tredwells Tochter Gertrude starb
1933 im Alter von 93 Jahren, und ein entfernter Verwandter rief einen Denkmalschutz-Verein ins Leben, um das
Haus vor dem Abriß zu bewahren.

Die Bowery endet an der östlichen Flanke des *Cooper
Square,* wo Third Avenue und die wenigen Blocks der
Fourth Avenue, danach Park Avenue, beginnen. Die Le-
bensmittelhandlung des Fabrikanten und Philanthropen
Peter Cooper stand genau da, wo er dann 1859 sein *Cooper Union Foundation Building* baute. In seinen Walzwer-
ken in New Jersey tat der entdeckerische Cooper Pionierarbeit in der Stahlherstellung, und so trug dieses Gebäude
unter seiner üblichen ›Brownstone‹-Verkleidung im italienischen Stil das erste Stahlgerüst in Amerika. Cooper war
ein typischer Selfmademan des 19. Jahrhunderts, unterschied sich aber von den anderen nicht so sehr durch seine
Großzügigkeit – denn freigebig waren sie alle, wenn man
auch vermuten darf, daß manche bei ihren Stiftungen vielleicht mehr an ihre Unsterblichkeit als an das allgemeine
Wohl gedacht haben –, sondern durch sein gutes Herz. Er
selbst hatte nicht die technische Ausbildung genießen können, die er sich gewünscht hätte, und so sorgte er dafür,

daß sie anderen zugute kam. Seine Cooper Union wurde zum Mittelpunkt für kostenlose Schulung und Weiterbildung. In seinem People's Institute konnten Erwachsene nach der Arbeit lernen, was sie zum Weiterkommen brauchten oder was ihnen Spaß machte, und junge Leute wurden von der Straße geholt und in Clubs versammelt. Frauen waren von Anfang an dabei und organisierten später eine Women's Central Association of Relief, die sich um Bedürftige, besonders mittellose Einwanderer, kümmerte. Außerdem wurde die Cooper Union eine Art Podium für alle, die sich Gehör verschaffen wollten. Hier wurde gegen die Sklaverei und die korrupte Stadtregierung gedonnert, und eine aufsehenerregende Rede in diesem Haus im Jahre 1860 soll Abraham Lincoln die Präsidentschaftsnominierung eingebracht haben.

Cooper hatte mit seinen technischen Errungenschaften den Traum vom Hochhaus der Verwirklichung einen Schritt näher gebracht. Seine Weitsichtigkeit ist heute noch an einem runden Schacht für den Aufzug zu erkennen, den er schon einbauen ließ, lange bevor Aufzüge zum allgemeinen Beförderungsmittel wurden. Der passende runde Aufzug ist später wirklich eingesetzt worden. Das Cooper-Hewitt Museum of Decorative Arts and Design, das Cooper sich erträumt hatte, aber wegen seiner enormen finanziellen Auslagen für die Schule im Laufe seines Lebens nicht verwirklichen konnte, haben seine Enkelinnen später in seinem Namen gegründet.

Am Ende seiner Tage hat Cooper fast jeden Nachmittag in McSorley's Old Ale House, für New Yorker kurz ›McSorley's‹, zugebracht. Dort stand sein Spezialsessel und, wie für die anderen Stammgäste, sein Zinnkrug mit eingraviertem Namen für ihn bereit. Nach seinem Tod 1883 wurde der Sessel jahrelang am Todestag schwarz verhängt. Sein Porträt hat einen Ehrenplatz über dem Kamin, und Studierende der Cooper Union trinken darunter auf sein Wohl. Bis August 1970 taten das allerdings nur männliche Studenten, denn bis dahin hielt man an McSor-

ley's Diktum »Good ale, raw onions, and no women!«
dickköpfig fest, und nur der Schwung der Frauenbewegung hat es zu Fall gebracht.

Daß Peter Cooper das »freundlichste Gesicht« in der
ganzen Stadt besaß, wie ein zeitgenössischer Bewunderer
behauptete, kann man an der Statue des Philanthropen in
dem kleinen grünen Dreieck vor der Stiftung feststellen. Sie
stammt von Augustus Saint-Gaudens, einem der vielen berühmt gewordenen Absolventen der Cooper Union.

Lower Eastside und East Village:
Wo New York zum Melting Pot wurde

> New York is the place, and it is also the refuge
> of all radicals, revolutionaries and good people
> whom the wicked old world has cast out.
>
> *Nach Boston verschlagener*
> *Revoluzzer aus Europa,*
> *Anfang dieses Jahrhunderts*

Die Lower Eastside ist für die meisten New Yorker mit
Einwanderern, besonders mit jüdischen, gleichbedeutend.
Die Judenverfolgungen in Rußland und Polen in der zweiten Hälfte des 19. Jahrhunderts brachten ein Drittel aller
osteuropäischen Juden nach New York; davon siedelten
sich mehr als die Hälfte auf der Lower Eastside an.

Die ersten Juden waren 1654 in Nieuw Amsterdam gelandet. Sie waren spanischer oder portugiesischer Abstammung, ihre Vorfahren hatten nach dem Ausweisungsedikt
der Spanischen Majestäten von 1492 aus ihrer Heimat
flüchten müssen. Sie fanden in Holland Unterkunft, und
viele Nachkommen wanderten nach Brasilien aus, als Holland zwischen 1630 und 1654 eine Kolonie in Recife besaß. Als diese verlorenging, landete eine erste Gruppe bra-
silianischer Juden in New York. Eine Erinnerung an sie ist
ein winziges Stück ihres ersten *Friedhofs* am *St. James
Place 55-57*, das überlebt hat. Es liegt an der südlichen
Verlängerung der Bowery zwischen East Broadway und
Henry Street. Der älteste Grabstein trägt die Jahreszahl
1683; er ist nur wenig jünger als der erste leserliche im
Trinity Churchyard. Es ist überliefert, daß die Gruppe aus
Brasilien am 12. September 1654 einen Neujahrsgottes-
dienst abhielt, wahrscheinlich heimlich, denn der schon
erwähnte Gouverneur Peter Stuyvesant duldete keine ›Sekten‹ in seiner Siedlung, zumal, wenn sie arm waren. Nachdem aber eine Reihe von Juden der Holländischen Westindischen Kompanie als Aktionäre angehörten, deren Abgesandter Stuyvesant schließlich war, wurde er überstimmt

und Nieuw Amsterdam ein sicherer Hafen für die Vertriebenen.

Gegen Ende des Jahrhunderts galt das Gebiet zwischen East River, Bowery, 10th Street und Cherry Street – an der George Washington 1789 ein Jahr lang wohnte, als New York kurze Zeit die Hauptstadt des Landes war – als ›the great ghetto‹ und wurde in ganz Europa bekannt. Es entwickelte sich sehr schnell zu einer Hochburg jüdischen Denkens und jüdischer Kultur, mit einem eigenen, völlig unabhängigen geistigen Leben und vielen Zeitungen in den verschiedensten Sprachen und mit den unterschiedlichsten Zielen. Die bedeutendsten waren Abraham Cahans ›Arbeiter Zeitung‹, das wöchentliche Organ der Arbeiterbewegung, und von der Jahrhundertwende an sein ›Jewish Daily Forward‹, ein Blatt, das sich ganz speziell mit den Problemen der Einwanderer befaßte und noch in den dreißiger Jahren in einer Auflage von 170000 Exemplaren erschien. Ihr Verlagshaus, das *Forward Building,* steht noch am East Broadway Nummer 175, nur beherbergt es heute unter anderem eine chinesische Kirche, bei der eine Passage des Matthäusevangeliums in roten Buchstaben neben der Tür hängt. In den drei Jahrzehnten vor dem Ersten Weltkrieg wurden auf der Lower Eastside nicht weniger als hundertfünfzig Zeitungen gedruckt.

Die jüdischen Zeitungen wurden zu Wiegen der für New York typischen jiddisch-amerikanischen Literatur. Denn nicht in Büchern erschien diese Literatur erstmals, sondern in den Zeitungen. Der russische Humorist Sholem Aleichem, gern »der jüdische Mark Twain« genannt – worauf Mark Twain kontern mußte, daß er lieber als »amerikanischer Sholem Aleichem« bekannt wäre –, schrieb Geschichten für den ›Jewish Daily Forward‹ sogar schon lange bevor er amerikanischen Boden betrat. Der jüdische Wissensdurst, der ohnedies eine alte Tradition hat, war hier zudem ein sehr starkes Antriebsmotiv, sich aus dem Ghetto herauszukämpfen. Überdies machte die Beschäftigung mit geistigen Dingen die entsetzlichen Slum-Zustände erträglicher. In den ›sweatshops‹ der Textilindustrie traf man die Arbeiter in der Mittagspause beim Lesen von Tolstoi oder Heine. Hauptmann, Gorki, Sudermann und andere Dichter erlebten ihre amerikanischen Uraufführungen in kleinen improvisierten Theatern in diesem Viertel, und während Ibsen am Broadway keinen Eindruck machte, wurden seine ›Gespenster‹ im Ghetto bejubelt. Die Lower Eastside hat manchen berühmten oder auch berüchtigten New Yorker hervorgebracht, vom Politiker bis zum Gangster, wozu Einheimische sofort sarkastisch bemerken, daß der Weg vom einen zum anderen oder umgekehrt nicht sehr weit sei.

Die Einwandererwellen, die New York nacheinander überrollten, haben auch auf der Lower Eastside ihre Spuren hinterlassen. Der Kartoffelkäfer brachte ab 1840 die Iren, die verunglückte Revolution in Deutschland ein Jahrzehnt später die Deutschen, darunter schon damals viele deutsche Juden, die antisemitische Politik Alexanders III. ab 1881 die osteuropäischen Juden. Das Vermächtnis der Iren waren Leute wie ›Boss Tweed‹, der Tammany-Politiker mit den langen Fingern, oder Alfred ›Al‹ Smith, Gouverneur des Staates New York und geistiger Vater des Empire State Building, das Erbe der deutschen Juden viele Kaufleute, Ärzte, Rechtsanwälte und Angehörige anderer ›gehobener‹ Berufe; das osteuropäische Judentum wiederum schenkte New York eine Fülle von Künstlern, nennen wir nur den Bildhauer Jacob Epstein, den Maler Ben Shahn, den Schriftsteller Isaac Bashevis Singer, die Komponisten George Gershwin und Irving Berlin, der eigentlich Isidore Balin hieß und in einem chinesischen Restaurant in den Servierpausen auf einem alten Klavier klimperte.

Neben den berühmten Einwanderern sollten aber die vielen anderen nicht vergessen werden, die namenlosen Erbauer New Yorks, denen die Stadt Straßen und Hochhäuser, Brücken und Tunnels sowie die über- und unterirdischen Transportmittel verdankt, »außerordentliche Transportmittel«, wie der junge Winston Churchill bei seinem

ersten Besuch in der Heimat seiner Mutter feststellte, die
»bequem und angenehm sind und ein perfektes, den Reichsten wie den Ärmsten zugängliches System bilden«. Und
der berühmte und vielgelesene Musik- und Kunstkritiker
James Huneker schrieb 1915 in seiner ›New Cosmopolis‹,
daß in der »lieben, alten, schmutzigen, vielverrufenen, aber
nie langweiligen [Lower] Eastside die Rassen und Arten
kochen, brodeln und verschmelzen wie in einem riesigen
Kessel«. Aus »fünfzig verschiedenen Gruppen mit fünfzig
verschiedenen Sprachen und Werdegängen und ihren fünfzig Familienfehden und Rivalitäten« habe Gott in seinem
Schmelztiegel Amerikaner gemacht, meinte auch Israel
Zangwill, der aus einer russisch-jüdischen Emigrantenfa-
milie stammende englische Schriftsteller.

New York ist eine Stadt für Exzentriker, und nicht selten für schlechtgelaunte Exzentriker, deren vernehmliche
Explosionen jeder sofort versteht, auch wenn er sie nicht
gleich nachahmt. Der erste überlieferte reizbare alte Kauz
war Peter Stuyvesant, dem die ihm anvertrauten aufsässi-
gen Siedler einen solchen Zorn verursachten, daß man ihn
von weitem hören konnte, wenn er in ohnmächtiger Wut
mit seinem Holzbein aufstampfte. Noch heute soll ›Old
Silvernails‹, so genannt, weil sein Holzbein von silbernen
Ringen eingefaßt und mit silbernen Nägeln zusammenge-
bolzt war, seiner Wut Luft machen. Weil er da, wo heute
die Kirche von St. Mark's-in-the-Bowery an der Second
Avenue und 10th Street steht, eine Feldkapelle hatte und
auf deren Friedhof begraben liegt, wollen die ›locals‹ ihn
nachts beim versuchten Glockenläuten ertappt haben; als
Beweis gilt das Seil, das zuweilen morgens aus unerklärli-
chen Gründen in der Kirche zu finden ist. Einer der unver-
geßlichsten Exzentriker New Yorks war der englische
Dichter W. H. Auden, zwanzig Jahre lang ebenfalls ein
treues Mitglied der Gemeinde St. Mark's. Auden wohnte in
einer Mietskaserne am St. Mark's Place – in deren Keller
Leo Trotzki vierzig Jahre vorher den ›Novy Mir‹ herausge-
geben hatte –, bekochte seine Freunde mit Köstlichkeiten,

trank Unmengen Tee und Gin und empfahl seinen Mitbürgern: »If you must choose between the chances / choose
the odd: / read the New Yorker and trust in God«, ein Rat,
den sich eine ganze Menge von ihnen zu Herzen genommen haben.

Die kleine, elegante Pfarrkirche *St. Mark's-in-the-Bowery* in einer im Umbruch begriffenen Gegend vereint drei
Stile: den der englischen Georges, amerikanisches Greek
Revival und ein wenig Palladianismus, die so gut harmo-
nieren, weil sie alle der klassizistischen Tradition entstam-
men. St. Mark's ist eine Episkopalkirche und mußte einer
veränderten Welt auch ihre Verbreitung der christlichen
Lehre anpassen, aber, so fand die Gemeinde, ihr Pfarrer
hätte nicht gleich so weit gehen müssen, eine Body-and-
Soul Clinic mit recht befremdlicher Gymnastik einzurichten, die Sorge um das Wohlergehen der Seele allein hätte
schon gereicht! Das war in den zwanziger Jahren, da gehörten griechische Volkstänze und die Gesänge der amerikanischen Indianer zur Litanei. St. Mark's ist seither immer
fortschrittlich gewesen, und weil die Kirche heute für eine
eher verarmte Nachbarschaft zuständig ist, hat sie den
Friedhof mit Hilfe von Jugendlichen gepflastert und über
Stuyvesants sterblichen Resten einen Spiel- und Turnplatz
anlegen lassen, um die Kinder von der Straße wegzuholen.

In den fünfziger Jahren, als viele Dichter und Künstler
aus dem für sie zu teuer gewordenen Greenwich Village in
die größeren und billigeren Lofts der Lower Eastside zogen,
erkoren sie eine etwas verkommene Bar zu ihrem Treffpunkt. Sie lag am Cooper Square, trug den Namen ›The
Five Spot‹ – das heißt im Slang fünf Dollar – und hatte bis
dahin den Pennbrüdern der Gegend als Schenke gedient.
Larry Rivers, Willem de Kooning und andere Künstler
klebten nun ihre Plakate an die Wände, Dichter wie Jack
Kerouac und Arnold Weinstein lasen aus ihren Werken
vor, die Großen des Cool Jazz übernahmen die Begleitung
zu den Dichterlesungen und gaben dem Ganzen einen zu-
sätzlichen Avantgarde-Nimbus: Charlie Mingus, Theolo-

Red Grooms: Lunchtime zwischen Wolkenkratzern.
Environment, 1975/76

nius Monk, Sonny Rollins und, nicht zuletzt, Billy Holli-
day. Frank O'Hara, einer der ›Beat Poets‹, der viel zu früh
bei einem Unfall ums Leben kam, erinnerte sich, als er von
Billies Tod in der Zeitung las, an ›Lady's‹ herzzerreißende
Blues-Interpretationen: »... leaning on the john door
at the 5 spot / while she whispered a song along the key-
board ...«

Anfang der sechziger Jahre wurde ›The Five Spot‹ geschlossen und heute hat ›Phebe's‹ ein wenig seinen Platz
eingenommen. Hier trifft sich eine jüngere Generation von
Dichtern und Künstlern, dazu die Schauspieler, die Kom-
parsen und das Bühnenpersonal aus den Off- und Off-Off-
Broadway-Theatern der Gegend.

Theater gibt es hier seit über 150 Jahren. Anfang der zweiten Hälfte des 19. Jahrhunderts entstand hier Manhattans Theaterdistrikt, wo man unter vielen einheimischen und zugereisten Schauspielern die beiden großen Tragöden Edwin Booth und Edwin Forrest in ihren Glanzrollen erleben konnte. Die deutschen Einwanderer hatten ihr ›Stadttheater‹, das europäische Opern und Operetten aufführte, darunter mit Vorliebe ›Orpheus in der Unterwelt‹. Nebenan traten weiße, schwarz angemalte Sänger in der ersten ›minstrel-show‹ auf, einem Varietéprogramm, zu dem sie sich die Inspiration von den ›echten‹ Revuen der Neger im Tenderloin-Distrikt um die 30th Street geholt hatten. Das bald fest in New York etablierte jiddische Theater hat seine ersten Schritte auf einer Bühne an der Bowery getan, und ›Onkel Toms Hütte‹ von Harriet Beecher Stowe wurde im damaligen National Theater uraufgeführt.

Heute ist Joseph Papps *New York Shakespeare Festival* der ›daddy of them all‹, nicht seines Alters, sondern seiner Bedeutung wegen. Es ist seit beinahe zwei Jahrzehnten in der von Johann Jakob Astor gestifteten ehemaligen Astor Library an der Lafayette Street untergebracht. Wie schon an anderer Stelle erwähnt, war diese Bibliothek des ersten Astors einzige wohltätige Gabe an die Stadt, deren unerschöpfliche Möglichkeiten und wenige, leicht zu umgehende Einschränkungen ihm das Anhäufen eines riesigen Vermögens innerhalb kürzester Zeit erleichtert hatten. Er war 1784 mit 25 Dollar in der Tasche in New York angekommen. Ein Zeitgenosse beschrieb ihn als »groß und kräftig gebaut, sehr deutsch aussehend, mit einem unintellektuellen Gesicht und kaltem reserviertem Gebaren«. Auf Anraten eines Passagiers auf dem Einwandererschiff befaßte er sich mit Fellhandel. Er gründete 1808 die ›American Fur Company‹, die bald den Pelzhandel von den großen Seen bis zur Pazifikküste kontrollierte. Die Stadt Astoria in Oregon entwickelte sich aus einem dieser Handelsplätze. Gleichzeitig beschäftigte er sich – ebenso glückhaft – mit Grundstücksspekulation, und konnte innerhalb kurzer Zeit bereits riesige Areale New Yorker Bodens in seiner Hand vereinen. Als er 1848 starb, hinterließ er ungefähr dreißig Millionen Dollar und bedauerte auf seinem Sterbebett, nicht ganz Manhattan aufgekauft zu haben!

Als die Public Library an der Fifth Avenue eröffnet und der Bestand der Astor Library auf ihren langen Regalen untergebracht wurde, zog die Hebrew Immigrant Society in das leere Gebäude, eine Vereinigung, der während des großen Einwandererzustroms aus Osteuropa ein solches Hauptquartier gelegen kam. Als sie es 1965 für eine halbe Million Dollar an einen Unternehmer verkaufen wollte, der es abzureißen und durch einen Wolkenkratzer zu ersetzen gedachte, benutzte die Denkmalschutzbehörde ihre damals noch unverbrauchten Energien, um diese Pläne zu durchkreuzen. Joseph Papp, der erfinderische Vater des New York Shakespeare Festival, das bis dahin nur kostenlose Aufführungen unter freiem Himmel im Central Park veranstaltet hatte, brachte die erforderliche Summe auf. Es gelang ihm sogar, dem Unternehmer, dem er diesen Lekkerbissen vor der Nase weggeschnappt hatte, einen Beitrag abzuknöpfen! Nun hatten seine Schauspieler ein Dach über dem Kopf und ein Heim, das ihnen Architekt Giorgio Cavaglieri mit sieben großen und kleinen Bühnen für die verschiedensten Darbietungen ausstattete; für experimentelle One-Man-Shows, für Rockmusicals wie ›Hair‹ oder für alte, neu auf Hochglanz gebrachte englische Operetten wie ›The Pirates of Penzance‹. Papps Inszenierungen sind oft so erfolgreich, daß sie sich für eine lange und profitable Zeit in einem Theater am Broadway niederlassen können. Nicht wenige von seinen Entdeckungen sind inzwischen zu internationaler Berühmtheit gelangt, unter ihnen der Stükkeschreiber David Mamet und die Schauspielerin Meryl Streep.

Ein wenig Konkurrenz hat Papp auf der anderen Straßenseite mit dem *Astor Place Theatre*. Es ist ein winziges Kellertheater und in einem von vier unter Denkmalschutz stehenden Häusern von 1831 untergebracht. Diese berühmte Häuserflucht mit ihren antikisierenden Säulen im ersten Stock ist als La Grange Terrace oder *Colonnade Row* bekannt, und es war lustig anzusehen, als an der klassischen Fassade jahrelang das Plakat eines phänomenal erfolgreichen Stückes mit dem Titel ›The Dirtiest Show in Town‹ prangte. Die Architekturhistoriker streiten sich darüber, wer die Häuserreihe gebaut hat, die Stadthistoriker

Ben Shahn: East Twelfth Street, 1946

aber sind sich einig, daß Washington Irving, der Autor von ›History of New York by Diedrich Knickerbocker‹, sowie Johann Jakob Astor eine Weile dort lebten, und daß Charles Dickens und William Makepeace Thackeray während ihrer New-York-Besuche hier wohnten.

Unter den Theatern der Lower Eastside verdient die Bühne des Henry Street Settlement Erwähnung. Das Settlement ist eine wohltätige Organisation, die seit 1893 einer wechselnden, aber immer armen Bevölkerung in dieser Gegend zu Hilfe kommt. Sie war der wichtigste Vorposten in der Entwicklung der Sozialhilfe in Amerika und geht auf die Pionierarbeit der Sozialarbeiterin Lillian Wald zurück. Das Hauptquartier der Organisation ist in einem sorgfältig renovierten Haus aus dem Jahre 1827 in der Henry Street 263-267 untergebracht, dessen gußeiserner Zaun mit Eicheln geschmückt ist: Sie sind das Symbol der Gastfreundschaft. Das Settlement hat schon seit langem auch künstlerische Aktivitäten in seinem Programm; so unterhält es in der Grand Street 466 das *Henry Street Theater*, das seit je der Avantgarde zugetan ist und Werke angenommen und Schauspieler verpflichtet hat, die anderswo als bizarr galten oder umstritten waren. Es führte beispielsweise das einzige Drama von James Joyce, ›Verbannte‹, zum ersten Mal auf; es ließ Isadora Duncan mit ihrer Truppe auftreten, Yvette Guilbert singen oder den indischen Dichter Rabindranath Tagore aus seinen Werken lesen. Heute werden vielfach kostenlose Workshop-Inszenierungen von Werken schwarzer und portorikanischer Dramatiker gezeigt; darunter manchmal ein Hit wie ›For Colored Girls Who Have Considered Suicide / When the Rainbow is Enuf‹, ein Stück, das auch auf dem Broadway gute Kritiken bekam.

Im Jahre 1961 machte sich Ellen Stewart daran, einen Traum zu verwirklichen, und mehr als zwei Jahrzehnte später war ihre *La Mama Experimental Theater Company* weltberühmt. Sie ist dabei dennoch ihrem ursprünglichen Vorhaben treu geblieben, experimentelle Stücke von unbekannten Autoren mit unbekannten Schauspielern und in der Inszenierung unbekannter Regisseure aufzuführen, wobei freilich auch ein Shakespeare dabeisein konnte, der außerordentlich realistisch war und bei blutigen Szenen mit echtem Blut aus dem Schlachthaus operierte. Als La Mama an der East 4th Street ihr zwanzigjähriges Jubiläum feierte, wurden Stücke wiederaufgeführt, die auch ihren Autoren inzwischen zu Ruhm verholfen hatten, ›Clara's Old Man‹ des schwarzen Stückeschreibers Ed Bullin zum Beispiel, und Werke des Kubaners José Traina.

Heute sind so manche der alten Mietskasernen in den schmalen Straßen der Lower Eastside von mehr oder weniger geglückten Vertretern des modernen öffentlichen Wohnungsbaus abgelöst worden: *Chatham Towers* und *Chatham Green,* südöstlich vom Civic Center und von Chinatown gelegen, gehören zu den geglückten; sie erfüllen nicht nur ihre Funktion, sondern beleben geradezu ihre recht trostlose, verkommene Umgebung.

Neben älteren Juden leben auf der Lower Eastside heute Italiener, Schwarze, Russen aus der Ukraine, Portorikaner und die Nachkommen der ›Beat Poets‹, die ihre Establishment-Gegnerschaft dadurch kundtaten, daß sie in die traurigsten Viertel der Stadt zogen. Von der alten Garde wohnt heute nur noch Allen Ginsberg hier. Zu Anfang der siebziger Jahre brachten die Hippies ihre Gegenkultur mit ihren psychedelischen Über- und Untertönen in das Viertel, und ein Rockschuppen wie CBGB & OMFG an der Bowery 315 ist ein stampfendes Überbleibsel jener Tage, vom ›New Yorker‹ als »the Bowery Institute of Rock and Roll« bezeichnet.

Eine etwas andere Form der Belebung besorgen tagsüber die berühmten Straßenmärkte, ob es nun die Konfektionsgeschäfte an der Orchard und Hester Street mit französischem und italienischem Prêt-à-porter zu einem Bruchteil der Uptown-Preise sind, oder die Märkte an der Essex Street, wo es von antikem Messing bis zu ›kosher‹ eingelegten Gurken einfach alles zu kaufen gibt. ›Kosher‹ bedeutet hier übrigens nicht nur Trennung von Fleisch und Milch, sondern hat sich zu einem Begriff für ostjüdische Gastronomie überhaupt entwickelt. Die meisten der Stände gehören orthodoxen Juden und sind darum samstags geschlossen, dafür aber sonntags geöffnet. Die Umgangssprache ist jiddisch, und es ist interessant, auf der Straße jiddisch mit amerikanischem Akzent zu hören.

Gar nicht weit von den unbeschreiblichen Slums der Jahrhundertwende wohnte damals am Broadway die feine Gesellschaft und ging sonntags in die Episkopalkirche

Richard Estes

Valet, 1972

Öl auf Leinwand, 112,1 x 173,3 cm
Privatbesitz
Die Signatur ist links am Bildrand
als Ladenaufschrift getarnt

Grace Church an der 10th Street. Die neugotische Kirche aus ehemals weißem Marmor nimmt einen prominenten Platz da ein, wo der Broadway dramatisch seine Richtung ändert, weil viele Jahre vorher Henrik Breevort seinen Lieblingsbaum nicht für den Straßenbau opfern wollte. Der Turm der Kirche beherrschte lange den Norden der Stadt. Zu der Lässigkeit, mit der James Renwick 1846 hier die englische und französische Spätgotik interpretierte, bemerkte ein Kritiker: »All that flams is not flamboyant.« Der Ausdruck ›flamboyant‹ bezeichnet freilich nicht nur den spätgotischen Flammenstil, sondern heißt auch ›auffallend‹, und so hätte er vielleicht besser auf die Gemeinde angewandt werden sollen, denn ihr gehörten ja Leute mit Kutschen, mit Häusern ›nördlich der Bleecker Street‹, mit Opernabonnements und Landvillen an. Wer sich zu dieser auserlesenen Gruppe zählen durfte, bestimmte der Küster der Kirche, der, so bezeugt ein zeitgenössisches Gedicht, ein rechter Hansdampf in allen High-Society-Gassen war und abends beim Ball Kunden aus Kutschen half, die er ihnen morgens für guten Profit vermietet hatte. Ein Jahr nach Vollendung der Kirche baute Renwick ein Pfarrhaus dazu, das allgemein als Juwel neugotischer Wohnhausarchitektur angesehen wird. In unseren sechziger Jahren wohnte der schon erwähnte ›Beat Poet‹ Frank O'Hara auf der anderen Straßenseite des Broadway in einem völlig weiß angestrichenen ›Loft‹ – wie man die zu Ateliers und Galerien umgestalteten Stockwerke in alten Fabrikgebäuden nennt – und seine Bilder von Robert Motherwell, Willem de Kooning, Helen Frankenthaler und Joan Mitchell müssen den wundersamsten Kontrast zur Fensterrosette der Kirche gegenüber gebildet haben.

Einen Block weiter östlich, an der Fourth Avenue zwischen 9th und 14th Street, sind die Reste der einst legendären *Book Row* zu finden, in der sich Buchhandlungen aneinanderreihten, die auf seltene, alte oder ganz einfach gebrauchte Bücher spezialisiert waren. Ihr Ruhm hat mit der Zeit ein wenig an Glanz verloren, nicht zuletzt, weil durch

demographische Veränderungen in dieser Gegend sowie
durch den Siegeszug der Taschenbücher manche Buchanti-
quare ihr Geschäft nicht mehr rentabel fanden und schließen mußten. Doch kann sich der Bücherwurm gar nicht
weit entfernt, an der Ecke Broadway und 12th Street, im
›Strand Bookstore‹ verbarrikadieren und wochenlang
nicht zum Vorschein kommen, denn diese Fundgrube mit
Supermarktproportionen bietet alte und neue Bücher zu
erschwinglichen Preisen feil und hat offensichtlich keine
Überlebenssorgen.

SoHo und Tribeca:
Altes Gußeisen und neue Kunst

The blab of the pave, the tires of carts
and sluff of bootsoles and talk of promenaders ...
Walt Whitman

Um die Jahrhundertmitte lag SoHo, ein Akronym von
SOuth of HOuston Street, noch im Dornröschenschlaf an
der südöstlichen Flanke von Greenwich Village, und ein
Vorkriegsführer erwähnt seine Straßenzüge mit ihren
schönen gußeisernen Fassaden mit keinem Wort. Als
Nieuw Amsterdam noch an der Wall Street aufhörte, hatten sich hier einige tapfere Bauern zwischen Indianerdör-
fern angesiedelt. Auf frühen Drucken liegen Kühe im
Schatten hoher Pappelstände oder weiden auf marschigen
Wiesen. Etwas später machten ehemalige Sklaven hier ihre
ersten zaghaften Schritte in die Freiheit. Als die neue Republik gerade großjährig geworden war, wurde die Gegend
für eine Weile zur ›fashionable neighborhood‹. In den fünfziger Jahren des vorigen Jahrhunderts wurden auf dem
Broadway mehr und mehr stattliche Kaufhäuser, Theater
und Hotels aus Marmor, Brownstone und Gußeisen gebaut, und die Straße wurde zu dem, was die Fifth Avenue
heute ist. Auch die Kaufleute in den Seitenstraßen waren
bestrebt, ihrem neuen Wohlstand äußeres Gepräge zu geben. Mit gußeisernen Fassaden, die zuerst einfach an schon
bestehende Gebäude ›angeklebt‹ wurden, war die er-
wünschte Opulenz schnell und billig erreicht, denn man
mußte weder auf die Steinmetze warten, noch ihre hohen
Löhne bezahlen.

Die Arbeiten wurden nach dem Zeitgeschmack im Stil
der italienischen oder französischen Renaissance, des französischen Empire oder anderen ›klassischen‹ Varianten des
Historismus ausgeführt. Das Endprodukt konnte ganz
nach Belieben angestrichen werden, manchmal sogar in
einem Beigeton, um Stein vorzutäuschen. Hier und da ließ

sich ein Kaufmann ein ganzes Haus aus Gußeisen bauen. Als erstes begonnen, aber nicht als erstes beendet wurde das *Haughwout Building* an der Ecke Broadway und Broome Street. Das Konzept für diese ›Fertig‹-Häuser wurde von James Bogardus entwickelt und von Firmen wie J.B. and W.W. Cornell's Iron Works auf der Centre Street ausgeführt. Die Architekten mußten dann beim Kombinieren der verschiedenen Bestandteile nur Phantasie mit ein wenig Disziplin verbinden, um Meisterwerke wie das Haughwout Building zu schaffen. Allerdings hatte sich sein Architekt, John Gaynor, auch von Sansovinos Markusbibliothek in Venedig inspirieren lassen.

Architekturkenner weisen immer wieder darauf hin, daß es Gebäude wie das Haughwout Building waren, die den Traum vom Wolkenkratzer aufkommen ließen, weil sie gleichsam die Skelettbauweise vorwegnahmen, jenen Curtain-Wall-Stil des Lever Building an der Park Avenue oder des UN-Sekretariatsgebäudes am East River, bei dem die Wand nicht trägt, sondern wie ein ›Vorhang‹ aufgehängt ist. Das Haughwout Building ist noch aus einem anderen Grund interessant: Sein Aufzug war der erste mit funktionierenden Sicherheitsvorrichtungen. Obwohl – wie wir hörten – Peter Cooper in seiner Cooper Union schon früher einen Schacht für einen Aufzug eingebaut hatte, und oft behauptet wird, der erste Aufzug der Welt hätte das 1909 abgerissene Fifth Avenue Hotel auf dem Madison Square geziert, war es dieses elegante eiserne Kaufhaus für Porzellan, Glas, Standuhren und Leuchter, das Elisha Graves Otis' allererste vertikale Beförderungsmaschine ohne Unfall benutzte. Ein Augenzeuge meinte, Manhattan sei, wie Otis' Aufzug, »eine Ansammlung aller nur erdenklicher Katastrophen, die aber nie passieren«.

Heute sind die Aufzüge in den Loft Buildings meistens große wandlose Plattformen am Seil, und in Gebäuden mit mehreren Galerien wechseln sich die Galeristen beim Aufzugsdienst ab. Die Bürgersteige vor den alten Lagerhäusern bedecken eine durch Eisenklappen erreichbare Unterwelt, vor deren dünnhäutiger Existenz schwere Lastwagen durch rot-weiße Schilder gewarnt werden. Hier und da schieben sich fast meterhohe Laderampen bis beinah an den Straßenrand, und der Besucher sollte von Zeit zu Zeit die Nase aus der Luft nehmen, das heißt, die Augen von den hinreißenden Kapitellen an vielen Gebäuden lösen, damit er nicht über den betrunkenen Stadtstreicher stolpert, der seine Matratze auf einer unbenutzten Rampe zu erklimmen versucht, nachdem ihn sein Pennbruder oder ein Alptraum auf die Straße katapultiert hatte.

Die größte Ansammlung dieser Lagerhäuser ist an der Broome Street und Greene Street zu finden. *Broome Street* besteht seit dem frühen 19. Jahrhundert und wurde nach einem Kaufmann benannt, der im China Trade, dem profitablen Handel mit Ostasien, mit zwei Millionen Pfund Tee das Fundament für sein Vermögen gelegt hatte. Man kann sich gut vorstellen, daß er seine duftende Ware hier gelagert hat, vielleicht in einem der Gebäude von Griffith Thomas mit besonders großzügig wuchernden Akanthusblättern auf den Kapitellen.

Die schönsten Fassaden, und die meisten, reihen sich auf beiden Seiten der *Greene Street* aneinander, und hier muß man sich ausmalen, daß die Säulen und Pilaster Zuhälter, Prostituierte und eine Handvoll Gangster verdrängt haben. Greene Street war während der ersten Hälfte des 19. Jahrhunderts ein blühender ›red-light district‹, und ein Führer zu den ›Seraglios‹ der Stadt erwähnt mehrere Häuser, die besonders gern von Gentlemen und Farmern aus dem Süden aufgesucht wurden. Zwei Architekten, die sich besonders auf dieser Straße hervorgetan haben, sind Henry Fernbach und James F. Duckworth, der letztgenannte besonders mit Nummer 28-30 im Stil des Second Empire und mit Nummer 72 in dem einer behäbigen, frühen Gründerzeit. An der Ecke Broadway und Houston Street steht ein Gebäude, das 1856 als *Pfaff's Café* eröffnet wurde und bald Schriftsteller, Maler, Journalisten, Schauspieler und sogar ein paar mutige, die Konventionen der Zeit nichtachtende Schauspielerinnen anzog. Walt Whitman war oft Gast und hat hier New Yorks faszinierendes Straßenleben besungen. La Vie de Bohème ist demnach nichts Neues für SoHo, nur war sie vor mehr als hundert Jahren nicht die ›Wohlstands-Bohème‹, die man heute dort antrifft.

Als sich gegen Ende des Jahrhunderts mit der Entwicklung von stählernen Skeletten und gläsernen Häuten die erfolgreichen Kaufleute – man zählte damals die meisten Textilmillionäre in New York – Monumente im prototypischen Wolkenkratzerstil setzen ließen, blieb in SoHo nur die Kleinindustrie zurück. Sechzig Jahre lang senkte sich tiefes Schweigen über die schmalen Straßen. Nur noch die Altansässigen kannten den Schimpfnamen ›Hell's Hundred Acres‹, der zustande gekommen war, weil die hier gelagerten Textilballen und Lederwaren viel zu oft lichterloh brannten. Zu Beginn der sechziger Jahre wollte sogar der städtische Bauinspektor ganze Stücke von SoHo für eine erhöhte Autostraße abreißen lassen, die Williamsburg Bridge und Manhattan Bridge mit dem Holland Tunnel und dem Westside Highway verbinden sollte. Als nach Op und Pop Art die Environment und Concept Art anbrach, wurde es den Künstlern dieses Stils schnell klar, daß ihnen mit der sprichwörtlichen Mansarde nicht mehr gedient war. Wahrscheinlich war es Paula Cooper, eine von den SoHo-Pionieren, die die meist leeren Lagerräume entdeckte und den Einfall hatte, diese nutzbar zu machen. Sie brachte andere Galeristen und Künstler mit, und im Laufe der Zeit erfand die Stadt einige passende Wohngesetze, weil diese neuen Siedler aus vielen verzwickten bürokratischen Gründen, aber auch aus den sehr realen der Feuergefahr, illegal in ihren Lofts hausen mußten. Zwanzig Jahre später hat New York ein neues, originelles Künstlerviertel. Die Lofts haben inzwischen eine ungeahnte Beliebtheit erreicht und ihre Preise, ebenso wie die für manche Kunstwerke, sind in unfaßbare Höhen geklettert. Die Stadt und der Staat New York versuchen seit einiger Zeit, SoHo und NoHo – ein Viertel nördlich der Houston Street, in das

einige SoHo-Künstler geflüchtet sind – durch immer schär-
fere Gesetze zu ›retten‹ und in ein reines Künstlerviertel
zurückzuverwandeln. Dem Wohngesetz zufolge können
nur Künstler, die »wirklich schöpferisch« tätig sind, also
Maler und Bildhauer, vielleicht noch Choreographen und
Komponisten, als Loftbewohner zugelassen werden. Die
verantwortliche Behörde behandelt aber jeden Antrag
ganz individuell.

Die Galerien in SoHo sind mindestens so bekannt wie
viele der Künstler, deren Werke sie betreuen. 420 West
Broadway, nahe Spring Street, war und ist die Hochburg.
Leo Castelli, Papst der Avantgarde, hat hier eine seiner
zahlreichen Niederlassungen, ebenfalls seine ehemalige
Frau Ileana Sonnabend. André Emmerich und John Weber
sind dabei, und René Block hat sich nicht weit von hier in
einem Stuhl mit Pferdeschwänzen an der Rückenlehne
photographieren lassen. Wenn Andy Warhol einer nichtsahnenden Welt seine neuesten Werke vorführen möchte,
oder Hans Namuth sein neuestes Photo-Porträt von Andy,
dann tun sie das in SoHo, und wenn ein bekannter Professor der Kunstgeschichte im Drawing Center an der Greene
Street eine Ausstellung mit alten und neuen Zeichnungen
organisiert, leiht ihm die englische Königin noch eine dazu.

Die nagelneuen Kunstwerke, die in SoHo zu sehen und
zu kaufen sind, stammen nicht alle von amerikanischer
Hand, auch europäische Galeristen haben sich mit europäischen Künstlern hier etabliert, und europäische Sammler kaufen mit Vorliebe in SoHo ein, ja man hört, daß zum
Wochenende eigens welche aus Europa anreisen.

Mit den Malern und Bildhauern und Multi-Media-
Artists sind die Schauspieler und Tänzer und Musiker gekommen. Schließlich hat es schon vor langer Zeit Theater
in SoHo gegeben. Einer der berühmtesten Amüsiertempel
mit den diversesten ›spectaculars‹ auf seiner 25 Meter großen Bühne war ›Niblo's Garden‹ auf dem Broadway.
Heute kann man sicher genauso viele Musentempel zählen
wie vor über hundert Jahren, und experimentelle Zentren

wie ›The Kitchen‹ und ›The Performance Garage‹ sind genauso populär wie einst Niblo's. Nicht ohne Grund hat
SoHo solch vielfältig talentierte Leute wie Robert Wilson
und Philip Glass hervorgebracht.

Auf dem ältesten Kopfsteinpflaster der Stadt, in ehrwürdigen Häusern an der Wooster Street und der Mercer
Street, sind New Yorks neueste Museen, das *Museum of
Colored Glass and Light* und das *Museum of Holography*
anzutreffen. Im letztgenannten hat es das älteste ausgestellte Hologramm auf ganze sechzehn Jahre gebracht.
Den Galerien und Loft-Theatern folgten ganz unvermeid-
lich die Restaurants und Boutiquen, und nicht alle sind
ausgefallen oder gemütlich oder chic. Der vorsichtige Besucher muß sich da und dort auch an gigantischen Schneebe-
sen und gefährlich aussehenden Wäscheklammern vorbei-
drücken – daß sie nicht als Kunst angepriesen werden,
merkt er natürlich am Preis. Der Einfallswut sind keine
Grenzen gesetzt, und wo es ein Museum für Licht geben
kann, gelingt es auch, unter dem Motto »Let there be
neon!« banale Elektrizität in alle möglichen Farben und
Formen zu bannen – zum Verkauf, diesmal.

Die Säulen und Pilaster mit den dazugehörigen Kapitellen in korinthischem, dorischem und ionischem Stil, die
Ziergiebel und Balustraden wurden kurz nach ihrer Ent-
deckung durch die Künstler auch von den Denkmalschüt-
zern wahrgenommen, und so ist SoHo, das heißt die zwanzig Blocks zwischen Houston Street im Norden und Canal
Street im Süden, West Broadway im Westen und Crosby
Street im Osten inzwischen ein ›Historic District‹. Als solcher gekennzeichnet zu sein, bedeutet, daß Änderungen,
wenn überhaupt, und Renovierungen nur mit Genehmi-
gung der Denkmalschutzbehörde unternommen werden
können.

Was diesem beinah rechteckigen Stückchen New York
aber seinen unnachahmlichen Reiz verleiht, ist die Mischung aus dem modernen Leben und den unverändert vor
sich hinwerkelnden alten Kleinbetrieben. Ein Schuster fer-

tigt genau wie vor hundert Jahren hier auf seinen Leisten
wahre Kunstwerke von glatten Stiefeln und Schuhen; eine
Puppenfabrik läßt ihren Abfall in Form von Köpfen und
Armen, oft surrealistischer als die benachbarte ›art‹, in der
Gosse landen; ein Hersteller von Tresoren lädt die Künstler der Gegend ein, seine Produkte zu dekorieren: mit goldenen chinesischen Drachen und zarten Wölkchen am
blauen Himmel; oder zu verkleiden: als Tisch mit herun-
terhängender Tischdecke oder als bösen, schwarzen, zäh-
nefletschenden Hund.

Wie es sich für einen solchen beinah autonomen und
vielschichtigen Stadtteil gehört, hatte er auch zeitweise
seine eigene Zeitung, die ›SoHo News‹. Ihr Herausgeber
sagte, er hätte sich schon immer eine Kleinstadtzeitung
gewünscht, und sein Wirklichkeit gewordener Traum war
auf dem besten Weg, der berühmten ›Village Voice‹ den
Rang abzulaufen. Dann aber eckte sie so sehr an, daß sie
nun schweigen muß; man hofft jedoch, nicht für immer.
SoHo hat sogar sein eigenes Gespenst! Die Quelle, die
Spring Street den Namen gegeben hat, floß früher in einen
Brunnen, in dem eine Juliana Elmore Sands im Jahre 1800
tot aufgefunden wurde. Ihr Verlobter wurde des Mordes
an ihr angeklagt und von zwei Rechtsanwälten einmütig
bis zum Freispruch verteidigt; doch als die beiden Juristen,
Alexander Hamilton und Aaron Burr, später berühmt
wurden, blieb ihre Einmütigkeit auf der Strecke und sie
verhedderten sich in ein Duell – Unglück genug, um die
Ertrunkene zu einem Gespenst dieser Gegend zu machen.

Ein Name, den man antrifft, wo man nur hinschaut in
New York, ist Johann Jakob Astor. So darf seine Anwe-
senheit auch in SoHo nicht unterschlagen werden: James
Fenimore Coopers Tochter berichtet, daß Astor in den
1820er Jahren in einem einfachen, zweistöckigen Haus auf
dem Broadway nördlich der Prince Street gewohnt habe.
Daß Lorenzo da Ponte, Mozarts Librettist, nach einem
abwechslungsreichen Leben in Amerika landete, ist bekannt. Clement Clarke Moore, von dem wir in Chelsea

sprachen, entdeckte ihn beim Gemüsehandel in Pennsylvania und holte ihn nach New York. Da Ponte lehrte eine Weile an der Columbia University und starb neunzigjährig an der Spring Street im Haus Nummer 91.

Junge Künstler, denen die Preise in SoHo zu astronomisch geworden waren, haben in jüngerer Zeit ein neues, bis dahin in Vergessenheit ruhendes Stück New York südlich der Canal Street aufgespürt. In diesem von West Street und Hudson River im Westen und Broadway oder Church Street im Osten begrenzten Dreieck bieten sich Fabriken und Lagerhäuser als Atelier oder Wohnung an, manche davon, freilich nicht so viele wie in SoHo, sogar mit den vielbewunderten gußeisernen Fassaden. Überdies sorgen noch die bunten Straßenmärkte auf dem südlichen West Broadway sowie die Ramsch-, aber auch die duftenden Kaffee- und Gewürzläden von Duane und Reade Street für Abwechslung und Lebendigkeit. Obwohl dieses neue Quartier Latin sich *Tribeca* nennt, Akronym von TRIangle BElow CAnal Street, was ja sehr an SoHos Namensgebung erinnert, hofften seine Entdecker, dem Lauf der – kommerziellen – Zeit hier ein wenig Einhalt gebieten zu können. Man hat den Eindruck, daß es ihnen nicht so recht gelungen ist, denn schon sprießen teure Restaurants mit Namen wie ›Acute Café‹ und ›Odeon‹ und Delikateßläden mit Upper-Eastside-Preisen wie die Pilze hervor. Das ›Odeon‹ hat sich im Parterre eines der interessantesten Gebäude breitgemacht, einer Gußeisenkonstruktion an der Ecke West Broadway und Thomas Street. Von den rustikalen Blöcken der Fassade bis zu den tief eingekerbten ›Ecksteinen‹ verleugnet es jedoch sein wahres Baumaterial konsequent. Der Betrachter kommt der Konstruktion nur auf die Schliche, wenn er sich fragt, ob Steine wirklich so regelmäßig aufeinandergelegt werden können und ob sie nicht hier und da gar ein wenig verrostet sind.

Zu dem Dreieck, das Sixth Avenue und Church Street an der White Street bilden, und wo bis vor kurzem New Yorker aus allen Teilen Manhattans und womöglich sogar aus

anderen Stadtteilen zu erschwinglichen Preisen kleine Stu-
dentenblumen für die Fensterbank oder junge Bäume für
Balkon oder Dachgarten erstehen konnten, lohnt sich ein
Einkaufsbummel jetzt nicht mehr. Hingegen tut dies an der
White Street das *Alternative Museum*. Trotz seines Namens ist es kein Museum, sondern eine Galerie, deren Exponate denen in manch etabliertem Studio in SoHo in
nichts nachstehen, und deren Vorstand ein Mitglied der
Rockefeller-Familie ziert.

Das Interessanteste an Tribeca ist einstweilen seine vielfältige Architektur. Manchmal wirken hier Häuser aus
dem späteren 19. Jahrhundert, die recht vernachlässigt sein
können, echter und älter als jene aus dem frühen, die unter
Denkmalschutz stehen und mit großem Aufwand restauriert, wenn nicht sogar von ihrem ursprünglichen Platz an
einen anderen versetzt wurden. So geschah es auch den
Häusern aus dem 18. Jahrhundert an der *Harrison Street*.
Sie wurden aus verschiedenen Ecken des Baugeländes am
Fluß zusammengetragen, auf dem heute der Wohnkomplex der Independence Plaza und das Manhattan Community College, Teil der City University, stehen. Neben diesen
beiden modernen Monolithen mit ihren leeren windigen
Höfen und Rampen wirkt die kleine Häuserreihe zwar
kontrastreich, aber auch ein wenig verloren, und der Mira-
bellenbaum in einem der Gärten einfach rührend. Zwei
Häuser in der Gruppe hat New Yorks erster hier ansässiger
Architekt, John McComb, entworfen, in einem davon
auch gewohnt. Was die Gebäude authentisch macht, ist
ihre Höhe von zweieinhalb Stockwerken, denn die meisten
anderen Häuser dieser Epoche, wenn überhaupt vorhanden, sind später aufgestockt worden.

Führe nicht da und dort ein moderner Lastwagen an die
Laderampen und blockierte die schmale Straße, könnte
man sich vielerorts in Tribeca ins 19. Jahrhundert versetzt
denken, ein Eindruck, der sich besonders am *Duane Park*
einstellt. Von diesem kleinen grünen Dreieck in der gleichnamigen Straße kann der Stadtbummler nämlich nicht ein-

mal die allgegenwärtigen Türme des World Trade Center
sehen. Die freundliche Oase, einst ein Stück von Annetje
Jans' Farm, wurde von dem englischen Gouverneur Francis
Lovelace erworben, dann vom Herzog von York der Trinity Church zu ihren damals schon nicht unbeträchtlichen
Besitztümern hinzugeschenkt und Ende des 18. Jahrhunderts für ganze fünf Dollar von der Stadt gekauft.

Einige Häuser um den Duane Park sind heute noch
Überbleibsel des *Washington Market*, New Yorks Gegenstück zu den Pariser ›Hallen‹ und wie diese inzwischen in
die Vororte vertrieben. Ihre Besitzer handeln größtenteils
mit Milchprodukten und Eiern; leicht verrostete Schilder
tun kund, daß hier ›sheep's cheese‹ oder ›eggs and butter‹
zu kaufen seien. Die siebeneinhalb Millionen Karton Eier
und dreieinhalb Millionen Töpfe Butter, die die New Yorker alljährlich verspeisen, wurden früher in der *Mercantile
Exchange* umgeschlagen. Dieses gemütliche hundertjährige Gebäude aus rotem Ziegelstein und Granit, an der
Ecke von Harrison und Hudson Street gelegen, wurde
1977 von seinen Bewohnern verlassen, die wahrscheinlich
ihren Umzug ins World Trade Center inzwischen gründlich bedauern.

Für Architekturliebhaber sind noch zwei weitere Gebäude von Interesse: das *Western Union Telegraph Building* an der Hudson Street Nr. 60, im schönsten Art-Deco-
Stil aus dreizehn verschiedenfarbigen Ziegelsteinarten, sowie am anderen Ende der Thomas Street das *AT & T
Long Lines Building* der Telephongesellschaft, ein fenster-
loser Granitblock, der eher einer Mammutplastik gleicht,
imponierend in seinen Proportionen. An seiner Stelle stand
hundert Jahre lang bis 1870 das erste New York Hospital.
Ende des 18. Jahrhunderts wurde es zum Schauplatz einer
der in New York nicht seltenen Massendemonstrationen,
bei der mehrere Beteiligte getötet wurden. Man prote-
stierte gegen die Sezierklassen der Studenten, in denen die
Leichen von »ehrbaren Leuten, sogar die von Frauen!« für
»unanständige Zwecke« verwendet würden.

Auch dort, wo heute die drei Türme der *Independence Plaza* in den Himmel ragen, stand am Ende des 18. Jahrhunderts noch das Wasser. Erst Anfang des 19. wurden das Ufer erhöht und die Docks gebaut, die mehr als hundert Jahre lang einen Hauptteil der Hafenbetriebsamkeit an sich zogen und vielen Einheimischen und Zugereisten zu großen oder kleinen Vermögen verhalfen. Heute gehen die Einwohner von Tribeca hierher, um Luft zu schnappen und sich vielleicht vom Fluß und seinen Ufern zu einem Kunstwerk inspirieren zu lassen. Als Symbol für die urbane Bohème beiderseits der sie nicht mehr trennenden Canal Street mag das Haus an der Südwestecke von Greene Street und Prince Street gelten, dem Richard Haas, Schöpfer unzähliger photorealistischer Stadtansichten, eine Trompe-l'œil-Fassade auf die leere Seitenwand aus Backstein gemalt hat, deren Rokokofarben schon etwas abblättern.

Greenwich Village:
Szene der Weltveränderer

Way down south in Greenwich Village
where the spinsters come for thrillage ...
*Bobby Edwards, Village-Unikum
und Herausgeber der Zeitschrift ›The Quill‹
in den zwanziger Jahren*

Greenwich Village ist eine der ältesten Siedlungen auf Manhattan und war die erste außerhalb der Mauern Nieuw Amsterdams. Ursprünglich ein Indianerort namens ›Sapokanican‹, wo sich die ersten neugierigen ›Forscher‹ aus der kleinen holländischen Siedlung gern von den Einheimischen unterhalten ließen, wurde das ›grüne Dorf‹ – so die Bedeutung des Wortes ›Greenwich Village‹ – bald zum Ausflugsziel für Spazierfahrten aufs Land. Während der vielen Pocken-, Cholera- und Gelbfieberepidemien diente es als Zufluchtsort für die von Panik getriebene Stadtbevölkerung, die bei einer besonders heftigen Attacke im Jahre 1822 die Post, die Zollbehörde und ein paar Geldinstitute – daher der Name der heutigen Bank Street – gleich mitnahm.

Schon einer der ersten holländischen Gouverneure, Wouter van Twiller, war von der landschaftlichen Schönheit des Ortes angetan und legte in einem großen Teil des heutigen Village eine Tabaksplantage an. Der dazugehörige Bauernhof war wahrscheinlich das erste Haus eines Weißen in der Gegend und stand ungefähr am westlichen Ende der heutigen Charlton Street. Unter der englischen Herrschaft bauten sich bekannte Familien wie die De Lanceys, die Warrens und die Bayards im Village ihre Landhäuser. Als im Jahre 1811 das gitterförmige Straßennetz für Manhattan beschlossen wurde, das ein Zeitgenosse als gefühl- und reizlos verdammte, war es gottlob für Greenwich Village zu spät. Korkenzieherstraßen, schmale winklige Gassen, efeubewachsene alte Häuser blieben der Charme dieses

Stadtteils. Nur die Hügel, um die sich die kleinen Straßen winden mußten, haben die Stadtväter im Laufe der Zeit abgetragen, wie beinahe überall in der Stadt.

Es ist nicht unsinnig, anzunehmen, daß die besondere Art der physischen Bewegungsfreiheit, die die frühen Einwohner der Stadt in Greenwich Village fanden, den Weg bereitet hat für die ideelle Bewegungsfreiheit, die später Dichtern, Künstlern und solchen, die es werden wollten, politischen Aktivisten und allen sonstigen Flüchtlingen aus dem beengenden bürgerlichen Zwang uptown hier zuteil wurde. Aber lange bevor das Village um die vorige Jahrhundertwende zum Mekka der Bohème wurde, wohnten schon Dichter, Schriftsteller und Rebellen hier. Thomas Paine, Revolutionär und Autor von ›Das Zeitalter der Vernunft‹, lebte zu Anfang des 19. Jahrhunderts im Village und starb 1808 im Haus Nr. 309 an der heutigen Bleecker Street. Später brachten William Cullen Bryant, James Fenimore Cooper und Edgar Allan Poe längere oder kürzere Zeit hier zu. Poe wohnte 1845 an der West 3rd Street; Besucher berichteten noch 1947, daß sich das Haus, obwohl inzwischen ein italienisches Hotel, seit damals kaum verändert habe. Gegen Ende des vorigen Jahrhunderts hat John Masefield, der später britischer Hofdichter werden sollte, in Luke O'Connor's Bar den Fußboden geschrubbt.

Revolutionäre kamen aus aller Welt herbei. Maxim Gorki wurde 1906 mit großer Begeisterung empfangen und jubelte bei seiner Ankunft: »Amerika, Amerika, wie lange habe ich auf diesen Augenblick gewartet!« Mark Twain und andere prominente Mitglieder des A Club, eines berühmten Vereins mit politischen und künstlerischen Interessen, nahmen sich seiner an. Erstaunt vernahmen sie, daß er mitten in der Nacht auf der Straße gelandet sei: Der Direktion in seinem Hotel war anonym mitgeteilt worden, daß die ihn begleitende Madame Gorki gar nicht Madame Gorki sei. Der Dichter war überrascht über eine solche Behandlung im Village der freien Liebe – genaugenommen stand das Hotel aber auch etwas außerhalb.

Mit *The* Village, wie man in New York sagt, ist eigentlich nur der Westteil von Greenwich Village gemeint, der ungefähr von University Place im Osten bis zum Hudson River im Westen und von 14th Street im Norden bis Houston Street im Süden reicht. Und in diesen etwas über hundert Straßenblocks, von denen das große Mittelstück und zwei kleine Flecken unter Denkmalschutz stehen, findet der Reisende eine Fülle von verträumten kleinen Höfchen unmittelbar neben Betonklötzen, in deren Vorgärten allerlei Interessantes und sogar eine Riesenskulptur von Picasso zu finden ist, so daß sich Zeit zu nehmen schon lohnt.

Wenn man die Fifth Avenue nach Süden hinunterwandert, werden Blick und Schritte wie magisch auf den Washington Square gezogen. Weder Park noch regelrechter städtischer Platz, wirkt er eher durch seine verschiedenen Elemente als durch ihre Summe. Aber aus der Entfernung gesehen, umrahmt der Washington Square Arch die Türme des World Trade Center, so daß dieser Triumphbogen der Jahrhundertwende von McKim, Mead and White den vermeintlichen Triumph der modernen Baukunst für einen Augenblick zum Zwerg macht.

Washington Square war wie die meisten öffentlichen Plätze in New York vorher ein ›potter's field‹, ein Armenfriedhof, und ab 1789 stand dort der städtische Galgen, das heißt eine Ulme, deren Äste für Hinrichtungen herhalten mußten. Der Marquis de Lafayette, der den Amerikanern im Ringen um die Unabhängigkeit zur Seite stand, fand – wie seine Landsleute zu Hause – diese öffentlichen Exekutionen sehr eindrucksvoll. Ab 1826 tänzelten dann Pferde auf den vermoderten Knochen von hunderttausend Gelbfieberopfern und sechsundzwanzig Galgenvögeln: Der Square war zum Paradeplatz geworden. Leute, die auf sich hielten, zogen bald in eines der eleganten Häuser im Greek Revival Style, die erst auf der Südseite, dann rund um den Platz errichtet wurden. Will man sich vorstellen, wie der Washington Square damals aussah, muß man ihn sich von Häusern umrahmt denken, wie sie noch heute auf

der Nordseite, auf Sir Peter Warrens ehemaligem Gutsge-
lände, stehen. Hier hat die 1862 geborene Schriftstellerin
Edith Wharton als Kind gewohnt und in ihren zahlreichen
Romanen Augenzeugenberichte über das Leben der Gesellschaft jener Tage hinterlassen. Weil Henry James, in der
Nähe geboren, seine Großmutter in Nummer 19 Washington Square North besucht hat, und eins seiner Bücher den
Titel ›Washington Square‹ trägt, soll er hier zu Worte
kommen:

»Washington Square besitzt eine Art etablierte Ruhe,
die man in anderen Teilen dieser langen, lauten Stadt selten antrifft; der Platz macht einen ausgereifteren, reiche-
ren, ehrenwerteren Eindruck als die nördlicheren Veräste-
lungen entlang der breiten Verkehrsader, den Eindruck,
daß er ein Stück Zeitgeschichte miterlebt hat.«

Natürlich hat aber nicht nur der Washington Square
sein Stück Zeitgeschichte erlebt. Das ganze Village erzählt
dem aufmerksamen Wanderer auf Schritt und Tritt von
seiner Vergangenheit und erklärt damit einen weiteren
Aspekt seiner Anziehungskraft. Wenn auch die Flüchtlinge
aus den Seuchenzeiten zuerst in Zelten lebten, errichteten
sie doch bald kleine Holzhäuser und bebauten das Land.
Den Bauern folgten die Handwerker, die Viehwege wurden zu geschäftigen Straßen, und die ehemalige Sommerfrische war bald feinster Vorort der Stadt, dessen Bevölkerung sich zwischen 1825 und 1850 vervierfachte.

Wie in den meisten Vierteln New Yorks, rollten auch
hier verschiedene Einwandererwogen nacheinander heran.
Die Engländer lösten die Holländer ab, die Italiener die
Juden und die Iren, die Chinesen die Neger. Nach dem
Bürgerkrieg lebte ein Viertel der schwarzen Bevölkerung
New Yorks in ein paar Blocks um MacDougal, Sullivan,
Thompson und Bleecker Street, die allgemein ›Little Africa‹ genannt wurden. Hier hatten die Neger schon 1827
ihre erste Zeitung, das ›Freedom Journal‹ gegründet, und
hier gab es auch das erste schwarze Theater, das die weißen Zuschauer in die hinteren Reihen verbannte, weil sie

sich »nicht immer zu benehmen wüßten«. Heute trifft man die jüngsten Einwanderer, die Portorikaner, besonders im nordwestlichen Zipfel des Village zwischen Hudson River und 14th Street, seit Jahrzehnten New Yorks spanisches Viertel. In seinem ›Hauptbahnhof‹, der Subway-Station am Union Square, kann man südamerikanische Indianer ankommen sehen, in Ponchos gehüllt und mit Strohschuhen an den Füßen, die aussehen, als ob sie direkt von ihrem Berg in Ekuador herabgestiegen seien. Ein halbes Jahrhundert nach Henry James' Kindheitserinnerungen war Washington Square kaum wiederzuerkennen: »Es war ein häßlicher Platz, zu eckig angelegt, verwahrlost, von dürren Bäumen mit spärlichen Zweigen bestanden ... umgeben von roten Ziegelbauten mit harten weißen Marmorstufen ..., die alle im Laufe von zehn Jahren zu Logierhäusern werden würden.«

Ob dieser Berichterstatter nicht ein wenig übertrieben hat, ist heute schlecht festzustellen. Seine Prophezeiungen wurden jedoch Wirklichkeit, und einige Häuser auf der Südseite wurden tatsächlich Pensionen. Die bekannteste von ihnen war ›Mrs. Branchards‹, deren Gäste zur Blüte der amerikanischen Literatur gehörten oder aus Europa zugereist waren, wie die Sängerin Adelina Patti und der Kunsthändler Pierre Matisse. Die Biographin von Willa Cather, der Autorin von ›Meine Antonia‹ und ›Der Tod kommt zum Erzbischof‹, berichtet, daß es sich um 1900 am Washington Square sehr angenehm leben ließ: An der Nordseite standen elegante Einfamilienhäuser, deren feine Besitzer vielfach noch bis 1935 hier gewohnt haben, an der Südseite lebten in altmodisch möblierten Zimmern die Väter der Village-Bohème, die sich in aller Stille einen Namen machten, sich aber auch lärmend austoben konnten, denn »nobody questions your morals, and nobody asks for the rent«. In einem Gartenhaus hinter Nummer 3 schrieb John Dos Passos sein ›Manhattan Transfer‹, ein Buch, in dem die Stadt mit ihrer erdrückenden ›Persönlichkeit‹ eine größere Rolle spielt als die Personen, und Edward Hopper ließ sich in einem »kleinen, viereckigen, öden Zimmer auf der Südseite des Washington Square« zu seinen Stadtlandschaften inspirieren.

Hinter den eleganten Häusern, am anderen Ende der schmalen langen Hintergärten, liefen kleine Gassen mit Kopfsteinpflaster entlang, an denen sich die zugehörigen Ställe für die Kutschpferde aneinanderreihten. Diese Gassen haben als *Washington Mews* überlebt, die man hinter der nordöstlichen Häuserreihe durchqueren kann. Die kleinen, efeubewachsenen Stallgebäude aus dem 19. Jahrhundert an dieser nördlichen Straßenseite werden mehr oder weniger getreu von moderneren an der Südseite ergänzt. Ihr Gegenstück westlich der Fifth Avenue befindet sich in der *MacDougal Alley,* die vergittert ist und von einem zwanzigstöckigen Monstrum an ihrem östlichen Ende zur Sackgasse gemacht wird; man kann aber von der MacDougal Street einen Blick hineinwerfen.

Die *New York University,* deren Gebäude hauptsächlich im Süden und Osten jenseits des Platzes stehen, hat sich als Hausbesitzer recht unbeliebt gemacht. Sie hat im Laufe des Jahrhunderts die Reihenhäuser an der Südseite durch nicht besonders attraktive Kästen ersetzt. Eine Ausnahme bildet nur die neuromanische Judson Memorial Church von McKim, Mead and White mit ihren Fenstern von John La Farge. Das erste Universitätsgebäude aus dem Jahre 1884, in dem »praktisches sowie theoretisches Wissen unter den mittleren und armen Bevölkerungsschichten« verbreitet werden sollte, war aus Steinen gebaut worden, die Sing-Sing-Insassen aus einem Steinbruch in Gefängnisnähe holen mußten, was zu damals »unerhörten«, allerdings verständlichen Demonstrationen der legitimen Steinmetze führte. Sehr bald ist die New York University dann zu einer höchst bedeutenden Lehranstalt geworden. Wo heute ganze Schwärme von Museumsfachleuten ausgebildet werden – was allerdings zum Teil in einem schönen, klassizistischen Haus an der Fifth Avenue und 78th Street geschieht –, wo mit aller Kraft an der chemischen Zusammensetzung von Interferon gearbeitet wird, oder wo die Gray Gallery alles andere als akademische Kunst ausstellt, hat einst Samuel F. B. Morse mit seinem Funkgerät experimentiert und Samuel Colt seinen Revolver entwickelt.

Daß das Village neben der Universität im Osten auch eine Stätte des Lernens im Westen vorweisen kann, wird oft sogar von Einheimischen übersehen. An der West 12th Street ist nämlich die *New School for Social Research* zu finden, wo man für wenig Studiengeld eine Menge lernen kann, was auch eifrig genutzt wird. 1934 verwandelte sich die New School geradezu in eine ›University in Exile‹, indem sie vielen aus Hitler-Deutschland emigrierten Gelehrten, wie zum Beispiel Hannah Arendt und Hans Staudinger, Schutz und Arbeitsstätte bot. Staudingers Frau Else verhalf durch ihre Spezialagentur zahllosen Emigranten zu einem Neubeginn.

Berühmt geworden als Sammelpunkt der freien Geister ist das Village zwar wegen seiner tatsächlich oder nur scheinbar leichten Lebensart, in die Annalen der politischen Geschichte eingegangen ist es jedoch nur durch seine vielfach legendär gewordenen Liberalen und Radikalen. Denn in seinen alten, oft schiefen oder ein wenig verlotterten Häusern siedelten sich nicht nur Maler und Dichter an, um in willkommener Isolierung zu arbeiten oder mit Gleichgesinnten die Gedanken ihrer Einsamkeit zu diskutieren, hier trafen sich auch verschiedenste Leute, die alle von einem gemeinsamen Gedanken beseelt waren, nämlich dem Gedanken, die Welt zu verbessern. Dabei bildeten sich bald Gruppen, von denen viele berühmt, wenn nicht berüchtigt wurden, weil sie durch ihre kollektiven Aktivitäten oder spektakuläre Handlungen einzelner Mitglieder die Aufmerksamkeit der Allgemeinheit auf sich zogen. Zu Gruppen wie dem A Club an der Fifth Avenue Nummer 1 und dem Liberal Club auf der MacDougal Street kamen progressive Zeitschriften, so die recht radikale ›The Masses‹ oder die betont literarische ›The Dial‹, auf deren Seiten viele junge Künstler ihre ersten Arbeiten veröffentlichen

konnten, zum Beispiel 1922 T. S. Eliot sein ›Waste Land‹.
Sie alle setzten sich beredt und leidenschaftlich für die Ar-
beiter oder die Minoritäten, für politische und sexuelle
Freiheit ein.

Wie immer in einem Künstlerviertel und wie immer bei
solchen Unternehmen gehörten diesen Gruppen ernsthafte
Künstler und ihre unvermeidlichen Mitläufer an, Besesse-
ne, die mit ihrem oft hervorragenden Werk dennoch nur
ein kärgliches Dasein fristeten, ebenso wie Millionärstöch-
ter, etwa Mabel Dodge, die ›Salons‹ einrichteten, wo arme
Künstler wenigstens mit Essen und Trinken und französischen Zigaretten versorgt wurden. Die Miete wurde ihnen,
wenn sie Glück hatten und bei Papa Strunsky am Washington Square, nicht weit von Mrs. Branchards, wohnten, vielfach gestundet, aber nur, wenn sie etwas konnten.
Papa Strunsky, nach dessen Tode seine Kinder ausrechne-
ten, daß er aus Großzügigkeit mindestens hunderttausend
Dollar verloren hatte, kündigte tatsächlich auch nur einem
einzigen Mieter, einem Bildhauer, dessen Arbeit ihm »einfach nicht gut genug war«.

Nach der alten Garde um die Mitte und das Ende des
Jahrhunderts, nach Horace Greeley, Journalist und Gründer der ›Tribune‹, nach Walt Whitman, Mark Twain und
den amerikanischen Impressionisten, kamen die Mitglieder
der Ashcan School, die Stadtszenen malten und von Gertrude Whitney gefördert wurden, und jüngere Dichter und
Literaten wie Edna St. Vincent Millay. Ihren Mittelnamen
trug sie zu Ehren des St. Vincent Hospital an der 11th
Street. Sie wohnte eine Weile im schmalsten Haus der
Stadt; es ist ungefähr drei Meter breit und steht an der
Bedford Street Nummer 75$^{1}/_{2}$. Ihre Gedichtzeile »my
candle burns at both ends« könnte sehr gut als Motto über
den ersten Jahrzehnten des 20. Jahrhunderts im Village
stehen.

›Villagers‹, ob Künstler und radikale Verfechter einer
Idee, ob Börsenmakler und Bankiers, die die oft hohen
Mieten im heutigen Village leichter bezahlen können, ha-

ben immer zusammengehalten. Es gibt natürlich zu jedem
Thema ebensoviel Meinungen wie Einwohner des Viertels,
die bei erhitzten Diskussionen ans Tageslicht befördert
werden, und jeder einzelne Villager hat ganz selbstverständlich seine individuelle Vorstellung von seinem geliebten Village: Wenn es aber um die Sicherheit des Stadtteils
geht, schließen sich die Reihen. Durch unermüdliches Be-
mühen um seine Erhaltung und trotzigen Widerstand der
Village-Bewohner gegen Demolierer und ihre Raupen
konnten schon 1916 die mittleren Blocks als Wohngegend
vor Abriß und Kommerzialisierung bewahrt werden.

Das Symbol dieser Anstrengungen ist ganz eindeutig das
Jefferson Market Courthouse. Es erhebt sich, zentral gelegen, über dem Village an der Ecke von Sixth Avenue und
10th Street und galt schon 1880, kurz nach seiner Vollendung, als fünftes unter den zehn schönsten Gebäuden des
Landes. Ein Architekturführer ließ sich sogar dazu hinreißen, es bewundernd als »New Yorks Neuschwanstein« zu
bezeichnen. Zwischen 1945 und 1967 stand das Gebäude
leer, wenn man von gefiederten Bewohnern absieht. Nachdem aber die resolute ›Sprecherin‹ der Villagers, Margot
Gayle, und ihre Nachbarn erst einmal die schöne Turmuhr
gereinigt und repariert hatten, ließ die Stadt sich nicht
lange bitten und brachte eine Zweigstelle der Public Library dort unter. Nicht weit vom Jefferson Market Courthouse an der Greenwich Avenue nimmt heute das *Jefferson Greening* den Platz des ursprünglichen Marktgeländes
ein. Diese kleine Grünanlage wurde von Villagers erdacht
und angelegt und wird mit Hilfe der Vincent-Astor-Stif-
tung erhalten.

In der Nähe des Dreiecks, das Greenwich Avenue, Sixth
Avenue und 10th Street bilden, verstecken sich zwei kleine
Enklaven aus der Mitte des 19. Jahrhunderts, *Patchin
Place* und *Milligan Place,* deren Häuser als Unterkunft für
die Angestellten des damals modischen ›Brevoort Hotel‹ an
der Fifth Avenue gebaut worden waren. Ende des vorigen
Jahrhunderts hat Theodore Dreiser, der ›Eine amerikani-

sche Tragödie‹ schrieb, am Patchin Place gewohnt. In den
zwanziger Jahren machten ihre schreibenden Bewohner
diese kleine Sackgasse weithin bekannt. Der berühmteste
unter ihnen war der Dichter und Maler E. E. Cummings,
den auch deutsche Leser vor allem durch sein 1922 entstandenes Buch ›Der ungeheure Raum‹ kennen, 1954
deutsch erschienen, in dem er seine Erfahrungen in einem
französischen Gefangenenlager beschreibt, in das er durch
einen bürokratischen Irrtum geriet. Er gehörte zu jener
nicht genau definierbaren Gruppe, die die in Paris lebende
Amerikanerin Gertrude Stein »The Lost Generation«
nannte und die sich nach dem Ersten Weltkrieg vor allem
in Paris und Greenwich Village zusammenfand.

Als typische Village-Straße gilt *St. Luke's Place* zwischen
Hudson Street und Leroy Street, eine von Ginkgobäumen
beschattete, gut erhaltene Häuserreihe aus Ziegeln und
Brownstone aus der Mitte des 19. Jahrhunderts. Sie wird
gern vorgezeigt, wenn jemand eine malerische Village-An-
sicht sucht. James (Jimmy) Walker, der beliebte, wenn
auch etwas undurchsichtige Bürgermeister der Depres-
sionsjahre mit der ›Hoppla-jetzt-komm-ich!‹-Manier, die
Dichterin und zeitweilige Herausgeberin von ›The Dial‹,
Marianne Moore, Theodore Dreiser und Sherwood An-
derson, einer der Ritter des Round Table im ›Algonquin
Hotel‹ – sie alle haben an St. Luke's Place gewohnt. Ein
paar Blocks nördlich, an der Hudson Street, sieht der er-
staunte Spaziergänger eine ›Dorfkirche‹ vor sich: ihr
Name, *St. Luke's in the Fields,* deutet darauf hin, daß sie
bei ihrem Bau 1821 noch auf freier Flur stand. 1980
brannte sie lichterloh und wird seitdem mit Hilfe von
Spenden von der Gemeinde und der Stadt restauriert. Auch
in diesen Straßen wandert der Besucher auf literarischen
Spuren. Im Haus Nummer 45 Grove Street, übrigens einem guten Beispiel für den typischen New Yorker Federal
Style, hat Hart Crane, dem wir die Ode auf die Brooklyn
Bridge, die »Harfe aus Stahl«, verdanken, vor seinem Tode
gewohnt. Ein Abstecher zum *Grove Court* belohnt mit

dem Anblick einer weiteren Village-Oase. Zum Ausruhen sollte der Wanderer zu ›Chumley's‹ an der Bedford Street gehen; das Wirtshaus ist eine ›Flüsterkneipe‹ der Prohibitionszeit und verrät auch heute von außen auf keine Weise, daß dort Alkohol ausgeschenkt wird. Über die ›speakeasies‹ haben wir schon beim Rockefeller Center berichtet.

Die Grove Street führt zum *Sheridan Square,* der als Gegenpol zum Washington Square gilt. Er wird von hohen Wohnblöcken umrahmt, und die Statue seines Namensgebers, des Bürgerkriegsgenerals Philip Sheridan, steht auf einem kleinen grünen Dreieck. Nicht weit von General Sheridan kann man eine kleine Kuriosität betrachten, nämlich die dreieckige *Northern Dispensary* von 1831, die mit zwei Hauswänden an einer Straße liegt, nämlich dem gebogenen Waverly Place, während die dritte Wand gleich an zwei Straßen Anteil hat, nämlich Grove und Christopher Street, die hier zusammentreffen. An der Grove Street konnte man in den fünfziger Jahren manchmal Gore Vidal, den Autor von ›Myra Breckenridge‹ und ›Aaron Burr‹, oder William Styron, der die ›Bekenntnisse des Nat Turner‹ schrieb, oder auch den durch ›Verdammt in alle Ewigkeit‹ ruhmreichen James Jones antreffen.

Der berühmteste unter den politischen Villagers war John Reed. Er wurde durch einen Streik in New Jersey ›radikalisiert‹, bei dem die Polizei einen Arbeiter tötete und den die Presse totschwieg. Ein weitsichtiger Redakteur schickte Reed nach Mexiko, wo er Pancho Villas Aufstand verfolgen sollte. Seine Berichte von dort, dann von den Schauplätzen des Ersten Weltkriegs in Europa, besonders aber sein berühmtes Buch über die Russische Revolution, ›Ten Days that Shook the World‹, mit einem Vorwort von Lenin, haben die Phantasie so manches großen und kleinen Rebellen angeregt. Reed starb 1920 als junger Mann und ist an der Kremlmauer begraben worden. Neuerdings wurde er gleich zweimal ›wiederbelebt‹: in einem Zelluloidepos aus Hollywood und einem aus Rußland. Nachdem seine Zeitschrift ›The Masses‹ sich, wie nicht anders

zu erwarten, mit der Regierung angelegt hatte, unter anderem weil die Redaktion sich zu lautstark gegen die amerikanische Beteiligung am Ersten Weltkrieg geäußert hatte,
mußte Reed sich für seine zunehmend kommunistischen
Meinungen ein anderes Organ suchen. ›The Masses‹ hielt
sich derweilen neutral und druckte die verhältnismäßig
harmlosen ersten Arbeiten von John Dos Passos, E. E.
Cummings und Ernest Hemingway ab.

Die Mitarbeiter von ›The Masses‹ und die Gruppe um
den Liberal Club wurden auch die Gründer des *Provincetown Theater,* das Eugene O'Neills frühe dramatische
Werke auf die Bretter und einer breiten Öffentlichkeit zur
Kenntnis brachte und damit dem amerikanischen Theater
einen starken Auftrieb gab. Die Sommer verbrachte die
Truppe in ihrem Theater auf einem Pier in Provincetown
(Cape Cod), während im Winter die Inszenierungen meistens an der MacDougal Street stattfanden. Von den zahlreichen Cafés und Bars jener Tage hat nur eines mit
dem neuen Namen ›Shakespeare‹ an der Nummer 176
MacDougal Street überlebt.

Zu den zwei kleinen historischen Distrikten des Village
gehört einmal *MacDougal-Sullivan Gardens* innerhalb des
Blocks zwischen Bleecker Street und Houston Street. Seine
kleinen Häuser aus der Mitte des vorigen Jahrhunderts
wurden in den zwanziger Jahren für Künstler renoviert,
unter der Bedingung, daß sie den gemeinsamen Garten
innerhalb des Blocks betreuen würden. James Agee, vor
allem durch den Roman ›Ein Schmetterling flog auf‹ bekannt, wohnte in den vierziger Jahren auf diesem Stück
der Bleecker Street mit Blick auf den versteckten Garten.
Dann zog er für die letzten vier Jahre seines Lebens in das
andere kleine Villagefleckchen unter Denkmalschutz, das
nach seinen Straßen *Charlton-King-Vandam* genannt
wird. Es liegt westlich der Sixth Avenue und der MacDou-
gal-Street-Einmündung. In der zweiten Hälfte des 18. Jahrhunderts beherrschte dort ein Herrenhaus in georgianischem Stil von einer Anhöhe aus die Wälder, mit freiem

Blick auf den Hudson River. Während des Unabhängigkeitskrieges schlug Washington darin zeitweilig sein
Hauptquartier auf, und später gab Vizepräsident Aaron
Burr rauschende Feste für prominente Gäste wie Jefferson
und Madison und sogar Monsieur de Talleyrand. 1811
wurde das Haus den Hügel hinunterversetzt und die Anhöhe im Rahmen des Gitterplanes abgetragen. Johann Jakob Astor kaufte 1817 einen Teil des Geländes und ließ die
heute hier stehenden Häuser bauen.

Das Village ist aber nicht nur eine Denkwürdigkeit
durch seine verblichenen künstlerischen Bewohner, sondern auch ein reguläres Wohnviertel, in dem − so entdeckten jene Größen schon Ende der zwanziger Jahre mit steigender Empörung − jeder, der nur einen Scheck schreiben,
sich ebenfalls niederlassen kann. Es ist natürlich auch ein
Viertel zum ›window shopping‹ und zum Einkaufen, mit
dem typischen billigen Ramsch, den man in jeder Großstadt antrifft, aber auch wirklich pfiffigen Erfindungen,
dazwischen hier und da sogar ein Bild, bei dessen Anblick
man sich nicht gleich abwenden möchte. Denn schließlich
stand ja an der 10th Street die erste Künstlerkooperative,
und ganz in der Nähe hatte in einer umgebauten Missions-
kapelle Robert Rauschenberg seinen Figuren die Fumetti
aus dem Mund dampfen lassen. Und natürlich ist das Village heute ein Vergnügungsviertel. Erfolgreiche Neger-
revuen und Musicals, die ohne weiteres auf dem Broadway
ankommen könnten, ziehen es vor, etwa in der gemütliche-
ren Atmosphäre des *Village Gate* um Bleecker und
Thompson Street zu verweilen. Hier reihen sich Jazzklubs
und Nachtlokale beinahe aneinander, anspruchsvoller als
jene an der in jeder Beziehung lauten 8th Street mit ihren
schreienden Reklamen und billigen Spelunken. Anstatt
entblößter Busen wird hier zum Beispiel eine intelligente
›One Woman Show‹ mit dem Titel ›I'm getting my act
together and taking it on the road‹ gezeigt. Es gibt immer
noch kleine Restaurants, wo der Besitzer selbst spanische
oder mexikanische Hausmannskost kocht, oder eine rosa-

rote Luncheonette mit ›Soul Food‹, der Küche der schwarzen Südstaaten, oder weniger bekannte kleine Restaurants,
in denen man Marlon Brando oder Lauren Bacall antreffen
kann. Der Besucher kann auch die *White Horse Tavern,*
New Yorks drittälteste Bar, an der Hudson Street aufsuchen und dem Wirt im nachhinein Vorwürfe machen, weil
er den in New York gestorbenen walisischen Dichter
Dylan Thomas einst mit zuviel flüssiger Inspiration versorgt hat. Und im heutigen Steak House *Ninth Circle* an
der 10th Street zwischen Waverly Place und Greenwich
Avenue gibt es den Spiegel zu besichtigen, auf dem Edward
Albee die Worte »Who's Afraid of Virginia Woolf?« gelesen
und als Titel für sein berühmtes Stück annektiert hat: Ob
wohl ein Literaturnovize in herausfordernder Verehrung
für die unerreichbare Dichterin den Satz dort mit Seife
hingeschmiert hatte? Der Interessierte sollte der *Blue Mill
Tavern* an der Commerce Street einen Besuch abstatten,
denn auf der gegenüberliegenden Seite dieser vielleicht malerischsten Straße der Stadt steht das *Cherry Lane Theater,*
New Yorks älteste Bühne. Für eine Weile kann er hier »the
excessiveness, the unreality, the violence, and the dreck« –
so Alfred Kazin, echter New Yorker und bekannter Essayist – der Großstadt vergessen, solange er die Augen
nicht zum Himmel emporhebt, denn da türmt sich weithin
sichtbar das World Trade Center und bringt ihn im Nu
wieder auf den Boden der Wirklichkeit zurück.

Grünes Wunder Central Park

The time will come when New York will be built up ...
There will be no suggestion left of its present varied surface,
with the single exception of the few acres contained in the Park.

Frederick Law Olmsted und Calvert Vaux
in ihrem Plan für Central Park, 1858

Als die Stadtväter 1811 den gitterförmigen Straßenplan
für die Aufteilung der Stadt annahmen, waren Greenwich
Village und Chelsea noch Ausflugsziele auf dem Land. Mit
seinen 2038 Häuserblocks sah der Plan in seiner damals als
utopisch-ambitiös beklagten Anlage der Straßen nir-
gendwo ein Plätzchen für einen Park oder andere grüne
Unterbrechungen in den endlosen, wenn auch damals noch
imaginären Straßenzügen vor.

Zu Anfang der 1840er Jahre, als Washington Square
immer noch uptown war und sich nur ein paar Ausläufer
der Stadt bis fast an die heutige 42nd Street herangetastet
hatten, erschien es William Cullen Bryant, dem Dichter,
Ur-Heilsapostel und Herausgeber von ›The Evening Post‹,
an der Zeit, die wachsende Stadt mit einem öffentlichen
Park zu versehen. Sein Vorschlag fand Anklang und wurde
bei den Bürgermeisterwahlen von 1856 von beiden Kandidaten in die Kampagne aufgenommen. Washington Irving,
der Autor der zunächst anonym erschienenen ›History of
New York by Diedrich Knickerbocker‹, einer satirischen
Nacherzählung der holländischen Anfänge in Manhattan,
setzte sich ebenfalls für den Plan ein. Man erwarb für fünfein-
halb Millionen Dollar ein rechteckiges Stück Land, das mit
seinen 840 Morgen größer ist als das Fürstentum Monaco.
Der Preis war so unfaßbar hoch, weil die Tammany-Politiker, die damals am Ruder saßen, dafür sorgten, daß die
Besitzer dieses bisher recht nutzlosen Gebietes und sie
selbst ordentlich dabei verdienen konnten.

Die einzigen soliden Gebäude auf diesem Grundstück
waren das Arsenal von 1848 und ein Blockhaus aus dem

Jahre 1812. Das *Arsenal* steht heute noch an der Fifth Avenue und 64th Street, und seine ›mittelalterlichen‹ Zinnen sind beflaggt und tragen zu Weihnachten einen riesigen Adventskranz. In seinem verhältnismäßig langen Leben hat es unter anderem als Hauptquartier des Parks Department gedient, was es auch heute wieder tut. Zwischendurch war es eine Polizeistation mit einer Menagerie im Keller und das erste naturwissenschaftliche Museum der Stadt. Die Blockhütte in der Nähe der heutigen 105th Street war damals in Erwartung eines englischen Angriffs, der aber nie stattfand, gebaut worden, und man kann noch heute aus ihren schmalen Schießscharten bis zur Riverside Church im Westen und Washington Heights im Norden blicken.

Nun hatte sich aber außerdem auf diesem teuren Gelände eine üble Barackenstadt angesiedelt, wo womöglich tödlicher ›Moonshine‹-Gin schwarz gebrannt wurde, das Knochenkochen florierte und der Gestank dementsprechend gewesen sein muß. Die heutige 59th Street war die große Kluft zwischen brownstone-verkleideter bürgerlicher Ordnung im Süden und dem Reich der ›squatters‹, der Bewohner dieser Baracken, im Norden. Als der Park geplant wurde, soll es fünftausend von diesen Ärmsten der Armen gegeben haben. Sie hausten in baufälligen Hütten in unbeschreiblichem Schmutz, waren sich aber, wenn man einem Zeitgenossen glauben kann, der gewissen malerischen Note des Ganzen wohl bewußt. Nicht alle hatten Hütten; wem das mühselige Zusammenklauben von Baumaterial zu anstrengend war, grub sich einfach eine Höhle oder einen Graben und stampfte den Boden fest. Diese Niederlassungen waren von übelriechenden Sümpfen mit faulem Wasser und verwildertem Gestrüpp umgeben, und die Erdschicht auf dem felsigen Boden war zu dünn, um erfolgreich bebaut zu werden. Die Bewohner dieser Barakkenstadt waren Schwarze, meistens freigelassene Sklaven, ein paar noch übriggebliebene Indianer und soeben eingewanderte Iren und Deutsche. Sie waren zudem nicht nur

bettelarm, sondern nahmen es in ihrem etwas entlegenen
Slum auch mit dem Gesetz nicht so genau. In der größten
Siedlung, Seneca Village, nahe der heutigen 79th Street,
war der Gestank so schlimm, daß man auf die andere Seite
der schmalen Straße gehen mußte, wie ein Wanderer auf
dem Weg zu einer Farm im heutigen Harlem berichtete.
Als die ersten Arbeiter zum Räumen des Geländes ankamen, wurden sie von den sich als rechtmäßige Besitzer
fühlenden Siedlern erst einmal mit Steinen bombardiert.
Mit Hilfe der Polizei wurde dann das Hüttenvolk einfach
vertrieben und mußte versuchen, in anderen Slums, die
sich damals verstreut an den Ufern der beiden Flüsse entwickelt hatten, mehr schlecht als recht unterzukommen.

Ein öffentlicher Wettbewerb für die Anlage des Parks
wurde ausgerufen, den der Gartenarchitekt Frederick Law
Olmsted und der Architekt Calvert Vaux mit ihrem
›Greensward‹ genannten und anonym eingereichten Plan
1837 gewannen. In diesem Plan benutzten sie Vorher-
und Nachher-Ansichten in Anlehnung an die Arbeit des
berühmten englischen Gartenbauarchitekten Humphrey
Repton.

Es dauerte zwanzig Jahre, die verkommene Wüste wenigstens auf den Weg zu der Vision zu bringen, die Olmsted vorschwebte: »Ich kann die verschiedenen Teile des
Parks jederzeit mehr oder weniger genau vor meinem geistigen Auge erstehen lassen.« Daß er bei der Gestaltung
dieses Wunders gegen beinahe unüberwindliche Schwierigkeiten ankämpfen mußte, war bei New Yorks schon damals komplizierter politischer Situation kein Wunder. Die
Bevölkerung hielt zu Olmsted, nicht zuletzt, weil er je nach
Arbeitsvolumen zwischen eintausend und viertausend Arbeiter einstellen konnte. Er war überzeugt, daß »Arbeiter
mehr leisten, wenn man sie vertrauensvoll behandelt, sie
stolz auf ihre Arbeit macht und sie anständig bezahlt«. Das
war zu einer Zeit, als die Arbeiter an den transkontinentalen Eisenbahnlinien wie die Fliegen starben und sich keiner
dafür verantwortlich fühlte, eine revolutionäre Ansicht.

Olmsted muß Erfolg damit gehabt haben, denn Zeitgenossen berichten, daß bei wiederholten Besuchen nicht ein einziger Arbeiter müßig anzutreffen war.

Die Arbeiten gingen voran, die so natürlich wirkende Parklandschaft wuchs, und die Vision der Architekten wurde immer deutlicher: Hügel und Täler, Wiesen und kleine Wälder, ein See mit einer echten Gondel aus Venedig, die aber vertäut bleiben mußte, weil zunächst der Gondoliere fehlte, Bäche und Teiche, schmale Wege und breite Alleen, Belvedere Castle, ein Miniaturschloß, bewußt klein gehalten, um die Perspektive zu verlängern, ein Bootshaus, eine neugotische Molkerei, in der stillende Mütter sich Milch geben lassen konnten, dreißig verschiedene Brücken und an die sechshundert Arten von Bäumen und Sträuchern. Damit die Arbeitswagen nicht andauernd auf Spazier- und Fahrwegen den Verkehr aufhielten, ließen die Architekten sich von Londons Regents Park zum Bau von Unterführungen inspirieren, die alle, wie auch die Brücken, mit verschiedenartigen dekorativen Elementen versehen und einen Blick wert sind. Hier und da ragt Manhattans Schiefer auf scheinbar ganz natürliche Weise aus einer Mulde, oder ein Stück Granit sitzt epstein-ähnlich auf einer Wiese: Daß die schönen glatten Flächen nicht unbedingt so gewachsen sind, ist kaum zu erkennen.

Klassizistisches New York

Die Chase Manhattan Bank hat Jean Dubuffets Baum in ihren Zementgarten gepflanzt.

Der Tempel des Kapitalismus: New York Stock Exchange

St. Bartholomew's im künstlichen Zwielicht eines Nachmittags an der Park Avenue

Die vertikale Vitalität Manhattans ist am besten vom Wasser aus zu sehen

Bauelemente aus einer Zeit, als launiger Einfallsreichtum noch einkalkuliert wurde

Fifth Avenue damals und heute

Beaux-Arts auf dem Weg zum Metropolitan Museum

Schon während seiner Anlage – Erdhügel wurden ver-
schoben, Mulden gegraben, Teiche geleert oder gefüllt,
Flußbetten in die Felsen gesprengt – wurde der Park ein
beliebter Treffpunkt der Gesellschaft. Der französische
Schriftsteller Paul Bourget kam zu Besuch und verglich ihn
mit dem Bois de Boulogne in Paris. Die prunkvollen Karossen der Fifth-Avenue-Millionäre überboten einander mit
silbernen und sogar goldenen Beschlägen. Man fuhr hin,
um gesehen zu werden und Mrs. August Belmonts neueste
Toilette aus Paris neidisch zu begutachten. Der erste Mr.
Belmont war ein Herr Schönberg aus dem Rheinland gewesen, der mit den Rothschilds recht geglückte Investitio-
nen gemacht hatte. Auch die Armen kamen in Scharen,
was Olmsted ja im Sinn gehabt hatte, denn der Spaziergang konnte ihnen, wenn auch nur bedingt, den Ausflug
aufs Land und in die Sommerfrische ersetzen. Gegen Ende
des Jahrhunderts begann sich durch schlechte Verwaltung
und Abzweigung der nötigen Gelder in die Taschen kor-
rupter Politiker eine allmähliche Verwahrlosung breit zu
machen. So fand der nach England ausgewanderte amerikanische Schriftsteller Henry James, der bei einem früheren Besuch von dem Projekt sehr angetan gewesen war, die
»ausgebeulten Asphaltwege, die felsigen Höhlen, die großen eisernen Brücken über kleinen schlammigen Teichen
und die entsetzliche Überfülltheit« jetzt nicht mehr nach
seinem Geschmack. Als während der Depression das Reservoir geleert wurde und sich eine neue Generation von
Barackenbewohnern, diesmal die arbeitslosen Opfer des
Crash von 1929, in ähnlichen Elendsquartieren wie vor
fast hundert Jahren hier ansiedelten, konnte Paul Morand,
der sonst viel Gutes über New York zu sagen hatte, den
Central Park nur noch »als verwildertes Stück Erde mit
vertrocknetem gelben Gras, dürren Bäumen mit ein paar
Blätterfetzen, ohne jede Blume oder blühenden Strauch«
wahrnehmen.

Seit den dreißiger Jahren hat sich manches verbessert,
und auch das Reservoir ist wieder voll Wasser. Trotz der in

New York so beliebten und von Politikern für ihre eigenen
Zwecke gern zugelassenen kirmesähnlichen Festivitäten
der verschiedenen Völkergruppen, die ihre kaum zu verwi-
schenden Spuren hinterlassen, ist Manhattan ohne seine
›grüne Lunge‹ nicht mehr zu denken. Denn hier kann man
Fußball oder Basketball spielen, einen Ausritt von der unter Denkmalschutz stehenden Claremont Riding Academy
aus unternehmen oder Schlittschuhlaufen. Früher flatterte
vom Turm des Belvedere Castle eine weiße Fahne mit rotem Ball, wenn das Eis auf den Teichen fest genug war.
Viele laufen oder joggen, am liebsten immer um das Reservoir herum, viele beobachten die unzähligen Nachfahren
der ersten sieben hier ausgesetzten Vogelpärchen. Wenn
ein seltener Besucher dieser Art entdeckt wird, steht es in
der Zeitung, oft sogar mit Bild, und als an einem besonders
trüben Wintertag einmal eine Eule mit flauschigen Ohren
erschien, hatten nicht nur die Ornithologen ihre Freude an
ihr. New Yorks Tierleben steht dem seiner zweibeinigen
Bewohner an Abwechslungsreichtum kaum nach. Hunde
in allen Größen werden rudelweise von ›dogwalkers‹ spa-
zierengeführt. Katzen, wenn sie ihre Besitzer nicht an der
Leine begleiten, sitzen auf den Fensterbänken und träumen
vom Taubenscheuchen. Es gibt bestimmt soviel Spatzen
wie New Yorker, denn ein Reporter der Zeitschrift ›The
New Yorker‹ behauptet, er habe einmal zehntausend auf
einmal gesehen. City kids, die sie nun einmal sind, treiben
sie sich nicht nur im Park, sondern besonders gerne auf
den Dächern herum. Ihre Nester bauen sie mit Vorliebe in
die Klimaanlagen, die wie etwas bösartige Pocken unter
den Fenstern der älteren Gebäude sitzen. Eine aufwärts-
strebende Gruppe hat sich an der Fifth Avenue in den
Aluminiumrohrbögen der Straßenlampen eingenistet.

Auf der *Ramble,* einem von Olmsted auf englische Art
bewußt ›verwildert‹ gehaltenen Teil des Parks, in dem sich
heute ›gay people‹ recht ungeniert vergnügen, gab es ursprünglich sogar ein Bienenhaus. Heute lebt auf der Westseite ein Schwarm Bienen, der eines Tages seinem Züchter

davonflog, um sich zunächst an der verkehrsreichsten
Kreuzung der Stadt, Ecke Fifth Avenue und 42nd Street,
um eine Ampel niederzulassen. Ihre Verwandten, Wespen
und Hummeln, gibt es auch, dazu eine Menge Schmetter-
linge und den ganzen heißen Sommer lang die größten,
aggressivsten Mücken, die man sich vorstellen kann. Wer
Tomaten oder Paprikaschoten auf Balkon oder Dach an-
baut – Gärtnerei auf kleinem Raum ist ein beliebter und
notwendiger Zeitvertreib – hat mit Tomatenschwärmern
seine Last. Manchmal kann man sogar Gottesanbeterin-
nen beim Beten zusehen, oder ›mourning doves‹ – sie heißen so wegen ihrer Klagetöne – landen mit einem surren-
den Geräusch wie schwerfällige Transportflugzeuge. Gewöhnliche Tauben und graue Eichhörnchen nehmen im
Park überhand. Sie sind sehr zahm und man sollte sich
vorsehen, denn beide Tierarten sollen Tollwutträger sein.

Die ungefähr 75 *Denkmäler,* die über den Park verstreut
sind, waren in Olmsteds und Vaux' Plan eigentlich nicht
vorgesehen. Die beiden Architekten haben sogar mehrmals
mit Kündigung gedroht, wenn verschiedene politische und
andere Gruppen ihre Helden dort verewigt sehen wollten.
Die meisten Standbilder wechseln sich mit den Bäumen der
Mall ab, einer Promenade, die auf der Höhe der 66th
Street beginnt und bis zur Höhe der 72nd Street reicht. Sie
fängt ganz richtig mit Kolumbus an, der hier als Nachbarn
Shakespeare, aber nicht weit entfernt auch einen fast split-
ternackten Indianer hat. Südlich der Mall steht Alexander
von Humboldt, am Nordende trifft man auf den jungen
Schiller und auf Beethoven. Die Statue des Komponisten
wurde von einem deutschen Gesangverein gestiftet und
blickt mit charakteristisch, wenn auch hier recht unverständlich düsterem Blick auf seine Muse in Form einer
jungen Frau hinab. Tiere und literarische Persönlichkeiten
sind auch verewigt: Balto, ein Schäferhund, an dessen be-
schwerlichen Weg durch Eis und Schnee mit lebensnot-
wendigem Serum hier erinnert wird; Hans Christian An-
dersen, der dem häßlichen Entlein aus seinem Märchen-

buch vorliest; Alice in Wonderland mit Mad Hatter und
Cheshire Cat, ihre Patina ganz blank gescheuert von klet-
ternden Kindern. Im 19. Jahrhundert, bevor eine Reihe gut
geplanter Spielplätze angelegt worden war, gab es einen
›Kinderberg‹ – so mit deutschem Wort benannt –, dessen
Form zwar noch zu erkennen ist, der aber mit keinem
Überbleibsel seine frühere Funktion verrät.

Mittelpunkt des Parks war und ist immer noch der *Be-
thesda Fountain,* vertieft vor dem *Lake* gelagert und über
breite Treppen von der höher gelegenen Mall zu erreichen.
Der ›Engel der Gewässer‹ in seinem Becken breitet heute
seine Flügel nicht über promenierenden Damen der Gesellschaft mit Sonnenschirm aus, sondern verschwindet
manchmal beinahe in der Marihuanawolke, die besonders
an Sommerwochenenden über diesem Parkflecken hängt.

Den früheren Parkbesuchergenerationen, die diese
Denkmäler unnötig, wenn nicht sogar moralisch suspekt
fanden, würde sicher angst und bange vor so manchen
modernen künstlerischen Verschönerungsabsichten, die es
abzubiegen gilt. So wollte der Verpackungskünstler Chri-
sto für mehrere Millionen Dollar den ganzen Park mit
einem zweiundzwanzig Meilen langen Vorhang umwik-
keln, ein Angebot, das vom Parks Department mit gut
verstecktem Schauder abgelehnt wurde.

Weithin sichtbar und ein wenig unerwartet steht der
Obelisk aus dem zweiten vorchristlichen Jahrtausend hinter dem Metropolitan Museum. Er wird im Volksmund
›Cleopatra's Needle‹ genannt, obwohl er erwiesenermaßen
nichts mit der ägyptischen Königin zu tun hat, seine Hiero-
glyphen aber wohl von anderen Pharaonen berichten. Er
wiegt zweihundert Tonnen und wurde vom Hudson River
auf Kanonenkugeln an seinen etwas erhöhten Standort gerollt. Den Transport an diese »für einen Obelisken am
schwersten zu erreichende Stelle in der ganzen Stadt« bezahlte ein Vanderbilt.

Eine Erinnerung an New Yorks holländische Vergangenheit ist das *Harlem Meer,* ein zwölf Morgen großer

Teich im nördlichen Teil des Parks, der besonders friedlich und viel weniger überlaufen ist als die südliche Hälfte. Er wirkt beinahe ländlich und gleicht mit seinen mächtigen Eichen, seinen Hügeln und seinen Wasserfällen sehr den Darstellungen aus dem 19. Jahrhundert. Nicht weit vom Harlem Meer liegt der *Conservatory Garden,* ein französischer Garten mit Fliederbüschen, englischem Efeu und elegant gruppierten geschnittenen Hecken. Später hinzugekommen und nicht unbedingt Verbesserungen sind eine Schlittschuhbahn aus Beton und im Süden der *Zoo,* in dem die armen Tiere auf recht begrenztem Platz untergebracht sind, der aber modernisiert wird. Sein Dasein hat aber auf jeden Fall darin seine Berechtigung, daß so manches Stadtkind hier sein erstes lebendes Tier zu sehen bekommt.

Auch die Freilichtbühne, das *Delacorte Theater,* hätte Olmsted und Vaux sicher nicht in ihre Vorstellung vom Park gepaßt, aber die Qualität und Atmosphäre der Aufführungen ebenso wie der verschiedenen Konzerte auf der *Sheep Meadow,* die von Opern mit Sängern im T-Shirt und Tennisschuhen bis zum neuesten Rockstar reichen, hätten sie sicher an diesem Ort begrüßt, den sie zur Erholung aller gesellschaftlichen Schichten vom Stadtleben intendierten. Bei diesen Veranstaltungen im Park, die obendrein noch kostenlos sind, kann man eine ungewöhnlich vollständige Skala von New Yorkern nach Feierabend beobachten. Manche bringen karierte Tischtücher, Sektkübel, damastene Servietten und Kerzen in silbernen Leuchtern mit, andere ein Sandwich in der allgegenwärtigen braunen Papiertüte, schnell erstanden in einem ›Delicatessen‹ an der Ecke. Sie finden sich Stunden vorher ein, um einen guten Platz in Bühnennähe zu finden. Sie sind lammfromm und gehorchen der in großer Zahl aufgebotenen Polizei aufs Wort, den Schafen nicht unähnlich, die früher hier grasten.

Im Jahre 1974 wurde in den Zeitungen vorgeschlagen, Olmsteds und Vaux' ›Greensward‹-Plan wieder hervorzuholen, um ihr Meisterwerk, »den ersten richtigen Park im Lande«, zu sanieren. Die Reaktion war damals allgemein:

Es ist zu spät, die Zeiten und nicht zuletzt die Benutzer des Parks, ihre Anzahl und ihre Angewohnheiten haben sich geändert. Wie es früher war, könne man schließlich, wenn man sentimental veranlagt sei, in Maurice Prendergasts Aquarellen, in Alfred Stieglitz' Photos, William Glackens' Zeichnungen und nicht zuletzt in Currier and Ives' unzähligen Drucken betrachten. Das beste sei, den Verschleiß von Jahrzehnten zu übersehen. Nun wird aber doch noch einmal ein Plan für die erste gründliche Renovierung in hundert Jahren diskutiert, ein Plan, der hundert Millionen Dollar für Erneuerungsarbeiten vorsehen soll.

Einstweilen gehen New Yorker jeden Alters und jeder Hautfarbe wie eh und je in ihren Park, der schon immer wegen seiner verschiedenen Gesichter Bewunderer gefunden hat, die schwer entscheiden können, wann er am schönsten ist. Im März, wenn der Schnee bis auf ein paar Flecken im Schatten geschmolzen ist, die Bäume mit steigendem Saft von einem rötlichen Hauch umgeben sind und die erste frühe Azalee an einem Pennertreffpunkt zwischen leeren Whiskyflaschen und alten Schuhen blüht? Oder etwas später, wenn die doppelten japanischen Kirschen den frischen Rasen und die letzten Narzissen mit hellroten Blütenblättern berieseln und Sonnenanbeter ihre blassen Glieder den ersten warmen Strahlen entgegenstrecken? Im Hochsommer vielleicht, wenn die Aktivitäten der Einheimischen trotz der großen Hitze etwas Karnevalartiges annehmen und kleine braune Füße den Takt zur Stahltrommelmusik stampfen? Im Indian Summer, wenn er sich alle Mühe gibt, der berühmten herbstlichen Farbexplosion in Neuengland in nichts nachzustehen? Oder vielleicht doch erst im Winter, wenn Abhänge und Teiche mit schlittenfahrenden und schlittschuhlaufenden Kindern bevölkert sind und die Szene einem Wintertag in den Brueghelschen Niederlanden gleicht?

Metropolitan Museum of Art

A collection of unequalled variety – a variety
so endlessly weaving, waving, flowing ...
A. Hyatt Mayor

Einer der Konservatoren des Metropolitan Museum, die
oft ihr ganzes Berufsleben hier zubringen, sagte einmal,
dieses Museum sei das einzige Gebäude in New York, das
auch horizontal beeindrucke. Tatsächlich sieht der ausla-
dende, in die Bäume und Büsche des Central Park einge-
bettete Bau mit seiner vier Block langen, mit vier korinthischen Doppelsäulen der Fifth Avenue zugewandten Fassade wie der Palast eines regierenden Monarchen oder wenigstens eines Parlamentes aus.

Er ist aus vielen Komplexen zusammengesetzt. Der Mit-
teltrakt mit seiner Beaux-Arts-Fassade wurde von Richard
Morris Hunt und seinem Sohn Richard Howland Hunt
1902 entworfen; die beiden Architekten sind mit ihren
untertrieben als ›Cottages‹ bezeichneten architektonischen
Extravaganzen in Newport im Staat Rhode Island berühmt geworden. Die Flügel mit den runden Fensterbögen
wurden später von McKim, Mead and White angebaut.
Hunts schmale steile Treppe wurde in den siebziger Jahren
im Rahmen eines ehrgeizigen Um- und Anbauprogramms
durch eine breitere ersetzt. Verantwortlich für die Neubauten – wie die spitze Glaspyramide der Lehman Collection
im ›Hinterhof‹ – sind Kevin Roche, John Dinkeloo and
Associates, die als künstlerische Erben des Finnen Eero
Saarinen gelten. Daß kühlende, aber auch recht kühl wirkende Fontänen vor der Fassade eine Reihe Bäume ersetzen sollen, nehmen viele New Yorker den Architekten
übel, und viele finden auch, daß die Ford Foundation an
der 42nd Street mit ihrem zehnstöckigen Atrium und das
United Nations Plaza Hotel gegenüber dem UNO-Gebäude
dem Team besser gelungen seien.

Die westliche Fassade, der einzige Teil des ursprünglichen Gebäudes, in dem das Museum 1880 eröffnet wurde,
ist heute noch innerhalb des genannten Lehman-Anbaues
zu sehen und stammt von Calvert Vaux, Olmsteds unzer-
trennlichem Mitarbeiter am Central Park. Vielleicht hat
Vaux' Berufung zu dieser Aufgabe Olmsted geholfen, die
bittere Pille zu schlucken, daß soviel Parkgelände für den
Museumsbau abgezweigt werden mußte.

Was das Metropolitan von außen verspricht, hält es von
innen. Eine Beschreibung muß notgedrungen von Superla-
tiven wimmeln: Mit seinen riesigen enzyklopädischen
Sammlungen ist es das viertreichste Museum der Welt und
das reichste in Amerika. Dieser »Supermarkt der Kunst«,
so nannte es einmal ein Direktor, hat die meisten Quadratmeter Ausstellungsraum, bekommt die größten Summen
für seinen Unterhalt, beschäftigt den größten Stab von
Konservatoren, stellt seinen Mitgliedern die umfangreich-
ste Sammlung von Büchern in der Bibliothek zur Verfügung, bezahlt die höchsten Preise für Neuanschaffungen
(über fünf Millionen Dollar für einen Velasquez), regi-
striert die höchsten Besucherzahlen (1980, im Jahr seines
hundertsten Geburtstages, wurden zwischen 70000 und
80000 an Sonntagnachmittagen gezählt). Diese Liste
könnte noch lange fortgesetzt werden.

Eingeweiht wurde das Metropolitan Museum sozusagen
noch im Larvenzustand im März 1880 vom Präsidenten
der Vereinigten Staaten, Rutherford B. Hayes, und es wird
berichtet, daß die Equipagen der Neugierigen meilenweit
an der Fifth Avenue Schlange standen. Die Sammlung bestand damals aus ungefähr hundertfünfzig Werken der niederländischen Malerei sowie Artefakten des klassischen
Altertums, die der erste Direktor von einer archäologi-
schen Expedition aus Zypern mitgebracht hatte. Damals
war es unter den reichen Bürgern der Stadt, den Morgans
und Vanderbilts, Mode geworden, einen beträchtlichen
Teil ihrer unfaßbar großen Vermögen für Kunstwerke aller
Arten auszugeben – und die Museen wurden in steigendem

Maße zu Nutznießern dieser Kaufwut. Sehr vorteilhaft war es dabei für sie, daß die Mäzene versuchten, einander zu übertrumpfen, um ›ihrem‹ Museum die größte, schönste, seltenste Sammlung vermachen zu können. Dadurch wuchsen die Bestände des Metropolitan schnell und stetig. Inzwischen gilt für sie die landläufige Erfahrung, daß es nicht mit einem Besuch, auch nicht mit hundert Besuchen zu schaffen ist, alles Ausgestellte bis in den letzten Winkel in sich aufzunehmen. Kenner meinen sogar, man brauche ein halbes Leben dazu!

So fragt sich der Besucher etwas eingeschüchtert, wenn er in der großen Marmorhalle unter einer der drei Kuppeln steht, wo er denn nun anfangen solle. Die meisten Eintretenden lassen sich zunächst von den großzügigen Blumensträußen auf der Informationsinsel in der Mitte der Halle und in den Nischen ablenken, oder verschnaufen eine Weile auf den Umrandungen der beiden reich bepflanzten runden Beete. Blumensträuße und Beete werden durch eine Stiftung der Readers-Digest-Besitzer erhalten, und es heißt, daß der tüchtige Gärtner mit seinen phantasievollen Arrangements über hunderttausend Dollar im Jahr verdient.

Übersichtliche Pläne in mehreren Sprachen sind bei der Informationsinsel zu bekommen und erweisen sich bei Unentschlossenheit als sehr nützlich. Wenn man einen bestimmten Teil der Dauerausstellung oder eine temporäre Ausstellung besuchen will, sollte man sich vorher informieren: Wegen des sogar hier chronischen Geldmangels werden Teile des Museums zu gewissen Zeiten geschlossen. Damit man sie ja nicht verpaßt, sind die Geschenkläden rechts und links der breiten Treppe untergebracht. Früher ähnelten sie anderen Kunstbuchhandlungen in der Stadt, die neben Büchern Reproduktionen eines antiken Ohrrings oder eines mittelalterlichen Figürchens verkauften. Inzwischen sind diese Repliken zu einer regelrechten Industrie geworden, und man kann William, ein blaues Keramiknilpferd aus dem zweiten vorchristlichen Jahrtausend und Maskottchen des Museums, sogar als Sofakissen kaufen, fertig oder zum Selbermachen, dazu King-Tut-Krawatten, Early-American-Schals, Porzellan, Messing, Glas. Man hat dabei die Vision, daß die ganze Welt eines Tages vom Metropolitan Museum ausstaffiert sein wird, denn jetzt werden die ›Waren‹ auch in europäischen Zeitschriften angeboten.

Das Museum ist in achtzehn Abteilungen aufgeteilt, und der Zweckmäßigkeit halber sollte man sich mehr oder weniger an den vom Museum verteilten Plan halten. Von der großen Halle zweigen rechter Hand die Galerien der *Ägyptischen Sammlung* ab. Bis vor kurzem waren sie größtenteils geschlossen. Inzwischen sind die alten Räume renoviert worden, neue sind hinzugekommen, und es ist zum ersten Mal in der Geschichte des Museums möglich, die Sammlung in ihrer Gesamtheit zu betrachten. Zusammen mit der des Brooklyn Museum bietet sie eine Übersicht über alle Perioden der ägyptischen Kunst, wie sie sonst vielleicht nur in Kairo zu finden ist.

Die meisten Besucher, und manchmal sogar einer der Wärter, sind bei den Grabbeigaben anzutreffen. Nach den kolossalen Grabbauten, nach geheimnisvoll lächelnden oder auch gleichgültig dreinschauenden Sphingen, nach der Königin Hatschepsut und dem blendenden Schmuck der Prinzessinnen und nach den Mumien bieten diese Figürchen in ihrer naiven Geschäftigkeit eine willkommene Abwechslung. Hier brauen Miniaturägypter Bier, backen Brot, versorgen das Vieh, rudern in schnellen und offensichtlich seetüchtigen Booten.

Von den ägyptischen Galerien gelangt man in die neue Halle mit dem Tempel von Dendur. Er ist nicht sehr groß und wirkt in dieser eigens für ihn geschaffenen Umgebung noch kleiner, fast ein wenig verloren. Durch die riesige gläserne Wand an der nördlichen Flanke des Museums mischt sich der Central Park ins Bild und stört es, denn man stellt sich ägyptische Tempel entweder an den Ufern des Nil, auf jeden Fall aber in sandiger Landschaft vor. Der

Versuch, diese Assoziation mit Hilfe eines eckigen, U-förmigen Bassins mit bräunlichem Wasser (und Tausenden
der unvermeidlichen Münzen darin) zu erwecken, ist leider
mißlungen.

Wenn man hier dem Plan des Main Floor folgt, wird man
zwar einen ›Kulturschock‹ bekommen, kann sich aber Um-
wege über chronologisch näher, für die Füße jedoch weiter
gelegene Räume sparen. Denn gleich neben der Tempel-
halle beginnt der *Amerikanische Flügel.* Für den europäischen Besucher, der sich schließlich zu Hause oder nicht so
sehr weit davon ägyptische, griechische und römische
Kunst sowie europäische Malerei und Plastik ansehen
kann, ist dieser Teil des Museums besonders wichtig. Er
wurde vor einigen Jahren um den Kern des Old American
Wing gelegt. Heute kommt man durch eine ganz banale
Tür in einen hohen, glasüberdachten Innenhof, den Charles Engelhard Court, und sieht die klassizistische Fassade
einer Bank von 1823 aus der Wall Street vor sich. Leider
wurde sie zu flach in die neue Wand eingesetzt, um den
nötigen plastischen Eindruck zu vermitteln. In einem Bek-
ken spiegeln sich Putten, zwischen Büschen stehen, sitzen
und lagern dekorative Figuren aus Stein, Marmor und
Bronze, unter ihnen auch Augustus Saint-Gaudens' goldene ›Diana‹. Vor einem knappen Jahrhundert krönte sie
die Kopie der Giralda von Sevilla, die Stanford White sich
auf seinen Vergnügungspalast, den ersten, längst abgerissenen Madison Square Garden, gebaut hatte. Sie scheint sich
hier aber zu Hause zu fühlen, und sie wirkt, als wolle sie
augenblicklich leichten Fußes in den Park zum Jagen eilen.

Der weite, hohe Innenhof kann ein wenig *zu* großartig
wirken und ist an sonnigen Tagen fast zu hell, wird aber
durch seine architektonischen Details und die ausgestellten
Gegenstände menschlicher. Da ist vor allem die doppelte
Treppe aus Gußeisen, Kupfer und Holz von Louis H. Sullivan, von dem als Gründer der Chicago School schon die
Rede war. In Fenstern des New Yorker Glaskünstlers und

Malers Louis Comfort Tiffany rankt Weinlaub und trop-
fen Glyzinien, und ein ›zu Glas gewordener‹ Nazarener hat
im Park den idealen Hintergrund gefunden.

Wie üppig es um die Jahrhundertwende in New Yorker
Millionärshäusern zuging, illustriert der monumentale Kamin aus dem 1925 abgerissenen Vanderbilt-Haus an der
Fifth Avenue. Bildhauer Augustus Saint-Gaudens und Maler John La Farge hatten sich hier zusammengetan, um ein
Werk zu schaffen, das einem Vanderbilt gemäß war: Da
tragen übermannshohe rote Marmorkaryatiden das Gesims mit einem neorömischen Mosaik auf ihren Schultern,
und der entsprechend mächtige Feuerschutz aus Gußstahl
ist nicht nur nützlich, sondern auch sehr dekorativ. Nebenan wurde eine Nische mit einer schillernden farbigen
Mosaiklandschaft und einem kleinen Brunnenbecken von
Tiffany in die Wand eingebaut. Auf der anderen Seite, und
nur durch die Glaswand vom Park getrennt, ruht die Frau
des Bildhauers und Malers Frank Duveneck in effigie in
faltenreicher, vergoldeter Bronze auf ihrem Sarkophag.
Hübsche, aber sehr unbequeme Jugendstilbänke laden zu
einer Pause ein.

Um den Innenhof läuft eine Galerie mit einer reichhalti-
gen Ansammlung von Kunst- und Gebrauchsgegenständen
aus Gold, Silber, Porzellan, Email, Glas, Gußeisen und
Einlegearbeit aus dem späten 19. und frühen 20. Jahrhundert, darunter eine große Auswahl von Tiffanyglas. Kurios
ist ein Teeservice aus ungebranntem Biskuitporzellan,
wahrscheinlich ein Modell. Der Deckel der Kanne trägt
den Kopf eines bezopften Chinesen, die Zuckerdose den
eines westindischen Zuckerrohrmähers, und die Milch-
kanne den Kopf einer Ziege als Henkel.

Es ist ratsam, sich den hier angebotenen ausführlichen
Plan des American Wing zu besorgen, denn in den *Stilräu-
men* und *Möbelgalerien* geht man am besten chronologisch vor. Sie sind hinter der klassizistischen Bankfassade
eingerichtet, und man kann die Entwicklung der Kolonie
zur neuen Republik anhand von dekorativen Dingen und

Gebrauchsgegenständen sehr gut verfolgen. Die Räume aus der frühen Kolonialzeit von 1630 bis 1730 liegen im Old Wing, dem Kernstück des American Wing, im dritten Stock. Winzige Fenster, schmale Stiegen, schlichte Möbel mit nachklingendem Einfluß von Gotik und Renaissance lassen erkennen, daß die ersten Siedler es schwer hatten und sich mit Einfachem begnügen mußten. Wie schnell sich aber ihre wirtschaftliche Lage in diesem reichen Land verbessert hat, wird im zweiten Stock sichtbar: Hier setzt sich der georgianische Stil aus England mit dem warmen Glanz von Mahagoni und der Brillanz von Silber und Seide durch. Ihn löst der auch im Kunsthandwerk sogenannte ›Federal Style‹ ab, der mit dem Federal Government 1789 einsetzt und bis etwa 1830 dauert. Es ist der schon ›boden-ständige‹ Stil der neuen Republik, dennoch von England, weniger von Frankreich, beeinflußt. So fallen die Möbel durch ihre klare Linie und fast karge Schlichtheit auf, je-denfalls weit karger als ihre transatlantischen Verwandten. Wo französische Vorbilder prägend sind, spricht man von ›American Directoire‹ oder ›Amerikanischem Empire‹.

Im zweiten Stock des Old American Wing beschreibt der Pennsylvania Dutch Room die Lebensweise der aus Rhein-land-Pfalz eingewanderten Siedler, die meistens – und falsch – als ›Pennsylvania Dutch‹ bezeichnet werden, laut-lich von ›deutsch‹ abgeleitet, aber ›Dutch‹ meint im Engli-schen natürlich holländisch. Für den deutschen Besucher interessant sind hier die in Pennsylvania in deutscher Frak-tur geschriebenen und bemalten Urkunden über Hochzei-ten, Taufen und Konfirmationen. Sie sind sehr beliebt in Amerika und werden fleißig gesammelt.

Daß die Sammlungen des American Wing nicht nur üp-pig, sondern auch von bester Qualität sind, wird dem Be-sucher schnell klar, und er sollte sich nicht von der Fülle einschüchtern lassen. Denn in den Möbelgalerien stehen die Uhren wie Gardesoldaten in Reih und Glied und schla-gen auch noch dazu, und aufgereiht an der Wand sind nicht ein Sekretär, ein Tisch, ein Sofa, sondern immer gleich mindestens drei. Eine ganze Galerie befaßt sich nur mit Volkskunst, darunter sind zauberhafte ›naive‹ Bilder von Kindern mit feierlichen Gesichtern. Ein Nebenarm dieser Kunst und eine sehr amerikanische Angewohnheit des 19. Jahrhunderts war es, ›Mourning Pictures‹ in Wasserfarben zu malen oder zu sticken: Sie zeigen Ansichten von Sarkophagen und Urnen, Trauerweiden und trauernden Hinterbliebenen in gedämpften Farben und wurden mit großem Eifer von den weiblichen Familienmitgliedern hergestellt.

Auf dem Zwischenstock des American Wing kann man sich eine kleine, aber konzise Lektion in *Amerikanischer Malerei* erteilen lassen. Dabei beginnt man im 18. Jahrhundert mit den Porträts der amerikanischen Staatsmänner, darunter zahlreiche von George Washington, den vor allem Gilbert Stuart oft gemalt hat. Der erste Präsident erscheint noch in der Mitte des 19. Jahrhunderts in Emanuel Leutzes großem Bild ›Washington crossing the Delaware‹. Mark Twain hatte über die Darstellung dieses historischen Augenblicks nicht viel Gutes zu sagen, es ist aber möglich, daß er nur ihre fürchterlichen, stümperhaften Kopien meinte, die zu seiner Zeit in jedem patriotischen Haushalt hingen.

Die Bilder der ›Hudson River School‹ mögen deutsche Besucher besonders interessieren, da sie neben dem Einfluß der englischen Landschafter und Courbets auch das Vorbild der deutschen Romantiker verraten. Der aus England stammende Thomas Cole und der in New Jersey geborene Asher Brown Durand wurden in den vierziger Jahren des 19. Jahrhunderts die Protagonisten einer Gruppe von Malern, die sich im Hudson-Tal niederließ und der Landschaftsmalerei verschrieb. Eine unmittelbare Verbindung zur Düsseldorfer Schule stellte der Deutsche Albert Bierstadt her, der am Hudson – später in Kalifornien – malte und Kollegen aus dem Rheinland mitbrachte, die das Hudson-Tal enthusiastisch mit dem Rheintal verglichen. Das Häufchen Gleichgesinnter war sich dessen nicht bewußt, eine ›Schule‹ gegründet zu haben. Ihre Gemeinsamkeit in der Auffassung der Natur, etwa in der Darstellung von Lichteffekten, realistischen Details und romantischer Stimmung, bekam erst später den Namen ›Hudson River School‹, als ihre Bedeutung für die amerikanische Kunst erkannt wurde. Cole ist hier mit ›The Oxbow‹, einer Landschaft am Connecticut River nach dem Gewitter, sein Schüler Frederick E. Church mit dem ›Herz der Anden‹ und Albert Bierstadt mit ›Die Rocky Mountains‹ vertreten, um nur die berühmtesten Bilder zu nennen, die übrigens zeigen, daß Vertreter dieser Schule später auch andere eindrucksvolle Landschaften für die amerikanische Malerei entdeckten.

Es ist möglich, daß Winslow Homer Amerikas berühmtester Maler des 19. Jahrhunderts ist, sicher ist er einer der bekanntesten. Das ist verständlich, denn fast jeder Amerikaner in den entlegensten Gegenden des großen Landes kann sich mit seinen sorgenden Seemannsfrauen, seinen wartenden Kriegsgefangenen, seinen lustig auf einer Frühlingswiese tanzenden Kindern, seinen Flut- und Karnevalsszenen identifizieren. Henry James war von Homers Themen weniger angetan, und ein englischer Kritiker fand eine Version der spielenden Kinder, ›Snap the Whip‹, nicht gut genug, um sie nach England in eine Ausstellung zu schicken. Während Homer sich mehr mit Landschaft befaßt und seine Figuren kaum charakterisiert, war Thomas Eakins vom menschlichen Körper und der Ausdrucksfähigkeit des Gesichts fasziniert. Seine Porträts sind von einer psychologischen Tiefe, an der man den Einfluß Rembrandts erkennt. Gleichzeitig war er fähig, die durchsichtige Stille eines sonnigen Herbstnachmittags vollkommen wiederzugeben, wie in dem Bild ›Max Schmitt in a Single Scull‹.

Nicht weit voneinander entfernt ist eine Reihe von sogenannten ›Trompe L'Œil‹-Malern, allen voran William Michael Harnett, dessen Arbeit man nur als superrealistisch bezeichnen kann, und zwei Werke, die in ihrer Intensität beinahe surrealistisch wirken. Es handelt sich um Martin Johnson Heades ›The Coming Storm‹ von 1859 mit seinem drohend schwarzen Himmel und teerigem Wasser, gerahmt vom gelben Marschland der Neuenglandküste, und Albert Pinkham Ryders ›Moonlight Marine‹, das seine Kindheit an der Küste und seine Mondbesessenheit widerspiegelt und in dem sich erst nach einer Weile des Anschauens die scheinbar abstrakten Formen als Wasser, Himmel und Segelboote zu erkennen geben. Auch in George Caleb Binghams ›Fur Traders on the Missouri‹ von 1845 ist Wasser das wichtigste Element, hier nicht die Meeresbuchten, sondern der breite, stille Fluß. Die American Art Union, die Binghams etwas gespenstische Bilder von Fellhändlern für ganze 75 Dollar pro Stück kaufte, hatte den ursprünglichen Titel dieses Bildes ›French Trader and his Half-Breed Son‹ ein wenig zu riskant gefunden.

Nicht zu übersehen ist John Singer Sargents ›Madame X‹. Das Bild erregte solches Aufsehen im Pariser Salon von 1884, daß Sargent damit nach London flüchten mußte. Trotz des anonymen Titels wußte jedermann natürlich ganz genau, daß Madame Gautreau, eine Dame der besten Gesellschaft, für die skandalös dekolletierte Schönheit Modell gestanden hatte. Wie sein Zeitgenosse Sargent verbrachte auch James Abbott McNeill Whistler den größten Teil seines Lebens in Europa. Bekannt für seine ›Nocturnes‹ und seine voluminöse Graphik, ist er hier mit dem guten Porträt ›Theodore Duret: Arrangement in Flesh Tones and Black‹ vertreten. Sein bekanntestes Werk, ein Bildnis seiner Mutter, befindet sich nicht in Amerika, obwohl hier der Ausdruck »Whistler's Mother« zu einem Schlagwort geworden ist, das soviel wie »typisch amerikanisch!« bedeutet. Es hängt im Louvre.

Spät zu Ansehen gekommen sind Edward Hopper und Horace Pippin. Abgesehen von einem einzigen Bild aus der bahnbrechenden ›Armory Show‹ von 1913, konnte Hopper seine einsamen New Yorker Straßenzüge und besonnten Strandhäuser erst mit vierzig Jahren erfolgreich ver-

kaufen. Trotz eines gelähmten rechten Arms malte Pippin
seine schwarze Familie, seine Nachbarn und ihre viktorianischen Wohnzimmer. Auch er wurde erst mit vierzig Jahren entdeckt, und das eher durch Zufall, weil er einige
seiner Bilder in einem dörflichen Ladenfenster ausgestellt
hatte. Heute gilt er als einer der besten autodidaktischen
Maler Amerikas.

Die amerikanischen Maler der Moderne sind in der Galerie des 20. Jahrhunderts anzutreffen und man hofft, daß
ihre schon jetzt nicht unbeträchtliche Anzahl demnächst
noch durch eine große gute Privatsammlung bereichert
werden wird. Im American Wing hat man sich auf einige
Repräsentanten des frühen 20. Jahrhunderts beschränkt.
Georgia O'Keeffe, nachhaltig beeindruckt von der wilden,
trockenen Landschaft des amerikanischen Südwestens, hat
diese in ihren gebleichten Tierskeletten symbolisiert. Charles Demuths ›I saw the figure 5 in gold‹ wurde von einem
Gedicht von William Carlos Williams inspiriert und ist
unmißverständlich die Darstellung eines vorbeidonnern-
den New Yorker Feuerwehrwagens. William Glackens,
Maurice Prendergast, John Sloan und Childe Hassam ›berichten‹ gleichfalls New Yorker Szenen. Die beiden erstge-
nannten aus dem Central Park, Sloan von einer riesigen
Staubwolke zu den windigen Füßen des Flatiron Building
und Hassam von einem grüngoldenen Frühlingsmorgen
auf der Fifth Avenue mit flatternden Fahnen.

Griechische und Römische Kunst ist in den Räumen links
von der Eingangshalle und in den Galerien genau darüber
im ersten Stock untergebracht. Sie beginnt mit einem ky-
kladischen Harfenspieler und schließt mit einem Schlafzimmer aus einer Villa in Boscoreale bei Pompeji. Dazwischen sieht man unter vielem anderem einen bronzenen
etruskischen Triumphwagen, einen Mantelständer, der
Diego Giacometti inspiriert haben könnte, einen dicken
schlafenden Eros mit gefalteten Flügeln, und ungefähr an-
derthalbtausend griechische Vasen.

Einer der vielen schönen Räume des Museums ist der Velez Blanco Patio links neben der Treppe. Offiziell heißt er *Blumenthal Patio,* weil George Blumenthal, Präsident des Museums in den dreißiger Jahren, ihn aus Spanien über Paris nach New York geholt und in der Eingangshalle seines Hauses installiert hatte. Als sein Haus an der Park Avenue nach seinem Tode den Weg so vieler Gründerzeithäuser ging, wurde der Patio Stein für Stein abgetragen und im Museum wieder zusammengesetzt.

In der *Halle mittelalterlicher Plastik* hinter der Treppe fällt sofort das hohe, gußeiserne Gitter auf. Es ist eine ›reja‹, ein Chorgitter, aus der Kathedrale von Valladolid, das bei einem Umbau der Kathedrale ausrangiert wurde. Die besten Stücke aus der großen mittelalterlichen Sammlung des Metropolitan Museum sind in den Cloisters im Norden Manhattans untergebracht, von denen noch die Rede sein wird, aber auch hier im Hauptgebäude ist ein riesiger Raum mit Madonnenfiguren, eisenbeschlagenen Truhen, Tapisserien und Keramiken so geschickt ›wohnlich‹ gemacht worden, daß man sich in eine mittelalterliche Schloßhalle versetzt fühlt. Manchmal werden hier Konzerte gegeben, und wenn helle Trompeten Musik von Gabrieli von der Empore schmettern, ist die Illusion vollkommen. Zu Weihnachten dringt das 18. Jahrhundert hier ein: Dann wird ein großer Weihnachtsbaum aufgestellt und mit fast zweitausend neapolitanischen Krippenfiguren geschmückt.

Links und rechts der Medieval Sculpture Hall schließen sich die *Galerien für europäisches Kunsthandwerk* und die *englischen, französischen* und *italienischen Stilräume* an. Sie sind möglicherweise die umfangreichsten Sammlungen des Museums. Die Räume aus italienischen Palazzi, französischen Stadtpalais oder englischen Landhäusern sind bis zum Puttendekor, der vergoldeten Vertäfelung oder den chinesischen Tapeten stilgerecht eingerichtet. Dazu präsentieren die großen Galerien im Keller (Ground Floor)

Glas, Porzellan, Silber und andere dekorative Metallarbei-
ten aller Epochen. In den großen üppigen Wrightsman
Rooms − so nach den Stiftern benannt − kann man den
rotlackierten Schreibtisch Ludwigs xv. und Marie Antoi-
nettes mit blauem Samt ausgeschlagene goldene Hunde-
hütte bewundern. Vor einigen Jahren wurde dem Museum
die Schaefer Collection vermacht, eine Sammlung von
deutschen Barock- und Rokokomöbeln, die in Amerika
sehr rar sind, dazu eine Gruppe von lustigen Porzellantie-
ren mit erstklassigem ›Stammbaum‹.

Großen Spaß macht ein Besuch bei den *Waffen und Rüstungen,* wo sich gewappnete Ritter zum Turnier treffen.
Hier hängen gewichtige Banner, Lanzen glänzen, und man
kann beinahe die Gipspferde wiehern hören. Der deutsche
Konservator der Ritterrüstungen, Panzerkettenhemden
und Visierhelme hat zu Weihnachten eine ziehharmonika-
gefaltete Weihnachtskarte mit einem Ritter für jeden der
zwölf Tage zwischen Weihnachten und dem Dreikönigstag
in Anlehnung an die ›Twelve (K)Nights of Christmas‹ entworfen, die man im Museumsladen kaufen kann.

Eine der größten Sammlungen der Welt an *Musikinstru-
menten* ist auf der Galerie über der Halle der Rüstungen zu
finden. Hier kann man die musikalische Entfaltung vieler
Völker und die technische Entwicklung aller uns bekannten und vielleicht nicht so bekannten Instrumente verfolgen. Unter ihnen ist auch ein Klavier von Bartolomeo
Cristoferi, dem Mann, dem wir die Erfindung dieses In-
struments verdanken.

Nicht allzuweit davon entfernt und immer eingedenk der
geplagten Füße, gelangt der Besucher in die Galerien für
Chinesische, Japanische und *Indische Kunst.* Ein monu-
mentaler Bodhisattva aus Sandstein hält Hof neben einem
riesigen Wandgemälde in zarten Wasserfarben. In Glaskästen auf der Empore, die die Treppe umrahmt, ist die B.
Altman Collection mit chinesischem Porzellan verteilt. Un-

ter ihren über vierhundert erstklassigen Stücken sind die
der Ming-Dynastie reichlich vertreten und darunter wiederum stechen einige besonders schöne Vasen mit Clair-
de-lune-Glasur hervor. Daneben bemüht sich ein wild han-
tierender Dämon trotz großer rosa Muschelohren vergeblich darum, gefährlich auszusehen.

Vor kurzem wurden die fernöstlichen Sammlungen mit
der Eröffnung des Astor Court und der Douglas Dillon
Galleries beträchtlich erweitert und verschönt. Der Astor
Court ist mit Goldfischteich, eigenartig, beinahe mensch-
lich geformten Lavablöcken und von leichtem Wind bewegten Bambusstauden die getreue Kopie eines Gartens
und Gartenzimmers aus Suchow in Schantung. Zu Zeiten
der Ming-Dynastie war dieses ›Chinesische Venedig‹ das
Zentrum des kulturellen Lebens im Reich der Mitte. Die
Einrichtung im Metropolitan Museum ist das Ergebnis eines ersten kulturellen Austausches zwischen China und
Amerika und wurde von 27 Ingenieuren und Handwerkern aus der Volksrepublik in fünf Monaten geschaffen.
Sie ist der Initiative und Konzeption von Mrs. Vincent
Astor zu danken, die als Kind einige Jahre in Peking verbracht hatte. Um die Verwirklichung kümmerte sich dann
die Stiftung ihres verstorbenen Mannes. Das Gartenzim-
mer öffnet sich nach Süden – ganz wie es das in Suchow tut
– zum Garten hin. Seine schlichten Möbel aus dem 16. und
17. Jahrhundert sind stilgetreu für Empfänge arrangiert. In
den anschließenden Douglas Dillon Galleries sind Wechselausstellungen von chinesischer Malerei aus tausend Jahren zu sehen. Die Bilder, Wandschirme und Schriftrollen
werden von Skulpturen, Vasen und anderen Gegenständen
der entsprechenden Epochen begleitet.

Ebenfalls im ersten Stock führen assyrische Reliefs den
Besucher in die reichhaltige *Islamische Sammlung*. Ihr Eingang wird von zwei großen sitzenden Portallöwen mit
menschlichen Gesichtern, langen Spitz- und wunderschön
gekringelten Schnurrbärten bewacht. Drinnen fühlt man
sich bald nach Damaskus versetzt: Ein holzgetäfelter

Raum aus dem 18. Jahrhundert mit kühlem Fliesenboden, weichen Kissen und einem leise plätschernden Brunnen atmet Tausendundeine-Nacht-Atmosphäre. Die vielen schönen Teppiche hängen in Schieberegalen zum Ausziehen, die Gebetsnischen richten sich selbstverständlich gen Osten, und die Keramiken sind so bezaubernd, daß man sich nicht wundert, sie in allen möglichen Varianten im Museumsladen reproduziert zu sehen.

Hier oben findet der unermüdlich Neugierige auch die schier endlosen Galerien für *Europäische Malerei und Plastik*. Die Sammlungen reichen von Pollaiuolos ›Bildnis einer unbekannten Dame‹ bis zu Picassos Porträt der den New Yorkern wohlvertrauten Gertrude Stein. Dazwischen finden wir Sassetta mit dem ›Zug der Heiligen Drei Könige‹ – bergab und recht durcheinander –, Mantegna und Raffael mit Heiligen Familien, Tizian und Veronese mit Venus-Darstellungen. Unter den Flamen und Holländern sind Robert Campin und Jan van Eyck mit Verkündigungen und Pieter Brueghel mit seinem berühmten Erntebild anzutreffen, Rubens mit vielen Sujets, darunter einer Jagdszene, und Van Dyck mit charakteristischen eleganten Porträts. Zwei der schönsten Vermeers, die ›Lautenspielerin‹ und ›Die junge Frau mit Wasserkrug‹, sind da, und unter dreißig Rembrandts die beiden erschütternden Bildnisse von ihm selbst und von der kranken Hendrickje. Auch Holbeins ›Eduard VI.‹ und Cranachs ›Urteil des Paris‹, Velazquez' ›Juan de Pareja‹ – der das Museum so viel gekostet hat – und El Grecos ›Ansicht von Toledo‹ im Wetterleuchten wird man sich nicht entgehen lassen. Die Franzosen sind mit Georges de la Tour, Watteau, Boucher, Chardin – ›Der Seifenbläser‹ –, David – ›Monsieur und Madame Lavoisier‹ –, Ingres und Corot vertreten. Um die Jahrhundertwende wurde hierzulande übrigens gespöttelt, daß von den dreitausend Bildern, die Corot gemalt habe, mindestens fünftausend in New York hingen!

Malerei und Plastik des 19. Jahrhunderts sind in den André Meyer Galleries for 19th Century Art ausgestellt.

Diese riesige Sammlung setzt sich aus vielen berühmten Stiftungen zusammen, darunter die für ihre vielen Werke von Degas bekannte O.H. Havemeyer Collection. Zwischen den Gemälden, Pastellen und Bronzen des Künstlers steht auch seine berühmte junge Tänzerin mit Tutu aus Tüll und rosa Seidenschleife im bronzenen Haar und hält die Nase keck in die Luft. In dieser neuen, geschickt beleuchteten Galerie sind unter vielen, vielen anderen Meisterwerken Goyas Majas und zwei seiner zierlichen ›Niñas‹, Manets Toreadoren, Monet mit der ›Terrasse à Sainte-Adresse‹, van Gogh mit dem ›Irisstrauß‹, Cézanne mit den ›Kartenspielern‹ und einem Mont-Sainte-Victoire, Rodin mit Marmor und Bronze und Böcklin mit einer seiner fünf Versionen der ›Toteninsel‹ zu sehen.

Die schon erwähnte Glaspyramide am Ende der Skulpturenhalle des Mittelalters beherbergt die ungefähr dreitausend Stücke der *Robert S. Lehman Collection,* die unter der Bedingung, nicht auseinandergenommen zu werden, dem Museum vor einigen Jahren nebst Unterhaltsmitteln vermacht wurde. Es blieb der Verwaltung nichts anderes übrig, als sie weisungsgetreu zu präsentieren, das heißt, viele Stücke auf Kopien der Originaltapeten oder einen Teil des Treppenaufgangs des Lehmanschen Hauses zu installieren. Die Sammlung ist zweifellos wertvoll und reflektiert den Geschmack ihres Gründers. Auffallendste Werke: ein heiliger Antonius von Sassetta, eine Verkündigung von Botticelli, die ›Princesse de Broglie‹ von Ingres oder ein Mädchenakt von Balthus.

Mit vierjähriger Verspätung ist zu den vielen Abteilungen des Metropolitan Museum kürzlich ein neuer Flügel hinzugekommen: der Michael C. Rockefeller Wing mit *Kunst aus Afrika, Ozeanien und den beiden Amerika.* Seine Grundlage bildet ein 1954 von Nelson Rockefeller gegründetes Museum für Primitive Kunst, dazu kam seine Privatsammlung; abgerundet wird das Ganze mit passenden Stücken aus dem Besitz des Museums. Zusammen bieten diese Sammlungen einen ausgewogenen und erstklassigen Überblick über die Kunst der genannten Gebiete. Benannt ist dieser Flügel nach Rockefellers Sohn Michael, der 1961 auf einer Forschungsreise in Neuguinea spurlos verschwand. Ein Morgen Ausstellungsraum enthält über zwei Meter große Dogonfiguren und winzige goldene Amulette, bronzene Beninköpfe, Senufovögel, Elfenbein aus Zaire und Jade aus Mexiko, dazu eine gut ausgestattete Forschungsbibliothek mit 300 000 Photographien.

Auch die große *Graphische Sammlung* des Museums ist in erweiterten Räumen untergebracht worden, eine notwendige Neuerung, denn ihr Bestand von über einer Million Arbeiten quoll buchstäblich aus den Regalen. Die Konservatoren organisieren kleine, aber mit großem Geschmack ausgesuchte Ausstellungen und hängen sie oft auch auf den Balkon des Velez Blanco Patio. Im vergangenen halben Jahrhundert haben drei der Chefkustoden nach sehr unterschiedlichen Gesichtspunkten eingekauft und dadurch Spielraum und Bedeutung der Sammlung ungemein erweitert. Der erste sammelte teure und seltene Stücke, der zweite preiswerte, die aber zur Ergänzung notwendig waren, der dritte schließlich Arbeiten der Moderne, darunter viel Photographie.

Die Museumsmeile und ihre Umgebung

Habitat of this monstrous aristocracy.
James Stephens, irischer Patriot,
über die Fifth Avenue

Von den Bewohnern anderer Stadtteile, besonders den Villagers und den Westsiders, wird die Upper Eastside oft
leicht verächtlich als New Yorks ›Seizième Arrondisse-
ment‹ abgetan, nicht zuletzt, weil jemand ausgerechnet
hat, daß der geographische Mittelpunkt aller Adressen im
›Social Register‹, New Yorks Gotha, sich an der Kreuzung
von Madison Avenue und 68th Street befindet. In Wirklichkeit ist die Upper Eastside aber mehr als eine teure,
etwas langweilige Wohngegend. Zwar hat auch sie neue,
architektonisch allerdings selten beachtenswerte Hochhäuser aufzuweisen, da, wo früher große und kleine Stadthäuser aus Marmor, Kalkstein und dem beliebten Brownstone standen. Von diesen aber sind trotz allem so viele
stehengeblieben, daß sich die Behörde bewogen fühlte, einen großen Teil der Upper Eastside unter Denkmalschutz
zu stellen. Er reicht von 62nd Street und Fifth Avenue bis
zur Lexington Avenue und 79th Street, mit ein paar weiteren, über diese Grenze hinausragenden Blocks – alles in
allem 1044 Gebäude. Darin sind auf manchen Straßen
Apartmenthäuser mit eingeschlossen, auch wenn sie sich
nicht besonders auszeichnen; aber nur die architektur-
historisch ›interessanten‹ Häuser bringen ihren Besitzern
Steuerermäßigungen ein.

Die ›feine‹, teure Upper Eastside reicht, genaugenommen, nur von der Fifth Avenue bis knapp an die Lexington
Avenue, und von 60th Street bis 96th Street, mit Exklaven
wie Beekman Place und Sutton Place, East End Avenue
und einigen Seitenstraßen weiter östlich und südöstlich.
Die Bewohner der Fifth Avenue haben als Zugabe bis zur
110th Street noch die wechselnde Szenerie des Central

Park vor der Tür und als Nachbar oft ein weltberühmtes Museum. Denn das Stück der Avenue von 70th Street mit der eleganten Frick Collection bis 105th Street mit dem lebenslustigen Museo del Barrio, dem Museum der Portorikaner und anderer spanischsprechender New Yorker, ist als ›Museum Mile‹ bekannt. Zwischen diesen beiden so ungleichen Geschwistern liegen das Metropolitan Museum, das Solomon R. Guggenheim Museum, das Cooper-Hewitt Museum of Decorative Arts and Design, das Jewish Museum, das International Center for Photography, das Museum of the City of New York und, nicht zuletzt, das Goethe House.

Die Schätze der *Frick Collection* sind in einem großzügig angelegten Stadtpalais im Stil Louis XVI. aus dem Jahre 1913 ausgestellt, das bis 1935 als Wohnhaus diente. Bei seinem Bau hatten die Architekten Carrère and Hastings – denen New York auch die Public Library an der 42nd Street verdankt – sehr wahrscheinlich schon an die Möglichkeit gedacht, eine Bleibe für Henry Clay Fricks erlesene Kunstsammlung zu schaffen. Mr. Frick, Stahlmagnat aus Pittsburgh und bereits mit dreißig Jahren Millionär, wurde auf einer Europareise von der Sammelwut seines Freundes Andrew Mellon angesteckt, der Bankier und zeitweilig Finanzminister und einer der bedeutendsten Kunstmäzene Amerikas und großzügiger Förderer der National Gallery in Washington war.

Wenn man heute auf glatten Marmorfußböden oder weichen Aubusson-Teppichen durch die stets nach frischen Blumen duftenden Räume der Frick Collection geht, hat man, abgesehen von den vielen scharfäugigen Wächtern, nicht das Gefühl, in einem Museum zu sein. Die Anordnung von Möbeln, Gemälden und Skulpturen ist nicht nach musealen Gesichtspunkten getroffen, sondern eher so, wie man sie nach seinem ganz persönlichen Empfinden zu Hause hätte, befände man sich in Mr. Fricks beneidenswerter Lage. Da konfrontieren einander Turners ›Dieppe‹ mit seinem ›Köln‹, an anderer Stelle hängen Familienporträts von Van Dyck neben Bildnissen Gainsboroughs, bildet El Grecos ›Hl. Hieronymus‹ eine Brücke zwischen Holbeins ›Thomas More‹ und ›Thomas Cromwell‹, als ob er im nachhinein zwischen dem Heiligen und seinem Gegner Frieden stiften möchte. Da geben ein Ratsherr und ein Maler von Frans Hals Rembrandts ›Polnischem Reiter‹ das Geleit, und zwei bedeutende Porträts von Tizian umrahmen Giovanni Bellinis ›Verzückung des hl. Franziskus‹.

Henry Clay Fricks Passion für die Kunst des Westens wird anhand der Sammlung schnell offenbar, und wie verschieden die Nationalitäten, Perioden und Schulen der Werke auch sein mögen, so sind sie einander ebenbürtig in der Qualität. Die hier versammelten Meisterwerke reichen vom 14. bis zum 19. Jahrhundert, von der ›Versuchung Christi‹ von Duccio bis hin zur ›Generalprobe‹ von Degas oder Renoirs ›Mutter mit zwei Kindern und einer Puppe‹, die alle vier die Welt aus den gleichen schwarzen Knopfaugen betrachten. Dazwischen sind die Italiener – gar mit einem Piero della Francesca –, die Flamen, die Engländer und Franzosen besonders des 17. und 18. Jahrhunderts vertreten, die Franzosen vor allem mit Bouchers acht Allegorien der ›Künste und Wissenschaften‹, die für Madame de Pompadour geschaffen wurden, sowie mit Fragonards Serie ›Triumph der Liebe‹, die wiederum Madame Dubarry in Auftrag gab. Nicht zuletzt gibt es herrliche Spanier, darunter Velasquez' ›Philip IV.‹ und Goyas vor Kraft strotzenden Schmiedegesellen.

Vier Jahre nach dem Tod von Fricks Ehefrau – er selbst starb schon 1919 – wurde das Haus 1935 als Museum eröffnet. Der Architekt John Russell Pope hatte die großen Empfangsräume im Parterre umgestaltet und die Säuleneinfahrt mit einer gläsernen Kuppel überdacht, so daß der Besucher nun auf Marmorbänken in einem hellen, großzügig bepflanzten Atrium mit kühlem Brunnengeplätscher verweilen kann. In den siebziger Jahren wurde eine Erweiterung im Stil des Hauses geschaffen, dazu noch ein kleiner französischer Garten an der 70th Street, der dem Publikum

leider nicht zugänglich ist. Die schönen, hohen, vom
Grand Trianon inspirierten Glastüren werden aber weit
zum Garten geöffnet, wenn das Frühlingsfest Mitglieder
des Kuratoriums, Konservatoren, Kunsthistoriker, Künstler, Mäzene und einige ›normale‹ Sterbliche zu Champagner und Jazz bei Kerzenlicht zusammenführt.

Die Rückfront des Gartens ist auch die Rückwand der
Frick Art Reference Library mit Eingang von 71st Street.
Hier kann jeder, der ein ernsthaftes Forschungsprojekt im
Sinn hat, mit gutem Erfolg Tausende von Photographien,
Büchern und Zeitschriften studieren. Aus Höflichkeit ge-
genüber der betagten Tochter Mr. Fricks gehen weibliche
Studenten nicht in Hosen hinein; Uneingeweihten werden
Röcke zum Drüberziehen geborgt.

Die Frick Collection veranstaltet im Winter Serien von
vielbeachteten Konzerten und Vorträgen mit Koryphäen
auf ihrem Gebiet oder solchen, die ganz offensichtlich auf
dem besten Wege sind, es zu werden.

Frank Lloyd Wrights 1943 gebautes Schneckenhaus des
Solomon R. Guggenheim Museum an der 89th Street bildet den schönsten Kontrast zur klassizistischen Frick Collection. Seine lichtdurchflutete Rotunde mit ihrer spinnwe-
bigen, dreißig Meter hohen gläsernen Kuppel ist einer der
ungewöhnlichsten Museums-Innenräume der Welt, doch
gerade darum dazu angetan, den Besucher von den Kunstwerken abzulenken. Wright meinte, ein Museum sei »ein
organisches Ganzes, ein einziger kontinuierlicher Raum«.
Die Meinungen sind aber geteilt, ob es vorteilhafter
ist, dem Ausstellungsplan des Guggenheim Museum fol-
gend, sich vom obersten Stockwerk aus langsam die vierhundert Meter lange Spiralrampe hinunterzuwinden, oder,
wie in herkömmlichen Museen, von einem Raum in den
nächsten und wieder zurück zu flanieren. Die Buchten
der Spirale jedenfalls eignen sich vorzüglich zum Ausstel-
len von großflächigen, farbigen Werken, aber auch klein-
formatige Kunstwerke wie präkolumbianische Figurinen

oder Schmuck können hier gut zur Geltung gebracht werden.

Das Guggenheim Museum besitzt eine außergewöhnlich gute ständige Sammlung. Sie umfaßt rund 180 Werke von Kandinsky, 170 von Klee und eine Fülle charakteristischer Arbeiten von anderen Mitgliedern des Blauen Reiters,

Richard Hamilton: Guggenheim Museum. Farbserigraphie, 1965

dazu wichtige Bestände der französischen klassischen sowie zeitgenössischen Moderne. Die Leih- und Wanderausstellungen, die unter der Ägide des Museums organisiert werden, sind ausnahmslos bedeutend und oft einmalig. So haben sich seine Kuratoren in den vergangenen Jahren eingehend mit den deutschen Expressionisten, außerdem mit Van Gogh und Francis Bacon beschäftigt und Brancusis himmelwärtsstrebenden Stromlinienvögeln das nötige Ambiente geboten. Manchmal erlaubt sich das Museum auch etwas extravagante Aktivitäten und läßt zum Beispiel eine Anzahl von Mannequins, die einander wie ein Ei dem

anderen gleichen, in deutschen Moden bei lauter Rockmu-
sik über ein hölzernes Gestell mit Windmühle und Rädern
klettern.

Die 1965 erworbene Justin K. Thannhauser Collection,
mit 75 Modernen vom Impressionismus an in einem Sei-
tenflügel untergebracht, eignet sich meist als historische
Ergänzung für das, was die Spirale darbietet. Zwei frühe
Picassos, ›Moulin de la Galette‹ und ›Die Büglerin‹, stechen
dabei besonders hervor, aber auch richtungweisende
Werke von Cézanne und Manet sind darunter.

Das *Jewish Museum* an der 92nd Street in der ehemaligen
Villa von Felix M. Warburg, einem Mitglied der berühmten Hamburger Bankiersfamilie, beherbergt die größte
Sammlung jüdischer Kultgegenstände der Welt. Es unter-
steht dem Jüdischen Theologischen Seminar, einer einflußreichen Institution auf dem Gebiet jüdischer Wissenschaft.
Das Museum zeigt sowohl die weitläufigen Sammlungen,
die die Entwicklung jüdischen religiösen Lebens durch die
Jahrhunderte dokumentieren, als auch wechselnde Ausstellungen von aktuellem Interesse, die sich entweder mit
Themen aus dem heutigen Israel beschäftigen oder speziel-
len historischen Darstellungen gewidmet sind, etwa der
Lower Eastside während des großen Einwandererzustroms
zwischen 1870 und 1925 oder der Kafka-Zeit in Prag.

Das Museum setzt sich aus den Sammlungen verschiedener Stifter zusammen. Hervorstechend ist eine Bundeslade
von 1551 aus der Synagoge in Urbino. Sie war der Mittelpunkt des Gottesdienstes und enthält eine handgeschrie-
bene Thora. Im dritten Stock ist eine Wand aus einer persi-
schen Synagoge des 16. Jahrhunderts eingebaut; sie besteht
ganz aus Fayence und ist einzigartig in Amerika. Auch eine
goldene Thorakrone aus Polen aus dem 18. Jahrhundert
gehört zu den Prunkstücken des Museums.

New York ist eine jüdische Stadt. Mindestens ein Viertel
seiner Einwohner sind Juden, ob sie nun der Episkopalkirche beigetreten sind, wie manche Bewohner der Park Ave-

nue, oder ihrem Glauben treu blieben und das durch Rin-
gellocken und Scheitelkäppchen dokumentieren, wie die
Diamantenhändler an der 47th Street. Während viele andere Religionen alle Mühe haben, ihre Schäfchen beieinan-
der zu halten, überrascht in New York immer wieder die
Inbrunst, mit der auch junge Leute ihren jüdischen Glauben praktizieren. So konnte man während eines Ernte-
dankfestes beobachten, wie in einem der hinreißend gelegenen Hochhäuser am Hudson River, die der Columbia University gehören und von Fakultätsmitgliedern und Studenten bewohnt werden, ein junges jüdisches Paar auf der
gemeinschaftlichen Terrasse zwischen bücherlesenden
oder sich unterhaltenden Mietern ein Süccoth-Zelt aus
bunten Herbstblättern und Früchten aufgebaut hatte, um
darin betend die Nacht zu verbringen.

Die größte Synagoge New Yorks, *Temple Emanu-El*, ist
ein imposanter Bau im byzantinisch beeinflußten Stil dreißig Blöcke südlich vom Jewish Museum an Fifth Avenue
und East 65th Street. Ihr Innenraum kann mehr Gläubige
aufnehmen als St. Patrick's Cathedral. Und wie im wandelbaren New York nicht anders zu erwarten, steht sie genau
an der Stelle von Mrs. Astors ehemaligem Stadtpalais. Ca-
roline Schermerhorn, die ihrem Mann William Astor zu
seinem vielen neuen Geld einen renommierten New Yorker Namen mitgebracht hatte, war *die* Mrs. Astor, und um
ja keine Verwechslungen aufkommen zu lassen, mußten
die anderen Astordamen die Vornamen ihrer Männer mit-
führen. Mit Namen und Vermögen hatte sie sich zu gesell-
schaftlicher Prominenz emporgeschwungen und war im
dritten Viertel des 19. Jahrhunderts ohne Zweifel die unge-
krönte Königin New Yorks. Während sie in diesem ihrem
Palais eine Zweitonnenbadewanne aus Marmor ihr eigen
nannte, hatte sie in einer ihrer früheren protzigen Residenzen für New Yorks Crème de la Crème den Namen kreiert:
Der Ballsaal des Hauses faßte nämlich genau vierhundert
Gäste, und Mrs. Astors Cicisbeo, Ward McAllister, der
sich mit seiner genauen Kenntnis der New Yorker Gesell-

schaft und seinem ungeheuren Snobismus ihr Interesse geangelt hatte, adelte diese Gäste zu den sogenannten ›Four
Hundred‹. Augenzeugen berichten, welche enormen Summen allein für Dekorationen und Blumen – vierhundert
Gloire-de-Paris-Rosen! – ausgegeben wurden, daß die
Wände des Ballsaals mit recht zweitrangigen Gemälden
bepflastert waren und das aus einem Restaurant geholte
Dinner der Stimmung und Unterhaltung in seiner lauwar-
men Fadheit in nichts nachstand.

Viele der heutigen ›Four Hundred‹ leben noch an der
Fifth Avenue, und es kommen immer mehr dazu, weil es in
den großen Apartmenthäusern, die die eleganten Stadthäuser an dieser Straße der Millionäre verdrängt haben, natürlich mehr Wohnraum gibt. Und wie ihre Vorgänger über
die Bewohner der Elendsquartiere im Central Park während der Depression geschimpft haben, müssen nun auch
sie, die sich fern vom Lärm des ›Volkes‹ wünschen, damit
rechnen, daß der Lärm der vielen traditionellen Paraden an
der Fifth Avenue zu ihnen durchdringt und trotz der mit
viel Mühe installierten Schalldämpfanlagen ihr Lunch oft
von Trommelwirbeln oder Blasmusik untermalt wird.

An der Ecke Fifth Avenue und 91st Street hat sich in den
siebziger Jahren das *Cooper-Hewitt Museum of Decorative Arts and Design* in Andrew Carnegies »bescheidenem, einfachem, geräumigem« Haus – so schwebte es ihm
jedenfalls vor – eingerichtet. Es ist das National Museum
of Design der USA und der Smithsonian Institution in
Washington angegliedert. Um die Jahrhundertwende war
diese Gegend nur spärlich bebaut, schon gar nicht mit
Wohnpalästen von Industriemagnaten. So war Carnegie
da ein rechter Pionier. Er entschied sich für das abgeschie-
dene Baugelände, weil es etwas erhöht auf diesem später
›Carnegie Hill‹ genannten Hügel lag und Platz genug für
einen Garten bot. Der Garten ist unverändert, schattig,
nicht zu üppig bepflanzt und an heißen Sommertagen ein
idealer Ruheplatz.

Obwohl Carnegies Haus nicht so elegant ist wie das
Palais von Henry Clay Frick eine Meile weiter südlich,
fühlt man sich wohl darin. Sein Eingang hat ein Jugendstil-
dach, das Marmorvestibül wirkt kühl, die große Halle, mit
importierter Eiche aus Carnegies heimatlichem Schottland
getäfelt, dagegen warm und einladend. Die Carnegie-Fami-
lie empfing viele Gäste, berühmte und nicht so berühmte,
unter ihnen Mark Twain, Madame Curie, Jan Paderewski
und ausländische Studenten aus dem International House,
einem Studentenheim der Columbia University. Einer von
ihnen erinnert sich, daß Mrs. Carnegie lange nach Carnegies Tod stolz eine Photographie mit der Widmung Kaiser
Wilhelms II. auf seinem Schreibtisch vorzeigte.

Die Sammlungen des Cooper-Hewitt Museum werden
oft mit denen des Victoria and Albert Museum in London
oder des Musée des Arts Décoratifs in Paris verglichen. Im
Laufe der Zeit und dank großzügiger Stiftungen sind sie so
gewachsen, daß ein benachbartes Haus den Überfluß aufnehmen mußte. Allein die Tapetensammlung ist so groß
und vielseitig, daß sie nur von jener in Kassel überboten
werden soll.

Der besondere Reiz des Museums, das zum Andenken
an Peter Cooper, den Konstrukteur der ersten amerikanischen Lokomotive, gegründet wurde – wir sprachen schon
von ihm –, sind die einfallsreichen und oft lustigen Ausstellungen. Sie befassen sich beispielsweise mit menschlichem
Haar und allem was dazugehört, mit deutscher Bühnen-
bildnerei im 19. Jahrhundert, mit dem Central Park, mit
den häuslichen Gebräuchen Amerikas unter dem Titel
›Now I lay me down to eat‹ oder mit dem Modell der
›Yellow submarine‹ aus dem gleichnamigen Beatles-Film.

Zwischen 103rd und 104th Street hat sich das *Museum of
the City of New York* in einem Gebäude eingerichtet, das
noch in seinem Baujahr 1932 den Stil der drei königlichen
englischen Georges aus Hannover getreu kopiert hat. Um
so lustiger wirkt es, wenn es zu bestimmten Anlässen einen

J. H. Schenck
The Third Avenue Railroad Depot, um 1860
Öl auf Leinwand (Ausschnitt)
New York, The Metropolitan Museum of Art

riesengroßen, knallroten Apfel am klassizistischen Ziergiebel trägt, unmißverständlich das Big-Apple-Symbol der
Stadt. Das Museum, das seine Ergänzung in der New York
Historical Society auf der anderen Seite des Central Park
findet, widmet sich New Yorks frühen Tagen mit besonders viel Liebe, beschäftigt sich aber auch auf sehr amü-
sante Weise mit Aspekten der jüngeren Vergangenheit. Die
frühen Tage sind in den ständigen Einrichtungen präsent,
etwa einer Nachbildung der ersten holländischen Siedlungen, sechs Räumen aus verschiedenen Epochen der New
Yorker Geschichte mit Puppen in stilgerechten Kostümen,
einer Dokumentation über die Entwicklung der Stock Exchange von ihren Anfängen mit drei Beteiligten unter einer
Platane an der Wall Street bis zu dem aufregenden Treiben
in unserer Zeit. Die Geschichte des Hafens wird über Lautsprecher erzählt, untermalt von Nebelhorntuten und ›Sea
Shanties‹. Die entsprechende Dekoration besorgen Galeons-
figuren, darunter ein hölzerner Andrew Jackson, sie-
benter Präsident der Vereinigten Staaten mit tiefen Sorgen-
falten, sowie ein stählerner, zwei Tonnen schwerer Robert
Fulton, Erfinder des Dampfschiffs. Die Schiffsmodelle reichen von Giovanni da Verrazzanos ›Dauphine‹ über Henry
Hudsons ›De Halve Maen‹ bis zum ehemaligen Passagier-
schiff ›Kronprinzessin Caecilie‹ des Norddeutschen Lloyd,
das die Amerikaner während des Ersten Weltkriegs erbeu-
teten. Im Keller sind ganz und gar einsatzbereit wirkende
alte Feuerwehrwagen untergebracht, aus der Zeit, als die
Feuerwehr noch freiwillig war. Altes Spielzeug, dazu Kon-
terfeis der Beatles, sind auf große Schaufenster im dritten
Stock verteilt. Da beißt ein filzener amerikanischer Hum-
mer einen schwimmenden Elfenbein-Chinesen in den Zeh,
und winzige Stecknadeln sind mit großer Wut in eine
kleine schwarze Stoffpuppe aus Haiti gesteckt. Hier ist
auch die mit Recht berühmte Puppenhaussammlung des
Museums zu finden. Die Einrichtungen reichen von Chip-
pendale-Stühlen und Queen-Anne-Tischchen mit winzigen
›ball and claw‹-Füßen bis zu Mies-van-der-Rohe-Sesseln.

Das Modell der Bibliothek der Frick Collection beweist, wie wenig sich das Original verändert hat, seit das Museum nicht mehr als Wohnhaus der Industriellenfamilie dient. Hinter die Kulissen eines Millionärshauses der Jahrhundertwende kann man im fünften Stock sehen. Dort sind ein Schlaf- und Ankleidezimmer aus dem Rockefeller-Haus an der West 54th Street – es stand, wo man heute im Garten des Museum of Modern Art wandelt – völlig intakt aufgebaut. Die Einrichtung ist viktorianisch, mit Möbeln im Stil des englischen Kunsttischlers Charles Eastlake.

Das Museum veranstaltet auch wechselnde Ausstellungen mit ausgefallenen, aber keineswegs unangemessenen Themen wie etwa Dokumentationen über die Arbeit einer Theaterproduzentin auf dem Broadway oder den Lebenslauf einer New Yorker Modeschöpferin. Eine ›Big Apple‹ genannte Multi Media Audio Visual Show beschreibt in Bild und Ton das Werden der Stadt, und unter den Zuschauern befinden sich lebensgroße Puppen: zwei Damen und ein Herr in Abendgarderobe in einer Loge aus der alten, 1966 abgerissenen Metropolitan Opera. Zwischen April und Oktober werden an Sonntagnachmittagen sehr beliebte Spaziergänge durch verschiedene Stadtteile unternommen. Ihre Leiter wissen stets umfassend Bescheid, haben Humor, und stimmen unter Umständen sogar ein passendes Lied an, wie ›I found a million dollar baby in the five and ten cents store‹ beim Besuch des Woolworth Building.

Madison Avenue:
Patchwork des Chic

Big apple bananas over Kent III.
Zigarettenreklame

Madison Avenue wird vornehmlich mit der amerikanischen Werbeindustrie identifiziert, obwohl sich die Werbeslogan-Erfinder auch anderswo eingerichtet haben. »Oh, well, that's Madison Avenue«, hört man wohlwollend-nachsichtig oder verächtlich sagen, je nach Laune, wenn einem Werbetexter etwas besonders Verrücktes eingefallen ist, etwa das vorangestellte Schlagwort, das behauptet, New York, der ›große Apfel‹ sei ganz ›wild‹ auf die Kent III, oder wenn man ein höchstens mittelmäßiges Produkt plötzlich in jedem Haushalt vorfindet. Zu ihrer Verteidigung erzählen die Werbeleute gern, während des Krieges, als die Überseenummer von ›Life‹ für die Soldaten aus Ersparnisgründen ohne Anzeigenwerbung herausgebracht wurde, hätten sich die GI's sogleich bitter beschwert, denn die Reklame hatte ihnen am meisten Spaß gemacht. Was sie nicht aussprachen, war die Tatsache, daß die Werbung ihnen auch ein getreueres Bild des ›life at home‹ vermittelte als die aufregendsten Geschichten.

Aber die Avenue ist mehr als das Hauptquartier der Werbeleute. In den fünfziger Jahren bezeichnete ein amerikanischer Journalist sie als »patchwork«, ein schöner Vergleich, denn diese »mythladen thoroughfare«, wie sie wiederum der englische Schriftsteller Anthony Burgess nannte, ist von einer Mannigfaltigkeit, die man kaum anderswo in Amerika findet. Viele behaupten, sie wäre eigentlich New Yorks Hauptstraße, wenn New York überhaupt eine hätte.

Ihren in aller Welt bekannten Namen verdankt sie James Madison, dem vierten Präsidenten der Vereinigten Staaten zwischen 1809 und 1817, dessen Gesicht einer

wahrscheinlich nur sehr kleinen Schar seiner Bürger von
einer Fünftausenddollarnote bekannt war. Vielleicht verdankt sie ihren Namen auch Madisons Frau, der schönen,
geistvollen und sehr beliebten Dolley. Die Avenue beginnt
an der 23rd Street, wo Fifth Avenue und Broadway einander kreuzen und den Madison Square bilden, und sie endet
an der 138th Street an den Ufern des Harlem River, wie
der East River dort oben heißt.

Madison Avenue ist in mancher Weise ein Mikrokos-
mos der Stadt: Die vielen Unterschiedlichkeiten, die New
York ausmachen, sind hier auf engem Raum versammelt:
der erste Wolkenkratzer der Stadt, das Flatiron Building,
aber auch das neugotische Pfarrhaus der katholischen Erzdiözese; ein nagelneues Wolkenkratzer-Hotel, dessen fünfzig Stockwerke aus einem Renaissancepalast von Stanford
White wachsen und das darum ›The Palace‹ heißt; ein
überdimensionaler dunkelroter Männerrumpf bei Yves
St. Laurent gleich neben Handgehäkeltem in Rosa und
Himmelblau bei Women's Exchange; Restaurants mit
sehnsüchtigen Namen wie ›Woods‹ und ›Truffles‹; Drug-
stores mit Rasierpinseln aus Zobelhaar. Dazwischen kann
man die allerfeinsten Antiquitäten, gleich neben den beinah besten frischen Nudeln in der Stadt und dem zweitbe-
sten Eis (am Stiel) finden, aber auch Tongebackenes aus
Südamerika, Schafspelze aus dem hohen Norden und französische Bettwäsche. Plakate, Tiffany-Lampen und Zinnsoldaten neben erstklassigen Steaks, ganz abgesehen von
Wein und Kaviar – nur russischem, persischer ist verständlicherweise verpönt.

Daß sich die teuersten Läden der Welt hier aneinanderreihen, bezeugt die Tatsache, daß schon vor dreißig Jahren
dieses Stück Straße zwischen Madison Square und 96th
Street der Stadt jährlich zehn Millionen Dollar Steuern
zahlte! Zwischen die Läden schieben sich hier und da Museen, Auktionshäuser, unzählige Galerien. All diese Pracht
geht allerdings nördlich 96th Street allmählich in ein Stück
Slum über. Hier und da stehen noch einige der vielen Kir-

chen, denen die Madison Avenue im 19. Jahrhundert den Namen ›Avenue to the Gods‹ verdankte, und in einigen von ihnen wird zu bestimmten Zeiten Musik gemacht.

Wie es sich für eine Hauptstraße gehört, lädt Madison Avenue zum Bummeln ein, und sie tut es beinah noch mehr als ihre vielleicht noch berühmtere Nachbarin, Fifth Avenue. Trotzdem gibt es viele Leute, die es auch auf der Madison Avenue immer eilig haben, denn besonders in den fünfziger Straßen wachsen mehr und mehr Bürotürme über den niedrigen Dächern der schwindenden älteren Häuser auf. Auch die Madison hat ihren Anteil an schon vergangenem Ruhm. Bis heute wird der Abriß des ›Old Ritz‹ bedauert, ›The Ritz‹, wie viele noch gar nicht so alte New Yorker sagen, als gäbe es in Paris, London oder Madrid keins. Ein New Yorker meinte, die Erinnerungen an das ›Ritz‹ tanzten durch den Kopf wie der Gin durch die Erzählungen F. Scott Fitzgeralds oder die ›Liebfraumilch‹ durch Ludwig Bemelmans' Reminiszenzen. Er scheint also besonders der Bar des ›Ritz‹ nachgetrauert zu haben, könnte sich aber womöglich in der Bar des ›Carlyle Hotel‹ an der 76th Street trösten lassen, da hat uns nämlich jener Humorist und Maler Bemelmans seine heiteren Wandgemälde als Vermächtnis hinterlassen. Zum Gewesenen zählt auch das ›romanische‹ Schlößchen, daß sich Charles Lewis Tiffany an der nordwestlichen Ecke von 72nd Street bauen ließ, als das Flatiron Building noch in Architekt Burnhams Gehirn schlummerte. Entworfen wurde es natürlich von Stanford White, der gerade seine Lehrjahre bei H. H. Richardson beendet hatte und von dessen soliden und doch eleganten Rundungen und Bögen beeinflußt war. In Zusammenarbeit mit Charles Lewis Tiffanys berühmtem Sohn Louis Comfort hat er eine sehr originelle Villa geschaffen, die der englische Kritiker Sir Edmund Gosse Ende des vorigen Jahrhunderts als angenehmstes ›modernes‹ Wohnhaus in der Stadt empfand. Gegenüber, auf der Südseite der 72nd Street, stand damals noch ein weißgestrichenes, hölzernes Bauernhaus inmitten seiner Wiesen.

Ein Merkdatum für emanzipierte Frauen in Amerika ist Montag, der 7. Oktober 1889. Da öffnete nämlich Barnard College, ein Teil der Columbia University, in einem vierstöckigen Brownstone an 343 Madison Avenue weiblichen Studenten seine Tore. Dr. Barnard, der Präsident der Columbia University, hatte sich von Anbeginn seiner Amtszeit für die Gleichberechtigung der Frauen auf akademischem Gebiet eingesetzt. Als 1893 die ersten Absolventen ihre Diplome erhielten, war das kleine Haus dem Andrang weiblicher Wissensdurstiger schon längst nicht mehr gewachsen.

Viele der weiblichen Ameisen im Getriebe der Madison Avenue sind aber weniger wissensdurstig, sondern viel eher kauffreudig oder chic, und sehr oft beides. Denn besonders in dem Stück zwischen 57th und 79th Street reihen sich unaufhörlich wechselnde, unaufhörlich neueingerichtete, unaufhörlich umgetaufte Boutiquen aneinander, und Käufer aus Paris oder Rom merken den Unterschied zum Faubourg St. Honoré oder zur Via Veneto höchstens an den wenigen altmodischen Lädchen, die es zwischen dem Glanz noch ausgehalten haben. Jene Frauen auf der Madison Avenue aber, die schön und jung sind, jedoch keine Tüten von Givenchy, St. Laurent oder Balmain schleppen, sondern große Photomappen, gehören zur riesigen Schar der Modelle, die für die Werbeleute, Photographen und Zeitschriftenredaktionen in dieser Straße arbeiten.

Über Mode und Werbung siegt dennoch die Kunst: Der Star unter Madison Avenues Attraktionen ist ohne Zweifel das *Whitney Museum of American Art* an der 75th Street.

Im Jahre 1929 bot Gertrude Vanderbilt Whitney, selbst Bildhauerin und überdies Tochter und Frau der beiden reichsten Männer Amerikas, dem Metropolitan Museum ihre Sammlung von fünfhundert Werken zeitgenössischer amerikanischer Künstler mit dem dazugehörigen Gebäude und einer Stiftung für den Unterhalt an. In einem Anfall von atemberaubender Kurzsichtigkeit schlug das Metropolitan Museum die Schenkung aus. So gründete Mrs.

Whitney ihr eigenes Haus, das Whitney Museum of American Art.

Mrs. Whitney gehörte ohne Zweifel zu den aktivsten und wichtigsten Mäzenen, die sich der jungen amerikanischen Künstler zu Beginn des Jahrhunderts annahmen. Eine ›Ashcan School‹ benannte Gruppe von Künstlern hatte sich damals von der aus Europa übernommenen akademischen Malerei abgewandt und begann nicht nur Sujets zu wählen, die bisher indiskutabel gewesen waren, wie Prostitution, Boxkämpfe, Hinterhöfe, Fabriken, Abfalltonnen, sondern diese auch betont realistisch darzustellen, weder besonders schön, noch besonders ›sauber‹. Wie zu erwarten, kamen diese Sujets beim Publikum nicht an, und die Künstler bedurften einer Hilfe, die sie von Gertrude Whitney erhielten. Ihr Studio in Greenwich Village wurde zum Treffpunkt vieler Maler und Bildhauer, besonders der heute legendären ›Eight‹, einer Gruppe innerhalb der ›Ashcan School‹, der die Maler Arthur B. Davies, William Glackens, Robert Henri, Ernest Lawson, George Luks, Maurice Prendergast, Everett Shinn und John Sloan angehörten.

Mrs. Whitney schickte ihre Schützlinge zum Studium nach Europa, kaufte deren Arbeiten und half ihnen über magere Zeiten hinweg. 1914 übernahm sie das Haus Nr. 8 an der West 8th Street, das an ihr Studio in der MacDougal Alley grenzte und bald als ›Whitney Studio‹ bekannt wurde. Dort organisierte sie Ausstellungen für Künstler, die von offiziellen Institutionen wie der einflußreichen National Academy of Design ›übersehen‹ wurden. Nach Umwegen über die West 4th Street siedelte sich der ›Whitney Studio Club‹ 1931 wieder an der West 8th Street in zwei, später drei Häusern an und kümmerte sich in zunehmendem Maße darum, junge Künstler vorzustellen und Malern wie John Sloan, Reginald Marsh und Edward Hopper erste Einzelausstellungen zu ermöglichen. Hier konnte der interessierte New Yorker sich die Arbeiten von Photographen wie Alfred Stieglitz oder Baron de Meyer ansehen, aber auch die erste umfassende Ausstellung amerikanischer Volkskunst, die bis dahin niemandem beachtenswert erschienen war. In den dreißiger und vierziger Jahren wurden Künstlern wie Charles Demuth, Maurice Prendergast und William Glackens große Retrospektiven gewidmet; eine Ausstellung mit dem Titel ›Abstract American Painting in America‹ im Jahre 1935 erregte ebensolches Aufsehen wie eine Sammlung von Artefakten der Shakersekte, deren Nähe zur modernen Kunst den amerikanischen Malern ebenso bewußt war wie die Picassos zur afrikanischen Kunst.

Im Jahre 1954 zog das Museum abermals um, weil die Häuser an der West 8th Street den wachsenden Sammlungen nicht mehr genügten. Aber auch die Räumlichkeiten im neuen Haus an der West 54th Street gegenüber dem Museum of Modern Art reichten bald nicht mehr aus. Endlich fand das Whitney Museum 1966 in Marcel Breuers eigens dafür gebautem Granit-Zikkurat an der Madison Avenue eine seiner Bedeutung angemessene Stätte. Die Architekturkritikerin der ›New York Times‹, Ada Louise Huxtable, schrieb anläßlich der Eröffnung: »Herrn Breuers strenger und vielleicht etwas beunruhigender Bau ist nicht gerade hübsch, hat aber sichtliche Würde und Präsenz, zwei Eigenschaften, durch die sich die heutige Kunst nicht immer auszeichnet.«

Zum Eingang führt eine Brücke über einen recht tiefen ›Graben‹. Die unten ausgestellten größeren Plastiken, wie Calders Stabiles, kann man so aus einer höhergelegenen Perspektive auf sich wirken lassen. Die schönen grauen Granitwände und der Schieferboden eignen sich vorzüglich als Folie für bunte Gegenstände, ob es sich um ein Bild von Roy Lichtenstein in Primärfarben oder einen Quilt im typischen ›sauren‹ Lila und Grün der Amishsekte handelt.

Was uns das Whitney Museum heute neben seinen erweiterten Volkskunstsammlungen vorstellt, ist eine bemerkenswerte Sammlung von Werken der ›New York School‹, ein Ausdruck, der sich auf die New Yorker Malerei des

20. Jahrhunderts bezieht. Sie beginnt mit der schon erwähnten ›Ashcan School‹ und den ›Eight‹ nach der Jahrhundertwende. Der Realismus dieser Maler, immer mit einer guten Prise Sozialkritik versehen, lebt in den engagierten Werken von Ben Shahn aus den dreißiger oder Jack Levine aus den fünfziger Jahren weiter. Eine Entwicklung in Richtung auf die abstrakte Malerei, die beinah typischer für die New York School ist, begann 1913 mit der an anderer Stelle näher behandelten ›Armory Show‹, die Amerika erstmals mit dem Postimpressionismus, den Fauves und dem Kubismus bekannt machte. Die Glanzzeit der New York School aber wurde in den fünfziger Jahren mit dem Abstrakten Expressionismus erreicht, der der amerikanischen Kunst vielleicht zum ersten Mal internationalen Ruf verschaffte. Als Reaktion darauf entwickelten sich von den sechziger Jahren an in schneller Folge Op, Pop und Minimal Art, in jüngerer Zeit dominieren verschiedene Formen eines neuen Realismus, vor allem der Photorealismus, dazu kommen die Pattern-Künstler und die Neuen Wilden.

Das Museum hat von Beginn an aus jeder seiner Ausstellungen Werke angekauft und damit die Tradition des Studio Club aufrechterhalten. Erst 1949 hat es ein erstes Geschenk angenommen, Ben Shahns ›The Passion of Sacco and Vanzetti‹, und dabei ist es nicht geblieben. 1968 vermachte Edward Hoppers Witwe, Josephine N. Hopper, dem Whitney Museum den Nachlaß ihres Mannes. Alexander Calder ist neben vielen anderen Werken mit seinem zauberhaft beschwingten ›The Circus‹ aus Draht vertreten. Vor einiger Zeit sah es um den Verbleib dieses Werks, das nur ein »versprochenes Geschenk« war, schlecht aus. Das Museum sollte es der Familie zur Begleichung von Steuern zurückgeben. Weil das Whitney ohne seinen ›Zirkus‹ aber undenkbar ist, haben New Yorker über eine Million Dollar zusammengetragen und der Familie das Werk abgekauft.

Auch weiterhin werden junge Künstler energisch gefördert. Bei den Whitney-Biennalen, die ein wichtiges Baro-
meter für das Kunstklima sind, kann der aufmerksame
Betrachter meist voraussehen, welche Richtung die Avantgarde einschlagen wird. Nachdem schon die Mitglieder der
›Ashcan School‹ den Preisverteilungen ein für alle Male ein
Ende gesetzt hatten, werden auch heute bei den Biennalen
keine Preise vergeben; aber man kann die ausgestellten
Werke von der Wand wegkaufen.

Wie so manches Museum hat auch dieses trotz seines
zehntausend Quadratmeter großen Ausstellungsraums
nicht genug Platz für seine Bestände von über sechstausend
Werken. Doch um sie nicht in Depots verstauben zu lassen, sind Zweigstellen eingerichtet worden. Die Downtown Branch in der Water Street ist aus dem Financial
District nicht mehr wegzudenken. Sie machte kürzlich
durch riesige Photos viele New Yorker mit Architektur-
ornamenten an den obersten Wolkenkratzerspitzen bekannt, die sie normalerweise nie zu sehen bekommen
könnten. Mancher städtische Angestellte kam aus seinem
Büro – beispielsweise im Municipal Building –, um mit
Verblüffung ein großes Photo eines griechischen Rund-
tempels mit einer vergoldeten Statue der ›Bürgerlichen
Pflicht‹ zu betrachten, von deren Existenz auf dem Dach
über ihm er bis dahin nichts geahnt hatte!

Die Midtown-Filiale des Whitney Museum an der 42nd
Street gegenüber Grand Central Station bietet tagsüber
den in diesen Wald von Bürotürmen verschlagenen Angestellten eine erquickende Abwechslung vom Schreibtisch-
dasein und dem Fußgänger nach Lärm und Gewühl der
verkehrsreichen Straße eine willkommene Oase.

Streifzug durch den mittleren Osten

You walk around a corner and it's a different world.
New Yorker Spruch

Eine Partie an frischer Luft, wenn dem Besucher Verkehr, Menschenmassen und Auspuffgase im Inneren Manhattans zuviel geworden sind, führt an die östliche Flanke des Carl Schurz Park und zur Promenade am East River. Der Blick kann hier ungestört auf den Inseln im Fluß, Hell Gate und seiner Brücke, starken kleinen Schleppkähnen beim Schieben riesiger Frachter oder heiter dahinziehenden Schaluppen verweilen. Am nördlichen Ende zur Linken liegt *Gracie Mansion* hinter seinem abwehrenden Zaun: Die Residenz des Bürgermeisters kann leider nicht besichtigt werden, man kann aber architektonische Einzelheiten aus dieser Entfernung besser erkennen als vom Circle-Line-Schiff während der Fahrt um Manhattan.

Gegenüber dem Carl Schurz Park an der Ecke East End Avenue und 86th Street wurde vor hundert Jahren auf Astorschen Grundstücken eine Enklave von glyzinienberankten Reihenhäusern gebaut, *Henderson Place,* die trotz oder gerade wegen des Kontrastes zu einem Hochhaus auf der Westseite einen Abstecher wert ist. Anstelle von »Personen mittleren Einkommens«, für die sie vorgesehen war, wohnen dort allerdings französische Aristokraten und erfolgreiche Theaterleute.

Die 86th Street und ihre Umgebung, obwohl *Yorkville* genannt, ist seit dem Anfang des Jahrhunderts ein Klein-Deutschland. Damals zogen die deutschen Einwanderer mit ihren »gemütlichen Bierstuben«, wie ältere amerikanische Bücher sie gern deutsch bezeichnen, von der Lower Eastside nach Norden. Heute ist das deutsche Viertel mit anderen Nationalitäten durchsetzt, und neben der ›Kleinen Konditorei‹ und dem ›Loreley-Bierkeller‹ findet man das ›Café du Soir‹, die ›Casa Brazil‹ und eine Filiale von

Azuma, dem japanischen Mitbringselladen. »Gehacktes
hirschsteaks«, wie sie ein amerikanischer Besucher in den
dreißiger Jahren aus eigener Erfahrung beschrieben hatte,
gehören der Vergangenheit an.

Yorkville als Dorf existiert seit 1790 um die heutigen
Blocks von 83rd bis 89th Street an der Third Avenue, und
anscheinend lebten schon damals einige deutsche Familien
dort. Mit der Einrichtung der Harlem-Linie der Eisenbahn
wurden die nördlichen Teile der Insel zugänglicher, und
die Astors, Rhinelanders und Schermerhorns gaben ihre
Landhäuser auf und machten damit Platz für die Reihen
der typischen New Yorker Mittelklasse-Brownstones, von
denen in den Seitenstraßen etliche stehen. Während des
Ersten Weltkriegs hatte der deutsche Zustrom verständlicherweise merklich nachgelassen, bis die Arbeitslosigkeit
nach dem Krieg und die Inflation in den zwanziger Jahren
eine neue Welle deutscher Einwanderer brachte. Sie hielten
Paraden auf der 86th Street ab und schieden sich schon in
den Anfängen des Hitlerregimes in dessen Anhänger und
Gegner. Die Anhänger richteten regelrechte Propaganda-
agenturen ein, die Gegner wirkten ihnen hitzig, aber mit
nicht sehr viel Erfolg entgegen. Selbst Hollywood ergriff
Partei, und heute noch kann man manchmal im Fernsehen
Humphrey Bogart in alten Filmen bewundern, wie er typischen ›Hollywood-Nazis‹ unter den damals recht trüben
Laternen der 86th Street kühl das Handwerk legt.

Die Museen der Upper Eastside sind übrigens nicht alle
an der Fifth Avenue versammelt: Da ist einmal die *Asia
Society* an der Park Avenue, Ecke 70th Street, in einer
neuen, auf die Kante gestellten rosa Granitschachtel. Bis
vor kurzem wurden die kleinen, aber erlesenen Ausstellungen dieses Museums in Philip Johnsons souverän zwischen
viktorianische Brownstones gestecktem Glashaus an der
East 64th Street gezeigt. Eine Bleibe mit umfangreicheren
Galerien war aber nötig geworden, nachdem Mr. und Mrs.
John D. Rockefeller 3rd vor einigen Jahren der Society
ihre große Asiatikasammlung geschenkt hatten. So kann

der Liebhaber heute nicht nur die erweiterte Dauerausstellung sehen, sondern gleichzeitig Leihausstellungen mit Themen wie Radschputmalerei, Kunst aus Nepal, antike Relikte aus China oder die Funktion des Tees in der japanischen Malerei. Das neue Haus der Asia Society hat unter architekturinteressierten New Yorkern zu erhitzten Debatten geführt, die aber vergessen sein werden, sobald ein neuer Stein des Anstoßes oder ein neues Objekt der Bewunderung an einer anderen Straßenecke erstehen.

Fundgruben für den Asiatikaliebhaber sind außerdem – das sei hier eingeflochten – das nahe der UNO liegende *Japan House* an der East 47th Street mit Ausstellungen von alten Kimonos bis zur Kunst des subtilen Verpackens, sowie das *Jacques Marchais Center of Tibetan Art* auf Staten Island, das ein kleines Schatzhaus der Kunst des Buddhismus ist.

Ein Museum anderer Art ist das *Abigail Adams Smith House* an der East 61st Street in der Nähe der York Avenue. Hier erkoren die Colonial Dames of America die Stallungen eines sonst längst von Gasometern verdrängten Gutshauses aus dem Jahre 1799 in den zwanziger Jahren zu ihrem Hauptquartier und verwandelten es in ein kleines Hausmuseum mit Mobiliar aus dem frühen 19. Jahrhundert. Abigail Adams war die Tochter von John Adams, dem zweiten Präsidenten der Vereinigten Staaten. Sie heiratete Colonel Smith, dessen Gut als schönstes in der ganzen Stadt galt, bevor es zu ›Smith's Folly‹ wurde, weil sein Besitzer sich finanziell übernommen hatte. Die Colonial Dames wie auch die Daughters of the American Revolution sind zwei typische der in Amerika so beliebten patriotischen Vereinigungen, die natürlich nicht alle nur von Frauen gegründet sind. Die meisten von ihnen entstanden im letzten Jahrzehnt des 19. Jahrhunderts aus wahrscheinlich etwas übertriebenem Patriotismus. Ihre Mitglieder müssen Vorfahren vorweisen können, die sich während der Revolution um ihr Land verdient gemacht haben. Im 19. Jahrhundert diente das Smith House mit seinem Äuße-

ren im Federal Style eine Weile als Gasthaus und beliebtes
Ausflugsziel. Dessen gastronomische Spezialität war eine
grüne Suppe aus den drallen Schildkröten, die damals so
gut im East River gediehen.

Die Lexington, Third, Second und First Avenue entlang-
zulaufen, ist besonders an schönen Tagen recht vergnüg-
lich. Mit ihren vielen Kinos, kleinen und großen Geschäften, darunter unzähligen Antiquitäten- und Trödelläden,
verschiedenartigen Restaurants und, was am wichtigsten
ist, der ungemein abwechslungsreichen Passantenschar
sind sie selten langweilig. Hier und dort hat auch ein tapfe-
rer Unternehmer ein Straßencafé aufgemacht, von dessen
Stühlen aus die Vorübergehenden in aller Ruhe zu begutachten sind. Im mittleren Manhattan können Verkehrs-
lärm und Abgase ein solch harmloses Vergnügen allerdings
verderben, und zuweilen segeln verkohlte Papierfetzen aus
endlos rauchenden Schornsteinen lässig in den Kaffee,
wenn man sich nicht wie ein Goldfisch hinter Glas in
Sicherheit bringt.

Sogar Einheimische vergessen bei den vielen Kinopalä-
sten der Upper Eastside oft, daß dort auch Theater gespielt
wird. Es lohnt sich meistens, die Angebote des Manhattan
Theater Club an der 73rd Street oder die des Marymount
Manhattan College an der 71st Street zu studieren: Mancher Broadway-Erfolg hat hier seine ersten bescheidenen
Off-Broadway-Schritte getan.

Bei Wanderungen am East River wird der Besucher auf
die Insel aufmerksam, die sich vier Kilometer lang zwischen Manhattan und Queens im Fluß erstreckt. Am Ende
der 51st Street führen ihn einige Stufen hinunter in einen
kleinen Park und eine Fußgängerbrücke überspannt hier
die Schnellstraße am Wasser. Wenn er sie überquert, hat er
die Südspitze von *Roosevelt Island* im East River vor sich.
Es ist noch nicht lange her, da diente diese Insel als
›Cordon sanitaire‹, hinter dem man Gefangene, Geistesgestörte und unheilbar Kranke unterbrachte. Erinnerungen
an diese Zeit sind das Pockenhospital von James Renwick

an der Südspitze, das heute wie eine natürlich gewachsene gotische Ruine erscheint, das City Hospital von 1859, in dem es keinem Patienten gut ergangen sein kann, und ein Labor von 1892, damals das fortschrittlichste in der Stadt. Das Gegengewicht im Norden stellen Alexander Jackson Davis' romantischer Octagon Tower von 1839 und ein Leuchtturm von Renwick dar. Eingemeißelt in den harten Granit des Leuchtturms ist die rührende Inschrift, es sei John McCarthy, einem Insassen des benachbarten Asyls, erlaubt worden, dieses Symbol der Hoffnung zu bauen.

Vor einem guten Jahrzehnt hatte eine Gruppe von Städteplanern und Architekten, darunter Philip Johnson, die ambitiöse Idee, dieses brachliegende Stück Land im East River in eine verkehrslose, ruhige Siedlung zu verwandeln, ideal für Familien mit Kindern. Die Inseloase sollte Parks, Spielplätze, Schulen beherbergen, und nur einige langsam rollende Minibusse sollten den Verkehr aufrechterhalten. Heute gibt es zwar eine Reihe von bewohnten Blocks, aber bei weitem nicht alles ist gebaut worden, was geplant war. Interessant an der Konzeption waren die vorgesehenen drei Wohnungsarten: für reiche, nicht ganz so reiche und arme Leute. Den Reichen war der Ausblick auf Manhattan zugedacht, den Armen auf Queens und ›Big Allis‹, das größte Kraftwerk der Gegend, dessen sommerliches Versagen so manchen Black-Out herbeigeführt hat. Übrigens scheinen die Wohnblocks für die Armen besser gelungen zu sein als die für die Reichen, da man hier urbanistisch rationeller verfahren konnte. Gleichzeitig wurde mit der Renovierung der alten Gebäude begonnen. Schon steht das *Blackwell Farmhouse,* ein einfaches Holzhaus aus dem 18. Jahrhundert, ein wenig verloren zwischen den Bauklötzen: Es ist historisch wichtig, denn seit 1600 gehörte ein Haus an dieser Stelle der Familie Blackwell, die das Land bis zum Verkauf der Insel an die Stadt im Jahre 1828 bewirtschaftet hatte und nach der sie auch ursprünglich benannt war. Etwas besser paßt die *Chapel of the Good Shepherd,* eine solide neugotische Kapelle, in dieses Stadt-

milieu. Ihre Glocke hängt allerdings nicht im Turm, sondern steht etwas geziert auf dem Pflaster daneben!

Selbst wenn bisher nicht alles so ausgeführt worden ist,
wie es sich die Väter des Plans vorgestellt hatten, so kam
dabei doch auch etwas Reizvolles heraus, nämlich die
›Tramway‹: eine Schwebebahn, mit der man von einer Station an der Südwestecke von Second Avenue und 60th
Street für den Preis einer Bus- oder Subwayfahrt auf die
Insel gleiten und dabei den East River und seine Ufer in
aller Ruhe betrachten kann.

Zurück zur Eastside. Geht man nach Süden auf den
Beekman Place zu, so kommt man an der 52nd Street bei
Nummer 435 zum *River House,* gleichsam der Quintes-
senz eines Wohnhauses aus den dreißiger Jahren. Die unteren Stockwerke beherbergen einen Klub mit Tennis- und
Squashplätzen, ein Schwimmbad und einen Ballsaal, der
zum Schauplatz mancher Society-Hochzeit wurde und üb-
rigens auch jener Party, die Hildegard Knefs New Yorker
Verleger McGraw-Hill bei Erscheinen der englischen Aus-
gabe ihres ersten Buches gab. Bis zum Bau des Franklin D.
Roosevelt Drive – kurz F.D.R. Drive genannt –, der am
Fluß entlangführenden Schnellstraße, hatte River House
einen Anlegeplatz für die größten und schönsten Yachten
der Millionäre, wie Vincent Astors weißer ›Nourmahal‹.
Heute wohnt Henry Kissinger im River House, und seine
Geheimpolizisten stehen wartend im Hof.

Beekman Place war der Landsitz James Beekmans, eines
Nachfahren von Willem Beekman, der mit Peter Stuyvesant 1647 in Nieuw Amsterdam angekommen war. Stuyvesant trat damals als Leiter der Holländischen Westindischen Kompanie sein Amt als Statthalter der holländischen
Kolonie an. Auch Beekman war ein Gesandter der Kompanie und wurde später neunmal Bürgermeister von Nieuw
Amsterdam. James Beekmans Haus, ›Mount Pleasant‹,
stand bis 1874 auf einer kleinen Anhöhe am East River in
der Nähe von 51st Street. Während des Unabhängigkeitskrieges hatten die Engländer eine Zeitlang ihr Hauptquar-

tier darin, und der amerikanische Patriot Nathan Hale, der
sich im Gewand eines holländischen Schulmeisters als
Spion in die englischen Reihen eingeschlichen hatte und
erkannt wurde, ist im Gewächshaus von Mount Pleasant
verurteilt und im nahegelegenen Obstgarten erhängt worden. Seine berühmten letzten Worte: »I regret I have but
one life to lose for my country«, werden oft, freilich nicht
immer passend, zitiert. Heute ist Beekman Place ohne
Zweifel der schönste Ort, in New York zu wohnen, in
komfortablen Häusern unter hohen schattigen Bäumen.
Eine der Beekmanschen Kutschen, die vor noch nicht gar
so langer Zeit durch diese Straße rollten, kann in der New
York Historical Society am Central Park West besichtigt
werden.

Eine weitere beliebte Wohngegend ist *Sutton Place,* im
Norden überspannt von der Queensboro Bridge – allgemein Fifty-ninth Street Bridge genannt –, die Manhattan
hier mit dem Stadtteil Queens auf Long Island verbindet.
Der geringe Verkehr in und um Sutton Place läßt ein fast
ländliches Gefühl aufkommen, selbst wenn die Häuser in
ihrer städtischen Opulenz so etwas nicht ganz zulassen.
Keins davon überwältigt durch seine Architektur, nur
Nummer 1 ist recht eindrucksvoll: Es hat einen dreibögig
geöffneten Torweg und am Ende der Eingangshalle einen
reich bepflanzten Garten-Innenhof. An der 58th Street
biegt die Straße in Richtung East River ab. Das letzte Stück
heißt *Sutton Square* und mündet in eine schmale Privat-
straße namens *Riverview Terrace.* Sie besteht aus fünf kleinen efeubewachsenen, mit Brownstone verkleideten Häusern, deren rückwärtige Fenster auf den East River blicken.

Sutton Place bekam seinen Namen von Effingham B.
Sutton, der beim 1849er Goldrausch in Kalifornien ein
Vermögen gemacht hatte. Sein zuversichtlicher Plan, das
östliche Stück der 57th Street in eine exklusive Wohngegend zu verwandeln, wurde zwar Wirklichkeit, aber nicht
mehr zu seinen Lebzeiten. Erst 1921 wurde die Straße zu
einer Gegend, in der ›man‹ wohnte, als nämlich ein Mit-

glied der Bankiersfamilie Morgan sich dort niederließ und
Freunde aus der Society und dem Theater nach sich zog.

Die östliche 57th Street hat in den vergangenen Jahren
eine gewisse Renaissance erfahren: hohe Glas- und Beton-
klötze, die »langen Gehäuse des Eilands«, wie sie Bertolt
Brecht nannte, haben gut verdienende Bewohner angezogen, und diesen folgten wiederum teure Geschäfte und Restaurants.

Obwohl die westlichen Blocks der East 57th Street eher
zu Midtown gehören, sind sie in ihrem Charakter ganz
eindeutig ein Teil der Upper Eastside. In den zwei Blocks
zwischen Park und Fifth Avenue sind eine Reihe von Galerien zu finden, dazu feine Antiquitätengeschäfte. Manche
haben ihre Schaufenster zu ebener Erde, die meisten jedoch, besonders die Galerien, befinden sich auf verschiedenen Stockwerken in den Nummern 41, 38 und 32 East
57th Street. Nummer 41 ist ein gutes Beispiel für New
Yorker Art-Deco-Architektur. Ein Kenner verglich es mit
Brooks Brothers, dem Geschäft für konventionelle Herren-
bekleidung: schwarz, grau und weiß. Das weiße Element
bildet hier die Skulpturengruppe von Elie Nadelman über
dem Haupteingang, die entschieden zur Aufheiterung des
Ganzen beiträgt. Im Innern sollte man dem Mosaikboden
einen Augenblick der Aufmerksamkeit gönnen: Dargestellt
ist unter anderem das Flatiron Building, New Yorks erster
Wolkenkratzer, der von derselben Firma gebaut wurde wie
Nummer 41. Nadelmans zwei Figuren blicken einander
an, zeigen aber nach Osten wie Westen die schnurgerade
57th Street entlang bis zu den Flüssen an jedem Ende.

Bemerkenswert ist in diesem Viertel noch die *First Wom-
en's Bank,* die sich im Parterre eines feinen Residential
Hotel einquartiert hat. Es handelt sich um eine Bank von
und für Frauen, die sich während einer kämpferischen
Phase der Frauenbewegung etabliert hat, weil sich viele
Frauen von Männer-Banken benachteiligt fühlten. Ihre
Kundinnen kommen aus den entlegensten Stadtteilen zur
Park Avenue, um hier ihre Geldgeschäfte zu erledigen.

Eine weitere Sehenswürdigkeit ist das *Citicorp Center,* ein weithin sichtbarer Bau mit auffallendem Pultdach, der den ganzen Block zwischen Lexington und Third Avenue und 53rd und 54th Street beherrscht. Er ist mit seinem Atrium und vielseitigen Geschäften und Restaurants im Keller eine gute Adresse für Regentage. Seine Architekten, Hugh Stubbins and Associates, haben hier Pionierarbeit geleistet, indem sie zum ersten Mal einem Privatunternehmen öffentlichen Grund und Boden einverleibten und eine grüne Oase im Inneren eines Wolkenkratzers anlegten – inzwischen eine beliebte und sehr nützliche Mode. Unter dem Pultdach sollte ein Sonnenkraftwerk eingerichtet werden, statt dessen ist nur ein dicker stabilisierender Betonklotz für eventuelle Schwankungen dort versteckt worden. Und anstatt Energie aufzufangen, verstreut das Citicorp Center sie in beträchtlichen Mengen, um jeden Abend einen breiten Streifen gleißenden Lichts ins nördliche Manhattan zu schicken, neben dem sich die südlichere, ebenfalls erleuchtete Spitze des Empire State Building leider nur mit Mühe behaupten kann.

West 57th Street:
Ein Hauch Rue de la Paix

Old money meets new money here,
jews meet gentiles, hicks meet sophisticates.
John Richardson, Kunstexperte in ›New York Magazine‹

Auf dem Weg zum Lincoln Center und zur Upper Westside lohnt es sich, ein wenig in der West 57th Street zu verweilen, die in den dreißiger Jahren gern mit der Rue de la Paix verglichen wurde. Der lange Block zwischen Fifth und Sixth Avenue kann diesem Vergleich vielleicht auch heute noch standhalten. Die Sixth Avenue heißt übrigens offiziell ›Avenue of the Americas‹, aber die New Yorker haben sie schon immer ›Sixth Avenya‹ genannt und lassen sich diese alte Angewohnheit nicht austreiben. Der genannte lange Block beherbergt zwar kein dem Café de la Paix ähnliches Restaurant, dafür aber die unterschiedlichsten Unternehmen: den teuersten Kürschner der Stadt gleich neben einem Spezialgeschäft für Knöpfe und Bändchen, den Schuhsalon von I. Miller in einem Interieur, das man als ›Neo Art Deco‹ bezeichnen kann, nicht weit davon Henri Bendel, New Yorks schickstes und keinem anderen vergleichbares Modegeschäft mit den schönsten Kundinnen der Stadt, gegenüber ein vegetarisches Restaurant, die allgegenwärtigen Bankfilialen, mehrere Wolkenkratzer neueren Datums, darunter einer, in dem man mit dem Aufzug von einer Galerie zur nächsten fahren kann: Nummer 40. Hier hat sich der Supermarkt der amerikanischen Kunst besonders des 19. Jahrhunderts, Kennedy Galleries, mit seinem Computer für das Inventar und zwei Personen zu seiner Bedienung vor ein paar Jahren in geräumigen Galerien eingerichtet. Weitere Hausnummern, hinter denen sich Galerien, oft Pioniere der allerneuesten Kunstrichtungen, verbergen, sind 20, 24, 29, 30, 37, 50 und 110 West 57th

Street. Mit ein wenig Geduld und Vorsicht ist es möglich, sich durch den oft stockenden Verkehr über die Fahrbahn zu schlängeln: Man wird dabei nicht von eifrigen Polizisten zurückgeholt, und die Autofahrer sind recht verständnisvoll, abgesehen von diesem oder jenem ungeduldigen Taxifahrer.

Überquert man die Sixth Avenue und geht in Richtung Seventh Avenue auf der Südseite der Straße weiter, erreicht man, fast am Ende des Blocks, New Yorks heimliches Wahrzeichen, die fast hundert Jahre alte *Carnegie Hall*. Die Stadt verdankt sie Leopold Damrosch, dem Breslauer Musiker und Dirigenten, der in den siebziger Jahren des vorigen Jahrhunderts aus finanziellen Gründen nach Amerika ausgewandert war. In einem Brief bedauerte er einmal, daß er nie genug Geld habe, um von Breslau nach Berlin reisen zu können und dort die neueste Oper zu hören. Er gründete 1873 die New York Oratorio Society und 1878 die New York Symphony Society und avancierte schnell zum Dirigenten der Metropolitan Opera. Schon in den frühen achtziger Jahren wurde ihm klar, daß seine Sänger, die sich bisher in einem Musikgeschäft zum Üben einfanden, dringend ihre eigene Konzerthalle brauchten. Zusammen mit seinem Sohn Walter überredete er den schottischen Stahlmagnaten Andrew Carnegie, ihm zwei Millionen Dollar für eine solche Halle zur Verfügung zu stellen. Walter Damrosch, der zuerst als Dirigent in New Jersey tätig war und später die Aufgaben seines Vaters übernahm, herrschte jahrzehntelang als ungekrönter König über New Yorks musikalisches Leben. Im Jahre 1896 brachte er die erste ›Parsifal‹-Aufführung in einer Konzertfassung in die Neue Welt.

Carnegie, der lieber Dudelsackmusik hörte als Choräle, gab den beiden Damroschs das Geld weniger aus philanthropischen als aus eigensüchtigen Gründen, weil er glaubte, damit eine gute Geldanlage zu machen. Und weil ihm vorgeworfen wurde, daß er seinen Namen allzuoft in seine Wohltätigkeitswerke einbeziehe, taufte er die Halle

›New York Music Hall‹. Da europäische Musiker bei dem
Wort ›music hall‹ eher an Vaudeville und Revue dachten,
weigerten sich viele, dort aufzutreten. So wurde sie nun
doch in ›Carnegie Hall‹ umgetauft, was den Gönner zwar
mit Genugtuung erfüllte, ihm aber den erhofften Gewinn
trotzdem nicht einbrachte.

Das ist der Grund, warum Carnegie Hall recht merk-
würdig aussieht, denn als schön, jedenfalls von außen,
kann man sie nicht bezeichnen. William B. Tuthill, ihr
Architekt, hatte dem Bau eine für die spätviktorianische
Zeit typische äußere Form gegeben: italienische Renaissance mit französischem Mansarddach, alles in gelbem
Ziegelstein. Als sich jedoch herausstellte, daß die Halle
Carnegies Auslagen nicht wieder hereinbringen würde, ja
nicht einmal ihre eigenen Unterhaltungskosten bestreiten
konnte, mußte eine Notlösung gefunden werden. Aus
kommerziellen Gründen baute man Turm und Flügel mit
Studios und Büros an, deren Vermietung Einkünfte
brachte. Den meisten Leuten ist das Äußere von Carnegie
Hall recht unwichtig, denn sie liegt ohnedies eingepfercht
zwischen uninteressanten Bauten. Im Parterre haben sich
Läden, auf der rechten Seite hat sich ein Kino, auf der
Rückseite sogar ein Gasthaus eingenistet. Dafür ist sie aber
innen von turbulentem Leben erfüllt, unermüdlich ist das
künstlerische Treiben in dem Kaninchenbau voller Gänge,
Treppen und verschachtelter Garderoben und Übungs-
räume. Das allerschönste aber ist das hufeisenförmige Auditorium, von meterdicken Mauern abgeschirmt. Der Saal
ist weiß, hat rote Sitze und ist trotz seiner Größe, man
wagt es kaum zu sagen: gemütlich. Seine Akustik ist möglicherweise die beste im Lande; jedenfalls rühmte sie schon
Peter Tschaikowsky, als er im Mai 1891 zu den Einwei-
hungsfeierlichkeiten eigene Werke dirigierte.

Seither haben viele berühmte Musiker Gelegenheit gehabt, Tschaikowsky beizupflichten: Paderewski und Toscanini, die Callas und die Schwarzkopf, Fischer-Dieskau
und Benny Goodman. Ja, auch Benny Goodman: Den

Abonnenten wird Hören und Sehen vergangen sein, als er 1938 mit einer Gruppe erstklassiger Jazzleute das inzwischen in die Geschichte eingegangene ›Carnegie Hall Concert‹ gab, das verhältnismäßig sanft begann und sich zu einer furiosen Jam Session entwickelte. Der Halle scheint der neue Rhythmus nicht schlecht bekommen zu sein, und heute tönen ihre ehrwürdigen Mauern oft von Trommelwirbeln wider, besonders zur Jazz-Festival-Zeit im Sommer. Als es in den sechziger Jahren durch den Bau des Lincoln Center schlecht um die Zukunft der Carnegie Hall bestellt schien, weil Pessimisten sich zwei riesige Konzerthallen in einer Stadt ausgebucht nicht vorstellen konnten, taten sich die über Abrißpläne entrüsteten Bürger unter der Leitung von Isaac Stern zusammen und erreichten, daß die Stadt die Halle kaufte und einer gemeinnützigen Organisation unterstellte. Wie zu erwarten, sind Carnegie Hall und die Rivalin im Lincoln Center immer ausgebucht. Wenn junge Künstler vorgestellt werden sollen, für deren Erstlingskonzert es waghalsig wäre, die große Halle mit fast zweitausend Plätzen zu mieten, so präsentiert man sie in der Recital Hall, die nicht gar so überwältigende Proportionen hat und auch nicht gar so hohe Miete verlangt.

Bis zu ihrem hundertsten Geburtstag 1991 soll die Carnegie Hall nun für zwanzig Millionen Dollar renoviert werden. Leider sind Tuthills ursprüngliche Pläne verlorengegangen, aber man wird versuchen, zumindest die Fassade wieder so herzurichten, wie er es vorhatte. Daß bei der Renovierung auch der unvermeidliche vielstöckige Turm miteinbezogen wird, verwundert niemanden. Er wird im Parterre eine größere Repetitionshalle aufnehmen und Einnahmen bringen. Die Mieter der schon erwähnten Büros, Ateliers und Wohnungen, die mit ihrer Adresse Bewunderung und Neid erregen, dürfen bleiben. Die 750000 Musikliebhaber, die Carnegie Hall im Durchschnitt jährlich besuchen, haben mit großer Erleichterung erfahren, daß auch eine Renovierung der Wasserwerke und der Klimaanlage geplant ist. Bisher wurden nämlich während der heißen Sommermonate Konzerte mit klassischer Musik erst gar nicht angesetzt.

Sicherlich die schönste Fassade an der westlichen 57th Street gehört der *Art Students League* in Nummer 215. Im Stil der französischen Renaissance zur Zeit Franz I. vom ›Dakota‹-Architekten Henry J. Hardenbergh erbaut, bietet sie eine Augenweide zwischen Allerweltsbauten neueren Datums. Heute sind auch die Räume im Parterre Ateliers, und es kann dort jeder, der Lust dazu hat, zeichnen und malen lernen. Bis 1941 dienten die Räume als Galerien für wichtige Ausstellungen. Die Lehrer sind oft bekannte Maler oder Museumskustoden wie Robert Hale, dessen Anatomie-klassen so viele begeisterte Schüler anzogen, daß kaum Platz genug da war, großzügige Linien aufs Papier zu bringen, weil jeder im Gedränge die Arme anwinkeln mußte.

In der Nähe sind noch zwei der charakteristischen Apartmenthäuser der Jahrhundertwende zu bewundern: die *Alwyn Court Apartments* an der Südostecke von Seventh Avenue und 58th Street – der kleine Abstecher lohnt sich – und die *Osborne Apartments* an der 57th Street Nummer 205. Alwyn Court ist reine französische Renaissance und so mit Terrakotta inkrustiert, daß kein Millimeter nackter Stein zu sehen ist. Das Osborne bildet einen guten Gegensatz dazu in seiner Mischung aus Klassi-zität und ›Chicago School‹, der von Louis H. Sullivan ent-wickelten Skelettbauweise in rötlichem Stein. Nach einem Blick in seine Halle kann man sich die großzügigen Aus-maße der Wohnungen gut vorstellen.

Theater, Ballett und Musik
im Lincoln Center

Travertine here covers a multitude of skins.
Wortspiel Paul Goldbergers,
Architekturkritiker der New York Times

Wo Columbus Avenue den Broadway kreuzt, ist der Lincoln Square entstanden, der dem Lincoln Center den Namen gab. Die Holländer nannten diese Gegend wegen der schönen Wälder und Wiesen noch ›Bloemendaal‹; im Laufe unseres Jahrhunderts waren die Blocks zwischen Hudson River und Broadway jedoch zu Slums geworden. Die Mäzene, Komiteevorstände und nicht zuletzt die Städteplaner, in deren Köpfen die Idee zu einem Komplex aus Theatern und Konzerthallen seit einigen Jahren gereift war, dachten sich nichts dabei, ein solches Viertel abzureißen, um Platz für ihren Traum zu schaffen. Im Jahr 1959 tat ein fröhlich grinsender ›Ike‹ Eisenhower den ersten Spatenstich, und seit 1965 ist der Traum für alle sicht- und greifbar da. Es sind unzählige Worte darüber verloren worden, viele von ihnen politisch motiviert, und zwar in allen Schattierungen. Die lauteste Kritik kam von den Liberalen, hier als eine sozial weitgefächerte Gruppe, nicht als Partei verstanden. Sie monierten, daß hier ein unverschämt teures Establishment-Monstrum den armen Bewohnern der übriggebliebenen heruntergekommenen Häuserblocks im Westen seinen kalten Marmorrücken zukehre, während es auf der anderen Seite seine Arme privilegierten Musik- und Opernliebhabern öffne. Überdies fanden sie die Transportmittel für die weniger privilegierten der über zehntausend Menschen, die aus gleichzeitig endenden Aufführungen auf die Straße strömen und von keiner Limousine erwartet werden, mehr als unzureichend. Bei voller Platzbesetzung sind es übrigens genau 13 666 Menschen, die irgendwie nach Hause kommen müssen. Im

Keller gibt es zwar eine labyrinthische Garage, aber die ist
nach halb sieben für die Acht-Uhr-Vorstellungen besetzt,
und die Heimkehrer aus den Tempeln ihrer Muse ohne
Auto warten in Wind und Wetter am Straßenrand, um eins
der Taxis zu erwischen, die den Broadway hinunterrasen,
oder stehen brav an der Bushaltestelle an der nördlichen
Flanke der Avery Fisher Hall Schlange.

Architektonisch ist der Lincoln-Center-Komplex ein
teurer Mißerfolg. Die rund 170 Millionen Dollar, die diese
»Akropolis aus Travertin«, so ein Architekturführer, auf
ihrem dreißig Hektar großen Gelände gekostet hat, beweisen wieder einmal, daß ›mehr‹ nicht unbedingt ›besser‹ ist.
Die ›New York Times‹ schrieb bei der Eröffnung: »Philharmonic Hall [heute Avery Fisher Hall], State Theater
und Metropolitan Opera sind reich ausgestattete, konser-
vative Gebäude, die der Öffentlichkeit gefallen, die für die
meisten Kenner jedoch ein Versagen von Mut, Vorstellungskraft und Können darstellen.« Und Paul Goldberger
verdeckt in unserem Eingangsmotto die »multitude of
sins« mit »multitude of skins«. Sicher ist es schwer, so viele
Gebäude mit solch unterschiedlichen Funktionen zu einem
Ensemble zu fügen und passend einzurichten, aber gar so
grandios-vulgär hätte das Ergebnis nicht sein müssen. Die
›New York Times‹ gab aber zu, daß die verschiedenen
Platzanlagen, die sich durch die Anordnung der Bauten
ergeben, den mißglückten Komplex aufheitern, und auch
darin hatte sie recht.

Die wichtigsten drei Gebäude, wie sie sich dem Auge
vom Lincoln Square aus darbieten, sind links das State
Theater des Architekten Philip Johnson, in der Mitte die
Metropolitan Opera von Wallace K. Harrison, rechts die
Avery Fisher Hall von Max Abramovitz. Sie rahmen einen
weiten Platz mit einem runden Brunnen, ebenfalls von Philip Johnson. Geht man vor der ›Met‹ rechts ab, kommt
man vor das hinter einem Wasserbecken gelegene Vivian
Beaumont Theater von Eero Saarinen, das mit der geripp-
ten Nordwand der Met einen rechten Winkel bildet, des-

sen kühle Travertinflächen von einem Stabile von Alexander Calder belebt werden. Vom Beaumont Theater führt
eine Treppe auf einen Übergang über die West 65th Street
und auf der anderen Seite hinunter zum Eingang der Juilliard School of Music von Pietro Belluschi. Links der Oper
liegt der Damrosch Park, eine Anlage für Freilicht-Vorstel-
lungen, benannt nach den deutschen ›Herrschern‹ des New
Yorker Musiklebens um die Jahrhundertwende, von denen
schon die Rede war. Die Mäzenatenfamilie Guggenheim
hat den hier stehenden Musikpavillon mit Sitzgelegenhei-
ten für 2500 bis 3500 Personen gestiftet. Damrosch Park
gehört wie der große Platz der Stadt, und sämtliche Veranstaltungen dort werden vom Department of Cultural Af-
fairs betreut.

Der zentrale, alle Augen auf sich ziehende Bau der
Gruppe ist die *Metropolitan Opera*. Lange bevor die ›alte‹,
von vielen New Yorkern noch heute so vermißte ›Met‹ an
der Ecke Broadway und 38th Street abgerissen wurde, waren
Pläne um Pläne für ihren Wiederaufbau an anderer Stelle
geschmiedet worden, bis sie schließlich zum Mittelpunkt
dieses verzweigten Komplexes von Kulturbauten gemacht
wurde. Die beiden großen Chagall-Wandgemälde, das rote
mit dem Titel ›Le Triomphe de la Musique‹ und das gelbe
mit dem Titel ›Les Sources de la Musique‹, kommen abends
bei der strahlenden Beleuchtung der von Österreich gestifteten Kristallüster besser zur Geltung als während des Tages. Auch der Platz vor der Met kann recht leer wirken,
wenn sich nur vereinzelte Kartenkäufer auf ihm verstreuen
und die Fontänen des Brunnens für so wenige Bewunderer
nicht zu tanzen bemüht werden. An Sommerabenden jedoch erfüllt er die Vorstellungen seiner Planer: Da spru-
deln die Fontänen, Tische und Stühle stehen im Freien, und
New Yorker jeden Alters, jeder Hautfarbe und in jeder nur
vorstellbaren Gewandung drehen sich umeinander wie in
einem langsamen, tausendköpfigen Ballett.

Tritt man durch die Türen der Metropolitan Opera, hat
man eine Treppe vor sich, die im Verhältnis zu ihrer Größe

zu nahe am Eingang liegt und dem drängelnden Publikum
wenig Platz zum Kartenvorzeigen läßt. Links davon haben
die vielen Stifter des Hauses ihre Namen in Marmor ver-
ewigen lassen. Unter einem der Chagall-Bilder im ersten
Stock ist eine Bar eingerichtet, und wenn der Besucher
nach dem dort genossenen Glas ›Champagne‹ aus Reben
von den Ufern des Hudson River auf den Balkon tritt, wird
er sich nicht wundern dürfen, auf dem Dach eines recht
verlotterten Hauses auf der anderen Straßenseite eine Freiheitsstatue in Miniatur zu erblicken. Unter verschiedenen
Kunstwerken im Foyer und in den Gängen sind eine
›Kniende‹ von Wilhelm Lehmbruck von 1911, eine
›Kniende‹ von Maillol zum Gedenken an Debussy sowie
die Plastiken ›Sommer‹ und ›Venus ohne Arme‹, ebenfalls
von Maillol, zu bewundern.

Der Opernsaal faßt knapp 3800 Zuschauer. Während
der Ouverture entschweben die stachligen Lüster dicht unter die Decke. Eine nicht sehr beliebte, bewußt verstaubt
gelassene, halb-abstrakte Plastik von Mary Callery über
dem Proszenium fällt um so mehr auf, weil alles andere
glänzt und blitzt. Der Raum ist mit sehr teurem afrikanischem Rosenholz verkleidet, die Stühle sind mit kirsch-
rotem Plüsch überzogen und korrespondieren mit dem
Teppichbelag. Der zweite dominante Farbton ist Gold.

Die Darbietungen in diesem Haus, dessen außerordentli-
cher Ruf in Europa bei New Yorkern oft ein leichtes Ach-
selzucken hervorruft, sind unterschiedlich. Die Met hat
zuweilen eine glückliche Hand, wenn sie Ausgefallenes wie
moderne Franzosen oder Kurzopern von Strawinsky insze-
niert und sich Bühnenbilder und Kostüme von David
Hockney entwerfen läßt. Auch wenn sie eine Mozartoper
mit mehr als einem internationalen Star besetzt, können
temperamentvolle Funken sprühen. Aber wenn sie ihre alten Schlachtrösser hervorholt, des Kampfes müde und mit
abgewetztem Zaumzeug, das ursprünglich ein unsinniges
Geld gekostet hat, kann auch ein aufgepfropfter Star die
Karre nicht immer aus dem Schlamm ziehen. Und wenn

Abonnenten aus den Vororten während des Abschieds-
duetts nicht gerade geräuschlos und oft in Scharen den
Saal verlassen, um ihren Zug nicht zu verpassen, kann man
weder dem Orchester noch den Sängern die Unlust übel-
nehmen. Die ›New York Times‹, die sich jahrelang mit
großzügiger Toleranz über so manche Zumutung hinweg-
setzte und sie womöglich noch vorteilhaft mit Salzburger
oder Münchner Aufführungen verglich, scheut sich nun
nicht mehr, die Darbietungen der Met wenn nötig zu ver-
reißen – doch geschieht das mit leichter, charmanter und
oft sehr komischer Feder.

Richard Wagner ist in dieser so jüdischen Stadt ganz
besonders beliebt, und die Metropolitan Opera wirft sich
oft mit Schwung in gewaltige neue Inszenierungen. Allerdings ist der Mangel an Wagnerstimmen sehr schmerzlich,
und selbst die berühmtesten haben im großen Saal der
Oper Schwierigkeiten, bis in die letzten Reihen durchzu-
dringen. Außerdem spielt das Orchester gerne sehr laut,
und Kenner bedauern, daß es niemanden vom Schlage Karl
Böhms mehr gibt, der es, besonders bei Richard Strauss, so
gut zu zähmen wußte.

Ein Besuch hinter dem Vorhang der Metropolitan
Opera macht möglicherweise genausoviel Spaß wie einer
davor und ist wärmstens zu empfehlen. Die ›Innereien‹
dieses riesigen Apparates nehmen mehrere Stockwerke ein,
die Bühne ist ein Ballsaal mit verschiedenen Ebenen, die
beliebig hin und her geschoben werden können, und die
Schalttafeln würden einem Jumbojet Ehre machen. In den
sieben Probehallen gibt es Requisiten wie einen feuerroten
Gabelstapler, mit dem der Bühnenbildner Günther Schnei-
der-Siemssen Birgit Nilsson in den ›Liebestod‹ verhalf,
oder Falstaffs Korb mit großem Loch im Boden; die Kostüme für den Chor sind so sorgfältig und aus so gutem
Stoff genäht wie einst die von Chanel, und für den Kulis-
sentransport für fünfzehn abwechselnd laufende Opern ist
ein Aufzug vorhanden, der selbst dem Tapfersten Platzangst einflößen kann.

Die New York City Opera, die kleinere Schwester, auch Stiefschwester der Metropolitan Opera, quartiert sich meistens im Winter im *State Theater* auf der Südseite der Plaza ein. Philip Johnsons Schauspielhaus wird allgemein als bestes Gebäude des Komplexes angesehen, einmal wegen der großzügig angelegten Fassadenkolonnade, zum anderen wegen des Interieurs. Besonders gelungen ist die Wandelhalle im ersten Stock. Das Balkonmotiv des Zuschauerraums wiederholt sich hier; das promenierende Pausenpublikum verwandelt sich in Schattenrisse hinter Perlschnurvorhängen, in schönster Eintracht mit zwei üppigen Damen aus weißem Marmor von Elie Nadelman, die respektlos ›Yogurt ladies‹ genannt werden. Neben diesen Gigantinnen gibt es zahlreiche Kunstwerke sehr unterschiedlicher Qualität von prominenten Künstlern wie Jacques Lipschitz oder Jasper Johns.

Das Plaza Hotel steigt etwas wackelig ein geschwungenes Glashaus hinauf

Trinity Church und eine Laterne, die ihre ersten Pfarrkinder wiedererkennen würden

Emanu-El an der Fifth Avenue ist der Tempel der jüdischen Crème in New York

An vorweihnachtlichen Sonntagen vergnügen sich Spaziergänger auf der Fifth Avenue

Zu Weihnachten werden auch die Löwen vor der Public Library bekränzt

Das gemütliche Ziegelsteinhaus ist eine Bank; die hohe ›Seersucker‹-Wand gehört General Motors

Rockefeller Centers riesiger Weihnachtsbaum überragt Paul Manships ›Prometheus‹ und ein Kaleidoskop von Schlittschuhläufern

Klassizistisch, gotisch, maurisch? Es lohnt sich, die Nase in die Luft zu stecken

Durch Häuserlücken ergeben sich oft unerwartete Kontraste

Das himmelanstrebende Minarett blickt vom Sherry-Netherland Hotel hinunter auf den Zoo im Central Park

Die drohende Festung auf der Westside, ein ganz alltägliches Apartmenthaus, bewacht den ›Engel der Gewässer‹ im Central Park

Im Winter werden Old New Yorks Feuerleitern zu zartem Spitzenwerk

Die Decke des Zuschauerraums ist Johnson nicht gelungen: Sie ist ein Musterbeispiel an aufgedonnerter altmodischer Moderne, und die geschliffenen Lampenrosetten aus imitiertem Bergkristall an den Balkonbalustraden nehmen dem Ganzen nichts von seinem etwas vulgären Glanz.

Die City Opera läßt sich hier zu einer, manchmal sogar zu zwei Spielzeiten nieder. Sie vermittelt den Eindruck eines gut eingespielten, wenn auch nicht eben überwältigenden Ensembles. Die Qualität der Sänger läßt zwar manchmal zu wünschen übrig, aber das Singen scheint ihnen großen Spaß zu machen und sie gegenseitig anzuspornen. Obwohl hier Teamwork groß geschrieben wird, haben sich einige Stars aus dem Ensemble hervorgetan. Die Stars machen dann oft den kleinen Sprung über den Platz in die Metropolitan Opera. Aber auch sie erlauben sich keine Allüren, und unter guten Dirigentenhänden sind Chor und Orchester zu ansprechenden Leistungen fähig. Außerdem kann man sich von der City Opera für weniger als die Hälfte der ›Met‹-Preise unterhalten lassen. Die City Opera hat sich in den vergangenen Jahren Übersetzungen besonders von deutschen Opern schreiben lassen. Aber für die vielen in New York ansässigen deutschen Musikliebhaber klingen ›Ariadne‹ oder ›Freischütz‹ in englischer Sprache recht eigenartig.

Das wohl wichtigste Ensemble des Lincoln Center ist ebenfalls im State Theater beheimatet: das New York City Ballet. 1934 von dem russischen Choreographen Georges Balanchine zusammen mit dem Generaldirektor Lincoln Kirstein gegründet und bis 1983 von Balanchine, seither von den Chef-Ballettmeistern Jerome Robbins und Peter Martins geleitet, ist diese lebendige Truppe zu einem der brillantesten Ballettensembles der Welt emporgestiegen. Auf der Grundlage des klassischen Tanzkanons hat sie moderne, eigenwillige, heute durchaus amerikanisch anmutende Ballettwerke entwickelt: »Nicht amerikanisch, sondern newyorkisch«, betont Lincoln Kirstein, der künstlerisch engagierte Kaufhauserbe mit dem Zuschnitt eines Re-

naissancegranden. Der Nachdruck liegt bei dieser Truppe
auf Ensemblearbeit. Daß sich dennoch einige Außergewöhnliche aus der Schar der langbeinigen, ungemein
schnellen Tänzer und Tänzerinnen herausheben, kann
nicht ausbleiben, aber ›Stars‹ sind auch hier nicht er-
wünscht.

Neben dieser, New Yorks ›offizieller‹ Tanzgruppe, die
aber das Establishmentschildchen eigentlich nicht verdient
hat, kann der Besucher hier jeden Tag in der Woche Ballett
oder modernen Tanz in irgendeiner Form genießen. Das
American Ballet Theater mit Mikhail Baryshnikow und
Natalia Makarowa, das Robert Joffrey Ballet oder Martha
Grahams moderne Gruppe geben Gastspiele in der Metropolitan Opera oder im State Theater. Damit sind aber die
Möglichkeiten für Ballettomanen lange nicht erschöpft.
Auch Ballett-Truppen, die nicht im Lincoln Center auftreten, müssen hier ihrer Qualität wegen erwähnt werden. So
sind Merce Cunningham mit seinen ›Zufalls‹-Tänzen, Paul
Taylor mit seinen humorvoll erzählten Ballettstories und
Alwin Nikolais mit seinen atemberaubenden Bühnenbil-
dern an den verschiedensten Ecken der Stadt anzutreffen,
oft im City Center, einem herrlich vulgären ehemaligen
Freimaurertempel an der West 55th Street. Twyla Tharp
wiederum bringt ihre komischen Werke, die spitzbübisch
manchen etablierten Choreographen und sein Werk paro-
dieren, meistens in die Brooklyn Academy of Music, und
›Pilobolus‹, eine Gruppe, die Turnen und Tanzen geschickt
verbindet, mietet sich für ihre Vorstellungen einfach ein
Theater. Zwei bekannte schwarze Choreographen sind Arthur Mitchell und Alvin Ailey. Aileys moderne Truppe, ein
Rassengemisch wie New York selbst, setzt hochbewegte
Tanzdramen in Szene. Aus ihren Reihen sind Stars wie
Judith Jamison hervorgegangen, die mit den außerordentlich eleganten Bewegungen ihrer langen braunen Glieder
Furore gemacht und sogar in einem Musical am Broad-
way, ›Sophisticated Ladies‹, geglänzt hat. Arthur Mitchell,
früher Mitglied des New York City Ballet, hatte sein

›Dance Theater of Harlem‹ ausschließlich für schwarze
Tänzer gegründet, weil er beweisen wollte, daß diese auch
klassisches Ballett tanzen können. Sein Ensemble, zu dessen ersten Förderern Prinzessin Margaret gehört hat, fand
schnell internationalen Anklang. Inzwischen sind in der
Truppe sowie in der Ballettschule des Dance Theater alle
Rassen vertreten, weil man der Ansicht ist, man könne es
sich jetzt erlauben, integriert zu sein. Eine außerordentlich
erfolgreiche Welttournee ist der Beweis.

Doch zurück zum Lincoln Center! Die *Avery Fisher Hall*
an der nördlichen Seite der Plaza hieß ursprünglich Philharmonic Hall. Sie wurde umbenannt zu Ehren des Gön-
ners, der sehr viel Geld ausgegeben hat, um ihre krän-
kelnde Akustik heilen zu lassen. Dies ist gelungen, denn
das Auditorium wurde umgebaut; es erinnert mit seinen
seegrünen Schallstrahler-Wellen an der Decke an einen Pariser Salon im Style Moderne der dreißiger Jahre. Der Saal
ist in europäischer Tradition rechteckig und so groß, daß
Kammermusikgruppen oder Liedersänger, die gottlob selten darin auftreten, für Zuschauer der hinteren Reihen
winzig wirken. Die Avery Fisher Hall ist die Heimat des
New York Philharmonic Orchestra, und wenn das berühmte Orchester auf Reisen ist, kommen andere berühmte Orchester zu Besuch und bringen manchmal auch
berühmte Solisten mit.

Kleinere Gruppen kann der Musikliebhaber meistens in
der Alice Tully Hall im Gebäude der *Juilliard School of
Music* mit ihren 1100 Sitzen hören. Die Architekten Pietro
Belluschi, Eduardo Catalano und Westermann & Miller
haben diesen kleinen Marmormonolithen sehr geschickt
auf ein Gelände gesetzt, das der Broadway schräg ab-
schneidet. Diese Musikschule ist weltbekannt und bringt,
so scheint es, beinah täglich ein neues Talent hervor. Nennen wir als einige der Absolventen nur die Sängerin Leon-
tyne Price, den Geiger Itzak Perlman, den Schauspieler
Christopher Reeve und den Choreographen Paul Taylor.

Noch während ihres Studiums werden die Sprößlinge der Juilliard School der Öffentlichkeit vorgestellt, oft in kostenlosen Solokonzerten oder kleinen Kammermusikvorstellungen, aber auch in Orchesteraufführungen oder vollständigen Opern mit Kostümen und Bühnendekoration. Diese Darbietungen werden in den Zeitungen besprochen und größtenteils mit Recht gelobt. Vorstellungen werden entweder in der Tully Hall gegeben, die nach einem der aktivsten Förderer des New Yorker Musiklebens benannt ist, im eigenen Auditorium der Schule mit etwas über 1000 Plätzen oder in einer kleinen Vortragshalle mit knapp 300 und einem Workshop mit 200 Plätzen.

In der Tully Hall tritt auch regelmäßig die Chamber Music Society of Lincoln Center auf, eine junge, professionelle Gruppe von Musikern, die zu ihren gut neunzig Konzerten im Jahr oft prominente Gäste einlädt, wie man sie unter solchen eher gemütlichen Umständen anderswo kaum erleben kann. Die Chamber Music Society hat seit ihrem fast fünfzehnjährigen Bestehen 41 Kammermusikwerke komponieren lassen.

Zwischen Avery Fisher Hall und dem Vivian Beaumont Theater westlich davon liegt der schönste Fleck des ganzen Komplexes: Die große Bronzeskulptur ›Reclining Figure‹ von Henry Moore spiegelt sich in einem glatten, von kleinen Bäumen in großen Zementkästen umrahmten Becken, tagaus tagein von ihrem bewaffneten Leibwächter beschützt.

Das *Vivian Beaumont Theater,* ein Bau des finnischen Architekten Eero Saarinen, hat mit seiner Bühne, seinem Zuschauerraum, seiner Akustik von Anbeginn Schwierigkeiten gehabt. Die vielfach wechselnden Direktoren kamen trotz entgegengesetzten Konzeptionen und unterschiedlicher Praxis nicht zurecht, und für einen geplanten, sehr kostspieligen Umbau sind die nötigen Gelder offensichtlich nicht zusammenzubringen. Verschiedene Schauspielerensembles geben manchmal auf seiner Bühne Gastspiele oder etablieren sich für längere Zeit. Man pflegt hier vor allem Stücke der klassischen oder zeitgenössischen Moderne, Kammerspiele, Komödien.

Das Theater ist nach einer New Yorker Mäzenin benannt, die einen großen Teil seiner Kosten bestritt, weil sie sich eine Bühne mit wechselndem Repertoire nach europäischem Vorbild wünschte. Sie starb 1962, bevor der Bau fertig war. Um Vivian Beaumont nicht nachzustehen, ließ die Frau des Vogue-Verlegers, Mitzi E. Newhouse, in demselben Gebäude einem kleinen Theaterraum ihren Namen geben. Diese Bühne wiederum stellt experimentelle Formen des Dramas von jungen amerikanischen Talenten vor.

Dem Komplex des Vivian Beaumont Theaters eingegliedert ist *The Library and Museum of the Performing Arts,* eines der vier wissenschaftlichen Arbeitszentren der New York Public Library. Mit einer halben Million Büchern, Zeitschriften, Periodika, Programmen, Libretti, Manuskripten und Photographien, darunter Dokumentationen von 2000 Theateraufführungen zwischen 1925 und 1950, dürfte diese Bibliothek die umfassendste ihrer Art in der Welt sein. Das Schallplattenarchiv, die Musikabteilung sowie das Ballettarchiv warten gleichfalls mit beachtenswerten Beständen auf. In zwei kleineren Auditorien finden Studioaufführungen statt und in mehreren Galerien werden teils wechselnde Sonderausstellungen, teils Dauerausstellungen aus den Sammlungen gezeigt.

Einen Namen hat sich in den vergangenen zwanzig Jahren die *Lincoln Center Film Society* gemacht, die alljährlich im September ein Filmfestival organisiert. Dieses Festival hat sehr entscheidend dazu beigetragen, dem amerikanischen Publikum europäische Filme näherzubringen. Die Erfolge der deutschen Garde, allen voran Rainer Werner Fassbinders, sind dadurch in den USA fortgesetzt worden. Die Film Society bringt die Zeitschrift ›Film Comment‹ heraus, die inzwischen 120000 Leser hat, nimmt sich zusammen mit dem Museum of Modern Art der Vorführung historischer Filme an oder gibt vielbesuchte Galasoireen für Oskar-Preisträger.

Im Freien des Lincoln Center ist immer etwas los! Im
Sommer gibt es ein Out-of-door Festival mit Jazz und
Country-music, Komödianten, Jongleuren, Clowns, Tänzern und Straßentheatern, das rund 200 000 Besucher an-
lockt. Manchmal verlegt das Mostly Mozart Orchester
seine Proben ins Freie; die Konzerte dieses Orchesters finden zu sehr erschwinglichen Preisen im Saal statt. Im Winter kommt der Big Apple Circus in den Damrosch Park. In
seinem einfachen, dunkelblauen Zelt zeigt er den vom Madison Square Garden mit drei Arenen und allerlei Extravaganzen verwöhnten New Yorkern, was ein richtiger altmodischer Zirkus ist. Star ist die weitgereiste Elephantin Anna
May, nicht minder beliebt eine Tanzakrobatengruppe aus
Harlem.

Wie alle Supermärkte der Kunst hat auch Lincoln Center einen Souvenirladen, in dem Bücher, Platten, Plakate
und viele andere Dinge zu haben sind, manchmal auch so
erlesene Souvenirs wie Pompadours aus Brokat, die von
den Kostümen einer Verdi-Aufführung übrigblieben. Der
Laden liegt nicht weit von der Garage entfernt im Kellerge-
schoß.

Ob man Lincoln Center als Architekturensemble nun
mit Wohlgefallen betrachtet oder lieber dem Frechdachs
zustimmt, der meinte, es sähe aus »wie etwas, das Musso-
lini übers Telephon bestellt« habe – sein Angebot aller
Arten von Theater und Musik ist aus New York nicht
mehr wegzudenken. Dreieinhalb Millionen Besucher im
Jahr beweisen, daß man es braucht und trotz aller Kritika-
sterei hingeht.

Intellektuellenkolonie Upper Westside

> I know you have to have a certain bounce to your walk,
> you have to be able to think fast and talk fast
> and walk fast to get the most out of New York City.
> But most of us are doin' it.
> *Edward Koch, New Yorker Bürgermeister*

Die Upper Westside beginnt an der West 59th Street, da, wo Kolumbus von seiner hohen Säule aus den großen, verkehrsreichen *Columbus Circle* beherrscht. Entlang des westlichen Randes des Platzes erstreckt sich das häßliche New York Coliseum, eine Messehalle, in der von Minilautsprechern bis zu dicken Plastik-Kabinenkreuzern Massen von Dingen vorgeführt werden. Im Süden steht auf einer Insel ein im Vergleich dazu zierliches helles Gebäude; es vertritt einen Stil, den man vielleicht als neo-venezianisch bezeichnen könnte. Seit ein paar Jahren beherbergt dieses Haus das Fremden- und Verkehrsbüro der Stadt, das New York Convention and Visitors Bureau, eine gute Quelle für kostenlose Stadtpläne und Broschüren, Theaterkarten zu halbem Preis und allerlei nützliche Informationen in vielen Sprachen.

Am Eingang zum Central Park im Nordosten des Platzes überragt das riesige *Maine Memorial* beinah die Bäume. Lange Jahre dienten seine Stufen als inoffizieller Bazar für Marihuana und Stärkeres, als Aufenthaltsort für Betrunkene, Vor-sich-hin-Brabbelnde und unter dem Einfluß ihrer Drogen Um-sich-selbst-Kreisende, ebenso aber auch für harmlose Musikanten, die zu Hause nicht üben konnten oder ein wenig Geld verdienen wollten. Dann wurde der Klotz von Taubendreck und Kritzeleien befreit und stand eine Weile abgeschieden und unbefleckt hinter einem Cordon sanitaire, bis jemand sich erbarmte und die dicken Seile wieder entfernte. Wenn der motorisierte Polizeiwachtposten Wichtigeres zu tun hat, wird es hier sicher bald genauso zugehen wie früher. Lustig ist, wie sich die

Plastiken zu Füßen des stämmigen Sockels geradezu in den endlos wogenden Verkehr zu stürzen scheinen: Der Drang in ihrem Gebaren ist leicht zu erklären, denn an der Ostseite, zum Park hin, verabschiedet sich Kolumbus in Spanien, während er auf der Westseite, zum Platz hin, gerade in der Neuen Welt gelandet ist und ungeduldig vom Bug seines Schiffes nach Westen eilt. Auf dem Sockel reist die übliche Siegesgöttin in ihrem Wagen.

Auf seinem langen Weg nach Norden streift der Broadway den Central Park an dieser südwestlichen Ecke, und Ninth und Tenth Avenue heißen von hier ab Columbus Avenue und Amsterdam Avenue. Sie wurden Ende des vorigen Jahrhunderts umgetauft, als die Wohngegend im Norden von den Geschäftsvierteln im Süden unterschieden werden sollte, außerdem aber auch, um dieser Wohngegend ein eleganteres Gepräge zu verleihen und die Grundstückspreise anzuheben.

Der schon erwähnte Washington Irving beschrieb 1809 die Upper Westside in seiner ›History of New York by Diedrich Knickerbocker‹ als bewaldetes Tal mit Bächen, blühenden Wiesen und kleinen holländischen Häusern unter hohen Bäumen; in den dreißiger Jahren unseres Jahrhunderts tat ein Besucher die Gegend lakonisch als »plebeian area« ab. Während Irvings Beschreibung sicher zutrifft, muß die andere Charakterisierung angezweifelt werden. Denn die Upper Westside ist sehr viel komplexer. Man sieht natürlich heute noch ganze Blöcke von Slums; sie aber genau zu bezeichnen wagt man nicht so recht, denn sie können morgen schon saniert werden und andere Straßenzüge an ihrer Stelle genausoschnell degenerieren. Neben manchen ehemals herrschaftlichen Apartmenthäusern wie denen am Riverside Drive und den vor Müllbergen kaum noch zu erkennenden fensterlosen Unterkünften für eine entwurzelte ›Durchreisebevölkerung‹ gibt es ganze Straßenzüge mit allen Varianten von Brownstones, die mit Liebe renoviert wurden, und daneben ganz normale Wohnblöcke für vermutlich ganz normale Bürger.

Als Wohngegend ist die Upper Westside ungefähr hundert Jahre alt. Den Ansporn zu dieser Entwicklung hatte das American Museum of Natural History gegeben, dessen erstes Gebäude, von Calvert Vaux 1877 gebaut, recht allein in felsigen Weiten stand, wenn man von ein paar verstreuten kleinen, längst vernachlässigten Bauernhöfen und den provisorischen Hütten der Heimat- und Arbeitslosen absieht. Die Existenz des Museums veranlaßte den Erben des Singer-Nähmaschinen-Vermögens, das aufsehenerregende Dakota-Apartmenthaus an der 72nd Street zu bauen, dazu Gruppen von drei oder vier durch Lücken getrennte Reihenhäuser in neuen Seitenstraßen. Auf alten Photos sieht ein solcher halbfertiger Straßenblock dann dem Schlund einer Kürbislaterne sehr ähnlich.

Über die Ninth Avenue, hier oben nun Columbus Avenue, ratterte bald die Ninth Avenue Elevated Railway, kurz ›Ninth Avenue El‹ genannt, auf ihren Stelzen dahin, ein Grund mehr, sich in der Gegend anzusiedeln, weil damit ein billiges und schnelles Verkehrsmittel zur Verfügung stand. Die Bewohner der neuen Reihenhäuser mit den abwechslungsreichen, oft sehr überschwenglichen Ornamenten hielten sich allerdings Kutschen. Die Pferde wurden in großen, gemeinsamen Ställen untergebracht, ähnlich wie heute die Autos in unseren Parkhäusern. Als einzige haben die Claremont Stables an der 89th Street zwischen Columbus Avenue und Amsterdam Avenue überlebt. Sie stehen unter Denkmalschutz und beherbergen die Pferde der Reiter im Central Park. Die Upper Westside hatte lange Zeit, angefangen mit dem Ersten Weltkrieg, den Ruf einer völlig reglementierten Bürgerlichkeit. Denn hier waren die Einwanderer von der Lower Eastside auf der Suche nach einer besseren Bleibe angekommen, dies war die nächste Sprosse auf der Leiter des ›American Dream‹ vom Vorwärtskommen, der für so viele zur Wirklichkeit wurde. Die nächste Generation fand diese solide Bürgerlichkeit unerträglich; die Kinder der Einwanderer hatten studiert, viele von ihnen wurden Lehrer, Journalisten, Schriftsteller, Maler,

Wissenschaftler, im Unterschied zu ihren Handwerker-
und Kaufmannseltern. Sie flohen, sobald sie nur konnten,
ins Village. Als es dort zu teuer wurde, weil eine wohlhabende Schicht die schönen alten Häuser entdeckt hatte,
machten sie kehrt und zogen wieder nach Norden, die
meisten zurück auf die Upper Westside.

Heute ist die Upper Westside mit ihren großen, relativ
erschwinglichen Wohnungen eigentlich eine – wenn auch
auseinandergezogene – mit vielen anderen Elementen ge-
sprenkelte Intellektuellenkolonie. Darunter mag man sich
eine freundliche, warmherzige Nachbarschaft vorstellen,
wobei jeder jeden kennt und die Nächte bei Diskussionen
zugebracht werden, wie einst im Village. Das trifft aber
nur auf die vielen Westside-Musiker zu, die miteinander
musizieren. Für das literarische Völkchen ist der einzige
›Salon‹ ein mundwässerndes ›Superdelicatessen‹ namens
Zabar's, eine New Yorker Institution am Broadway und
81st Street. Es ist eine Pilgerfahrt wert, weil man neben
köstlichen Würsten, Käsen, Räucherfischen und vielem anderen dicke New Yorker Atmosphäre schnuppern kann,
auch dann noch, wenn einem zum Beispiel Joseph Heller,
der Autor von ›Der Ikshaken‹ – sozusagen der amerikanische ›Blechnapf‹ –, der in der Nähe eine kleine Wohnung
hat, nicht gerade über den Weg läuft. Angeblich reden die
Schriftsteller, Essayisten und Redakteure intellektueller
Zeitschriften wie der ›New York Review of Books‹ nur bei
›Zabar's‹ miteinander. Anderswo, so erklären die Soziolo-
gen, würden die Rivalitäten untereinander weniger übersehen. Einer der Interpreten der Intellektuellen-Mentalität
spricht dieser Schicht gesellschaftliche Umgangsformen ab
und meint, der Grund dafür sei, daß ein Großteil von New
Yorks Intelligentsia von Einwanderern aus Mitteleuropa
abstamme, wo die Tradition der Höflichkeit nicht so sorgfältig gepflegt würde wie in England und Frankreich. Wie
auch immer, wenn zwei Schriftsteller von der Upper Westside einander heute bei ›Zabar's‹ treffen, sprechen sie, wie
berichtet wird, nur vom Geld: wie hoch die Honorare in

den Verträgen angesetzt seien oder wieviele Aufführungen
ein Stück erreicht habe.

Als Besucher kann man auf der Westside stundenlang
auf künstlerischen Pfaden wandeln, und der beste Ort, damit zu beginnen, ist aus vielen Gründen das *Ansonia Hotel,* das den ganzen Block zwischen 73rd und 74th Street
auf der Westseite des Broadway einnimmt. Es ist eine der
»glänzendsten Zacken in New Yorks architektonischer
Krone«, steht nach den üblichen Kämpfen um seine weitere Existenz unter Denkmalschutz und wurde von Anfang
an als ›Residential Hotel‹ geplant. Das war um die Jahrhundertwende, und obwohl der Schriftsteller Saul Bellow
es mit einem hundertmal vergrößerten Barockpalast in
München oder Prag vergleicht, war sein Architekt ein
Franzose, Paul Du Boy, und sein Bauherr, William Earl
Dodge Stokes, ein reicher New Yorker mit ganz bestimmten Vorstellungen. Das Ergebnis waren Läden im Keller,
zwei Schwimmbecken und ein Dachgarten, auf dem er seinen kleinen, zum Haustier dressierten Bären und seine Zie-
gen, Enten und Hühner unterbrachte. Die Eier verkaufte er
billig an seine Mieter. Er wollte mit Versicherungen nichts
zu tun haben und ließ das Gebäude aus feuerfestem Mauerwerk mit meterdicken Wänden bauen. Als sich herausstellte, daß man im ›Ansonia‹ ordentlich Krach machen
konnte, ohne die Nachbarn zu stören, zogen die Musiker
ein. Im Laufe der Zeit haben Caruso und Schaljapin, Mel-
chior, Lily Pons und Yehudi Menuhin, Strawinsky und
Toscanini, ebenso aber auch der Impresario Florenz Zieg-
feld und der Schriftsteller Theodore Dreiser im ›Ansonia‹
gewohnt. Heute, angeregt durch das künstlerische Treiben
um Lincoln Center, haben sich wieder Musiker und andere
Künstler hier einquartiert, meistens in Räumen, die gerade
groß genug sind für Klavier oder Bett, aber nicht für beides. Gegenüber der südlichen Ecke des Hotels steht Verdi
auf einem bankgerahmten Sockel, von Hunderten von
Tauben umflattert. Zu seinen Füßen und in Hörweite von
Soprantrillern aus den ›Ansonia‹-Fenstern tummeln sich

Figuren aus Aida, Falstaff, Othello und Macht des Schick-
sals. Verdis Rückendeckung besorgt die *Harlem Savings
Bank* in einem imposanten klassizistischen Gebäude, die
1859 als German Savings Bank in the City of New York
gegründet worden war, den Namen aber während des Ersten Weltkriegs wie so manche andere ›deutsche‹ Institution einbüßen mußte, und bis vor kurzem als ›Central Savings Bank‹ bekannt war.

Die Westside ist sehr reich an solch schönen alten Apartmenthäusern wie dem ›Ansonia‹. Am Broadway, einige
Straßen weiter nördlich, gibt es die *Apthorp Apartments*
mit ihrem verschnörkelten gußeisernen Torbogen und,
nicht weit von Schriftsteller Isaac Bashevis Singers Domizil, den kleineren Bruder dazu, die *Belnord Apartments* an
der 86th Street; am Central Park West und 72nd Street
steht das luxuriöse *Dakota,* vor dessen Tür Beatle John
Lennon erschossen wurde, und an der 67th Street das *Hotel des Artistes.* Es hat zweistöckige Ateliers und seit je
künstlerische Bewohner: früher waren es die Tänzerin Isadora Duncan und der Theatermann Noël Coward, heute
sind es Filmproduzenten und Architekten, aber auch New
Yorks ehemaliger Bürgermeister John Lindsay. Das elegante ›Café des Artistes‹ im Parterre ist den Women's-Lib-
Verfechtern ein Dorn im Auge: Die Wände sind mit nackten rosa Pin-up-girls auf blumigen Wiesen von Howard
Chandler Christy dekoriert.

Es lohnt sich für den Besucher, jede der Avenues einmal
entlangzuwandern; sie alle haben ihre ganz eigene Atmosphäre, und besonders Columbus und Amsterdam Avenue
sind lebendige Beweise für konzentrierte Sanierung eines
Stadtviertels. Sie müssen zu Beginn ihres Daseins schon
einmal sehr interessant, wenn nicht sogar schön gewesen
sein, denn sie wurden gern mit Unter den Linden und den
Champs-Elysées verglichen, und von Riverside Drive hieß
es sogar, dies sei »the most beautiful avenue in the world«.

Central Park West auf dem Weg zum Museum of Natural History an der West 77th Street und darüber hinaus

ist einen Spaziergang wert, weil die phantasievollen Gebilde auf seiner Westseite von »den letzten Verrenkungen kapitalistischer Gotik« über Zuckerguß anno 1918 an der 75th Street bis zum Style moderne an der 62nd Street reichen. Im letztgenannten Gebäude, dem Century, hat Marc Connelly, der schon erwähnte Ritter des Round Table im ›Algonquin Hotel‹, jahrzehntelang gewohnt.

An der 70th Street steht eine Synagoge, die den Nachfahren jener spanischen und portugiesischen Juden als Gotteshaus dient, die 1654 aus Brasilien in New York ankamen und deren alte Friedhöfe noch auf der Lower Eastside fortbestehen. Der Block der 76th Street zwischen Central Park West und Columbus Avenue ist ein winziger Historic District, weil die Häuser, nicht ganz hundert Jahre alt, in einer zwar lustigen Mischung verschiedener historisierender Stile, jedoch als ganzes Ensemble geplant wurden.

Seine Nordostecke wird von dem streng ›klassischen‹ Gebäude aus hartem Granit der *New-York Historical Society* eingenommen. Seit fast 180 Jahren sammelt die Gesellschaft Dokumente der Geschichte New Yorks und seiner Einwohner; zusammen mit dem Museum of the City of New York auf der anderen Parkseite bildet sie das ›Familienalbum‹ der Stadt. Sie hat eine umfangreiche Sammlung von Gemälden amerikanischer Maler des 19. Jahrhunderts, deren Werke heute eine ungemeine Renaissance, und nicht nur in Amerika, erleben. Die Galerie am Eingang zeigt eine Auswahl von James John Audubons über eintausend originalen, lebensgroßen farbigen Porträts von fast 500 Vogelarten des nordamerikanischen Kontinents, zu deren Drucklegung ihm lange das nötige Kapital gefehlt hatte. Und wenn der Besucher glaubt, nach Pionierart sei in New York nur von groben Schüsseln und Tellern aus der für dieses Gebiet typischen ›stoneware‹ gegessen worden, das im ersten Stock ausgestellt ist, so besuche er die Silbersammlung im Parterre, um sich die feinen Arbeiten der frühesten New Yorker Silberschmiede anzusehen. Im

Keller ist die großartige Fahnestock Collection untergebracht, eine Sammlung von Kutschen der Jahrhundertwende mit so schönen Namen wie ›Stanhope Gig‹, ›Tan-
dem Cart‹ und ›Park Drag‹. Dazwischen sind einige der
alten Meilensteine aufgereiht. Ferner gibt es eine sehr an-
schauliche Sammlung von frühen Ansichten der Stadt, hölzernes und mechanisches Spielzeug, die Bibel Peter Stuyvesants, eine Dokumentation der Amerikanischen Revolution, die deren historischen und militärischen Ablauf aus-
gezeichnet erläutert, Porträts von prominenten New Yorkern, Möbel und Hausrat alteingesessener Familien und,
etwas unmotiviert, sogar eine kleine Sammlung europäischer Kunst, die der Gesellschaft in frühen Tagen von Förderern geschenkt wurde.

Überquert man die West 77th Street, so steht man vor
den romanischen Türmen einer Wasserburg mit einem leeren, grasbewachsenen ›Wassergraben‹. Sie stammt aus dem
letzten Jahrzehnt des 19. Jahrhunderts und ist nur ein Teil
des riesigen, aus vielen verschiedenen Gebäuden zusam-
mengesetzten *American Museum of Natural History,* des
größten naturwissenschaftlichen Museums der Welt. Seine
unendlichen Schätze sind in viele Hauptgruppen zusam-
mengefaßt wie Astronomie, Anthropologie, Ornithologie,
Ichthyologie, Entomologie, Mineralogie, Paläontologie
und andere mehr. Es ist unerläßlich, eine wenn auch qual-
volle Wahl zu treffen, bevor man sich über meilenlange
Korridore in die 23 Morgen umfassenden Ausstellungs-
räume begibt und sich unter ein Dreihundertstel der jährlich vier Millionen Besucher mischt.

Das Museum of Natural History liegt gegenüber vom
Metropolitan Museum auf der anderen Seite des Central
Park und ist beinahe gleichaltrig; es verwundert deshalb
nicht, daß Calvert Vaux, der »Architect of the Department
of Public Parks«, beiden die ersten Häuser schuf. Wie sein
ursprünglicher Bau des Metropolitan Museum ist auch der
des Naturhistorischen Museums heute hinter anderen Bau-
gruppen versteckt und von der Straße nicht zu sehen. Der

Plan für ein solches Museum wuchs ganz natürlich aus
dem Wunsch, es den europäischen Großstädten gleichzu-
tun und zu veranschaulichen, wie die Welt sich entwickelt
hat, besonders nachdem Darwin und seine Kollegen mit
ihren Entdeckungen das allgemeine Interesse an der biolo-
gischen Vergangenheit geweckt hatten. Wie immer bei solchen Vorhaben in New York griff eine Gruppe Bürger,
der das öffentliche Wohl am Herzen lag, tief in die Tasche,
kaufte die Sammlung von präparierten Vögeln und Wir-
beltieren des deutschen Naturforschers Maximilian Prinz
zu Wied-Neuwied und brachte sie provisorisch im ›Arsenal‹ von 1848 im Central Park an der Fifth Avenue unter.

Das Museum beherbergt eine Reihe besonders populä-
rer Gegenstände, die tagaus, tagein Gruppen von Bewun-
derern um sich versammeln. Dazu gehört der ›Star of In-
dia‹, ein 563 karätiger Saphir, der zusammen mit zwei anderen Edelsteinen aus Bankier J. P. Morgans sagenhafter
Sammlung gestohlen und dann wie durch ein Wunder wie-
dergefunden wurde, oder ein blauer Riesenwal aus Glas-
wolle und Schaumgummi, mit seinen dreißig Metern
Länge möglicherweise das größte Ausstellungsobjekt der
Welt. Er würde hundert Tonnen wiegen, wäre er echt.
Dazu gehören die Bronto-, Allo- und Stegosaurier aus dem
Westen des Landes; die letzten dieser Wundertiere wurden
im Staat Montana gefunden. Der jüngste von ihnen ist der
›Fort Lee Phytosaurier‹, dessen Skelett Studenten der Co-
lumbia University Anfang des Jahrhunderts in den Palisa-
des, New Jerseys Steilufer auf der anderen Hudson-Seite,
ausgegraben haben und den ein Witzbold ›Clepsysaurus
Manhattanensis‹ nannte, weil er nach Manhattan ›ver-
schleppt‹ wurde. Unter den Tieren des Eiszeitalters sind die
Faultiere aus Kalifornien von Interesse: Sie stammen aus
Teergruben in La Brea, in denen heute das Los Angeles
County Museum auf einer dicken Betonplatte ›schwimmt‹.
Die Scheibe von einem Riesen-Mammutbaum von dreißig
Metern Umfang oder die geologische Reliefkarte von New
York sollte man ebensowenig verpassen wie die Dokumen-

tationen über peruanische und nordamerikanische Indianer und über Eskimos in ihrer charakteristischen Umwelt.

An der 81st Street erhebt das *Hayden Planetarium* seine kupferne Kuppel. Es ist eine von zehn Sternwarten in den Vereinigten Staaten und wird jährlich von beinahe einer Dreiviertelmillion Sternguckern besucht, die hier die Konstellationen am Firmament der Zukunft oder in Bethlehem zur Stunde der Geburt Christi betrachten können. Es gibt hier aber auch den größten Meteorstein der Welt, über 36 Tonnen schwer, den Admiral Peary von einer Forschungsreise Ende des vorigen Jahrhunderts aus Grönland mitgebracht hat. Man kann sich auf Waagen wiegen, die das Gewicht auf anderen Planeten anzeigen: auf dem Jupiter wäre man dreimal so schwer, auf dem Mars dagegen um beinahe zwei Drittel leichter. Das Guggenheim Space Theater im ersten Stock ist wie ein Kopernikanisches Planetarium eingerichtet und veranschaulicht die Größen und Geschwindigkeiten der Planeten und ihrer Monde. In den umliegenden Gängen ist die Geschichte der Astronomie dargestellt, und der Besucher kann sich, wenn er dazu aufgelegt ist, in eine Mondlandschaft versetzen lassen.

Im zweiten Stock wirft ein riesiger Zeissprojektor Millionen von Sternen an die Decke einer Kuppel aus rostfreiem Stahl und vermittelt damit das Bild des Sternhimmels in einer völlig klaren Nacht, ein Zustand, der den New Yorkern durch die Lichterfülle und Luftverschmutzung vorenthalten bleibt. Bei dieser lohnenden Vorführung werden die Himmelskörper auf ihren Reisen durch das Universum von Sphärenmusik begleitet. Der Vorführer kann dabei mit vierzig Schalthebeln zweitausend verschiedene Kombinationen von Himmelskörpern einstellen.

An der 90th Street werden die Sterne des Firmaments von menschlichen abgelöst. Hier kann man Englands großem Schauspieler John Gielgud auf der Straße begegnen, wenn er gerade bei hiesigen Freunden zu Besuch ist. Sinclair Lewis, der den prototypischen Bourgeois amerikanischer Prägung in der Person des ›Babbitt‹ schuf, hatte im

orangefarbenen Art-Deco-Apartmenthaus des *Eldorado*
an 300 Central Park West in den vierziger Jahren seine
hochgelegene Wohnung. Später hat Herman Wouk der
Heldin seines Romans ›Marjorie Morningstar‹ diese
Adresse als Station auf ihrem Weg nach oben gegeben, und
heute ist sie eine Hochburg der Jünger Freuds, die hier ihre
Praxen eingerichtet haben.

Am nördlichen Ende des Central Park, an der 110th
Street, die nach der benachbarten Cathedral Church of
St. John The Divine hier Cathedral Parkway heißt, wird
Central Park West wieder zur Eighth Avenue, und aus dem
eleganten Boulevard am Parkrand wird recht abrupt die
verkommene Straße, die unaufhaltsam auf den verwahrlosten Teil Harlems um die 116th Street zustrebt. *Morningside Park,* ein langer Grünstreifen, der sich ab Cathedral
Parkway an der westlichen Flanke der Columbus Avenue
entlangzieht, so schön angelegt er auch sein mag, wird
nicht durch Patrouillen bewacht und ist durch die Nachbarschaft der übelsten Straßen Harlems auch tagsüber
nicht ungefährlich. Das ist schade, denn er wäre sonst sicher eine vielbesuchte historische Stätte. Hier hat George
Washington im Unabhängigkeitskrieg einen kleinen, den
schon sinkenden Mut seiner Soldaten erneut anfeuernden
Sieg errungen. Es ist für den Wanderer besser, von der
Columbus Avenue einen Block nach Westen auf die Amsterdam Avenue abzubiegen, was außerdem den Vorteil
hat, daß er hier auf die Fassade der *Cathedral Church of
St. John The Divine* trifft, der Hauptkirche der protestantischen Episcopal Church New Yorks. Diese Kirche mit
Platz für zehntausend Gläubige wird allgemein als größte
neugotische Kathedrale der Welt angesehen. Sie ist 185
Meter lang und im Querschiff 110 Meter breit, kommt
also in ihren Ausmaßen der Peterskirche in Rom nahe.

Während ihre Fassade und ihr Schiff neugotischen Stil
zeigen, sind Apsis, Chor und Vierung neobyzantinisch und
neoromanisch gestaltet. Verschiedene Architekten haben
seit dem Ende des 19. Jahrhunderts an ihr gebaut, aber sie

ist immer noch nicht vollendet, und das liegt, wie allenthalben, am chronischen Geldmangel. Denn die großen Steinblöcke müssen mit der Hand behauen werden, und lange Zeit gab es niemanden, der sich darauf verstand. Vor einiger Zeit ist ein englischer Steinmetz zu Hilfe gerufen worden, der junge Arbeitslose aus der Nachbarschaft sein im Aussterben begriffenes Handwerk lehrt. Die Arbeiten gehen nun langsam voran: In drei Jahren haben siebzehn Lehrlinge zweitausend Steine für die Westtürme behauen. Die Fensterrose von zwölf Metern Durchmesser über dem Eingangsportal ist aus zehntausend Glasstücken zusammengesetzt. Sentimentale New Yorker, von denen es eine ganze Menge gibt, freuen sich über die Lampen auf der Treppe, die beim Abriß der alten Pennsylvania Station gerettet und hier aufgestellt worden sind. Nachdem man eine der großen Bronzetüren mit sechzig Darstellungen aus der Bibel durchschritten hat, wird man sich zunächst der unleugbaren Wirkung des hohen, kühlen Hauptschiffs überlassen. Der romanische Chor mit seinem Halbrund von acht mächtigen Säulen aus grauem Maine-Granit ist majestätischer nicht zu denken, und man kann sich vorstellen, daß es beinahe so schwierig war, diese Kolosse hierher auf die Cathedral Heights zu transportieren wie den ägyptischen Obelisken an seinen Platz im Central Park. Doch berichten Augenzeugen, die Frau des Bauunternehmers sei bei der Beaufsichtigung der Aufstellung mit den riesigen Werkzeugen dafür so geschickt umgegangen, »wie andere Frauen mit Nadel und Zwirn«.

Zu den bemerkenswerten Ausstattungsstücken, die der Aufmerksamkeit empfohlen seien, gehören das Chorgestühl und die zwei Bischofsthrone, Gobelins aus dem 17. Jahrhundert oder die siebenarmigen, vergoldeten Bronzeleuchter, die jenen im Tempel von Jerusalem nachgebildet sind. Im Garten, wo man auf schattigen Bänken ausruhen und im Sommer einen Pfau beim Radschlagen bewundern kann, wachsen nur Pflanzen und Bäume, die in der Bibel erwähnt sind.

Es gibt ein Museum, das die vielen Schätze der Kirche aufbewahrt, einen gut ausgestatteten Geschenkladen und ein vollendetes Modell der Kathedrale; in einem Zustand geduldiger, wenn auch ein wenig getrübter Hoffnung wartet es darauf, endlich auch Wirklichkeit zu werden. Obwohl so ganz unähnlich, erinnert es ein wenig an das Modell von Antonio Gaudí im Keller seiner unvollendeten Sagrada Familia in Barcelona.

Zwei Blocks weiter nördlich, zwischen 114th und 121st Street, erstreckt sich der große *Campus der Columbia University,* deren Studenten rundum für Lebendigkeit sorgen. Sie haben ihre Lieblingscafés wie das ›Green Tree Hungarian Restaurant‹ auf der Amsterdam Avenue und das ›West End Café‹ auf dem Broadway. Das letztgenannte gehört zum New Yorker Inventar und war in den vierziger Jahren berühmt als Treffpunkt der ›Beat Poets‹, die ihm Gedichte widmeten, bevor sie sich auf die Lower Eastside in das zurückzogen, was sie ›real life‹ nannten. Columbia ist eine alte, große und reiche Universität. Sie besitzt einen erheblichen Teil des teuer vermieteten Stadtgebietes, auf dem Rockefeller Center heute steht. Ihre eigenen Gebäude, die für den schwarzen Schriftsteller Langston Hughes während seiner Studienzeit »wie Fabriken« aussahen, werden von der klassizistischen *Low Library* überragt, einem Werk von Charles McKim von der produktiven Firma McKim, Mead and White. Obwohl dieses monumentale Gebäude mit seiner massiven Säulenfront als ›Library‹ bezeichnet wird, dient es heute der Universität nicht als Bibliothek, sondern für zeremonielle Anlässe, Preisverleihungen und dergleichen. Die eigentliche Bibliothek, Butler Library, liegt südlich der Low Library an der 114th Street. Die Low Library wird vielen vom Fernsehschirm vertraut sein: Auf ihren Stufen haben die Studentenunruhen von 1968 begonnen. Dabei ist auch die Statue der Columbia, die ›Alma Mater‹ – »who gazes longingly downtown«, wie der Dichter John Hollander schrieb –, von einer Bombe getroffen worden. Doch die Statue von Daniel Chester

French hat das Attentat überstanden. Mit einer Geste des Willkommens blickt sie von ihrem Buch auf, während »Athena's corny little owl«, Symbol der Weisheit, sich »for shame in the academic skirt-folds« versteckt.

Das beste klassizistische Gebäude auf dem Columbia Campus, wie die Low Library unter Denkmalschutz, ist *St. Paul's Chapel* von Howells and Stokes. Diese Kapelle hat eine besonders gute Akustik und wunderschönes Licht, das aus hochgelegenen Fenstern das Gewölbe durchflutet. Sie ist eine Stiftung der Schwestern von Isaac Newton Phelps Stokes, dessen Ruhm auf seinem grundlegenden, vielbändigen Werk ›The Iconography of Manhattan Island‹ beruht. Wie er ausgesehen hat, kann man anhand des Doppelporträts von John Singer Sargent im Metropolitan Museum feststellen, in dem er seiner vor Leben nur so sprühenden Frau über die rechte Schulter blickt.

Harlem, Stadt der Farbigen

I ain't never done nothin' for nobody
I ain't never got nothin' from nobody, no time
until I can get somethin' from somebody, some time
I don't intend to do nothin' for nobody, no time.
Bert Williams, Komödiant, um 1910

Eine Handvoll Häuser, zehn Meilen nördlich der kleinen holländischen Siedlung Nieuw Amsterdam an der Spitze Manhattans, wurde 1658 ›Nieuw Haarlem‹ getauft, sehr wahrscheinlich von Peter Stuyvesant. Die Einwohner dieses winzigen Dorfes waren den East River hinaufgesegelt und hatten das jungfräuliche Land zu bebauen begonnen, das bis dahin den Indianern als Jagdgrund gedient hatte. Unter den Dorfbewohnern soll es elf Schwarze gegeben haben, die auf den Farmen als eine Art Lehrlinge – auf keinen Fall aber als Sklaven – arbeiteten. Im Laufe der Zeit und in zunehmendem Maße im 18. und frühen 19. Jahrhundert kauften wohlhabende New Yorker die Höfe, erweiterten sie zu Gütern und waren stolz, ihre Küchen in der Stadt mit eigenen Produkten versorgen zu können.

Einer dieser Gutsbesitzer war der britische Oberst Roger Morris, dessen schönes Landhaus, das *Morris-Jumel Mansion* aus dem Jahre 1765, heute noch von Harlem Heights aus über das nördliche Manhattan blickt. Als Washington und seine Truppen nach der Schlacht von Harlem Heights im September 1776 den nördlichen Teil der Insel hielten und Morris und seine Familie als Königstreue nach Kanada geflüchtet waren, machte der General ein Zimmer im zweiten Stock zu seinem Hauptquartier, weil er von dort einen guten Blick auf das Tal von Harlem auf der einen Seite und den Hudson River auf der anderen hatte. Nachdem die Stadt von den Engländern zurückerobert worden war, ließ der Kommandant Sir Henry Clinton General Wilhelm von Knyphausen und seine hessischen Soldaten zur Bewachung Manhattans in der Villa zurück.

Im ersten Jahrzehnt des 19. Jahrhunderts kaufte Etienne
Jumel, ein französischer Weinhändler, den Besitz und ließ
einen Portikus mit Ziergiebel vor die Fassade des Holzhau-
ses im reinsten Kolonialstil bauen. Von der Originalein-
richtung aus dem 18. Jahrhundert ist zwar nichts mehr
vorhanden, aber die späteren Verwalter des Hauses haben
sich große Mühe gegeben, einige Räume jener Epoche entsprechend einzurichten. Der größte Teil des Hauses wird
jedoch vom französischen Empire beherrscht, ein Stil, den
Madame Jumel bevorzugte. Angeblich stammen einige der
Stücke aus dem Besitz Napoleons und seines Hofes, denn
nach dessen Sturz soll einer seiner Brüder bei den Jumels
Unterschlupf gesucht haben. Madame Jumel, eine schöne,
aber auch energische und nicht sehr gut beleumundete
Frau, lebte auf großem Fuß. Ein Zeitgenosse berichtet, daß
die Kinder auf der Straße hinter ihrer prachtvollen Kutsche
herliefen, wenn sie die heutige Fifth Avenue hinunter in die
›Stadt‹ fuhr. Nach dem Tode ihres Mannes heiratete sie
den viel älteren ehemaligen Vizepräsidenten der Vereinigten Staaten, Aaron Burr, der den hochbegabten Finanzminister der jungen Nation, Alexander Hamilton, aus politischer Rivalität 1804 im Duell erschossen hatte. Die Ehe
dauerte nur sechs Monate, aber einige Erinnerungen auch
daran sind in den Schaukästen im zweiten Stock zu finden,
darunter Madame Jumels Strumpfbänder, das eine mit
»Amour«, das andere mit »Gloire« bestickt, vermutlich
ihrem Motto.

Die wachsende Stadt brauchte mehr Platz. Vororte in
der Mitte der Insel waren gleichsam über Nacht regelrechte Stadtteile geworden, und so mußten neue ›suburbs‹
gefunden werden, wofür sich das ländliche Harlem vorzüglich eignete. In den achtziger Jahren des vorigen Jahrhunderts siedelten sich dort gutbürgerliche Familien in soliden Brownstone-Häusern und heute sehr herrschaftlich
anmutenden Apartment-Häusern an, besonders Deutsche,
die seit 1848 in New York fest etabliert waren, aber auch
Iren und Skandinavier, darunter eine große Gruppe Fin-

nen. Die 125th Street wurde zum Broadway dieser beinahe
autonomen Kleinstadt. Große Kaufhäuser – eines hieß
›Koch's‹ – und Banken reihten sich aneinander, hier und
da unterbrochen von einem Theater, wie Oscar Hammer-
steins Harlem Opera House und Hurtig and Seamon's Music Hall, wo Sophie Tucker später ihre großen Erfolge feiern sollte. Ein Besucher beschreibt das Harlem Opera
House als das schönste Theater New Yorks mit einem
»von oben bis unten« vergoldeten Foyer. ›Man‹ hatte ein
Montagsabonnement wie die ganz feinen Leute downtown
an der Fifth Avenue für die Metropolitan Opera und be-
klatschte Henry Irving und Joseph Jefferson in Shake-
speare-Inszenierungen, dazwischen aber auch französische
Stücke von der schlüpfrigen Art, um sich hinterher zu
Hause um so tugendhafter fühlen zu können. Im Publikum
befanden sich die ›Uptown Jews‹, Kaufleute und Bankiers
meist deutscher Abstammung im Gegensatz zu den gerade
auf der Lower Eastside gelandeten Ostjuden, die sich in
der Bekleidungsindustrie eine spärliche Existenz aufzu-
bauen versuchten. Man konnte die Uptown-Juden an ihren glänzenden seidenen Zylindern, gutgeschnittenen Geh-
röcken und Spazierstöcken mit Goldknauf erkennen. Nach
dem Theater begab man sich in Weinstuben, wo Rhein-
wein, und Bierstuben, wo echtes Pilsner ausgeschenkt und
Lieder zur Zither gesungen wurden.

Dieses bürgerliche Belle-Epoque-Idyll ging nach der
Jahrhundertwende zu Ende, als die Erbauer und Besitzer
neuer Häuser, die sich auf einen Bauboom in diesen ruhigen, sauberen Straßen verließen, aber nicht an die bisher
noch unzureichenden Transportmittel hierher gedacht hatten, mit leeren Wohnungen dastanden. Sie ließen sich
darum nur zu gerne von einem schwarzen Grundstücksmakler überreden, die Wohnungen für erheblich höhere
Mieten an Schwarze abzugeben. Schwarze New Yorker,
wie alle anderen ethnischen Gruppen in der Stadt, hatten
sich von Chinatown über Greenwich Village bis zur mittleren Westside ›heraufgearbeitet‹ und wohnten nun in

›Hell's Kitchen‹ und auf dem San Juan Hill westlich von Columbus Circle. Sie wohnten aber nicht in einem Ghetto, sondern bunt durcheinandergewürfelt mit den neuesten Einwanderern, allerdings meistens in vernachlässigten Mietskasernen. Sie waren sich der Vorteile eines solchen Umzugs wohl bewußt, denn unter ihren bisherigen Nachbarn gab es üble Elemente, die illegalen Aktivitäten im Tenderloin-Distrikt nachgingen. Es war nur wenigen Schwarzen gelungen, sich von ihnen abzusetzen, und diese Mischung aus »good and bad«, wie die schwarze Presse immer wieder bemerkte, war nicht dazu angetan, die Farbigen den Weißen näherzubringen. ›Harper's Magazine‹ stellte fest, daß etwa die neueingewanderten Iren den Schwarzen gegenüber eine »angeborene Antipathie« fühlten und entweder nicht gewillt oder nicht in der Lage waren, Unterschiede zu sehen. In der zweiten Hälfte des 19. Jahrhunderts waren zwischen diesen ungleichen Nachbarn bittere Rassenkämpfe entbrannt, bei denen die Polizei, deren Reihen sich mehr und mehr mit Iren gefüllt hatten, angeblich keinen Finger rührte, um den bedrängten Schwarzen beizustehen. Damals flüchteten jene, die es sich leisten konnten, nach Brooklyn, die anderen hielten sich an ihre Straßenblocks und ihre vielen Kirchen, von denen die meisten noch in den West Fifties standen.

Man kann sich vorstellen, mit welcher Erleichterung sie nun also Anfang unseres Jahrhunderts dem Sirenenruf Philip Paytons, so hieß der schwarze Hausvermittler, in die friedlichen Straßen Harlems folgten und welche Opfer sie dafür gebracht haben müssen. Die weißen Einwohner wehrten sich mit aller Kraft, allerdings mehr mit der Feder als mit dem Knüppel, drehten den Neuankömmlingen den Rücken zu und flüchteten schließlich, als kein Protest half, in andere Vororte. Es ist heute nicht leicht, sich vorzustellen, mit welchen Vorurteilen die Angehörigen der relativ gebildeten weißen Mittelklasse ihren schwarzen Nachbarn begegneten. Sie waren anscheinend völlig unfähig, einen tüchtigen, ehrlichen Mann von einem Zuhälter zu unterscheiden oder die subtile gesellschaftliche Differenzierung von heller und dunkler Hautfarbe der Schwarzen untereinander zu verstehen. So zogen sie aus, und immer mehr Schwarze zogen ein. Nur die weißen Geschäftsleute blieben zunächst. Trotz wiederholter Aufforderungen in schwarzen Zeitungen wie ›Age‹ und ›Amsterdam News‹, nicht nur Kunden zu bleiben, sondern selbst Geschäftsleute zu werden, waren die neuen Einwohner nicht sehr empfänglich für solche Ideen. Als einer es doch versuchte, mußte er feststellen, daß seine eigenen Leute lieber zum Juden nebenan gingen. Ihr ›black brother‹ nehme höhere Preise und habe außerdem nie vorrätig, was sie gerade wünschten, so verteidigten sie sich.

Wie jede andere Gesellschaft waren und sind die Bewohner Harlems in Klassen aufgeteilt, wenn auch die Konturen sich, genau wie anderswo, verwischen. Im Laufe einer von Schwarzen organisierten Busfahrt durch Harlem kann sich der heutige Besucher überzeugen, wie wahr diese so unpopuläre Ansicht und wie tief der Abgrund ist zwischen den Enklaven der Wohlhabenden mit ›gehobeneren‹ Berufen wie in Sugar Hill und Striver's Row und der Misere der Wohlfahrtsempfänger und Süchtigen in den ausgebrannten Straßenzügen der Eighth Avenue zwischen 110th und 125th Street und der 116th Street zwischen Fifth Avenue und St. Nicholas Avenue. Was leicht übersehen wird, ist die Existenz solch scharfer Kontraste auch in anderen Stadtteilen!

Die neuen Bürger Harlems brachten ihre vielen Kirchen aus dem mittleren Manhattan mit, deren Grundstücke im neuentstehenden Geschäftsviertel mit gutem Gewinn verkauft worden waren. Es gibt heute vierhundert Kirchen der verschiedensten Konfessionen in Harlem; trotzdem können nicht alle Harlemer in eigens für sie gebauten Gotteshäusern beten, sondern man mußte Kinos, Ställe und Läden zu ebener Erde für diesen Zweck umbauen. So ist z. B. das Lafayette Theater, in den zwanziger Jahren die Hochburg des schwarzen Entertainment, heute eine Kir-

che. Denn auch die Theater und Klubs zogen mit nach
Harlem. Wie gutbürgerlich es in einem Klub der ›gehobeneren‹ schwarzen Gesellschaft zuging, als man sich noch
an der West 52nd Street traf, beweist die Tatsache, daß
nur Tee serviert wurde und die Mitglieder auf dem Klavier
spielen durften, was sie wollten, nur nicht diese »vulgäre .
Ragtime-Musik«. Die schwarzen Komödianten, die ›min-
strels‹, brachten ihre Revuen vom Broadway nach Harlem,
und weiße Entertainer taten ihr bestes, sie nachzuäffen,
sich schwarz anzumalen und ihre Vorstellungen ›coon
shows‹ zu nennen (›coon‹ ist ein altmodisches Schimpfwort
der Weißen für Neger). Bert Williams, ein berühmter Komödiant und Partner eines anscheinend hinreißend komischen Zweimann-Teams, gab daraufhin ironisch eine ›real
coon show‹ zum Besten, womit er sich wiederum den Zorn
seiner eigenen Leute einhandelte. Es war damals nicht
leicht, ein schwarzer Entertainer zu sein: die Weißen kamen zum ›Glotzen‹, und die schwarze Mittelklasse fand,
wie ihr weißes Gegenstück fünfzig Jahre vorher, alles moralisch suspekt, was mit Bühne zu tun hatte – sicher einer
der Gründe, warum das seriöse schwarze Theater es so
schwer hatte, den Kinderschuhen zu entwachsen.

Nachdem die erste Pennsylvania Station ein großes
Stück des Tenderloin-Bezirks als Bauplatz in Anspruch ge-
nommen hatte, zogen auch große und kleine, nun heimat-
lose Gangster, Zuhälter und Prostituierte nach Harlem.
Die ›ordentlichen‹ Bürger Harlems wetterten in ihren Zeitungen gegen diese Eindringlinge, waren aber machtlos.
Die lebensfrohen Harlemer hatten bald Hunderte von
Nachtklubs, in denen Willie (›The Lion‹) Smith und Eubie
Blake Ragtime spielten und nach und nach die Vorhut der
weißen Amüsierlustigen auftauchte. Mit der Zeit wurde es
chic, nach Harlem zu gehen, und die wehmütigen weißen
Reminiszenzen aus dem Savoy Ballroom, jenem Savoy aus
der berühmten Swingnummer ›Stompin' at the Savoy‹, und
anderen Harlemer Nachtklubs sind Legion. Selbstverständlich waren nur die Entertainer schwarz, das heißt, je

hellhäutiger, besonders die Tänzerinnen, um so besser. Die Sängerin Lena Horne, die ihre Karriere im ›Cotton Club‹ begann, kann manch bittere Geschichte der Diskriminierung erzählen. Die Besitzer dieser einträglichen Klubs und Restaurants waren weiß und in vielen Fällen Mitglieder der Unterwelt. Wenn ein hellhäutiger Neger versuchte, sich als Weißer ins Lokal zu schmuggeln, versperrte ihm ein schwarzer Rausschmeißer mit untrüglichem Instinkt für die eigene Rasse den Weg.

Harlem mag zwar als Amüsierzentrum begonnen haben, was die meisten weißen Besucher aber nicht sahen, war seine steigende Bedeutung als geistige Hauptstadt aller Schwarzen. Wie andere Amerikaner aus dem Hinterland nach New York strömten, so drängten die Schwarzen nach Harlem. Der Geschäftsführer der ›National Association for the Advancement of Colored People‹ und Autor der ›Autobiography of an Ex-Colored Man‹, James Weldon Johnson, wußte, daß »niemand in Amerika gegen die Anziehungskraft New York Citys gefeit war«. Diese neuen farbigen New Yorker kamen vor allem aus dem Süden der Vereinigten Staaten, wo die Mechanisierung der Landwirtschaft ihre Arbeitskraft ersetzt hatte und weiße Vereine wie der Ku-Klux-Klan sie verfolgten, sie kamen aber auch aus der Karibik, und nicht nur von den englisch-, sondern auch den französisch- und spanischsprechenden Inseln. Aber sie kamen nicht nur, um Medizin oder Malerei zu studieren oder um in der während des Ersten Weltkriegs angekurbelten Rüstungsindustrie Arbeit zu finden, sondern weil sie hofften, mit Harlem das Gelobte Land erreicht zu haben. Und sie kamen nicht im Zug, sondern auf dem Schiff. George Gershwins Porgy in ›Porgy and Bess‹ besingt historisch getreue Begebenheiten mit dem Lied ›There's a boat leaving soon for New York ...‹.

Der Krieg brachte also Jobs und ein neues Problem: Sollten schwarze Amerikaner, denen die vollen Bürgerrechte in der Praxis immer noch fehlten, für dieses Vaterland kämpfen? Sie waren schon immer Soldaten gewesen, und Abraham Lincoln hat oft gesagt, er hätte den Bürgerkrieg – in dem er schließlich für sie gekämpft hat – nicht ohne sie gewinnen können. Aber besonders in Harlem, wo die Väter der genannten NAACP lebten und eine neue Generation militanter Zivilrechtler heranwuchs, waren die Meinungen darüber geteilt und die Auseinandersetzungen scharf. Die ›alte Garde‹, die gebildete Mittelklasse, empfand es als ihre Pflicht, Soldat zu sein, die jüngeren ›Rabiaten‹ waren verständlicherweise dagegen. Als ein schwarzes Regiment, zum Teil aus Spaß mit Besenstielen bewaffnet, im Ersten Weltkrieg zur Unterstützung der Franzosen auszog, wurden die Männer mit Spottversen auf den Weg geschickt. Als sie nach Kriegsende, nach 190 Tagen in den Schützengräben und nach mehr als beleidigender Behandlung durch ihre weißen Offiziere, in einer triumphalen Parade die Fifth Avenue hinaufzogen und James Europe's Band sie zu den Klängen von ›Here comes my Daddy now‹ nach Harlem führte, kannte die Freude keine Grenzen. Die Spötter konnten sich dann auch mit eigenen Augen vom Croix de Guerre überzeugen, das ein dankbares Frankreich ihnen an die kollektive Brust geheftet hatte.

Unter den vielen Einwanderern in Harlem war die Anzahl von talentierten, gebildeten Menschen so groß, daß ihre Ankunft das intellektuelle Klima der schwarzen Hauptstadt im Nu beeinflußte und die zwanziger Jahre gern als die ›Harlem-Renaissance‹ bezeichnet werden. Schriftsteller, Journalisten, Dichter, Maler, Bildhauer, Schauspieler und Musiker schufen Werke, die nicht mehr zu übersehen waren, und weiße Intellektuelle warfen sich mit der größten Begeisterung in die Arme dieser schwarzen Elite. Einer von ihnen, der Theater- und Musikkritiker Carl Van Vechten, war bald mit nahezu jedem schwarzen Künstler befreundet und schrieb 1926 ein Buch mit dem Titel ›Nigger Heaven‹, um seinen Mitbürgern downtown zu helfen, das Geheimnis dieser exotischen Metropole zu enträtseln. Die Meinungen über ihn und seine schwarzen Freunde sind geteilt; sicher ist, daß er manchen dazu verhelfen konnte, es in einer immer noch segregierten Gesellschaft zu etwas zu bringen. Darum traf ihn der Ärger gewisser schwarzer Kreise über den Titel seines Buches am tiefsten: ›Nigger Heaven‹ nannte man den Olymp im Theater, zu dem das schwarze Theaterpublikum zuerst nur zugelassen worden war; ›Nigger‹ war als Ausdruck unter Schwarzen geläufig, zwischen Schwarzen und Weißen aber tabu. Schwarze Schriftsteller fanden bald auch außerhalb der Grenzen Harlems Gehör, und Claude McKay, Countée Cullen, Langston Hughes, Richard Wright und viele andere gelten inzwischen als Klassiker.

Im nachhinein konstatieren die Chronisten jener Tage, daß die schwarzen Intellektuellen sich zwar mit den durch wachsende Zahl auch zunehmenden Problemen der ›common people‹ identifizierten, daß es aber andere ›Harlemites‹ waren, die sich um eine praktische Verbesserung ihrer sozialen Lage bemühten. So gründete A. Philip Randolph die ›Brotherhood of Sleeping Car Porters‹, und focht für die Rechte dieser Gewerkschaft in seiner Zeitschrift ›Messenger‹. W.E.B. Dubois rief mit Hilfe von schwarzen und weißen Reformgruppen die ungemein wirkungsvolle NAACP ins Leben, und die Prediger in Harlems Kirchen gewannen an Einfluß auf die Entwicklung, die Erziehung und besonders das Verhalten ihrer Schäfchen. Einer der berühmtesten war Adam Clayton Powell, Sr., dessen Sohn, ein besonders aktiver Politiker und Mitglied des City Council der Stadt, später die Kanzel erbte. Powell, Jr., war so hellhäutig, daß er ohne weiteres für einen Weißen gehalten werden konnte, was er aber nie ausnutzte. Sein politisches Ende war nicht rühmlich. Man warf ihm Unterschlagungen vor, aber ob er tatsächlich so korrupt war, wie seine Feinde behaupten, ist fraglich. Seine Kanzel steht in der Abyssinian Baptist Church, der Kirche der größten Baptistengemeinde in der Welt, an der 138th Street.

Neben den ›akkreditierten‹ Pastoren hat Harlem eine ganze Reihe Propheten hervorgebracht, wie Father Divine, dessen ›Königreich‹ viele Straßenblocks einnahm und der

seinen Anhängern Abstinenz ausgerechnet in den Dingen
abverlangte, die Harlemites den größten Spaß machten.
Am anderen Ende des Spektrums stand die Gefolgschaft
des Okkulten. Claude McKay meinte, daß »Harlems Ok-
kultisten die wahren Nachfahren der Götzenpriester«
seien, und was hinter verhangenen Ladenfenstern vor sich
ging, war ohne Zweifel mehr als exotisch. Ein Prophet
besonderer Art war Marcus Garvey, der 1917 die ›Uni-
versal Negro Improvement Association‹ gründete, deren
Zweck es sein sollte, Mitglieder dieser »edlen Rasse« nach
Afrika zurückzubefördern. Die einfachen Menschen in
New York, im übrigen Land und sogar im Ausland waren
von dieser Idee begeistert. Hingerissen von Garveys Anziehungskraft und seinen oratorischen Fähigkeiten, händig-
ten sie ihm ihre schwer verdienten Pfennige aus. Garvey
zog eine phantastische, militärisch und aristokratisch an-
gehauchte Show ab, mit Kutschen, Uniformen, riesigen Fe-
derbüschen auf den Helmen; er nannte sich Kaiser und
erkor seine Freunde zu Prinzen und Grafen. Nur waren
dann die Schiffe leck, die die ›Auserwählten‹ nach Afrika
bringen sollten. Garvey landete im Gefängnis, der Traum
war aus und die Millionenbeträge ganz eindeutig verschwunden.

Auch die Gangster waren in Harlem angekommen, und
besonders während des Alkoholverbots bereicherte sich
mancher Harlemer durch Ausschank oder Vermittlung
von illegal hergestellten Spirituosen. Es wurde geflüstert,
daß sogar manche Kirchen unter dem Eindruck großzügiger Gaben in den Klingelbeutel ihre Attacken auf die
Schmuggler mäßigten. Eine gute Art, schnell viel Geld zu
verdienen, war das damals florierende ›Numbers Game‹,
eine illegale Lotterie, die noch heute mit etwas höheren
Einsätzen an den unwahrscheinlichsten Ecken New Yorks
anzutreffen ist. »Die Weißen konnten sich nicht vorstellen,
daß die Pfennige des einfachen Harlemer Volks dort riesige
Vermögen mit den dazugehörigen ›Königen‹ und ›Königin-
nen‹ schufen«, beschrieb Claude McKay das Phänomen.

Jenes »einfache Volk« bewunderte, wie woanders auch, alle, die es auf ehrliche oder unehrliche Art zu etwas gebracht hatten, aber richtiger Neid war selten im Spiel. Als die Tochter einer Wäscherin aus dem Süden, die mit Hilfe »göttlicher Eingebung« ein Mittel zum Glätten von Kraushaar entwickelt hatte, ihr Erbe in riesigen Villen, Pelzen und Kleidern aus Paris anlegte, nickte das Volk beifällig, dabei wußte es nicht einmal, daß die Reichgewordene einen noch größeren Teil ihres Vermögens für Stipendien und unzählige gute Werke ausgegeben hatte.

Mit dem steigenden Zustrom von Schwarzen aus allen Himmelsrichtungen, die in Harlem ihr Glück versuchen wollten, wuchs die Wohnungsnot. Im Jahre 1920 wurden eine Million Einwohner in Harlem gezählt. Viele Hausbesitzer, weiße wie schwarze, schlugen Profit aus der Situation; die Mieter mußten willkürlich angesetzte Preise für winzige Quartiere zahlen. Um das Mietgeld zusammenkratzen zu können, erfanden sie das sogenannte ›Hot-Bed System‹, eine Art Stuhlpolonaise, bei dem sich die Schläfer im selben Bett abwechselten, oder die ›Rent Parties‹, zu denen sich Verwandte und Nachbarn, aber auch völlig unbekannte Gäste einfanden, um gegen einige Pfennige Entgelt ›soul food‹, die Gerichte der schwarzen Südstaaten, und zu Zeiten des Alkoholverbotes selbstgebrannten Schnaps zu bekommen. Bald waren diese Festlichkeiten zum Sammeln des Mietgeldes nur noch ein Vorwand, sich am Samstagabend zu vergnügen. Der Dichter Langston Hughes hat in seiner Autobiographie ›The Big Sea‹ von 1940 eine unwiderstehliche Beschreibung dieser Parties hinterlassen: »Die Rent Parties, auf die ich samstags abends ging, waren oft lustiger als mancher Nachtklub, in kleinen Wohnungen wo Gott allein weiß wer wohnte – die Gäste wußten's nie! Oft wurde das Klavier von einer Gitarre oder einem alten Kornett begleitet, oder jemand kam einfach mit einem Schlagzeug von der Straße ... Hier traf ich Zimmermädchen und Lastwagenfahrer, Waschfrauen und Schuhputzer, Näherinnen und Dienstmänner. Ich höre

heute noch ihre lachenden Stimmen, die sanfte, wiegende
Musik und fühle, wie der Boden unter ihren tanzenden
Füßen bebte.« Die Beschreibung illustriert, was der
schwarze Soziologe Alain Locke später so analysierte:
»Bauern und Studenten, Geschäftsleute und Ärzte, Maler,
Dichter und Musiker, Abenteurer und Arbeiter, Prediger
und Gangster, Ausbeuter und Vagabunden – sie alle kamen aus ganz persönlichen Beweggründen. Aber die ver-
bindende Erfahrung war, daß sie sich gegenseitig gefunden
hatten.«

Daß die große Depression, die schließlich ganz Amerika
in die Knie zwang, in Harlem den größten Schaden anrich-
tete, wo Wohnungsnot und Arbeitslosigkeit am schlimmsten waren, wird manchmal vergessen. Der ländliche
Schwarze war zum städtischen Schwarzen geworden, und
weil Harlem sich zum Symbol rassischen Empfindens entwickelt hatte, blieb es eine Stätte der Hoffnung und zog
trotz der elenden Zustände weiterhin Träumer und Reali-
sten an. Der Crash von 1929 hatte in Harlem fünfmal
mehr Menschen arbeitslos gemacht als in den anderen Teilen der Stadt, und 1934 waren beinahe 20000 Familien
Fürsorgeempfänger. Arme und Arbeitslose aus dem Süden
kamen in Scharen, die Mietskasernen waren bald überfüllt
und verwahrlosten zu entsetzlichen Elendsquartieren. Man
schätzt, daß sich 1932 die Bevölkerung versechsfacht
hatte. Die Zustände verschlimmerten sich zunehmend, die
Regierungsbeihilfe reichte bei weitem nicht mehr aus. Der
Zweite Weltkrieg brachte wieder etwas Arbeit, ungefähr
ein Viertel der Harlemer verdingte sich als Luftschutzauf-
seher oder in Erste-Hilfe-Trupps. Erst nach 1941 und einem Machtwort Roosevelts wurden schwarze Arbeiter in
der Kriegsindustrie angestellt, und obwohl Schwarze während des Krieges kämpfen ›durften‹, beendete die Armee
erst 1948 ihre Rassentrennung. Ein blutiger Aufstand in
Harlem im Sommer 1943, der auch die herrschende Armut
und Hoffnungslosigkeit aufzeigte, galt eben dieser Behandlung der schwarzen Soldaten im Krieg.

Richard Estes
Supreme Hardware Store, 1973
Öl auf Leinwand, 102 x 168,5 cm
The High Museum of Art, Atlanta
Die Signatur in Anfangsbuchstaben
ist als blaues Portalschild rechts versteckt.

Inzwischen waren Schriftsteller und Journalisten, Künstler und erfolgreiche ›Show-biz‹-Leute weggezogen und ließen die armen, ungeschulten, arbeitslosen Harlemer zurück. Nach dem Aufstand von 1943 kam kaum noch jemand, um sich in Harlem zu vergnügen, die meisten Nachtlokale schlossen, außer dem heute noch florierenden ›Small's Paradise‹, oder sie zogen nach Süden, und die jungen schwarzen Jazzkünstler ließen sich downtown an der West 52nd Street und in den Villages hören.

Allein zwischen 1940 und 1950 nahm die Bevölkerung von Puerto Rico um zwanzig Prozent zu und die Insel zählte bald zu einer der dichtbesiedeltsten Regionen der Erde. Kein Wunder, daß Portorikaner, die amerikanische Bürger sind, in Scharen ins Land strömten. Angezogen waren sie auch von dem durch den Zweiten Weltkrieg angekurbelten amerikanischen Wirtschaftswunder und den nach dem Krieg zunehmend großzügiger angesetzten städtischen und staatlichen Sozialbeihilfen. Wie arme Einwanderer überall, siedelten sie sich zuerst im Ghetto an, auf der Lower Eastside, aber besonders in Harlem. Die Folge war immer größere Wohnungsnot, Überfülltheit und Arbeitslosigkeit, was zu blutigen Konfrontationen mit den einheimischen Negern führte, denen die Lebensweise der unerwünschten Neuankömmlinge mißfiel. Mit der Zeit bildeten sich zwei Harlems, ein schwarzes und ein portorikanisches.

Die Elendsschilderungen von Harlem, die besonders in Europa kursierten und noch kursieren, vergessen meist zu erwähnen, daß ein großes Rehabilitierungsprojekt im Gange ist. Nachdem ein offizielles Wohnungsbauprojekt von den Vereinigten Staaten nicht weiterfinanziert wird, versucht nun die Stadt, private Unternehmer nach Harlem zu locken.

Bei der Volkszählung wird Harlem mit anderen Stadtbezirken zusammengeworfen, aber wenn man Central Harlem betrachtet, nämlich das Stück, das vom Central Park, Fifth Avenue, der Verlängerung des Central Park West und dem Harlem River begrenzt wird, dann ergibt sich, daß von den 1970 dort gezählten 160 000 Einwohnern 1980 nur noch 106 000 geblieben waren. Harlemer sind überzeugt, daß der nächste Zensus anders ausfallen wird. Denn eine neue Generation von Harlemern, schwarze und weiße, zieht in die verfallenen Häuser und restauriert sie. Neben den schon erwähnten Enklaven der Mittelklasse findet man heute ganze Straßenzüge, wo bescheidenere alte Reihenhäuser mit viel Liebe wieder instandgesetzt worden sind. Die Behörde für Stadterneuerung in Harlem subventioniert solche Aktionen, besonders den frischen Anstrich der Fassaden, und das Resultat ist oft herrlich bunt.

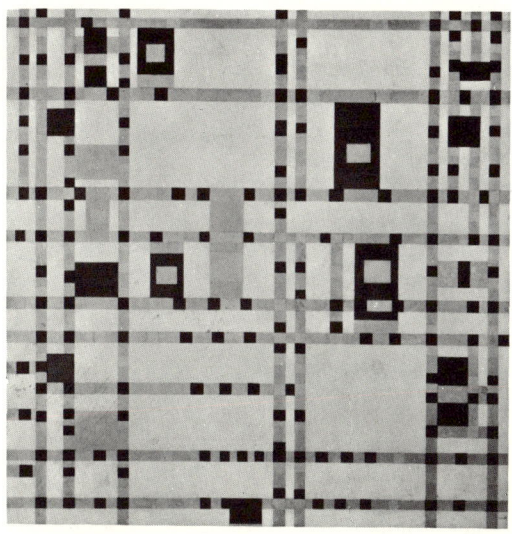

Piet Mondrian: Broadway Boogie-Woogie, 1942-43

Harlem ist ohne Zweifel einer der interessantesten Stadtteile New Yorks, wo sich die ungeheuer rapiden Veränderungen, denen die Stadt von jeher unterworfen war, gut verfolgen lassen und wo die für New York so typischen Kontraste besonders ins Auge fallen. So hat sich heute im neu-mittelalterlichen Gründerzeitschlößchen des Zirkusdirektors P. T. Barnum am St. Nicholas Place ein sichtlich gut gehendes Beerdigungsinstitut eingerichtet. Und das grandioseste Apartmenthaus Harlems, das 1901 von Clinton and Russell an der Seventh Avenue und West 116th Street im Auftrag der Astors gebaut wurde und einen Innenhof und eine zweistöckige Eingangshalle vorweisen kann, hatte eine Weile als Mieter eine Gruppe von Black Muslims. Black Muslims sind zum mohammedanischen Glauben übergetretene Schwarze, deren berühmtester Vertreter wohl Muhammed Ali ist. Die Adresse muß ihnen gefallen haben, denn nicht weit entfernt steht ihre Moschee mit Stahlkuppel und dem sich ewig drehenden Halbmond.

An der West 122nd Street und dem Morningside Drive erinnert die *Church of the Master* an ›Crossroads Africa‹, eine Vereinigung, aus der das von John F. Kennedy so geförderte ›Peace Corps‹ entstand. Ihr stadtbekannter Pastor, James Robinson, war eng mit den Kennedys befreundet. Nicht weit von blinden Fenstern und meterhohem Unkraut an der Convent Avenue zwischen 141st und 142nd Street steht *La Grange,* das Sommerhaus Alexander Hamiltons. Es wurde von dem Architekten der City Hall, John McComb, im Federal Style erbaut. Zwischen eine Kirche und ein Wohnhaus gepfercht, wartet es auf einen seiner historischen Bedeutung entsprechenderen Rahmen.

Eine Expreßhaltestelle der Subway bringt den Besucher zur *Schomberg Collection,* Ecke 135th Street und Lenox Avenue, einer der vier Forschungsbibliotheken der New York Public Library. Sie ist für ›Black Studies‹ bestimmt und in einem modernen Backsteinbau mit achteckigen Lesezimmern untergebracht, zu deren Form der schwarze Architekt J. Max Bond von afrikanischen Hütten inspiriert worden war. Die Sammlung wurde von dem Bankier Arthur Schomberg, einem portorikanischen Neger, angelegt, der sich für seine Herkunft interessierte und in kurzer Zeit viel Material zusammentragen konnte. Im Parterre der Bibliothek sind oft kleine Ausstellungen amerikanischer Negerkunst zu finden, während im Keller Mikrofilmlesegeräte in Reih und Glied den Hintergrund abgeben für die Figur eines politischen Gefangenen aus glattem Zedernholz mit Marcus Garveys rot-schwarz-grüner Flagge als Schurz: eine Skulptur der in Mexiko lebenden Künstlerin Elizabeth Catlett.

Die Grenze zwischen dem schwarzen und dem portorikanischen Harlem verläuft heute ungefähr an der Fifth Avenue entlang. Der Ausdruck ›schwarz‹ wird seit einiger Zeit auf ihren eigenen Wunsch für amerikanische Neger angewandt, so daß von ›Black‹ und ›Portorican‹ Harlem gesprochen wird. East Harlem, Spanish Harlem oder genauer gesagt ›El Barrio‹ – ›der Distrikt‹ –, ist im Gegensatz zum schwarzen Harlem schon immer das erste Ziel verschiedener Einwanderergruppen gewesen, angefangen mit den Deutschen. Danach kamen die Iren, dann die Juden, die Skandinavier und um 1890 die ersten Italiener. Ende des Jahrhunderts hieß dieser Teil von New York ›Little Italy‹, reichte von 104th Street und Second Avenue bis zum East River und dehnte sich von dort mit der Zeit nach Norden aus. E. Idell Zeisloft schreibt in ›The New Metropolis‹: »Die Mietskasernen in diesen Straßen sehen nach nichts aus, und doch verbinden sich ihre lustig möblierten Wohnungen, die Feuerleitern voller Hausrat, die bunten Wäscheleinen, die kleinen Läden und die Straßenszenen zu einem endlos faszinierenden Bild.« Die Einwohner dieses Viertels nennt er »friedliebende Italiener aus dem Norden, die das Stilett selten hervorziehen«. Was diese Neuankömmlinge mit den unvermeidlichen Sprach- und Anpassungsproblemen stärkte und zusammenhielt, war die Kirche. Ein Pater namens Emil Koerner besorgte das Geld, mit dem die *Church of our Lady of Mount Carmel* an der

115th Street und First Avenue gebaut und eine Madonnen-
figur aus ihrem provisorischen Kellerquartier in eine wür-
dige Umgebung gebracht werden konnte.

Abgesehen von einer kleinen Enklave zwischen 112th
und 116th Street leben heute kaum noch Italiener in dieser
Gegend. Die Portorikaner, die nach dem Ersten und besonders nach dem Zweiten Weltkrieg in immer größeren Scharen in New York ankamen, dazu Süd- und Mittelamerika-
ner, haben sich hier fest etabliert. Die Zahl der Portorikaner allein wird auf eine Million geschätzt. Ein Fünftel davon könnten als Neger eingeordnet werden, aber um die in
dieser Beziehung sehr empfindlichen Gefühle nicht zu ver-
letzen, werden sie alle als ›Hispanics‹ bezeichnet. Die Portorikaner sind ein lebenslustiges Volk, wenn ihnen auch
der kalte New Yorker Winterwind und die wirtschaftlichen Schwierigkeiten die Stimmung verderben können.
Viele von ihnen haben sich mit großem Fleiß aus dem
Barrio herausgearbeitet und sind nun in allen nur erdenklichen Berufen tätig. Auf dem Weg zu einem höheren Le-
bensstandard arbeiten die Männer oft als Portier und die
Frauen als Kassiererinnen in den Supermärkten. Weil das
Türstehen nicht sehr anstrengend ist, haben viele noch einen zweiten Beruf oder studieren im College. Viele Portorikaner, besonders die jüngeren, sprechen ausgezeichnetes
Englisch, während eine große Zahl der älteren auch noch
nach Jahren in New York nur wenige Worte hervorbrin-
gen können. Aber sie müssen auch nicht Englisch sprechen, denn sogar die Telephonrechnung ist heutzutage
zweisprachig, und im Barrio auf jeden Fall. Aber auch anderswo in der Stadt gibt es immer genügend Leute, die
Spanisch sprechen.

Beinahe alle Portorikaner haben eine große Leidenschaft
für Autos; ihre Stadtteile kann man leicht an den mehr
oder weniger schrottreifen ›coches‹ erkennen, an denen
stets mehrere Männer gleichzeitig mit großem Eifer ba-
steln. Wenn ein ›Aufsteiger‹ es geschafft hat, kehrt er im
himmelblauen Cadillac in den Barrio zurück, um seinen

alten Freunden von seinem Glück mitzuteilen. Die sind
dann auch gar nicht neidisch, sondern freuen sich diebisch
an der Hupe, die die ersten Takte von ›La Cucaracha‹
erschallen läßt.

Wer portorikanisches Leben in vollem Schwung erleben
will, gehe auf die *Marqueta,* einen Straßenmarkt an der
Park Avenue zwischen 112th und 116th Street, unter den
Bögen der an der 96th Street zum Tageslicht emportau-
chenden Subway. Dort kann man alle möglichen exoti-
schen, aber auch ganz alltägliche Dinge kaufen, besonders
Gemüse und scharfe Pfefferschoten in allen Formen und
Farben aus den verschiedensten Gebieten in Mittel- und
Südamerika und der Karibik. Die Händler sind heute
Orientalen wie bei so vielen Straßenmärkten, eine Ent-
wicklung, die im demographisch wandelbaren New York
niemanden mehr verwundert.

Ausgefallene Museumsschätze
an der Nordspitze

On High West End, the buildings
Lean towards North, they rim
The Hudson as it fades —
The Thames bends off Amsterdam
The Seine collects beyond the Cloisters —
Every Avenue could end in River.
Rachel Eisler, 1982

Wenn man den Museumskomplex auf der *Audubon Ter-race* am Broadway zwischen 155th und 156th Street er-reicht hat, ist man auf der ›Upper Upper Westside‹ ange-kommen, eine typische Art der Bezeichnung, die New Yor-kern ganz natürlich erscheint. Der Grund und Boden der Audubon Terrace gehörte Mitte des 19. Jahrhunderts John James Audubon, dem Ornithologen und Vogelmaler, der durch sein Werk ›Synopsis of the Birds of North America‹, 1839, bekannt wurde. Er liegt hier auf dem Friedhof der alten Trinity Church begraben, der vom Broadway in zwei Hälften geteilt wird.

Es war Archer M. Huntington, der eher musisch veran-lagte Sohn des ›robber baron‹ Collis P. Huntington, der die Museumsanlage an der Audubon Terrace von seinem Nef-fen Charles P. Huntington erbauen ließ, eine Anlage in einem etwas reduzierten Gründerzeitstil um einen langen schmalen Innenhof. Die Architektur wird von einer Reihe von Plastiken belebt, darunter einem Reiterstandbild des Cid von Anna Hyatt Huntington, Archers Ehefrau. Das bedeutendste unter den verschiedenen Museen dürfte das *Museum of the American Indian* sein, eine Sammlung – die größte der Welt! – von anthropologischen, archäologi-schen und ethnologischen Artefakten der Indianer Nord- und Südamerikas. Ihr Kern waren Gegenstände, die George C. Heye 1903 aus Neumexiko mitgebracht und zuerst bei sich zu Hause aufbewahrt hatte. Die Exponate sind nach Regionen aufgeteilt und zeigen Gegenstände der

Indianerkultur des Südostens, des Mississippi-Tales und
der anschließenden Plateaus, der Prärien, der Binnenge-
biete und Neuenglands. Sie bezeugen die enge Verbindung
zwischen Materiellem und Geistigem in diesen Kulturen.
Dinge des täglichen Gebrauchs und des Ritus gehen Hand
in Hand: Natur und menschliches Dasein wurden als un-
trennbar empfunden, Säen und Ernten als genauso wichtige Ereignisse wie Geburt, Hochzeit und Tod. Auf seiner
Wanderung durch diese längst verlorene Welt wird der
Besucher vielen bekannten Stämmen begegnen: den Na-
vajo, den Algonquin, den Hopi, den Irokesen, deren Kultur besonders reich dokumentiert ist, den Cherokesen,
nach denen an der Upper Eastside sogar eine Bibliothek
und eine Post benannt sind. Kurios wirkt ein Friedensver-
trag auf Pergament zwischen Engländern und Indianern
von 1765, in dem die verschiedenen Stämme sich durch
Tierarten identifizieren.

Kostüme und Ausstattungen für Mais- und Antilopen-
tänze, Donnervogelschmuck, der Regen bringen sollte,
Katschinapuppen und kleine Nachbildungen Verstorbener
mit Federn auf dem Rücken, die das In-den-Himmel-fliegen
erleichtern sollten, sind in verschiedenen Varianten zu sehen. Nicht minder interessant: die Totempfähle – der
größte steht gleich am Eingang –, die bildhauerischen Arbeiten und die Schmiedekunst der südamerikanischen Indianer, die Wampungürtel aus Muscheln vor allem aus
Long Island, dem ›wampun land‹, die Schrumpfköpfe der
Jivaro-Indianer aus Ekuador. Es gibt sogar ganze
Schrumpffiguren, und ein Kurator meint dazu, das seien
getreue Miniaturen der Verblichenen, die natürlich Feinde
waren, denn ein solches Geschick würde Freunde nicht
ereilen. Nebenbei sei bemerkt, daß in New York noch
heute Freunde wie Feinde, Besucher wie Einheimische ›skal-
piert‹ werden können: wenn sie nämlich einem ›scalper‹
in die Hände fallen, das heißt jemandem, der Theaterkarten für besonders beliebte oder ›offiziell‹ ausverkaufte
Stücke zu Preisen vertreibt, die einem ›die Haut abziehen‹.

Neben diesem Museum an der Südseite des Platzes steht die *Hispanic Society of America,* von Anna Hyatt Huntingtons Löwen bewacht. Viele Kritiker sind der Ansicht, der ganze Komplex, der, ähnlich wie Lincoln Center, inmitten einer ärmlichen Nachbarschaft zwischen portorikanischen Bodegas in verkommenen alten Häusern liegt, hebe nur auf unangenehme Art den Sozialkontrast hervor. Doch freut es bei häufigem Besuch, immer wieder zu beobachten, wie Mütter und Väter aus der unmittelbaren Nachbarschaft ihren Kindern hier ein Stück ihrer Geschichte näherbringen. Die meisten Portorikaner sind auf ihr spanisches Erbgut sehr stolz, und die Hispanic Society kann diesen Stolz nur verstärken: Hier ruht die marmorne Herzogin von Albuquerque auf ihrem Sarkophag aus dem 16. Jahrhundert; hier hängen Gemälde von El Greco, Ribera, Zurbarán, Goya, darunter die Herzogin von Alba, die sehr bestimmt auf die Worte ›Solo Goya‹ im Sand zu ihren Füßen zeigt und auf deren zwei Ringen die Namen ›Alba‹ und ›Goya‹ eingraviert sind. Weitere Glanzstücke sind vier Porträts von Velasquez, während ein fünftes, das Bildnis von Juan de Pareja, dem großen Hofmaler nur zugeschrieben wird. Ein sehr ähnliches macht seit Jahren im Metropolitan Museum nicht zuletzt wegen seines Ankaufspreises von mehr als fünf Millionen Dollar als echter Velasquez Furore.

Die Schätze der Hispanic Society reichen von prähistorischen Steingutschalen über maurische Keramik und mittelalterliches Eisengerät bis zu Gold- und Silberarbeiten von Renaissance bis Rokoko. Die Bibliothek besitzt 12 000 vor Beginn des 18. Jahrhunderts geschriebene und gedruckte Bücher, und insgesamt 90 000 Werke, die sich mit allen nur erdenklichen Aspekten des Lebens in Spanien, Portugal und Spanisch-Amerika befassen. Die zweistöckige Halle mit ihren zwanzig Bögen ist mit roter Terrakotta verkleidet, von der sich die alten Landkarten, die Gold- und Silbergefäße und die Keramiken eindrucksvoll abheben. Kein Wunder, daß spanischsprechende Besucher gern hierherkommen: Was Spanien und Portugal von ihren Eroberern, den Römern, Germanen, Sarazenen und Christen geerbt, und was spanische und portugiesische Eroberer davon mit nach Amerika gebracht haben – das alles wird an diesem Ort sichtbar.

Im Gebäude der *Geographical Society* an der Nordseite der Audubon Terrace hat sich vor einiger Zeit ein portorikanisches College eingerichtet, dem die Kirche *Our Lady of Esperanza,* 1912 vom spanischen König eingeweiht, benachbart ist. Das Gebäude im Südwesten gehört der *American Numismatic Society,* der größten Münzsammlung der Welt. Neben ihren griechischen, römischen und byzantinischen Münzen, den italienischen der Renaissance und deutschen aus dem Mittelalter hebt sie auch Sklavenkennmarken auf, dazu indianische Friedensmedaillen und das tellergroße Waterloo-Medaillon, das die Engländer zur Erinnerung an Napoleons Niederlage in Auftrag gaben und das den italienischen Meister Benedetto Pistrucci dreißig Jahre Arbeit gekostet hat.

Die Westseite des Platzes wird von den Gebäuden der *American Academy of Art and Letters* gerahmt, die in ihren Aufgaben ungefähr der Académie Française entspricht. Die Mitglieder werden aufgrund ihrer künstlerischen oder literarischen Leistungen gewählt. Unter den ersten befanden sich der Bildhauer Augustus Saint-Gaudens, der Schriftsteller Samuel L. Clemens – niemand anderer als Mark Twain – und der Maler John La Farge, während zu den zeitgenössischen der Komponist Aaron Copland, die Maler Georgia O'Keeffe, Andrew Wyeth und Edward Hopper sowie die Schriftsteller John Dos Passos, John Steinbeck und Norman Mailer zählen. Die Academy veranstaltet jedes Jahr eine Ausstellung mit Werken ihrer Mitglieder. Eines der Mitglieder bemerkte einmal, daß in längst vergangenen Tagen die wäßrigen Drinks bei den Vernissagen wenigstens durch die Gegenwart von Arthur Millers zweiter Frau schmackhaft gemacht wurden: Es war Marilyn Monroe.

Schräg gegenüber der Audubon Terrace ragt die *Church of the Intercession* über den östlichen Teil des Trinity Churchyard. Sie sieht beinahe aus wie eine große europäische Landkirche. Ihr Architekt, Bertram G. Goodhue, unter anderem Erbauer der Thomaskirche an der Fifth Avenue und der Vinzenzkirche an der Lexington Avenue, hat hier mit sicherer Hand 1914 den Stil des Gothic Revival variiert. Seine Asche ruht in einem marmornen Wandgrab im nördlichen Querschiff des durch seine klaren Strukturen bestechenden und durch die majestätische Höhe der Pfeiler imponierenden Innenraums. In den Hochaltar sind Hunderte von Steinen aus dem Heiligen Land und von christlichen Stätten in aller Welt eingelassen. Der Friedhof wurde 1843 von der Trinity-Pfarrei eingeweiht, deren alte Begräbnisstätte um die Trinity Church am Broadway-Ende der Wall Street zu klein geworden war. Hier oben ruhen neben vielen prominenten New Yorkern Madame Jumel, deren Villa nicht weit entfernt das Tal von Harlem beherrscht, und Clement C. Moore, der die schönen Häuserblocks von Chelsea angelegt hat und zu dessen Gedenken die Kinder hier regelmäßig sein Weihnachtsgedicht vortragen. John James Audubons Grab ist an einem vier Meter hohen Kreuz mit Runenschrift zu erkennen.

Die beiden nördlichsten Ausflugsziele auf Manhattan sind The Cloisters im Fort Tryon Park und Dyckman House an der Ecke von Broadway und 204th Street. *The Cloisters* sind eine typisch amerikanische Anlage, die dem Mangel an bodenständiger alter Kunst abhelfen soll. Romanische Originalarchitekturen aus Frankreich und Spanien: Portale, Kreuzgänge, Teile von Kapellen mit Originalfresken und kleinere Fragmente von Klöstern und Kirchen sind zusammengetragen und hier auf einem Hügel über dem Hudson River zu einem klosterähnlichen Ensemble vereinigt worden, das eine prächtige Sammlung mittelalterlicher Kunst beherbergt. Heute gehören die Cloisters zum Metropolitan Museum, aber ihr Ursprung geht auf den

Fritz Busse: The Cloisters, 1955

amerikanischen Bildhauer George Grey Barnard zurück,
der in westeuropäischen Dörfern nach Plastiken und Ar-
chitekturteilen von mittelalterlichen Bauten fahndete und
seine Beute, Stein für Stein, nach New York brachte. John
D. Rockefeller, Jr., hörte davon, kaufte und erweiterte die
Sammlung und schenkte der Stadt das Gelände für den
Fort Tryon Park unter der Bedingung, daß ein gutes Stück
des Gebietes für ein Museum bereitgestellt würde, in dem
die Fragmente sinnvoll vereint werden könnten.

Heute glaubt sich der Besucher an den Ufern dieses ame-
rikanischsten aller Flüsse einen Augenblick lang ins Mittelalter und in ein Kloster hoch über dem Rhein versetzt. Die
Illusion von unberührter, zeitloser Landschaft entsteht
durch die unbebauten grünen Steilhänge auf der New-Jersey-Seite des Hudson. Rockefeller hatte 1930, als er seine
Cloisters anlegte, das Land gegenüber gleich mitgekauft,
um den Blick nicht durch Wolkenkratzer und Industriean-
lagen stören zu lassen. Fort Tryon Park, eine der vielen
großzügigen und nützlichen Stiftungen der Rockefellers,

wurde von Frederick Law Olmsteds Sohn angelegt und gilt
als einer der schönsten Parks in Amerika. Seine Fels-
schluchten sind unverändert wie einst, als die Indianer in
ihnen hausten, seine Blumenbeete breiten sich verschwen-
derisch aus, das Gemisch aller Rassen aus dem nördlichen
Manhattan auf seinen Wiesen ist bunter nicht zu denken.
Auf seinen Bänken sitzen viele alte Leute in der Sonne und
unterhalten sich deutsch: Sie kommen aus den Vierteln des
oberen Manhattan, das in den späten dreißiger Jahren mit
bitterem Humor als ›Viertes Reich‹ bezeichnet wurde. Die
Reste der aus dem Unabhängigkeitskrieg stammenden Festung, die dem Park den Namen gibt, sind noch heute zu
sehen. Eine Tafel bezeugt, daß Margaret Corbin die Festung zusammen mit ihren männlichen Kameraden gegen
die hessischen Soldaten im Dienst der Engländer verteidigt hat.

Die originalen oder auch teilweise kopierten Gemäuer
der Cloisters beherbergen den Großteil der mittelalterlichen Sammlungen des Metropolitan Museum, die hier einen ihrer Qualität, Seltenheit und in einigen Fällen Einma-
ligkeit entsprechenden Rahmen gefunden haben. Es ist einzigartig, hier durch eine Abfolge von Portalen und Kreuz-
gängen zu wandern, die alle Phasen der Romanik zeigen,
in romanischen und gotischen Kapellen zu verweilen,
durch Hallen, Schatzkammern, französische und spanische
Räume zu ziehen. Dabei kann man sich in so reizvolle und
kostbare Gegenstände vertiefen wie die berühmte Folge
der Einhorn-Teppiche, die für die Hochzeit der Anna von
Bretagne mit Ludwig XII. 1499 gewoben wurde, den flämischen Mérode-Altar von Robert Campin mit der uns von
Reproduktionen so vertrauten Verkündigung, das große
Elfenbeinkreuz aus Bury St. Edmunds oder die Belles Heures des Jean de Berry und die Heures der Jeanne d'Evreux.
Man wandelt dabei friedlich durch kühle Arkaden, umgeben von Blumenbeeten und Gärten, darunter sogar einem
mittelalterlichen Paradiesgärtlein, in dem alle Blumen der
Einhorn-Teppiche blühen, und begleitet von mittelalterli-

cher Musik, Brunnenplätschern und den leisen Stimmen der anderen Besucher.

Alte Wände aus Feldstein, Ziegeln und Holz machen das *Dyckman House* an Broadway und 204th Street zu einem von New Yorks ehrwürdigsten Baudenkmälern. Es ist das einzige Bauernhaus aus dem 18. Jahrhundert in Manhattan und steht, immer noch sichtbar an seine holländischen Vorgänger erinnernd, selbstzufrieden in einem erhöhten Garten über dem Broadway, der hier eher einer geschäftigen Vorortstraße gleicht. Von den Cloisters kommend, erreicht man das Dyckman House, wenn man gegenüber der Bushaltestelle über Treppen und schmale Wege den Hügel hinabklettert und auf dem Broadway nach Norden geht.

William Dyckmans Haus von 1743 wurde während des Unabhängigkeitskrieges zerstört, kurz darauf aber an derselben Stelle so wiedererrichtet, wie es heute noch zu sehen ist. Einfach gebaut und mit einer großen, gemütlichen Küche und zeitgenössischen Möbeln ausgestattet, bietet es ein gutes Beispiel für die Lebensweise eines wohlgestellten Farmers im späten 18. Jahrhundert. Es hat überlebt, weil Nachfahren von William Dyckman es renoviert und historisch getreu eingerichtet der Stadt als Museum schenkten, als 1915 ein Wohnblock es verdrängen sollte.

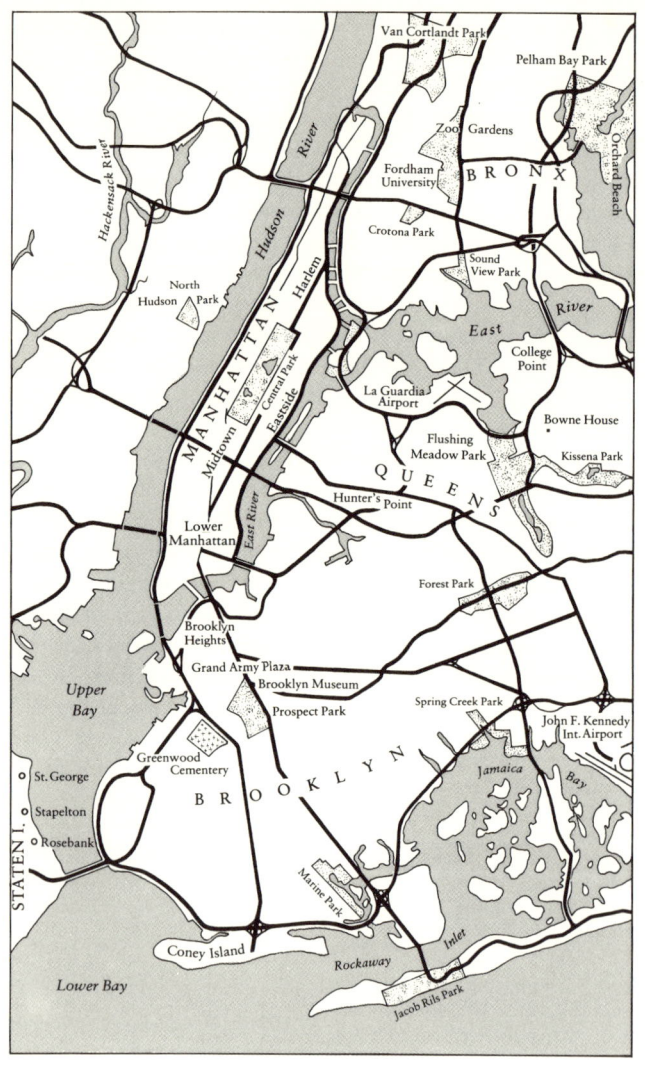

Die äußeren Stadtbezirke

Brooklyn,
Stadt der Kirchen und Spritzenhäuser

Stand up, beautiful hills of Brooklyn!
Walt Whitman in: ›Crossing Brooklyn Ferry‹

Brooklyn ist das Stiefkind New Yorks, ein unterschätzter und mißverstandener Stadtteil. Diese Behauptung wird durch eine hundertjährige Geschichte gestützt. Als die Brooklyn Bridge 1883 mit großer Feierlichkeit und buntem Feuerwerk eingeweiht wurde, fragte ein Straßenjunge in Manhattan: »What, all that trouble just to go to Brooklyn?« Und mag auch mancher Bewohner Manhattans noch nie oder lange nicht mehr in Brooklyn gewesen sein, so gibt es eine ganze Menge von Leuten, die zufrieden Tag für Tag zwischen beiden Stadtteilen pendeln – schon ab 1642 und schon damals mit der Fähre.

Am besten haben es heute Menschen, die an der Wall Street arbeiten und in Brooklyn Heights wohnen: Man sieht sie morgens und abends mit der Aktentasche unter dem Arm vom Büro zur Wohnung oder umgekehrt über die Brücke wandern, anstatt sich in übervolle Busse oder die Subway zu zwängen. Dabei genießen sie den schönsten Blick durch die Spinnwebkabel der Brücke auf Manhattans »glitzernde Schilfbündel« oder Brooklyn Heights' gemütliche Reihenhäuser, in beiden Fällen aber auf den Hafen, seine Inseln und die Freiheitsstatue.

Die Canarsie-Indianer in diesem Gebiet nannten Brooklyn Heights »das hohe sandige Ufer«, und als die Holländer sich im 17. Jahrhundert dort ansiedelten, tauften sie es ›Breukelen‹, nach einer Stadt in der Nähe von Utrecht mit ähnlicher Lage. 1664, nach der Übernahme der Kolonie durch die Engländer, wurde Breukelen zu Brooklyn, vereinte mit der Zeit 25 Dörfer und war im Unabhängigkeitskrieg zeitweise Kriegsschauplatz und Hauptquartier von George Washingtons Truppen. Schon Ende des 18. Jahrhunderts hatte sich das hohe sandige Ufer zu einer Sommerfrische entwickelt, und seine wohlhabenden Sommerbewohner pendelten von ihren Landhäusern zur Wall Street. Als dann ab 1814 dank Robert Fultons technischen Bemühungen dampfbetriebene Fähren – »vierschrötig und niedrig wie Schlepper, alt und hölzern und schön«, beschreibt sie der Dichter James Schuyler – regelmäßig zwischen den beiden Fulton Streets verkehrten, der in Brooklyn und der in Manhattan, verwandelte sich die Sommerfrische in einen Vorort.

Bis zur Einverleibung im Jahre 1898 war Brooklyn eine selbständige Stadt, die schon in den dreißiger Jahren ausdehnungsmäßig mit Chicago verglichen wurde. Wie sein Nachbar Queens ist auch Brooklyn eine Art Schlafzimmervorort, doch hat es Besonderheiten, die weit darüber hinausreichen. Es wird oft als Stadt der Kirchen und Spritzenhäuser bezeichnet: von jenen soll es dreitausend geben, von diesen beinahe an jeder Straßenecke eins, dazu in jedem nur erdenklichen Stil, besonders den beliebten wilden Mischungen des Eclectic Style.

Die Kirchen aller Glaubensrichtungen, besonders aber der protestantischen, haben in Brooklyn von Anbeginn großen Einfluß geübt. Prediger wie Henry Ward Beecher sind durch ihre revolutionären Ansichten und oratorischen Talente – und manchmal auch durch einen Skandal – im ganzen Land bekannt geworden. Und weil New Yorkern nichts heilig ist, geben sie sogar ihren Kirchen Spitznamen; während die ›Church of the Turtle‹ in Brooklyn noch steht, wurde die ›Church of the Holy Zebra‹ – sie war natürlich schwarzweiß gestreift – in Manhattan abgerissen. Die Kirchen waren auch für das außerordentlich gute öffentliche Schulsystem Brooklyns verantwortlich und eröffneten 1661 die erste der ›parochial schools‹, die bald ein dichtes Netz bildeten. Dieses System kommt einer gemischten Bevölkerung zugute, von der mindestens ein Drittel nicht einmal in Amerika geboren wurde. Während der Kriegsjahre wurden zwanzig unabhängige jüdische Sprengel gezählt, es

gab fast eine Viertelmillion Italiener und im deutschen Teil
Brooklyns mindestens so viele deutsche Einwanderer wie
in Yorkville in Manhattan. Dazu kamen in kleineren
Gruppen Skandinavier und Slawen. Heute hängt der Duft
von Sesam über der Atlantic Avenue: Sie hat sich zu einem
sehr lebendigen Araberviertel entwickelt, wo man orienta-
lische Köstlichkeiten einkaufen und essen kann. Neger
wohnen seit der Mitte des 19. Jahrhunderts in Brooklyn,
Portorikaner und andere spanischsprechende Einwanderer
haben in unserem Jahrhundert für demographische Veränderungen des Stadtteils gesorgt. Die Slums haben sich ver-
schoben: Berüchtigt war und ist der nordöstliche Teil von
Bedford-Stuyvesant, ›Bed-Stuy‹, in den Schlagzeilen der
siebziger Jahre. Aber auch dort, wo es schlimmer aussieht
und zugeht als in den übelsten Teilen Harlems, ist man
dabei, bessere Lebensverhältnisse zu schaffen. Stuyvesant
Heights im Süden ist ein Historic District mit stolzen
schwarzen Besitzern von Einfamilien-Reihenhäusern. In
ihrem Buch ›Brown girl, Brownstone‹ beschreibt Paule
Marshall mit großer Lebendigkeit, wie es ist, in einem
westindischen Viertel in Brooklyn aufzuwachsen.

Brooklyn ist riesig, aber der europäische Besucher kann
sich auf einige von Manhattan aus leicht erreichbare Sehenswürdigkeiten beschränken. Auf keinen Fall sollte er die
Reise ohne einen sehr guten Stadtplan antreten: Die Geschichten von Taxifahrern, die tagelang in Brooklyn um-
herkreuzen und nicht wieder herausfinden, sind Legion.

Brooklyn Heights, New Yorks erster Historic District
und Manhattan innerlich näher als dem übrigen Brooklyn,
ist auf jeden Fall lohnend. Straßen mit Namen wie Pine-
apple, Orange, Poplar, Willow und Amity Street oder Love
Lane sind reinstes New York des 19. Jahrhunderts. Die
schönen alten Brownstones, so genannt, auch wenn sie
nicht aus Brownstone sind, werden liebevoll renoviert und
erhalten. In den ungefähr fünfzig Blocks des Gebietes stehen allein ein Dutzend Kirchen, ebenfalls aus der Mitte des
19. Jahrhunderts, davon mehrere von Amerikas damals be-

sten Architekten Minard Lafever, Richard Upjohn und James Renwick. Mit der heute als Schule fungierenden ehemaligen St. Ann's Church an der Clinton Street hat Renwick einen ganz persönlichen neogotischen Stil geschaffen, den er durch verschiedenfarbige Arten von Brownstone unterstrich.

Die Baudenkmäler in Brooklyn Heights teilen sich den Ruhm mit den weniger greifbaren literarischen Errungenschaften des Viertels. Denn nach dem Bau der Brooklyn Bridge und der Manhattan Bridge und der Ankunft der Subway war es vorbei mit der bis dahin so angenehmen isolierten Lage. Die wohlhabenden Bewohner der schönen Häuser zogen fort. Drei- oder vierstöckig, wurden die Gebäude nun in kleine Wohnungen und Studios mit erschwinglichen Mieten aufgeteilt, und so kam es, daß in den zwanziger Jahren der Dichter Hart Crane den Spann der Brooklyn Bridge als symbolisches Eingangstor in das Neue Amerika besingen konnte. Er hatte die Brücke von seinem winzigen Balkon in jedem Wetter, bei Tag und Nacht vor sich: »And we have seen night lifted in thine arms...«

In den dreißiger Jahren kam Thomas Wolfe nach Brooklyn und schrieb die letzten Kapitel des Romans ›Von Zeit und Strom‹ auf seinem Kühlschrank, weil sein Tisch für ihn, den hochgewachsenen Mann, nicht hoch genug war. Das nächste Jahrzehnt ist in die Annalen des literarischen Brooklyn eingegangen, weil sich auf der Middagh Street eine gut funktionierende und anscheinend sich gegenseitig inspirierende Wohngemeinschaft, eine Art frühe Kommune, gebildet hatte. W. H. Auden, Golo Mann und Carson McCullers wohnten hier, dazu viele andere Festinstallierte und Durchreisende wie der englische Komponist Benjamin Britten und sein Freund, der Sänger Peter Pears. Es scheint, daß Carson McCullers die Gestalt des Buckligen in der ›Ballade vom traurigen Café‹ auf den Kais der Brooklyner Wasserkante entdeckt hatte. Richard Wright, der schwarze Autor von ›Sohn des Landes‹, lebte eine Weile mit Frau und Kind in der Kommune, zog aber aus, als ein rückschrittlicher alter schwarzer Hausmeister für einen anderen Farbigen die Heizung nicht stochern wollte. Später erschien Arthur Miller, der im mittleren Brooklyn aufgewachsen war, in Brooklyn Heights und ließ sich bei seinen Spaziergängen am Wasser zu ›Blick von der Brücke‹ anregen. Ungefähr zur selben Zeit und ganz in der Nähe schrieb Norman Mailer ›Die Nackten und die Toten‹.

Südlich von Brooklyn Heights erweitert sich die Flatbush Avenue, die von der Manhattan Bridge bis an Brooklyns Atlantikküste reicht, zur *Grand Army Plaza*. Die Erbauer dieses unter Denkmalschutz gestellten Platzes waren Frederick Law Olmsted und Calvert Vaux, und sie hatten hier ganz offensichtlich die Place de l'Etoile in Paris im Sinn. Der Triumphbogen in der Mitte des Platzes, Soldiers' and Sailors' Arch, gilt der Erinnerung an die Unionsarmee im Bürgerkrieg. Ein Ring von ›Tempeln‹ von Stanford White bildet den Eingang zum *Prospect Park,* dem vielleicht schönsten Werk der Central-Park-Architekten. Diese spätere Anlage ist ihnen besonders gut gelungen, weil sie nicht wie beim Central Park von Wettbewerbsregeln eingeengt waren, sich selbst das Grundstück aussuchen und hier überdies auf die sonst unvermeidlichen Verkehrsadern verzichten durften. Genau wie der Central Park hat der Prospect Park Hügel und Täler, Seen und Denkmäler, einen Zoo und einen Botanischen Garten. Das achteckige Elefantenhaus mit vierundzwanzig Bullaugen stammt von Stanford White; am ›Lullwater‹, einem künstlichen See, liegt ein Bootshaus aus Terrakotta, das Palladio gebaut haben könnte. Es gibt einen Oriental Pavilion von Calvert Vaux, ein Tennis House sowie eine Music Grove mit dem unglücklich umgebauten Goldman Bandstand, wo im Sommer kostenlos Konzerte aller Art gegeben werden.

Über die Flatbush Avenue hinweg, im sogenannten Institute Park, einem Teil des Prospect Park, liegen der Botanic Garden, das Brooklyn Museum und das Hauptgebäude der Brooklyn Public Library. Auf den fünfzig Morgen des *Botanischen Gartens* wächst beinahe jeder Baum und

Strauch, der in diesen Breitengraden gedeihen kann. Die
japanischen Kirschbäume, die Bonsai-Sammlung und die
japanischen Felsengärten sind berühmt.

In der nordwestlichen Ecke präsentiert sich die klassizistische Fassade des *Brooklyn Museum* zwischen Eastern
Parkway und Washington Avenue. Es hat vielleicht nicht
den Glanz des Metropolitan Museum, dafür aber einige
ausgezeichnete Abteilungen, die man sich nicht entgehen
lassen sollte, und einen fabelhaften Gift Shop, dessen Angebote im Gegensatz zu denen des Metropolitan Museum
noch übersehbar und erschwinglich sind.

Die Sammlungen zeichnen sich durch Reichhaltigkeit
und Vielfalt aus. Da das Brooklyn Museum als erste Institution seiner Art in Amerika die Kunst Afrikas, Ozeaniens
und der Indianer Amerikas gesammelt hat, ist der Bestand
in vielen Fällen von besonderer Seltenheit und Qualität.
Die ägyptische Abteilung ist weltberühmt und reicht über
die hellenistische und römische Zeit bis ins koptische
Ägypten. In den fünf Stockwerken des Museums ist die
Kunst aller Länder und Epochen vertreten, von indischen
Miniaturen bis zu einer ausgedehnten Graphiksammlung,
besonders reich an deutschen Expressionisten, von assyri-
schen Reliefs bis zu Tiffany-Lampen, von einem vollständigen holländischen Holzhaus aus dem Jahre 1675 über ein
Rockefeller-Wohnzimmer – aus demselben Haus wie das
Schlafzimmer im Museum of the City of New York – bis
zu einem Art-Deco-Studio aus der Park Avenue.

Das Brooklyn Museum veranstaltet Lehrgänge, Konzerte und Workshops für Erwachsene und Kinder, die von
den Einwohnern der Umgebung fleißig besucht werden.
Bei solch nachbarlichem Walten ist es nur richtig, wenn
in einem Hinterhof des Museums der *Frieda Schiff Warburg Memorial Sculpture Garden* untergebracht ist. Hier
sind nämlich die Werke jener unzähligen englischen, schottischen und irischen Steinmetzen versammelt, die New
Yorks Gründerzeithäuser dekoriert haben und in jungen
Jahren von den Folgen der Steinstaublunge dahingerafft

wurden. Die meisten ihrer Werke sind inzwischen von herzlosen Demoliertrupps ebenfalls dahingerafft worden. Hier erinnern die wenigen erhalten gebliebenen Fragmente an die Künstler und ihr Handwerk: Es sind klassisch gestaltete Gesichter oder Fratzen, herkulische Rümpfe, Ecksteine, verschnörkelte Zierplatten und Löwenköpfe. Man hofft, daß auch der steinerne Mann, der an einem Apartmenthaus an der Park Avenue seine steinerne Zeitung liest, eines Tages hier seiner alltäglichen Beschäftigung nachgehen wird. New Yorker unternehmen Fahrten hierher, um die letzten Stücke ihrer geliebten alten Pennsylvania Station zu besuchen: eine kurze Säule mit Kapitell und eine kräftige Figur, die die große Bahnhofsuhr halten mußte.

Die Einwohner Brooklyns sind mit Recht stolz auf ihr Museum. Sie hängen aber mit beinahe ebensolcher Ergebenheit an ihrer *Academy of Music,* deren Existenz sogar ihre Nachbarn in Manhattan dazu bewegt, gelegentlich den Sprung über den East River zu unternehmen. Von draußen sieht die Academy of Music wie ein Hochzeitskuchen mit weißem Zuckerguß aus. Drinnen hat sie vier Theater, in denen die Comédie Française und die Royal Shakespeare Company spielen, wenn sie viel zu selten zu Besuch sind. Sie kommen nach Brooklyn, weil die Miete in der Brooklyn Academy of Music – kurz BAM genannt – nicht so hoch ist wie in einem Theater am Broadway, aber auch deshalb, weil die Bretter, auf denen Edwin Booth 1891 seinen letzten Hamlet gespielt hat, der Royal Shakespeare Company geweihter Boden sind. Oft schallen die Akademiegänge von Rock oder Jazz wider: Dann ist Twyla Tharp mit ihren neuesten Tanzwerken eingezogen – eins mit dem Titel ›When push comes to shove‹ hat sie für Mikhail Baryschnikow kreiert –, oder die Väter des Stepptanzes, die meisten schon rüstige Siebziger, zeigen den Jungen, welch knifflige Rhythmen sie mit ihren Absätzen klappern können.

Für Liebhaber von Friedhöfen ist ein Ausflug zum *Greenwood Cemetery* mit seinen Hügeln und Tälern und

der schönen Aussicht auf den Hafen unerläßlich. Hinter
einem staunenswerten neugotischen Tor von Richard Upjohn führen schmale Wege durch eine natürlich wirkende,
aber sehr sorgfältig angelegte Landschaft mit den unglaublichsten Mausoleen. Man liest Namen wie Samuel F.
Morse, Maler und Erfinder der gleichnamigen Funktech-
nik, Peter Cooper, Stahlmagnat und Philanthrop, Horace
Greeley, Gründer der ›New York Tribune‹, Henry Ward
Beecher, jener Prediger, der sich zwar sehr um sein Land
verdient gemacht hat, indem er sich für die Abschaffung
der Sklaverei und für die Frauenemanzipation einsetzte,
dem aber dennoch ein Flirt mit einer Kollegenfrau als
skandalös ausgelegt wurde. Hier ist ›Boss‹ Tweed begraben, gleichbedeutend mit Korruption in der Geschichte
New Yorks, der beim Jüngsten Gericht seine ganze Ge-
witztheit nötig haben wird, und schließlich Lola Montez,
auf deren Grabstein schlicht ›Eliza Gilbert‹ steht, denn so
hieß sie eigentlich. Es gibt übrigens Leute in New York, die
auf Cocktail Parties erzählen, sie stammten von Lola und
Ludwig I. von Bayern ab!

Ein Ausflug, der nur mit halbem Herzen zu empfehlen
wäre, ist eine Reise nach *Coney Island*. Jahrelang Inbegriff
eines Amüsierparks auf einer Halbinsel an Brooklyns Südküste, ist Coney Island heute nur noch ein trauriger Schatten seiner selbst. Der Boardwalk, eine schier endlose Promenade, lädt zwar noch zum Spazierengehen ein, und es
finden sich, besonders im Sommer, genügend Sonnenanbeter und Neugierige ein, aber sie vergnügen sich vor einem
Hintergrund von verrosteten Achterbahn- und Riesenrad-
skeletten und recht angeknabbert wirkenden überlebens-
großen Mickymäusen. Der Titel eines Buches über Coney
Island, ›Sodom by the Sea‹, mag heute recht übertrieben
klingen, denn Vergnügungen, wie einer eisernen Kuh im-
merkühle Milch abzuzapfen und Pferderennen auf stählernen Pferden zu reiten, waren ja außerordentlich harmlos,
und die Bauchtänze im ›Tunnel of Love‹ oder im ›Algerian
Theatre‹ haben den Buchtitel wohl schon damals nicht ge-

rechtfertigt. Maxim Gorki jedenfalls fühlte sich bei seinem Besuch um die Jahrhundertwende von all diesen Angeboten höchstens »gelangweilt«.

Als Sommerfrische geht Coney Island zurück bis 1820, und noch 1850 konnte eine schwedische Reisende in aller Ruhe an einem »einsamen Strand von wilder Schönheit« picknicken. Bald schon kamen die ersten, heute längst verschwundenen Palasthotels mit John Philip Sousas Orchester als Lockmittel, und daraufhin, neben den harmlosen Lustbarkeiten, die anscheinend nicht so harmlosen. Reginald Marsh, dessen Szenen aus dem New Yorker Leben uns heute in ihrer Unmittelbarkeit taufrisch erscheinen, fuhr in den dreißiger Jahren jeden Sommer nach Coney Island, weil die Menschenmengen sein Malerauge faszinierten.

The Bronx,
New Yorks einziges Stück Festland

The Bronx? No thonx!
Ogden Nash, amerikanischer Humorist 1931

New Yorks einziger auf dem Festland gelegener Stadtteil
trägt im Gegensatz zu den anderen Boroughs den bestimmten Artikel im Namen. Das kam so: Ein abenteuerlustiger
Däne namens Jonas Bronck hatte in Amsterdam, der Heimat seiner Frau, von den Wundern der Neuen Welt gehört
und wollte sich selber davon überzeugen. Er siedelte sich
östlich der heutigen Third Avenue Bridge an und nannte
seine Farm ›The Broncks Farm‹. Wenn seine Freunde aus
der kleinen Siedlung Nieuw Amsterdam am Südende von
Manhattan die lange Reise zu ihm antraten, gaben sie ihr
Ziel kurz mit »the Bronx« an. Diese Verkürzung setzte
sich durch.

Die Bronx ist wie ihr nördlicher Nachbar, Westchester
County, eine Landschaft mit Hügelketten und Tälern im
Westen und Marschland im Osten. Während des 19. Jahrhunderts war sie eine ländliche Gegend, mit Bauernhöfen,
kleinen Dörfern, großen Landhäusern und ganz vereinzelt
den Anfängen von Kleinstädten, die sich rasch zu Vororten
entwickeln sollten. Denn nachdem New York sich 1874
den westlichen und 1885 den östlichen Teil der Bronx
einverleibt hatte, Brücken gebaut worden waren und die
Hochbahn immer weiter ins Innere des Landes vordringen
konnte, rollte die größte Einwandererwelle auf sie zu. Die
Vorfahren der heute fast zwei Millionen Einwohner kamen meistens aus den alten Slums von Manhattan und
verbesserten ihr soziales Milieu mit diesem Umzug in die
Vororte ungemein. Sie nahmen den Weg, den eine Minorität nach der anderen eingeschlagen hat, zuerst die Iren und
die Deutschen, dann die Italiener und die Juden, und heute
die Schwarzen und die Portorikaner. Leo Trotzki, der
1916 bei dem Schriftsteller Sholem Asch in der Bronx Zu-

flucht gesucht hatte und, wie wir schon hörten, eine Weile die revolutionäre Zeitschrift ›Novy Mir‹ auf der Lower Eastside herausgab, wurde nach Rußland zurückgerufen, um an der Revolution teilzunehmen, bevor er seine auf Raten gekauften Möbel abbezahlen konnte.

Heute hat die Bronx einen schlechten Ruf, und die privilegierten Bewohner von beinah noch ländlichen Enklaven wie Riverdale am Hudson River, wo heute noch große Landhäuser stehen, geben sich alle Mühe, ›The Bronx‹ nicht auf ihrem Briefpapier erscheinen zu lassen. Und wie in vielen Gegenden dieser Stadt, wohnen in dem 67 Quadratkilometer großen Borough viele von New Yorks reichsten und ebenso viele von New Yorks ärmsten Leuten. Den schlechten Ruf verdankt die Bronx aber nur ihrem südlichen Teil, den die Einheimischen mit ihrem untrüglichen Instinkt, einen himmelschreienden Zustand zynisch zu umschreiben, ›Fort Apache‹ nennen. Hier leben arbeitslose Wohlfahrtsempfänger und Drogensüchtige, meistens Schwarze und Portorikaner, in den Hüllen ausgebrannter sechs- bis achtstöckiger Häuser, die solide genug gebaut sind, um renoviert werden zu können. Es ist gerade dieses Stück von New York, das Bürgermeister, Präsidenten und selbst der Papst unter gehörigem Trommelrühren besuchen und das oft Material und Hintergrund für Hollywood-Epen liefert.

Für den Besucher von New York sollte es reichen, wenn er mit der Subway, die in der südlichen Bronx aus der Erde hervorkriecht und auf stakigen Stelzen und wackeligen Geleisen zur Hochbahn wird, in den Zoo und den Botanischen Garten fährt, weil er dabei genug von dieser verwüsteten traurigen Stadtlandschaft sehen kann, ohne sein Leben zu gefährden.

Nachdem die Bronx ein Teil von New York geworden war, konnte Frederick Law Olmsted, der hier schon oft erwähnte Gartenarchitekt des Central Park, sie in seinen meisterhaften Plan einbeziehen, der eine Kette von städtischen, durch sogenannte ›parkways‹ miteinander verbun-

dene Parks vorsah. Einer davon ist der große *Bronx Park*.
Er liegt ungefähr in der Mitte des Stadtteils im unberühr-
ten Felsental des Bronx River und ist in einen Zoologi-
schen Garten im Süden und einen Botanischen Garten im
Norden gegliedert. Der *Zoo* wurde Ende des 19. Jahrhunderts angelegt und galt damals gegenüber den kleinen zoo-
logischen Gärten Europas mit seinen weiten offenen Flächen als bahnbrechend für derartige Anlagen. Mit Wasser-
gräben statt Gitterzäunen umgeben, können sich die Tiere
aller Kontinente hier beinah wie auf freier Wildbahn bewe-
gen. Heute sind die Anlagen zwar überholt, aber der Bronx
Zoo gilt immerhin noch als größter städtischer Zoo in
Amerika. Von den Bänken einer einspurigen Hochbahn
sieht der Besucher das neugeborene Kitz einer seltenen
Gattung Rehe, ein Rhinozeros, das sich wohlig im
Schlamm suhlt und zur Begrüßung ins Wasser prustet,
oder er bewundert das Elefantenbaby namens Astor, das
erste, das seit fast zehntausend Jahren in diesen Regionen
zur Welt gekommen ist. Nachdem es seinen ersten Geburtstag mit einer riesigen Torte aus Brot, Möhren, Äpfeln
und Blumen und einer von Tausenden seiner Verehrer un-
terschriebenen zwanzig Meter langen Geburtstagskarte
feiern konnte, starb es mit siebzehn Monaten an einem
Herzleiden und ließ ein untröstliches New York zurück.
Während die Hochbahn das Terrain ›Asien‹ umfährt, kann
man einen anderen, großen Teil der Anlagen aus dem Sky-
train, einer Art Skilift, betrachten; außerdem rollt ein roter
Safari Train regelmäßig durch das Gelände, weil die großen Entfernungen zu Fuß kaum zu schaffen sind.

Die alten Zoogebäude aus Ziegelstein wirken jetzt eher
historisch als altmodisch und dabei recht gemütlich. Wie
vor hundert Jahren sitzt ein stolzer Steinpavian auf dem
Dach des Affenhauses, und zwei majestätische Löwen machen jedem klar, welche Pforte sie bewachen. Das Elefantenhaus ist ein klassischer Palast mit fast byzantinischem
Innenraum und, so bemerkte ein Führer, könnte ohne weiteres als Parlament einer Bananenrepublik dienen. Die al-

ten Gebäude sind heute nur noch zum Teil von den Tier-
gattungen bewohnt, für die sie gebaut wurden. Meist sind
sie durch neue Häuser erweitert, denen weite Terrains zum
Auslauf angegliedert sind. Eine Anlage von besonderer
Schönheit und Beliebtheit, das neue Freiflug-Vogelhaus, ist
eine Stiftung der Readers-Digest-Besitzerin, und in ›World
of Darkness‹ kann man Nachttiere in verdunkelten Räumen beobachten.

Die Gewächshäuser des *New York Botanical Garden*
sind, wie so viele schöne Bauten in der Stadt, von großzügigen Bürgern vor dem Verfall gerettet worden. Sie stehen
jenen in Kew Gardens, ihrem Vorbild, an Schönheit und
Zweckmäßigkeit nicht nach, und auch sie sind zur »Unterhaltung, Erholung und Belehrung des Volkes« gedacht.
Nach einer Wanderung durch die vielen Anlagen des Botanischen Gartens, etwa den Rosengarten mit vierhundert
verschiedenen Rosenarten oder den Schierlingsurwald,
nach einem Besuch im Museum, in der Bibliothek oder im
Herbarium, kann man sich in einer Schnupftabaksmühle
von 1840 an den Ufern des Bronx River ausruhen. Nicht
weit vom Eingang ist eine Tafel mit den Worten des Dich-
ters Joseph Rodman Drake in einem Felsblock eingelassen:
»I will look upon thy face again, my own romantic Bronx.
And it will be a face more pleasant than the face of
men...«

Im Osten grenzt die *Fordham University* an den Botanischen Garten. Sie ist zwar keine ›Ivy League‹-Universität
wie Harvard, Yale und Princeton, ihr Campus sieht mit
den efeubewachsenen Gebäuden einer solchen aber täuschend ähnlich, ist vor allem auch mitten in der Stadt,
gleich neben einem Straßenzug mit Gebrauchtwagenhänd-
lern gelegen, in ihrer dennoch ländlichen Unberührtheit
ein kleines Wunder. Hohe alte Bäume beschatten grüne
Rasenflächen, und die imposanten Türme und Zinnen der
neugotischen Keating Hall verstärken noch den Eindruck
von zeitloser Gelehrsamkeit, fern vom Lärm der Welt. Dabei hat die Universität eine äußerst lebendige Radiostation,

die um Weihnachten über eine Woche lang Tag und Nacht
das gesamte Werk Johann Sebastian Bachs ausstrahlt, oder
am 4. Juli, seinem Geburtstag, Louis Armstrongs Jazz.
Fordham University soll den Hintergrund für James Fenimore Coopers Novelle ›Der Spion‹ abgegeben haben, und
Edgar Allan Poe hat sich von der Glocke der Universitäts-
kirche zu ›The Bells‹, einem seiner besten Gedichte, inspirieren lassen.

Für literarisch interessierte Pilger ist übrigens die kleine
hölzerne *Poe Cottage* an der Kreuzung von Grand Con-
course und Kingsbridge Road, westlich der Universität,
einen Abstecher wert. Poe und seine kranke Frau Virginia
lebten von 1846 bis 1849 in diesem Haus, weil sie hofften,
die frische Landluft werde die junge Kranke von ihrer Tuberkulose heilen. Es wird berichtet, sie seien zu arm gewesen, um sich Brennholz zu kaufen, die sterbende Virginia
sei auf einem Strohlager gelegen, nur in den Mantel ihres
Mannes eingehüllt. Poe schrieb mehrere Gedichte hier,
darunter sein bekanntestes, ›Annabel Lee‹. Heute steht das
kleine Haus beinah unbemerkt in der Nähe einer geschäftigen Kreuzung. Es hat jahrelang kein Aufsichtspersonal gehabt, jetzt aber lebt ein ehemaliger portorikanischer Philo-
logieprofessor hier, der Poe auf unheimliche Weise ähnlich
sieht. Er führt Besucher durch die drei armseligen blankge-
scheuerten Zimmer mit ihren einfachen Möbelstücken und
ein paar dürftigen Andenken an den vielseitigen, vom Unglück verfolgten Dichter.

Ein Ausflug, bei dem zwei Ziele verbunden werden können, eins, das von den Unabhängigkeitswehen der Republik zeugt, und eins, das New Yorks Gründerzeit belegt,
führt in einen anderen der großen Parks in der Bronx,
diesmal den *Van Cortlandt Park* im Norden des Stadtteils.
In seinem südöstlichen Zipfel steht das behäbige, vierek-
kige Van Cortlandt Mansion, ein Steinhaus, das die eigen-
artige, im 18. Jahrhundert in New York so typische Mischung aus holländischen und englischen Einflüssen verkörpert. Die Scheitelsteine von gemeißelten Köpfen der in

rein georgianischem Stil gehaltenen Fensterrahmung sind
ohne Zweifel Produkte einer holländischen Steinmetz-
grille. Die Mitglieder der prominenten Van-Cortlandt-Fa-
milie, frühe holländische Siedler, die im Laufe der Zeit zu
hohem Wohlstand kamen, hatten sich mit entgegengesetzten Loyalitäten innerhalb ihrer Familie auseinanderzuset-
zen, was während der Revolution zu großen Konflikten
führte. In der Familiengruft auf einem Hügel in der Nähe
hat einer der Van Cortlandts als Angestellter der Stadt
während der Revolution das Stadtarchiv geborgen. Und
um die Engländer zu verwirren, hat George Washington
nächtelang Lagerfeuer um das Haus brennen lassen, während sich seine Truppen über den Hudson River retteten.
Die Familie lebte bis 1889 hier und schenkte dann den
Besitz der Stadt. Das Haus hat sich äußerlich kaum verändert. Wo damals die Lagerfeuer brannten, spielen heute
westindische New Yorker Fußball. Innen ist es stilgetreu
eingerichtet, man kann das Schlafzimmer ansehen, in dem
Washington sein müdes Haupt zur Ruhe gelegt hat. Die
meisten Amerikaner finden die vielen Schildchen an alten
und manchmal nicht so alten Häusern, die »Washington
Slept Here« verkünden, eher komisch. Beim Van Cortlandt Mansion braucht man aber keinen Zweifel zu hegen,
daß es Washington tatsächlich beherbergt hat.

Dem Van Cortlandt Park im Osten benachbart ist
Woodlawn Cemetery, wo sich wohlhabende und prominente New Yorker des 19. Jahrhunderts begraben ließen.
Wie in südlichen Ländern sieht man hier sonntags ganze
Familien beim Picknick, denn so schöne, ruhige und si-
chere Plätze dafür sind in der Stadt nicht so leicht zu finden. Reiche, wie die Woolworths, sind in opulenten Grab-
mälern und Mausoleen ›einquartiert‹, oft Nachbildungen
von Kapellen und Denkmälern in Europa, und man darf
sich nicht wundern, wenn man plötzlich die Sainte-Cha-
pelle in Miniatur vor sich hat. Auch Jay Gould, Finanzier
und Prototyp des ›robber baron‹, der mit seinem hier
schon genannten Freund James Fisk Aktien veruntreute

und durch Goldspekulationen den Black Friday und die Panik von 1869 herbeiführte, ruht hier in neureicher Pracht. Und Woodlawn wäre nicht in New York, wenn nicht nahe bei Jay Gould, der seinen Schieberaktivitäten nur unter dem Schutz des korrupten Tweed Ring nachgehen konnte, auch Fiorello La Guardia, New Yorks ehrenhafter, aber auch sehr temperamentvoller Bürgermeister eine Ruhestätte gefunden hätte. Mit der ganzen Kraft seiner kleinen Statur und seiner angeborenen City-Kid-Frechheit hat er jahrelang gegen die aus Tweed-Zeiten überlieferte Korruption in der Stadtregierung gekämpft.

Ein Ausflug, der in das östliche Marschland der Bronx und in beinah unverändert ländliche Teile führt, hat als erstes Ziel das *Bartow-Pell Mansion* an der Lagune im Pelham Bay Park. In seinem wunderbaren Terrassengarten, zwischen hohen Bäumen und rauschenden Bächen, Vogelgesang im Ohr, mit Blick auf offene Fluren und den Long Island Sound ist es nicht mehr so schwer, sich die frühere ›romantic Bronx‹ zu vergegenwärtigen. Das erste Gutshaus an dieser Stelle, das die Pells aus England hier gebaut hatten, soll abgebrannt sein. Die Familie war schon 1654 angekommen, und als die Engländer 1664 die holländische Kolonie übernahmen, empfing der erste Pell vom Duke of York einen königlichen Freibrief und durfte sich Lord of Pelham Manor nennen. Die heutige Villa, die ein Nachfahre im dritten Jahrzehnt des 19. Jahrhunderts bauen ließ, ist ein gutes Beispiel für den in Amerika so beliebten Greek-Revival-Stil, weil er mit seinen klaren, relativ schmucklosen Linien den puritanischen Einheimischen zusagte. Im Innern kommt dieser Stil mit korinthischen Pilastern und Ziergiebeln über den Fenstern auf besonders elegante Weise zum Ausdruck und erinnert, obwohl großzügiger angelegt, an die Empfangsräume im Old Merchant's House im südlichen Manhattan. Die Einrichtung hält sich vorwiegend an das ›amerikanische Empire‹, und viele der schönen Möbelstücke wurden von New Yorker Museen zur Verfügung gestellt.

Nicht weit vom Bartow-Pell Mansion erstreckt sich die halbmondförmige *Orchard Beach* an der östlichen Küste des Pelham Bay Park. Sie bezeugt, daß hier etwas für die Bürger getan wurde, allerdings nicht von New Yorks Stadtvätern, sondern von der Works Progress Administration, einer von Präsident Franklin D. Roosevelt ins Leben gerufenen staatlich subventionierten Organisation zur Arbeitsbeschaffung für die verschiedensten Berufe. Und so wurden hier in den schlimmsten Jahren der Depression Badehütten mit blauen Fliesen unter Betonkolonnaden im reinsten Art-Deco-Stil gebaut. Der Strand ist selten überfüllt und kann doch im Sommer recht verwahrlost aussehen, wie es meistens ist, wenn Bürger ›Geschenke‹ als ihr gutes Recht betrachten und nicht auch als eine Gabe, die gepflegt werden will.

Der Besucher mit einer guten Portion Abenteuerlust und einem vierrädrigen Transportmittel sollte von hier einen Abstecher auf *City Island* machen, eine Insel, die er zur Rechten der Orchard Beach am Ende eines Fahrdamms sehen kann. Sie gehört offiziell zu New York, hat aber mehr mit einem kleinen neuenglischen Fischereihafen gemeinsam, der bessere Tage gesehen hat, als mit Midtown-Manhattan. Im frühen 19. Jahrhundert wurde hier Salz aus Meerwasser gewonnen und etwas später erlebte die Austernfischerei eine Blütezeit. Damals war ein Austernfischer so angesehen und seine köstliche Ware so gut bezahlt, daß Raubfischer auf der Stelle erschossen wurden. Dann entwickelte sich die kleine Insel zu einem Zentrum für den Bau von Segelbooten, und obwohl selbst Wettbewerber um den ›Americas Cup‹ hier gebaut worden sind, darunter der Sieger von 1968, die ›Intrepid‹, ist der Bootsbau in der letzten Zeit zurückgegangen. Auf der Hauptstraße lädt heute ein Restaurant neben dem anderen zum Fischessen ein, mit der zunehmenden spanischsprechenden Bevölkerung inzwischen auch auf Spanisch.

Es ist an anderen Stellen bereits von den Armenfriedhöfen die Rede gewesen, in deren Boden später Wolkenkrat-

zer Wurzeln geschlagen haben. Da die Zahl der Obdachlosen und Kriminellen in einer so großen Stadt wie New
York seit jenen frühen Tagen, als sie im City Hall Park
verscharrt wurden, ungemein zugenommen hat, mußte
eine entsprechend geräumige Ruhestätte gefunden werden.
So kann man manchmal von City Island aus eine eigen-
tümliche Prozession beobachten. Häftlinge aus den städtischen Gefängnissen auf Riker's Island im East River transportieren große und kleine Tannenholzsärge mit der Fähre
nach *Hart Island,* das, oft in Nebel gehüllt, nicht weit vom
Festland vor City Island liegt. Von weitem glaubt man ein
Stück der Neuenglandküste vor sich zu sehen, aber beim
Lesen von Beschreibungen drängt sich eher eine Vision von
Papillons Teufelsinsel auf, mit verfallenen Gebäuden und
modrigen Türen, die knarrend in halben Angeln pendeln.
Hier kommen die Obdachlosen, die Namenlosen, die Ver-
brecher, die ausgesetzten Neugeborenen zur letzten Ruhe,
während Möwen über den Fischerkähnen kreisen und
Wildgänse wie zum letzten Geleit vorüberziehen.

Vielleicht war es bei einem Ausflug nach Pelham Bay
und City Island, daß Ogden Nash dreißig Jahre, nachdem
er die von uns als Motto gewählte Zeile geschrieben hatte,
seine Meinung über die Bronx änderte:

> I wrote those lines, »The Bronx? No thonx!«
> I shudder to confess them.
> Now I'm an older, wiser man, I cry:
> »The Bronx? God bless them!«

Queens,
der Schlafzimmervorort

... The city seen from the Queensboro Bridge
is always the city seen for the first time,
in its first wild promise of all the mystery
and beauty in the world.

F. Scott Fitzgerald

Queens ist der größte von New Yorks vier Boroughs und
das erste Stück amerikanischen Bodens, das der europäische Besucher betritt, wenn er auf dem John F. Kennedy
International Airport in der Jamaica Bay an Long Islands
Südküste landet. Dieser Borough wird im Osten von Nas-
sau County, im Norden vom East River, im Süden vom
Atlantik und im Westen von Brooklyn begrenzt. Ein
schmaler Arm des East River, der Newtown Creek, schiebt
sich im Westen zwischen Queens und Brooklyn, und es
heißt, daß er verkehrsreicher sei als der Mississippi.

Eine Reihe von homogenen Städten bilden diesen sogenannten ›Schlafzimmervorort‹ New Yorks. Seinen Namen
trägt er zu Ehren von Katharina von Braganza, der Gemahlin des englischen Königs Karl II. Denn obwohl Nieuw
Amsterdam bis über die Mitte des 17. Jahrhunderts hinaus
den Holländern gehörte, hatten sich in den angrenzenden
Gebieten schon in den Anfängen jenes Jahrhunderts Siedler aus den englischen Kolonien in New England und Virginia niedergelassen.

Heute ist es unvorstellbar, daß noch vor knapp hundert
Jahren nur zwanzigtausend Menschen über dieses riesige
Gebiet verstreut wohnten und daß bis zum Ersten Welt-
krieg große Teile im Osten noch ausgesprochen ländlichen
Charakter hatten. Selbst die heutigen zwei Millionen Ein-
wohner, darunter eine Viertelmillion Farbige, fühlen sich
in dieser Weite ein wenig verloren und würden auf die
Frage, wo sie denn wohnen, nie »in Queens« antworten,
sondern immer den Namen ihres Viertels wie Flushing,
Forest Hills oder Jamaica angeben. Ein Soziologe will so-

gar festgestellt haben, daß Einwohner von Queens in Manhattan viermal so gut Bescheid wissen wie zu Hause!

Weil Queens ein verhältnismäßig junger Stadtteil von New York ist und als solcher eigentlich erst in diesem Jahrhundert auf der Landkarte erscheint, gähnt, architektonisch gesehen, zwischen seinen Anfängen als englische Siedlung in einer holländischen Kolonie und seinem Aufschwung im Zuge der Industrialisierung eine gewisse Leere. Eine der frühesten Ansiedlungen von Queens war Hallet's Cove am East River, ein Dorf, das in den Anfängen des 19. Jahrhunderts durch die Verkehrsverbindung mit dampfbetriebener Fähre zum rapide wachsenden Vorort wurde. Im Jahre 1839 ließ er sich als Stadt eintragen, und Freunde von Johann Jakob Astor konnten ihn nach bitteren Kämpfen mit Gruppen, die sich andere Namensgeber wünschten, dem berühmtesten deutschen Einwanderer zu Ehren *Astoria* nennen. Heute wohnen viele Griechen und Einwanderer aus Balkanländern in Astoria. Sie haben ihre eigenen Kirchen und Moscheen, Lebensmittelläden, Bäckereien, auch Rundfunksender in ihren Muttersprachen. Der Besucher kann sich aber hier nicht nur an Johann Jakob Astor erinnern lassen, sondern auch an James Fenimore Cooper, der den ›Letzten Mohikaner‹ in Astoria schrieb.

Zwischen der Ankunft des englischen Einwanderers William Hallet in der nach ihm benannten Bucht und der Entwicklung von Klein-Griechenland und seinen Nachbarn ist auch in Queens manches geschehen, darunter einiges von nationaler Bedeutung. Da war zum Beispiel John Bowne, ein Engländer, der sich 1651 in Vlissingen, dem heutigen Flushing, niederließ und Mitglied der dortigen Quäkergemeinde, der ›Society of Friends‹, wurde. Weil der Statthalter der holländischen Kolonie, Peter Stuyvesant, entgegen den Weisungen der Gouverneure in Amsterdam die Sekte verboten hatte, erlaubte John Bowne seinen Glaubensgenossen die Benutzung seiner Küche als Versammlungsort. Er hatte 1661 mit dem Bau des *Bowne*

House begonnen. Bis auf einige Veränderungen im Jahre 1830 steht es noch heute genauso an der Ecke von 37th Avenue und Bowne Street. Stuyvesant schickte Bowne ins Exil nach Europa, wo dieser rührige Mann schnurstracks zu den mächtigen Herren der Holländischen Westindischen Kompanie eilte, deren Abgesandter Stuyvesant schließlich war, um sie von der Harmlosigkeit der Sekte zu überzeugen. Sie würden doch ›Quakers‹ genannt, sagte er, weil sie vor dem Wort Gottes in Andacht zitterten, sie könnten also nicht gefährlich sein. Die Amsterdamer ließen sich überzeugen und schickten Direktiven hinüber, die dafür sorgten, daß »die Menschen in Glaubensdingen von niemandem genötigt werden dürfen, sondern frei bleiben sollen«, ein Grundsatz, der in die Bill of Rights, das amerikanische Staatsgrundgesetz, aufgenommen wurde und damit die Religionsfreiheit im Lande sicherte. Diese Toleranz in religiösen Dingen sprach sich herum und hatte einen Zustrom nicht nur weiterer Quäkergemeinden, sondern vieler verschiedener Glaubensgemeinschaften aus der ganzen Welt, darunter auch den ersten Juden aus Brasilien, nach New York und anderen amerikanischen Orten zur Folge. So erklärt sich auch die große Zahl der heutigen Sekten im Land.

Die Quäker konnten sich im Jahre 1694 ein eigenes *Meeting House* bauen, das noch heute um die Ecke von John Bownes Haus steht und – außer in den turbulenten Revolutionsjahren – ununterbrochen als Versammlungsort gedient hat.

Nicht weit von Bowne House, an der 37th Avenue, steht ein Gebäude aus dem Jahre 1774, *Kingsland House,* das von einer anderen Stelle hierherversetzt wurde. Das geschah in unserem Jahrhundert, als ein expansiver Supermarkt seine Existenz gefährdete. Das Haus gehörte einem abenteuerlichen englischen Kapitän namens Joseph King, dessen Schwiegervater, ein Quäker, der es erbaut hatte, eine gewisse historische Bedeutung genießt, weil er als erster in Queens einem Sklaven die Freiheit schenkte.

Ein paar Schritte weiter, in demselben Block, bildet eine kleine Parkanlage den Hintergrund für einen berühmten Baum. Der sogenannte *Weeping Beech Tree* trägt die für eine Pflanze recht seltene Auszeichnung, unter Denkmalschutz zu stehen. Er ist eine möglicherweise einmalige Buchenmutation. Der Gärtner Samuel B. Parsons, dem Central Park und Prospect Park so viele schöne Bäume verdanken, hatte die Buche 1847 als kleinen Ableger im Blumentopf von einer Europareise mitgebracht. Kennern von tausendjährigen Eichen und Rosenstöcken wird dies als viel Lärm um nichts erscheinen, aber im geschichtsarmen Queens ist so etwas freilich eine Sehenswürdigkeit.

Nach den Holländern und den Engländern kamen die Deutschen in der Mitte des 19. Jahrhunderts in Queens an, und einige von ihnen sind nicht nur reich, sondern auch berühmt geworden. Da war einmal Henry Engelhard Steinway, ein Herr Steinweg aus Braunschweig, der 1853 eine Klaviermanufaktur gründete. Seine erste Fabrik steht heute noch an der Ecke von 19th Avenue und 39th Street, und nicht weit davon, an der 41st Street, überlebt das granitene Wohnhaus seines Sohnes William, *Steinway Mansion,* zwischen struppigen Bäumen, schrottreifen Autos und anderem Gerümpel. Als die Steinways noch dort wohnten, konnten sie von der leichten Erhöhung den East River und seinen lebhaften Schiffsverkehr überblicken, während sich zu ihren Füßen riesige Rasenflächen, Tennisplätze, Gärten, und im Hintergrund Stallungen nebst einem Dörfchen mit Häusern für die Arbeiter ausbreiteten. Die Villa war 1850 für einen Optiker gebaut worden, und einer der Steinway-Söhne erzählte, wie er jahrelang geglaubt habe, das bunte Glasauge in der Kuppel des Türmchens sei das Auge Gottes.

Auch im Nordosten von Queens, in *College Point,* hatten sich Deutsche und Schweizer mit rüstigen Industrieunternehmen angesiedelt, darunter Conrad und Adolph Poppenhusen, die mit Hilfe von Gummi und Eisenbahnaktien ihre Schäfchen ins Trockene brachten. Der ländliche College Point mit seinen deutschen Siedlern lockte die Deutschen aus Manhattan zu sonntäglichen Ausflügen: Auf alten Photos sieht man Damen und Herren, die unsere Groß- oder Urgroßeltern sein könnten, mit Wein- und Bierflaschenregimentern auf gestärkten Leinentischtüchern auf der Wiese sitzen. Ein Überbleibsel aus jener Zeit ist das *Poppenhusen Institute* im schönsten viktorianischen Stil. Conrad Poppenhusen hatte es gegründet, damit es – ähnlich wie Peter Coopers ›Cooper Union‹ – weniger glückhaften Einwanderern bei der Vorbereitung auf ihr neues Leben helfe, vor allem beim Lernen der englischen Sprache. Das tut es auch heute noch, nur sind die Schüler jetzt zum größten Teil Portorikaner. Poppenhusen hatte hier auch einen der ersten Kindergärten des Landes gegründet, um den Müttern Zeit zum Arbeiten oder zum Studieren zu verschaffen.

College Point liegt am East River gegenüber *La Guardia Airport,* New Yorks Flugplatz für den Inlandverkehr. Wo heute unzählige Flugzeuge starten und landen, wuchsen einst Apfelbäume, deren Ernten nach England für die Saftpresserei verschickt wurden.

Queens hat sogar einen winzigen Historic District namens *Hunter's Point,* ein kleines Stück der 45th Avenue, der sich gegenüber der Südspitze von Roosevelt Island zwischen Fabriken und Baracken versteckt. Der Boden, auf dem er steht, ist durchlöchert wie ein Kaninchenbau mit Tunneln für Straßen und Subways, und die Luft über ihm voll vom Verkehrsrauschen der Queensboro Bridge, die Manhattan hier mit Queens verbindet. Die Häuser in dieser Oase sind etwas über hundert Jahre alt und typische Beispiele der soliden Bürgerhäuser aus Brownstone. Nur sind die Häuser in Hunter's Point nicht mit dem leicht splitternden Brownstone aus Connecticut verkleidet, sondern mit dem harten Westchester Stone; vielleicht der Grund dafür, daß sie noch stehen!

Queens hat auch einen bescheidenen Anteil an historisch und architektonisch interessanten Kirchen und frühen

Friedhöfen. Der älteste Friedhof ist der *Cornell Graveyard*
von 1700, der ganz vergessen und überwuchert im Inneren
eines Blocks in Far Rockaway liegt, dort wo Long Island
seinen südwestlichen Finger in den Atlantik streckt. Er
erinnert mit seinem Namen an eine berühmte Familie, die
1690 aus England eingewandert ist und sich als eine der
ersten, von Indianern umringten Siedlergruppen in dieser
Gegend niedergelassen hat. Einer jener indianischen Ureinwohner trägt neben seinem Namen ›Moccasin‹ noch den
Namen ›Lawrence‹ als Dank für seine Herren: Er liegt neben vielen prominenten Mitgliedern der Familie Lawrence
auf dem *Lawrence Family Graveyard* an der 20th Road
und 35th Street begraben, einem ebenfalls sehr alten Friedhof in Queens.

Für Aficionados des Tennisspiels ist *Forest Hills* als amerikanisches Wimbledon ein Begriff, obwohl das ›U.S.
Open‹ in jüngster Zeit näher an das riesige Shea Stadium
verlegt wurde, nämlich ins Louis Armstrong Stadium in
Flushing Meadow. Für Einheimische ist Forest Hills die
geplante Gartenstadt, in der zu wohnen sich mancher
Großstadtmüde erträumt. Forest Hills Gardens wurde
1913 begonnen; der Gartenarchitekt war Frederick Law
Olmsted, Jr. Schattige Straßen, sorgfältig angelegte Gärten
und malerische Architektur haben hier eine Enklave der
Ruhe geschaffen, die man weder in der Nähe von Manhattans Betonbergen noch von Queens' Industriewüsten vermutet hätte.

Der Besucher auf dem Weg vom Flugplatz in die Stadt
wird sich über den riesigen Globus wundern, der zu seiner
Rechten über den Baumkronen schwebt. Diese ›Unisphere‹
ist ein Überbleibsel der Weltausstellung von 1964/65.
Flushing Meadow Park, wo diese und eine frühere, anno
1939, stattfanden, war bis dahin unbewirtschaftetes
Sumpfgebiet, das ein privates Müllabfuhrunternehmen, zu
unterscheiden von den städtischen, zur größten Schutt-
halde der Welt gemacht hatte, genannt ›Corona Dumps‹,
und Dantes Hölle nicht unähnlich. F. Scott Fitzgerald be-

schrieb sie 1925 im ›Großen Gatsby‹: »Dies ist ein Tal voller Asche – eine phantastische Farm, wo Asche wie Weizen in Ackerfurchen wächst.«

Heute empfehlen sich in Queens wahrscheinlich nur noch zwei Besuche. Der erste führt ins *Queens Museum* im sogenannten Old New York Building, nicht weit vom Unisphere-Globus. Abgesehen von regelmäßigen, oft sehr interessanten Wechselausstellungen macht hier ein Modell New Yorks mit der Anlage der Stadt bekannt. Es wurde für die letzte Weltausstellung gebaut und versucht seitdem brav, sämtliche Abriß- und Bautätigkeiten zu dokumentieren. Bei der Fülle der Neubauten, die gleichzeitig in Manhattans Mitte erstehen, mußte es freilich ins Hintertreffen geraten; nun hofft es, daß die Baufirmen mit Modellen aushelfen.

Der zweite Besuch könnte zur P.S.1 führen, das heißt *Public School Number 1*, einer ehemaligen öffentlichen Schule an 21st Street zwischen 46th Road und 46th Avenue. Die Klassenräume sind in Lofts für Künstler umgebaut worden, und die hier stattfindenden Ausstellungen, vielfach auch von Avantgarde-Mode, sind immer erfindungsreich und oft richtungweisend.

Staten Island,
Mimosenbäume und Industrie

We were very tired, we were very merry,
we had gone back and forth all night on the ferry.
Edna St. Vincent Millay,
amerikanische Dichterin

Wie Gesine Cresspahl und ihre Tochter in Uwe Johnsons
›Jahrestage‹ machen viele Einwohner Manhattans auf der
Suche nach Weite die Reise mit der Fähre von der Südspitze ihrer Insel nach Staten Island. Im Gegensatz zu den
meisten Touristen kehren sie auch nicht umgehend zurück,
um den unnachahmlichen Blick auf Manhattans scheinbar
über dem Wasser schwebende Türme und Zinnen gleich
noch einmal zu genießen, sondern bleiben ein wenig drü-
ben, angezogen von der dort noch erhaltenen ländlichen
Atmosphäre. Denn Staten Island, zweieinhalbmal so groß
wie Manhattan, ist erst nach dem Bau der Verrazano-Narrows Bridge nach Brooklyn, 1964 vollendet, für größere
Einwanderer-Gruppen interessant geworden, und so lassen heute die schnell hingesetzten, schon wieder schäbigen
Behausungen und die dazugehörigen aufdringlich aufge-
machten ›Fast Food‹-Buden und riesigen Tankstellen die
weiten unverdorbenen Gebiete der Insel nicht sofort vermuten.

Bis in die sechziger Jahre unseres Jahrhunderts, als dann
die Einwohnerzahl innerhalb eines Jahrzehnts um ein Drittel anstieg, war Staten Island völlig abgeschieden, fühlte
sich weder zu New York gehörig, noch zu dem durch einen
kaum 500 Meter breiten Wasserarm davon getrennten
New Jersey, und, so wird behauptet, schon gar nicht zu
den Vereinigten Staaten. Daß Staten Island nicht ein Teil
New Jerseys wurde, haben die New Yorker dem Herzog
von York zu verdanken, der salomonisch vorschlug, es
solle dem gehören, dessen Abgesandter es in weniger als

vierundzwanzig Stunden umsegeln könne. So gewann
Captain Christopher Billopp die Insel für New York. Sein
steinernes Haus aus dem 17. Jahrhundert steht heute noch
als Museum in Tottenville an der südwestlichen Insel-
spitze. Neuankömmlinge verwirrt oft, daß Staten Island
offiziell ›Richmond‹ heißt. Es wurde nach Charles II. un-
ehelichem Sohn, dem Herzog von Richmond, so getauft,
als die Engländer 1664 die Kolonie übernahmen. Den holländischen Namen Staaten Eylandt soll Henry Hudson der
Insel vorher zu Ehren der niederländischen Generalstaaten
gegeben haben. Der Name Staten Island blieb trotz der
königlichen Umbenennung erhalten, weil die Inselbewoh-
ner mit Fortschritt nicht viel im Sinn hatten. Darum waren
sie während der Revolution auch länger königstreu als andere Teile der Kolonie und luden sogar noch drei Monate
nach der Unabhängigkeitserklärung beide feindlichen Seiten zu einer Konferenz ins Billopp House ein. Die aber
fruchtete nichts, und der Krieg ging weiter.

Eine der frühesten Siedlungen auf Staten Island ist *Richmondtown*, ungefähr in der Mitte der Insel gelegen, das
allein fünfzehn von den siebenundvierzig Historic Landmarks der Insel vorweisen kann. Wem der Weg nach Williamsburg in Virginia, der Superrekonstruktion der amerikanischen Vergangenheit, zu weit ist, kann sich hier zeigen
lassen, wie die ersten Siedler gelebt haben. In diesem Dörfchen sind einige der besten historischen Gebäude und Ein-
richtungsgegenstände von ganz New York zu finden, darunter das berühmte *Voorlezer House*. Es wurde 1696 für
eine kleine holländische Siedlung gebaut. Da man dort keinen Pastor hatte, wählte man einen Laien, einen Vorleser,
der nicht nur den Kindern Schulunterricht gab, sondern
auch sonntags den Gottesdienst hielt. Das Voorlezer
House gilt allgemein als früheste noch bestehende Volks-
schule des Landes.

Mit einem guten Plan ausgerüstet, kann der Besucher
ohne Auto von St. George, der Anlegestelle der Fähre, mit
dem Bus nach Richmondtown fahren und von dort nach

Tottenville und Captain Billopps Haus. Er kann dann mit
der Staten Island Rapid Transit, einer Hochbahn, in weniger als einer Stunde wieder zurück in St. George sein.
Wenn er sich für buddhistische Kunst interessiert, sollte er
einen Abstecher in das *Jacques Marchais Center of Tibetan Art* auf dem *Lighthouse Hill* machen, einem Hügel, der
von einheimischen Historikern gern als höchster Punkt der
Atlantikküste beschrieben wird. Auf jeden Fall und besonders bei gutem Wetter bietet der Gipfel einen hervorragenden Blick über die Täler Staten Islands und die Lower Bay.
Die Gärten des Museums an den Abhängen sind denen
eines tibetanischen Klosters nachgebildet; der Altar auf
dreistöckigen Granitblöcken stammt aus einem Lamaklo-
ster, und unter den vielen religiösen Gegenständen befindet sich eine Priesterschürze aus geschnitzten Menschen-
knochen für Kulthandlungen der Totenbeschwörung.

Sehenswert ist nicht weit vom Fährenlandeplatz *Sailor's
Snug Harbor,* vielleicht die größte und schönste Ansammlung von Häusern im Greek-Revival-Stil. Die Ansiedlung
wurde ab 1831 für alte oder invalide Seeleute gebaut, fi-
nanziert von einem reichen, kinderlosen Landbesitzer. Die
ersten Insassen waren ein ausgedienter einäugiger Ire und
ein noch recht jugendlicher Amerikaner mit ›weichen
Knien‹, die ihn von der Seefahrt abhielten. In der zweiten
Hälfte des 19. Jahrhunderts schwang Herman Melvilles
Bruder Thomas als Leiter des Heims hier fünfzehn Jahre
lang eine harte Fuchtel. Inzwischen sind die letzten »white-
haired seadogs« nach North Carolina abtransportiert worden und Sailor's Snug Harbor ist zu einem sehr lebendigen
Kulturzentrum geworden. Heute beheimatet es das Staten
Island Institute of Arts and Sciences, ein Kindermuseum,
Galerien, zwei Theater, davon eins in der ehemaligen Ka-
pelle, und den Staten Island Botanical Garden.

Nördlich vom diesseitigen Fuß der Verrazano-Narrows
Bridge liegt *Fort Wadsworth.* Dieser strategische Punkt mit
Blick über die Narrows wurde schon 1663 befestigt, zu-
nächst mit einem bescheidenen Blockhausfort der ersten

Siedler gegen die Indianer, das allmählich erweitert und
1863 zur gegenwärtigen Fortifikation ausgebaut wurde.
Fort Wadsworth hat ein kleines, aber gut ausgerüstetes
Kriegsmuseum mit Memorabilien aus den Kriegen von der
Kolonialzeit bis Vietnam, darunter einen kleinen Wald von
Hakenkreuzfahnen.

»Die Insel ist ein einziger Garten«, berichtete Henry David Thoreau, Amerikas naturliebender Philosoph, von einem längeren Aufenthalt in der Mitte des 19. Jahrhunderts. Darum hatte auch ›Commodore‹ – das war ein Höf-
lichkeitstitel – Cornelius Vanderbilt seinen Fährentrans-
port von Landwirtschaftsprodukten zwischen Staten Island und Manhattan eingerichtet. Vanderbilt wurde 1794
in Stapleton an der Straße zum Fort geboren, nicht weit
von *Demyan's Hofbrau,* einer Wirtschaft in einem ehemaligen Brauereigebäude, in dessen mit Andenken bepflaster-
ten Wänden ein Teil des Films ›Der Pate‹ gedreht wurde.

An die Italiener, deren Giovanni da Verrazzano die Insel
1554 entdeckt hatte, erinnert hier noch ein anderer berühmter Name: Giuseppe Garibaldi. Der Risorgimento-
Held verbrachte eine lange Zeit seines erzwungenen Exils
zwischen 1849 und 1853 in Armut und Einsamkeit in einem einfachen Holzhaus in Rosebank an der Ostküste
nördlich der Verrazano-Narrows Bridge und verdiente mit
dem Drehen von Kerzen ein wenig Geld.

Es gibt hier viele italienische Gärten, in denen Feigen,
Mimosen und die üppigsten Rhododendronbüsche wach-
sen. Aber daß die Abnehmer von Sahne und Butter im
Sommer noch die Nase rümpfen, weil die Kühe zuviel wil-
den Knoblauch gegrast haben, kommt heute nicht mehr
vor, denn bei aller Ländlichkeit ist doch inzwischen auch
Industrie hier zu finden, beispielsweise in Linoleumville,
dem Ort mit vielsagendem Namen. Die großen Hotels wie
›The Pavilion‹ auf der heutigen Richmond Terrace, wo
Henry James als Kind weilte, und das ihm im nachhinein
wie ein »erhabener griechischer Tempel über dem blauen
Meer« erschien, gibt es nicht mehr, und das blaue Meer ist

heute eher ölig. Die reichen Leute aus New York und aus
den Südstaaten entdeckten Staten Island in der Mitte des
19. Jahrhunderts als kühle Sommerfrische und gingen bis
nach dem Ersten Weltkrieg jeden Sommer hierher. Wie gut
sie gelebt haben, bezeugt Ernest Flaggs Haus mit zweiund-
dreißig Zimmern in den Dongan Hills nordöstlich von
Richmondtown.

Wie man sich in New York bewegt

The best work of art in New York is still the subway –
and the people of New York.

Ben Vautier, französischer Maler
in einem Zeitungsinterview 1982

New Yorks Transportmittel, Untergrundbahnen und
Busse, funktionieren verhältnismäßig gut, haben aber
durchaus auch ihre Tücken. Viele davon sind sehr alt und
klapprig, und wenn eher neu, dann genau wie die alten mit
Kritzeleien verschmiert, besonders die Subway-Wagen.
Ganz abgesehen von den ›Verschönerungsversuchen‹ ihrer
jüngeren Benutzer mit der Sprühdose, sind sie – nicht nur
für deutsche Begriffe – auch innen sehr schmutzig. Verglichen mit europäischen Tarifen kostet die Fahrt hier jedoch
recht wenig, für eine kleine Summe kann sich der Fahrgast
vom einen Ende der Stadt zum anderen befördern lassen.
Da aber Gefahren lauern – im Bus von den Taschendieben,
die ungemein erfinderisch und schnell sind, und in der
Subway von den ›muggers‹, den städtischen Wegelagerern
mit verschiedenen Graden von Bösartigkeit –, sollte der
Besucher diese Transportmittel nur mit größter Wachsam-
keit benutzen. Am gefährlichsten unter den Räubern sind
die Süchtigen, denn ihre eigene Angst macht sie unbere-
chenbar, und der beste Rat im schlimmsten Fall ist, wenn
es eben geht, eiskalte Ruhe zu bewahren und das gefor-
derte Geld abzuliefern.

Die Subway ist nachts unbedingt zu meiden; während
des Tages ist man in jenem Wagen mit dem Türschließer in
der Mitte des Zuges am besten aufgehoben; er hat ein
Mikrophon und kann sich mit dem Zugführer und der
Polizei verständigen. Die ›tokens‹ für die Subway sind
Münzen, die man am Eingang in ein Drehkreuz wirft; man
kann sie an den Schaltern in jeder Station kaufen. Dazu
sollte man sich einen kostenlosen Plan, die Subway Map,
geben lassen.

Seit die Avenues und die meisten Straßen einbahnig geworden sind, kann sich der Neuankömmling schnell ausrechnen, daß die Busse den Richtungen der Avenues von Norden nach Süden und umgekehrt folgen; so fahren sie beispielsweise auf Fifth und Seventh Avenue südwärts, auf Sixth Avenue nordwärts. Die ost-westlichen Busse befahren die breiten Straßen, wie 34th, 42nd, 57th, 79th, 86th Street usw. in beiden Richtungen. Um aber zu vermeiden, daß die Busse ihm ein Schnippchen schlagen und plötzlich von ihrem geraden Weg abbiegen, sollte er sich beim Städtischen Reisebüro, dem Convention and Visitors Bureau am Columbus Circle, einen Busplan besorgen. Die Haltestellen sind an ihren rot-weißen Schildern, den neuen Glashäuschen, die zugleich Unterschlupf bei schlechtem Wetter und einträgliche Reklamefläche bieten, sowie manchmal an der gelben Bordkante zu erkennen. Sie liegen meistens an jedem zweiten Block. Einzelgänger sollten sie nachts in unbelebten Gegenden meiden. Auch zum Busfahren braucht man einen ›token‹ oder den abgezählten Fahrpreis.

Echte New Yorker nehmen selten ein Taxi. Wenn sie reich sind, halten sie sich eine Limousine mit Chauffeur; sind sie weniger wohlhabend, haben sie den ›Rabbit‹-Volkswagen, der entweder in einer unverschämt teuren Garage in Wohnungsnähe oder in einer weniger teuren weiter weg oder überhaupt auf der Straße geparkt wird. Sie fahren aber selten damit in der Stadt umher, weil das Parken ein Problem ist. Für Besucher kann das Taxifahren lehrreich sein, auch lustig, vor allem, wenn der Fahrer ein alter New Yorker ist und typische, unausrottbare, oft himmelschreiende Ansichten über Gott und die Welt zum besten gibt, besonders aber über die Stadt und den Bürgermeister, ganz gleich welchen: »Dey bod shtink!« Reguläre Taxis sind gelb, sie haben am Armaturenbrett eine Karte mit Photo, Namen und Nummer des Fahrers, und Photo und Fahrer müssen übereinstimmen. Den sogenannten ›gypsy cabs‹, nicht zugelassenen Taxi-Wilddieben, sollte man auch bei verlockend niedrigen Angeboten entsagen.

Wenn der Reisende vom Flugplatz in entlegene Ecken der fünf Stadtteile gefahren werden möchte, sollte er sich vorher mit Landkarte oder genauen Instruktionen von Freunden ausrüsten. Viele Taxifahrer sind noch nicht lange im Lande und oft der Sprache und der Geographie nur unzureichend mächtig.

Der echte New Yorker geht in der Stadt zu Fuß, auch wenn er eine weite Strecke zurückzulegen hat; zwanzig, dreißig oder sogar vierzig Blocks sind eine Kleinigkeit für ihn. Im feuchten, heißen Sommer erleichtert er sich den Weg, indem er ein schlafanzugähnliches Gewand aus Baumwolle trägt, wenn er nicht gar in Shorts und Sandalen im Büro erscheinen darf. Im kalten Winter nehmen die Verpackungen für den langen Marsch – oder den Skilauf! – recht mummenschanzartige Formen an.

Bei einem Besuch in New York im Sommer oder im Frühling, der als Jahreszeit besonders schwer festzunageln ist, oder selbst im Herbst, der später beginnt als in Nordeuropa und im Glücksfall bis weit in den November hinein dauern kann, sollte man sich ein den New Yorkern unbekanntes Schneckentempo angewöhnen. Denn die oft sehr feuchte Hitze kann auch dem Widerstandsfähigsten das Promenieren auf dem heißen Pflaster erschweren. Um den atemberaubenden Temperaturunterschieden zwischen der Waschküche draußen und winterlicher Kühle drinnen ohne Erkältungen zu widerstehen, sollte man sich mit mehreren Hüllen wappnen, einer Form der Bekleidung, die die New Yorker ›layering‹ nennen.

Neuankömmlinge und heimkehrende Eingeborene beschreiben mit dem gleichen Unglauben, wie sie vor New Yorks hartem, gleißenden Licht die Augen schließen müssen, wenn sie etwa aus einem zartgrauen London oder einem sanftgelben Paris kommen. Trotz Meeresnähe findet man selten die dichtgebauschten, rasch variierenden Wolkenhimmel des europäischen Nordens. Wenn es in New York bedeckt ist, liegen Wolken und Smog als eintönig graue Decke zwischen den Wolkenkratzern, und auf dem

Aussichtsdach des RCA Building im Rockefeller Center bekommt man Schönwetterkarten, um einen Tag mit besserer Sicht auszusuchen. Wenn es klar ist – viele New Yorker behaupten verstimmt, das käme nur noch selten vor –, wenn die blitzenden Glaswände der Hochhäuser die Helligkeit auffangen und doppelt und dreifach zurückschleudern, ist auf alle Fälle ein Grund für die berühmte knisternde Atmosphäre gefunden, die Atmosphäre, die der Wahl-New-Yorker mit den deutschen Eltern, Theodore Dreiser, als »winy, electric« kennzeichnete.

Es war in diesem Buch von vielen Besuchern die Rede, die ihre Eindrücke der Nachwelt hinterlassen haben, ihr Staunen, ihr Entsetzen, ihre Freude am Gesehenen und Erlebten. Die wenigsten von ihnen aber haben ihre Gefühle beim Abschied beschrieben. Einer der berühmtesten, dem die Heimreise sehr schwer gefallen ist, hat es getan: Charles Dickens. In seinen ›Aufzeichnungen aus Amerika‹ von 1842 heißt es: »Beim Verlassen New Yorks: Ich hätte nie gedacht, daß die Rückkehr mich so traurig stimmen würde, als ich dann zum Schluß auf dem Schiff Abschied nehmen mußte von den Freunden, die mich aus der Stadt begleitet hatten. Ich hätte nie gedacht, daß der Name eines so fernen und erst seit so kurzer Zeit vertrauten Ortes sich je mit den vielen jetzt in meinem Kopf herumschwärmenden guten Erinnerungen verbinden würde!«

Anhang

Ausgewählte Literatur

Behan, Brendan: *Behan's New York,* New York 1964

Botkin, B. A.: *New York City Folklore,* New York 1956

Burgess, Anthony: *The Great Cities: New York,*
    Amsterdam 1976

Daley, Robert: *The World beneath the City,*
    Philadelphia 1959

Dos Passos, John: *Manhattan Transfer,* New York 1926

Edminston, Susan und Cirino, Linda D.: *Literary New
    York,* Boston 1976

Federal Writer's Project: *New York City Guide,*
    New York 1939

Goldberger, Paul: *The City Observed: New York,*
    New York 1979

Goldstone, Harmon H. und Dalrymple, Martha:
    *History Preserved – A Guide to New York City Land-
    marks and Historic Districts,* New York 1974

Huggins, Nathan Irvin: *The Harlem Renaissance,*
    New York 1971

James, Henry: *Washington Square,* New York 1881

Johnson, Uwe: *Jahrestage I, Aus dem Leben der Gesine
    Cresspahl.* Frankfurt 1972

Kazin, Alfred: *A Walker in the City,* New York 1951

Knickerbocker, Diedrich: *A History of New York.* New
    York 1809

Kouwenhoven, John Attlee: *The Columbia Historical
    Portrait of New York,* New York 1972

Kramer, Jane: *Off Washington Square,* New York 1963

Le Corbusier: *Quand les Cathédrales étaient blanches,*
    Paris 1937

Lietzmann, Sabina: *New York, die wunderbare
    Katastrophe,* Hamburg 1976

Lockwood, Sarah M.: *New York, Not so little and
    not so old,* New York 1926

Maurice, Arthur Bartlett: *Fifth Avenue,* New York 1918

Mayer, Grace M.: *Once Upon a City,* New York 1958

McDarrah, Fred W.: *Museums in New York,*
    New York 1973

Morand, Paul: *New York,* New York 1930

Moskow, Henry: *The Street Book,* New York 1978

Moss, Howard: *New York: Poems,* New York 1980
Pritchett, V.S.: *New York Proclaimed,* New York 1965
Reed, Henry Hope: *Central Park,* New York 1967
Simon, Kate: *Fifth Avenue,* New York 1978
Still, Bayrd: *Mirror for Gotham,* New York 1956
Tomkins, Calvin: *Merchants and Masterpieces: The Story
    of the Metropolitan Museum of Art,* New York 1970
The Wayfarer in New York, New York 1909
Wharton, Edith: *The Age of Innocence,* New York 1920
White, E.B.: *Here is New York,* New York 1949
White, Norval und Willensky, Elliot: *AIA Guide to New
    York City,* New York 1978
Whitman, Walt: *Leaves of Grass,* New York 1966

Register

REGISTER 437